Paolo Perrotta

Machine Learning für Softwareentwickler

Von der Python-Codezeile zur Deep-Learning-Anwendung

dpunkt.verlag

Paolo Perrotta

Lektorat: Dr. Michael Barabas
Übersetzung & Satz: G&U Language & Publishing Services GmbH, Flensburg, *www.gundu.com*
Copy-Editing: Claudia Lötschert, *www.richtiger-text.de*
Herstellung: Stefanie Weidner
Umschlaggestaltung: Helmut Kraus, *www.exclam.de*
Druck und Bindung: mediaprint solutions GmbH, 33100 Paderborn

Bibliografische Information der Deutschen Nationalbibliothek
Die Deutsche Nationalbibliothek verzeichnet diese Publikation in der Deutschen Nationalbibliografie; detaillierte bibliografische Daten sind im Internet über *http://dnb.d-nb.de* abrufbar.

ISBN:
Print 978-3-86490-787-6
PDF 978-3-96910-025-7
ePub 978-3-96910-026-4
mobi 978-3-96910-027-1

1. Auflage 2020

Wieblinger Weg 17
69123 Heidelberg

Original ISBN: 978-1-68050-660-0

Hinweis:
Dieses Buch wurde auf PEFC-zertifiziertem Papier aus nachhaltiger Waldwirtschaft gedruckt. Der Umwelt zuliebe verzichten wir zusätzlich auf die Einschweißfolie.

PEFC zertifiziert
Das Papier für dieses Buch stammt aus nachhaltig bewirtschafteten Wäldern und kontrollierten Quellen.
PEFC/04-31-0810 www.pefc.de

Schreiben Sie uns:
Falls Sie Anregungen, Wünsche und Kommentare haben, lassen Sie es uns wissen: hallo@dpunkt.de.

5 4 3 2 1 0

Machine Learning für Softwareentwickler

Inhalt

Danksagung xv

Wie um alles in der Welt ist so etwas möglich? 1

Über dieses Buch 2

Bevor wir beginnen 3

Teil 1 Von null auf Bilderkennung 7

1 Einführung in Machine Learning 9

Programmierung und Machine Learning im Vergleich 10

Überwachtes Lernen 12

Die Mathematik hinter dem Zaubertrick 14

Das System einrichten 18

2 Ihr erstes ML-Programm 21

Die Aufgabenstellung 22

Pizzavorhersage mit überwachtem Lernen 22

Zusammenhänge in den Daten erkennen 23

Eine lineare Regression programmieren 25

Das Modell definieren 26

Eine Vorhersage treffen 28

Das Training implementieren 29

Los geht's! 33

Bias hinzufügen 34

Zusammenfassung 37

Praktische Übung: Die Lernrate optimieren 39

3 Am Gradienten entlang ... **41**
Unser Algorithmus bringt es nicht ... 42
Das Gradientenverfahren ... 43
Ein wenig Mathematik ... 45
Abwärts ... 46
Die dritte Dimension ... 48
Partielle Ableitung ... 49
Die Probe aufs Exempel ... 51
Probleme beim Gradientenverfahren ... 53
Zusammenfassung ... 55
Praktische Übung: Über das Ziel hinaus ... 56

4 Hyperräume ... **57**
Noch mehr Dimensionen ... 58
Matrizenrechnung ... 61
Matrizen multiplizieren ... 61
Matrizen transponieren ... 65
Das ML-Programm erweitern ... 65
Die Daten aufbereiten ... 66
Die Vorhersagefunktion anpassen ... 68
Die Verlustfunktion anpassen ... 70
Die Gradientenfunktion anpassen ... 71
Der Code im Ganzen ... 71
Bye-bye, Bias! ... 73
Ein letzter Testlauf ... 74
Zusammenfassung ... 75
Praktische Übung: Statistik in der Praxis ... 75

5 Ein binärer Klassifizierer ... **77**
Grenzen der linearen Regression ... 78
Invasion der Sigmoiden ... 81
Konfidenz ... 82
Glätten ... 84
Den Gradienten anpassen ... 86
Was ist mit der Modellfunktion geschehen? ... 87

Klassifizierung in Aktion 89
Zusammenfassung 91
Praktische Übung: Gewichtige Entscheidungen 92

6 Eine Aufgabe aus der Praxis 93

Die Daten 94
MNIST 94
Trainings- und Testdatensatz 96
Unsere eigene MNIST-Bibliothek 97
Die Eingabematrizen vorbereiten 97
Die Daten aufbereiten 100
Anwendung in der Praxis 102
Zusammenfassung 104
Praktische Übung: Knifflige Ziffern 104

7 Die große Herausforderung 105

Von zwei zu mehr Klassen 105
1-aus-n-Codierung 107
1-aus-n-Codierung in Aktion 109
Die Antworten des Klassifizierers decodieren 109
Mehr Gewichte 110
Die Matrixdimensionen überprüfen 111
Der Augenblick der Wahrheit 112
Zusammenfassung 115
Praktische Übung: Minensucher 115

8 Das Perzeptron 119

Gestatten, das Perzeptron! 119
Perzeptrone kombinieren 121
Die Grenzen von Perzeptronen 122
Linear separierbare Daten 123
Nicht linear separierbare Daten 125
Die Geschichte des Perzeptrons 126
Der entscheidende Schlag 127
Nachwehen 128

Teil 2 Neuronale Netze 129

9 Das Netz entwerfen 131

Ein neuronales Netz aus Perzeptronen zusammenstellen 132
Perzeptrone verketten 133
Wie viele Knoten? 136
Die Softmax-Funktion 137
Der Entwurf 139
Zusammenfassung 140
Praktische Übung: Auf eigene Faust 141

10 Das Netz erstellen 143

Die Forward-Propagation programmieren 144
Die Softmax-Funktion schreiben 145
Die Klassifizierungsfunktionen schreiben 148
Kreuzentropie 148
Zusammenfassung 150
Praktische Übung: Test durch Zeitreise 151

11 Das Netz trainieren 153

Wozu Backpropagation? 154
Von der Kettenregel zur Backpropagation 155
Die Kettenregel in einem einfachen Netz 155
Es wird komplizierter 157
Backpropagation anwenden 160
Auf Kurs bleiben 161
Den Gradienten von w_2 berechnen 162
Den Gradienten von w_1 berechnen 163
Die Funktion back() erstellen 165
Die Gewichte initialisieren 166
Gefährliche Symmetrie 166
Tote Neuronen 167
Korrekte Gewichtsinitialisierung 169
Das fertige neuronale Netz 170
Zusammenfassung 173
Praktische Übung: Fehlstart 173

12 Funktionsweise von Klassifizierern ... 175

Eine Entscheidungsgrenze einzeichnen ... 175
  Heimspiel für das Perzeptron ... 177
  Klassifizierung verstehen ... 178
  Eine Gerade reicht nicht aus ... 181
Die Entscheidungsgrenze krümmen ... 182
Zusammenfassung ... 184
Praktische Übung: Albtraumdaten ... 185

13 Das Mini-Batch-Verfahren ... 187

Der Lernvorgang grafisch dargestellt ... 188
Batch für Batch ... 190
  Batches erstellen ... 191
  Training mit Batches ... 193
Was geschieht bei verschiedenen Batchgrößen? ... 194
  Ein Zickzackpfad ... 195
  Große und kleine Batches ... 197
  Vor- und Nachteile von Batches ... 198
Zusammenfassung ... 199
Praktische Übung: Das kleinste Batch ... 199

14 Die Kunst des Testens ... 201

Die Gefahr der Überanpassung ... 201
Das Problem mit dem Testdatensatz ... 204
Zusammenfassung ... 206
Praktische Übung: Überlegungen zum Testen ... 207

15 Entwicklung ... 209

Daten aufbereiten ... 210
  Den Wertebereich der Eingabevariablen prüfen ... 211
  Eingabevariablen standardisieren ... 211
  Standardisierung in der Praxis ... 213
Die Hyperparameter anpassen ... 214
  Die Anzahl der Epochen festlegen ... 215
  Die Anzahl der verdeckten Knoten einstellen ... 215
  Die Lernrate einstellen ... 218
  Die Batchgröße festlegen ... 221

Der Abschlusstest 223
Auf dem Weg zu 99 % 225
Praktische Übung: 99 % erreichen 225
Zusammenfassung und Vorschau 226

Teil 3 Deep Learning 229

16 Tiefere Netze 231

Der Echidna-Datensatz 232
Neuronale Netze mit Keras erstellen 234
Den Aufbau des Netzes planen und der erste Code 235
Die Daten laden 237
Das Modell erstellen 237
Das Modell kompilieren 238
Das Netz trainieren 239
Die Entscheidungsgrenze einzeichnen 240
Das Netz ausführen 240
Ein tieferes Netz 242
Zusammenfassung 243
Praktische Übung: Keras-Spielwiese 244

17 Überanpassung vermeiden 247

Was ist Überanpassung? 248
Ursachen der Überanpassung 248
Unteranpassung 252
Das Modell regularisieren 254
Eine Untersuchung unseres tiefen Netzes 255
L1- und L2-Regularisierung 258
Weitere Möglichkeiten zur Regularisierung 262
Zusammenfassung 264
Praktische Übung: Weitere Regularisierungstechniken 265

18 Tiefe Netze zähmen 267

Aktivierungsfunktionen 268
Wozu Aktivierungsfunktionen gut sind 269
Die sigmoide Aktivierungsfunktion und ihre Auswirkungen 270
Verschwindender Gradient 272

Alternativen zur Sigmoidfunktion ... 274
Gestatten, die ReLU-Aktivierungsfunktion ... 274
Die richtige Funktion auswählen ... 277
Weitere Techniken ... 279
Bessere Gewichtsinitialisierung ... 279
Gradientenabstieg auf Speed ... 280
Regularisierung für Fortgeschrittene ... 282
Batchnormalisierung ... 284
Zusammenfassung ... 285
Praktische Übung: Die 10-Epochen-Aufgabe ... 286

19 Jenseits von Standardnetzen ... 289

Der CIFAR-10-Datensatz ... 290
Was ist CIFAR-10? ... 291
Das CIFAR-Waterloo ... 292
Die Bausteine von Faltungsnetzen ... 293
Ein Bild ist ein Bild ... 293
Faltung ... 294
Konvolutionsschichten ... 298
Ein Faltungsnetz ausführen ... 299
Zusammenfassung ... 302
Praktische Übung: Massenweise Hyperparameter ... 303

20 Der Weg in die Tiefe ... 305

Der Aufstieg des Deep Learning ... 306
Es braut sich etwas zusammen ... 306
Der Wendepunkt ... 307
Fortsetzung folgt ... 308
Unverhältnismäßige Effektivität ... 309
Was nun? ... 312
Maschinelles Sehen ... 313
Sprache ... 313
Bildgenerierung ... 315
Das Gesamtbild ... 319
Praktischer Einstieg ... 320
Sie sind am Zug ... 321

Anhang 323

A Grundlagen von Python 323

Wie sieht Python-Code aus? 326
Dynamische Typisierung 327
Einrückungen 327
Die Bausteine von Python 328
Datentypen und Operatoren 329
Datenstrukturen 330
Strings 331
Schleifen 332
Funktionen definieren und aufrufen 333
Schlüsselwortargumente 334
Standardargumente 335
Module und Pakete 335
Module definieren und importieren 335
Das __main__-Idiom 337
Pakete verwalten 339
Objekte erstellen und verwenden 341
Das war's 342

B Wörterbuch des Machine Learning 345

Stichwortverzeichnis 367

Für meine Frau.

Na, wie klingt das, Irene?

Danksagung

Ein besonderes Dankeschön gilt meinen Fachgutachtern: Alessandro Bahgat, Arno Bastenhof, Roberto Bettazzoni, Guido »Zen« Bolognesi, Juan de Bravo, Simone Busoli, Pieter Buteneers, Andrea Cisternino, Sebastian Hennebrüder, Alberto Lumbreras, Russ Olsen, Luca Ongaro, Pierpaolo Pantone, Karol Przystalski, Dan Sheikh, Leonie Sieger, Gal Tsubery, l'ùmarèin pugnàtta di Casalecchio und Giancarlo Valente. Ich schulde euch eine ganze Menge! Ja, unter anderem auch ein Bier!

Vielen Dank auch den großzügigen Lesern, die mir in der Betaphase Kommentare und Errata geschickt haben: Marco Arena, Glen Aultman-Bettridge, Zbynek Bazanowski, Jamis Buck, Charles de Bueger, Leonardo Carotti, Helge Eichhorn, George Ellis, Bruno Girin, Elton Goci, Dave Halliday, Darren Hunt, Peter Lin, Karen Mauney, Bradley Mirly, Vasileios Ntarlagiannis, Volkmar Petschnig, David Pinto, Conlan Rios, Roman Romanchuk, Ionut Simion, Drew Thomas und Jeroen Wenting. Sollten wir uns mal auf einer Konferenz begegnen, dann sprecht mich ruhig an!

Danke auch an Annamaria Di Sebastiano, die mir die Geschichte vom Anfang des ersten Kapitels erzählt hat. Lange nicht mehr gesehen!

Des Weiteren danke ich Marc Schnierle für seine hervorragende Web-App LaTeX4technics[1], mit der ich die Formeln erstellt habe; Kimberly Geswein für die Gestaltung der Schriftart Indie Flower, die ich in den Diagrammen verwendet habe; den Designern der in der Originalausgabe ausgiebig verwendeten Schriftarten DejaVu Sans und DejaVu Sans Mono; und dem Stadtrat von Brisbane für die Veröffentlichung des Fotos mit dem Ameisenigel[2], das in leicht veränderter Form in einem der späteren Kapitel auftaucht.

Dieses Buch ging durch die Hände von drei hervorragenden Lektorinnen. Vielen Dank an Meghan Blanchette und Susan Conant, die mich von den ersten

1. *https://www.latex4technics.com*
2. *https://www.flickr.com/photos/brisbanecitycouncil/6971519658*

Entwürfen bis zur Mitte des Buchs brachten. Entschuldigt bitte, wenn ich hier noch Unterschiede mache, aber mein besonderer Dank gilt Katherine Dvorak für die unglaubliche Arbeit, die sie in dieses Buch investiert hat, und ihre feste, aber immer geduldige Führung. Du bist eine erstaunliche Lektorin, Katie.

Vielen Dank auch an Dad, Mom, Anna und Susanna sowie an meine erweiterte Familie von Freunden und Verwandten, die weit verstreut rund um die Welt leben. Es ist mir immer eine große Freude, euch um mich zu haben.

Und schließlich danke ich meiner Frau Irene: Du warst da, als ich mit dem Schreiben begann, und hast mich in diesem rauen Sommer sehr unterstützt. Jetzt, da das Buch in den Druck geht, bist du immer noch da, unerschütterlich und unbeirrbar. Ich verdanke dir alles. Dieses Buch ist dir gewidmet.

Wie um alles in der Welt ist so etwas möglich?

Machine Learning kann wie Zauberei wirken. Wie kann ein Computer die Objekte in einem Bild erkennen? Wie kann ein Auto selbstständig fahren?

Diese Leistungen sind nicht nur für Laien verblüffend, sondern auch für viele Softwareentwickler wie Sie und mich. Obwohl ich schon viele Jahre lang Code schrieb, war es mir völlig unklar, wie Machine Learning überhaupt funktionieren konnte. Während ich ein bisschen mit den neuesten Web-Frameworks herumbastelte, schrieben andere Leute faszinierende Software, die wie Science-Fiction wirkte und die ich einfach nicht fassen konnte.

Ich wollte mitmachen. Ich wollte selbst in der Lage sein, solche Dinge zu tun.

Da ich schon wusste, wie man Software schreibt, glaubte ich, ich könnte Machine Learning schnell begreifen. Wie schwer konnte das auch schon sein? Also setzte ich ein zuversichtliches Lächeln auf und widmete mich dem Studium dieses Themas. Mein zuversichtliches Lächeln gefror, als ich gegen ganze Batterien von Wänden anrannte.

Für Entwickler wie mich fühlt sich Machine Learning fremdartig an. Diese Disziplin quillt über von mathematischer Terminologie, akademischen Konventionen und, mal ganz ehrlich gesagt, schlechtem Code. Anstatt auf Tutorials werden Sie auf Vorträge und Forschungsberichte verwiesen. Für viele von uns ist Machine Learning ebenso einschüchternd wie faszinierend.

Dieses Buch ist das, was ich selbst gut hätte gebrauchen können, als ich mich mit Machine Learning zu befassen begann: eine Einführung, die sich an Entwickler richtet und in unserer Sprache geschrieben ist. Nach der Lektüre werden Sie mit den Grundlagen vertraut und in der Lage sein, Machine-Learning-Programme zu schreiben. Höchstwahrscheinlich werden Sie dann zwar immer noch nicht ihr eigenes selbstfahrendes Auto konstruieren können, aber zumindest werden Sie wissen, wie um alles in der Welt so etwas möglich ist.

Über dieses Buch

Dies ist ein Buch für Entwicklerinnen und Programmierer, die Machine Learning von der Pike auf lernen wollen.

Machine Learning ist ein sehr breit gefächertes Gebiet, das sich in einem einzelnen Buch nicht vollständig abhandeln lässt. Der Schwerpunkt liegt hier daher auf den drei Aspekten des Machine Learning, die heutzutage als die wichtigsten gelten: auf *überwachtem Lernen*, *neuronalen Netzen* und *Deep Learning*. Was es mit diesen Begriffen auf sich hat, werden wir uns im Verlauf dieses Buchs noch ansehen, aber für den Anfang finden Sie hier schon einmal eine Skizze sowie einige Definitionen in Kurzfassung:

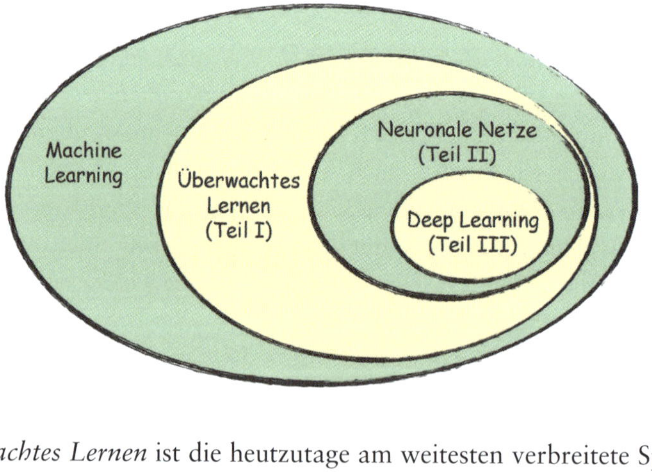

- *Überwachtes Lernen* ist die heutzutage am weitesten verbreitete Spielart des Machine Learning. Teil I dieses Buchs, »*Von null auf Bilderkennung*«, gibt eine praktische Einführung in überwachtes Lernen. Schon im zweiten Kapitel werden wir ein minimales ML-Programm schreiben, das wir anschließend Schritt für Schritt erweitern und in ein als *Perzeptron* bezeichnetes Machine-Learning-System verwandeln. Unser Perzeptron ist dabei ein echtes Programm für maschinelles Sehen, das leistungsfähig genug ist, um handgeschriebene Zeichen zu erkennen. Wir gestalten es komplett selbst, ohne dazu ML-Bibliotheken zu Hilfe zu nehmen, damit Sie jede einzelne Zeile des Codes genau verstehen.

- Es gibt viele verschiedene Möglichkeiten, um ein System für überwachtes Lernen zu implementieren. Am häufigsten werden dazu *neuronale Netze* verwendet. Dabei handelt es sich um einen brillanten Algorithmus, der sich an die Verknüpfung der Neuronen in unserem Gehirn anlehnt. Teil II dieses Buchs ist diesen Netzen gewidmet. Hier bauen wir das Programm aus Teil I zu einem richtiggehenden neuronalen Netz aus. Dazu müssen wir einige Probleme überwinden, aber die Mühe zahlt sich aus: Am Ende haben wir ein neuronales Netz, das weit leistungsfähiger ist als unser ursprüngliches Programm. Auch hier schreiben wir den Code wieder Zeile für Zeile selbst, sodass Sie selbst mit den internen Mechanismen experimentieren können.
- In den letzten Jahren wurden bei neuronalen Netzen erhebliche Fortschritte erzielt, als Forscher bahnbrechende Techniken zu ihrer Konstruktion und Verwendung erfanden. Diese moderne Technologie ist weit leistungsfähiger als die früheren einfachen neuronalen Netze, weshalb sie auch einen eigenen Namen erhalten hat: *Deep Learning*. Das ist auch der Titel von Teil III. Darin schreiben wir unser neuronales Netz mithilfe einer modernen ML-Bibliothek um. Der resultierende Code dient uns dann als Ausgangspunkt zur weiteren Erörterung von Deep Learning. Am Ende schauen wir uns noch einige anspruchsvolle Deep-Learning-Techniken an, womit wir auch die Grundlagen für Ihre weitere Beschäftigung mit diesem Thema legen.

Die Wirklichkeit ist natürlich nicht so sauber geordnet, wie unser Bild anzudeuten scheint. Beispielsweise kommen neuronale Netze nicht nur beim überwachten Lernen, sondern auch auf anderen Gebieten des Machine Learning zum Einsatz. Allerdings bildet dieses Diagramm einen guten Ausgangspunkt, um ein Gefühl für die einzelnen Themen in diesem Buch und ihre Beziehungen zueinander zu gewinnen.

Bevor wir beginnen

Dieses Buch macht Sie nicht über Nacht zu einem Machine-Learning-Profi, aber es kann Ihnen ein anschauliches, praktisches Verständnis dafür vermitteln, wie Machine Learning funktioniert. Ich will Ihnen einen Blick hinter die Kulissen dieser Disziplin gewähren, Ihnen die verborgenen Mechanismen zeigen und den Schleier des Geheimnisvollen lüften. Wenn Sie erst einmal die Grundprinzipien des Machine Learning kennen, ist es für Sie einfacher, selbst weiter nachzuforschen, diese Techniken in Ihre Berufspraxis einfließen zu ließen und vielleicht sogar eine Karriere als ML-Ingenieur einzuschlagen.

Sie müssen kein erfahrener Entwickler sein, um dieses Buch verstehen zu können. Allerdings sollten Sie schon damit vertraut sein, kurze Programme zu schreiben. Wenn Sie Python kennen, dann umso besser, denn das ist die Sprache, die ich hier durchgängig verwende. Wenn nicht, ist das jedoch auch kein Beinbruch. Die Sprache ist sehr benutzerfreundlich, und der Code in diesem Buch ist nicht kompliziert. Zur Einführung können Sie Anhang A, »*Grundlagen von Python*«, lesen, und wenn Sie nicht mehr weiterwissen, finden Sie im Internet weitere Informationen.

Mit Machine Learning ist eine Menge Mathematik verbunden. Ich werde sie nicht vereinfachen, aber so anschaulich darstellen wie möglich. Für das Verständnis dieses Buchs brauchen Sie schon etwas Oberstufenmathematik. Ich gehe davon aus, dass Sie mit kartesischen Koordinatensystemen vertraut sind, wissen, was Achsen und ein Ursprung sind, und etwas mit einem Funktionsgraphen anfangen können. Darüber hinaus brauchen Sie nicht viel mathematisches Fachwissen. Sie können auch versuchen, das Buch zu lesen, wenn Sie glauben, ganz furchtbar schlecht in Mathe zu sein – aber bereiten Sie sich in diesem Fall schon einmal darauf vor, dass es vielleicht doch nicht möglich ist.

Wenn Sie sich dagegen mit linearer Algebra und Analysis gut auskennen, werden Ihnen einige der mathematischen Aspekte wahrscheinlich selbstverständlich erscheinen. In diesem Fall können Sie die Erklärungen, die Sie nicht brauchen, natürlich auch gern überspringen.

Mathematischer Hintergrund

Eine anschauliche Darstellung von mathematischen Dingen ist immer sehr hilfreich, aber manchmal sind auch formalere Erklärungen sinnvoll. Wenn Sie bei der einen oder anderen Formel den Faden verlieren oder wenn Ihnen Mathematik liegt und Sie gern mehr über ein Thema erfahren wollen, dann schauen Sie sich die Kästen mit dem Titel »Mathematischer Hintergrund« an. Darin weise ich Sie auf die Mathematiklektionen der hervorragenden Khan Academy[1] hin. Dort werden Sie etwas Passendes für sich finden, wie gut oder schlecht Ihre Vorkenntnisse in Mathematik auch immer sein mögen.

Um es ganz klar zu sagen: Diese zusätzlichen Lektionen sind optional. Es ist nicht erforderlich, sie sich anzusehen, um dieses Buch verstehen zu können. Sie dienen lediglich dazu, Ihre Kenntnisse über die Mathematik des Machine Learning zu vertiefen.

1. *www.khanacademy.org*

Machine Learning bringt seine eigene umfangreiche und besondere Terminologie mit. Sie werden daher wahrscheinlich auf neue Wörter und auf neue Bedeutungen bekannter Wörter stoßen. Gehen Sie es ruhig an. Sie müssen sich nicht sofort alles merken. Im Zweifelsfall können Sie immer in Anhang B, »*Wörterbuch des Machine Learning*«, nachschlagen.

Viele der Datenmengen, die ich als Beispiele verwende, bestehen aus Bildern. Mit Machine Learning können Sie jedoch mehr tun, als nur Bilder zu erkennen: Sie können Text analysieren, Musik generieren und sogar Unterhaltungen führen. Allerdings eignet sich gerade die Bilderkennung für anschauliche Beispiele, weshalb ich diese Disziplin im ganzen Buch als Standardanwendung benutze.

Es gibt auch einige Onlineressourcen, die Sie kennen sollten. Eine davon ist die offizielle Webseite[2] zur Originalausgabe dieses Buchs auf Pragmatic Bookshelf. Von dort können Sie auch den Quellcode der Beispiele herunterladen.

Des Weiteren gibt es zu diesem Buch eine Begleitwebsite namens ProgML[3]. Sie enthält (in englischer Sprache) einige zusätzliche Erklärungen und Einzelheiten, die nicht mehr in dieses Buch passten. An den entsprechenden Stellen im Text habe ich Verweise darauf angegeben.

Verweise auf ProgML sind auf diese Weise gestaltet.

Genug der Vorrede – legen wir nun los mit Teil I!

2. *www.dpunkt.de/mlprog*

3. *www.progml.com*

Teil 1

Von null auf Bilderkennung

Dieser Teil gibt eine Einführung in überwachtes Lernen. Innerhalb von nur zwei Kapiteln werden wir ein erstes Machine-Learning-System programmieren, das wir anschließend Schritt für Schritt weiterentwickeln, bis es leistungsfähig genug ist, um handgeschriebene Ziffern zu erkennen.

Ja, Sie haben richtig gelesen: Auf den nächsten *etwa 100 Seiten* werden wir ein Programm zur Bilderkennung schreiben. Was noch besser ist: Wir werden dazu keine Machine-Learning-Bibliothek verwenden. Abgesehen von einigen Allzweckfunktionen für arithmetische Berechnungen und grafische Darstellung schreiben wir den ganzen Code selbst.

Es ist sehr unwahrscheinlich, dass Sie in Ihrer zukünftigen Karriere jemals Machine-Learning-Algorithmen von Grund auf selbst schreiben müssen. Aber es einmal zu tun, um die Grundlagen richtig zu verstehen, ist von unschätzbarem Wert. Sie werden genau wissen, was jede einzelne Zeile des fertigen Programms tut. Danach wird Machine Learning für Sie nie wieder wie schwarze Magie wirken.

1
Einführung in Machine Learning

Softwareentwickler erzählen sich gern Veteranengeschichten. Sobald ein paar von uns in einer Kneipe zusammensitzen, fragt einer: »An was für Projekten arbeitet ihr gerade?« Dann nicken wir heftig und hören uns die amüsanten und teilweise furchtbaren Geschichten der anderen an.

Bei einem dieser abendlichen Geplänkel Mitte der 90er erzählte mir eine Freundin von dem unmöglichen Auftrag, an dem sie gerade arbeitete. Ihre Vorgesetzten wünschten sich von ihr ein Programm, das Röntgenaufnahmen analysieren und dadurch Krankheiten erkennen konnte, etwa eine Lungenentzündung.

Meine Freundin warnte die Geschäftsleitung vor, dass das ein hoffnungsloses Unterfangen sei, aber man wollte ihr nicht glauben. Wenn ein Radiologe das leisten konnte, so argumentierten die Manager, warum dann nicht auch ein Visual-Basic-Programm? Sie stellten ihr sogar einen Radiologen zur Seite, damit sie lernte, wie er vorging, und dies in Code umsetzen konnte. Diese Erfahrung bestärkte sie jedoch nur in ihrer Meinung, dass Radiologie menschliches Urteilsvermögen und menschliche Intelligenz erforderte.

Wir lachten über die Sinnlosigkeit dieser Aufgabe. Ein paar Monate später wurde das Projekt aufgegeben.

Doch kehren wir nun in die Gegenwart zurück. 2017 veröffentlichte ein Forschungsteam der Stanford University einen Algorithmus, um Lungenentzündung anhand von Röntgenbildern zu erkennen.[1] Er erfüllte nicht nur seine Aufgabe, sondern war sogar zuverlässiger als ein professioneller Radiologe. Das hatte als unmöglich gegolten. Wie hatten die Forscher es geschafft, diesen Code zu schreiben?

Die Antwort lautet: gar nicht. Anstatt Code zu schreiben, setzten sie Machine Learning ein. Sehen wir uns an, was das bedeutet.

Programmierung und Machine Learning im Vergleich

Das folgende Beispiel zeigt den Unterschied zwischen Machine Learning (oder kurz ML) und gewöhnlicher Programmierung. Stellen Sie sich vor, Sie sollen ein Programm erstellen, das Videospiele spielt. Bei der traditionellen Programmierung würden Sie dazu Code wie den folgenden schreiben:

```
enemy = get_nearest_enemy()
if enemy.distance() < 100:
  decelerate()
  if enemy.is_shooting():
    raise_shield()
  else:
    if health() > 0.25:
      shoot()
    else:
      rotate_away_from(enemy)
else:
  # ... und noch viel mehr Code
```

Und so weiter. Der Großteil des Codes würde aus einer Riesenmenge von `if...else`-Anweisungen vermischt mit Befehlen wie `shoot()` bestehen.

Moderne Sprachen bieten uns zwar Möglichkeiten, diese hässlichen, verschachtelten `if`-Anweisungen durch angenehmere Konstruktionen wie Polymorphismus, Mustererkennung oder ereignisgestützte Aufrufe zu ersetzen, aber das Grundprinzip der Programmierung bleibt unverändert: Sie sagen dem Computer, wonach er Ausschau halten und was er tun soll. Dabei müssen Sie jede mögliche Bedingung aufführen und jede mögliche Aktion definieren.

Mit dieser Vorgehensweise sind wir weit gekommen, aber sie hat auch einige Nachteile. Erstens dürfen Sie nichts auslassen. Wahrscheinlich können Sie sich Dutzende oder gar Hunderte von besonderen Situationen vorstellen, die Sie in dem Videospielprogramm berücksichtigen müssen. Was geschieht, wenn sich ein Gegner nähert, sich aber ein Power-up zwischen Ihnen und ihm befindet, das Sie vor

1. *news.stanford.edu/2017/11/15/algorithm-outperforms-radiologists-diagnosing-pneumonia*

seinen Schüssen schützen kann? Ein menschlicher Spieler wird eine solche Situation schnell erkennen und zu seinem Vorteil nutzen. Kann ein Programm das auch? Das hängt ganz von dem Programm ab. Wenn Sie diesen Sonderfall beim Schreiben des Codes berücksichtigt haben, dann kann das Programm damit umgehen. Allerdings wissen wir, wie schwer es ist, selbst in so eng umrissenen Aufgabenfeldern wie der Buchhaltung jegliche Sonderfälle abzudecken. Wenn Sie sämtliche Sonderfälle auf so komplexen Gebieten wie dem Spielen von Videospielen, dem Fahren eines Lkw oder dem Erkennen eines Bilds auflisten wollen, kann ich Ihnen dazu nur viel Glück wünschen.

Es reicht aber nicht nur, all diese Fälle aufzulisten; Sie müssen auch wissen, wie Sie dabei jeweils eine Entscheidung fällen. Das ist die zweite große Einschränkung bei der Programmierung, die in manchen Fachgebieten schon das Aus bedeutet. Betrachten Sie zum Beispiel eine Aufgabe aus dem Bereich des *maschinellen Sehens* wie das bereits erwähnte Erkennen einer Lungenentzündung anhand einer Röntgenaufnahme.

Wir wissen nicht *genau*, wie ein Radiologe eine Lungenentzündung erkennt. Wir haben zwar eine grobe Vorstellung davon, dass er nach undurchsichtigen Bereichen sucht, aber wir wissen nicht, wie sein Gehirn solche undurchsichtigen Bereiche erkennt und bewertet. Manchmal kann ein solcher Experte selbst nicht erklären, wie er zu der Diagnose gekommen ist, sondern nur vage Begründungen geben wie: »Ich weiß aus Erfahrung, dass eine Lungenentzündung nicht so aussieht.« Da wir nicht wissen, wie solche Entscheidungen ablaufen, können wir einen Computer auch nicht anweisen, sie zu fällen. Dieses Problem stellt sich bei allen typisch menschlichen Aufgaben, etwa dem Verkosten von Bier oder dem Verstehen eines Satzes.

Machine Learning dagegen stellt das Prinzip der traditionellen Programmierung auf den Kopf: Der Computer erhält keine *Anweisungen*, sondern *Daten*, und wird aufgefordert, selbst herauszufinden, was er tun soll.

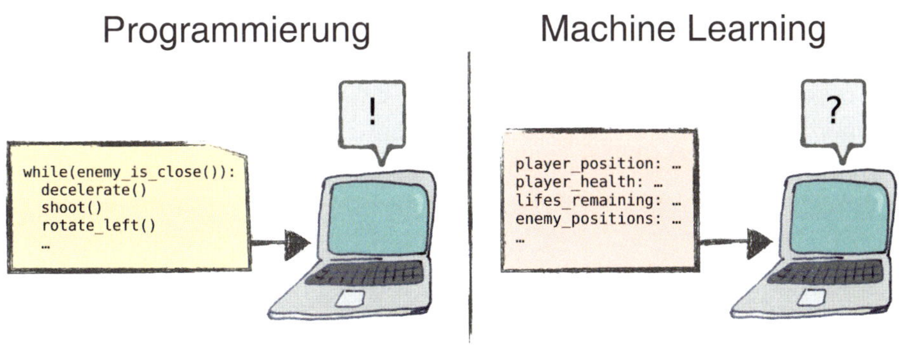

Dass der Computer selbst etwas herausfinden soll, klingt wie Wunschdenken. Allerdings gibt es tatsächlich einige Möglichkeiten, um das zu erreichen. Für alle diese Vorgehensweisen ist nach wie vor die Ausführung von Code erforderlich, allerdings ist dieser Code im Gegensatz zur herkömmlichen Programmierung keine schrittweise Anleitung, um das vorliegende Problem zu lösen. Beim Machine Learning teilt der Code dem Computer mit, wie er die Daten verarbeiten soll, um das Problem selbst zu lösen.

Betrachten wir als Beispiel wieder einen Computer, der herausfinden soll, wie man ein Videospiel spielt. Stellen Sie sich einen Algorithmus vor, der durch Versuch und Irrtum zu spielen lernt. Zu Anfang gibt er zufällige Befehle: schießen, bremsen, drehen usw. Er merkt sich, wann die Befehle zum Erfolg führen, etwa zu einem höheren Punktestand, aber auch, wann sie in einem Fehlschlag wie dem Tod der Spielfigur resultieren. Außerdem registriert er den Spielzustand: wo sich die Gegner, die Hindernisse und die Power-ups befinden, wie viele Gesundheitspunkte die Figur hat usw.

Wenn der Algorithmus später einem ähnlichen Spielzustand begegnet, wird er mit höherer Wahrscheinlichkeit erfolgreiche Aktionen durchführen. Eine Vielzahl solcher Trial-and-Error-Durchläufe kann aus dem Programm einen fähigen Spieler machen. Mit dieser Vorgehensweise erreichte ein System im Jahr 2013 geradezu übermenschliche Fähigkeiten bei einer Reihe alter Atari-Spiele.[2]

Diese Form von ML wird als *bestärkendes Lernen* oder *Reinforcement Learning* bezeichnet. Es funktioniert fast genauso wie Hundetraining: »Gutes« Verhalten wird belohnt, sodass der Hund es häufiger an den Tag legt. (Ich habe das auch mit meiner Katze versucht, aber bislang ohne Erfolg.)

Reinforcement Learning ist jedoch nur eine Möglichkeit, mit der ein Computer die Lösung eines Problems herausfinden kann. Der Schwerpunkt dieses Buchs liegt dagegen auf einer anderen Form von Machine Learning, nämlich der wahrscheinlich am häufigsten verwendeten. Sehen wir uns das genauer an.

Überwachtes Lernen

Unter den verschiedenen Ansätzen des ML hat das *überwachte Lernen* (*Supervised Learning*) bisher die beeindruckendsten Ergebnisse hervorgebracht. Damit lassen sich auch Aufgaben wie die Diagnose einer Lungenentzündung lösen.

Ausgangspunkt des überwachten Lernens ist eine Reihe von *Beispielen*, die jeweils mit *Labels* versehen sind, aus denen der Computer etwas lernen kann:

2. *deepmind.com/research/publications/playing-atari-deep-reinforcement-learning*

Zweck	Beispiel	Label
Ein System, das aus dem Bellen eines Hundes die Hunderasse bestimmt	`.wav`-Datei mit Hundegebell	Die Hunderasse, also etwa »Windhund«, »Beagle« usw.
Ein System, das eine Lungenentzündung erkennen kann	Röntgenaufnahme	Ein boolesches Flag: 1, wenn die Aufnahme eine Lungenentzündung zeigt, anderenfalls 0
Ein System, das die Einnahmen einer Eisdiele anhand des Wetters vorhersagt	Aufgezeichnete Temperaturen an einem vergangenen Tag	Die aufgezeichneten Einnahmen an diesem Tag
Ein System, das erkennt, welche Stimmung der Tweet eines Politikers vermittelt	Ein Tweet	Eine Stimmung wie »entrüstet«, »verärgert« oder »wütend«

Wie Sie sehen, können als Beispiele viele verschiedene Dinge genutzt werden: Daten, Text, Klänge, Videos usw. Es gibt auch zwei Arten von Labels: *Numerische Labels* sind einfach nur Zahlen, wie es etwa bei dem Temperatur-Eisdielenumsätze-Umrechner der Fall ist. *Kategorielabels* dagegen stehen wie bei dem Hunderassendetektor für eine Kategorie (oder Klasse) aus einer vordefinierten Menge. Wenn Sie Ihre Fantasie spielen lassen, werden Ihnen noch viele weitere Möglichkeiten einfallen, um etwas – seien es Zahlen oder Kategorien – aus etwas anderem zu bestimmen.

Nehmen wir an, dass wir bereits eine Reihe solcher Beispiele mit Labels zusammengestellt haben. Daran schließen sich nun die beiden folgenden Phasen des überwachten Lernens an:

1. In der ersten Phase speisen wir die mit Labeln gekennzeichneten Beispiele in einen Algorithmus ein, der Muster erkennen kann. Ein solcher Algorithmus kann beispielsweise bemerken, dass alle Aufnahmen, die eine Lungenentzündung zeigen, gemeinsame Merkmale aufweisen, etwa undurchsichtige Bereiche, die in den Aufnahmen ohne Lungenentzündung nicht zu finden sind. Dies ist die sogenannte *Trainingsphase*, in der der Algorithmus die Beispiele immer wieder durchsieht, um zu lernen, solche Muster zu erkennen.
2. Wenn der Algorithmus weiß, wie eine Lungenentzündung aussieht, gehen wir zur *Vorhersagephase* über, in der wir die Früchte unserer Arbeit ernten. Wir zeigen dem trainierten Algorithmus eine Röntgenaufnahme *ohne Label*, woraufhin uns der Algorithmus sagt, ob sie Anzeichen einer Lungenentzündung aufweist oder nicht.

Auch das folgende System zur Erkennung von Tierarten ist ein Beispiel für überwachtes Lernen. Hier sind die einzelnen Eingaben die Bilder von Tieren mit der Angabe der Art als Label. In der Trainingsphase zeigen wir dem Algorithmus Bilder mit Labels und in der Vorhersagephase Bilder ohne Labels, wobei der Algorithmus die Labels rät:

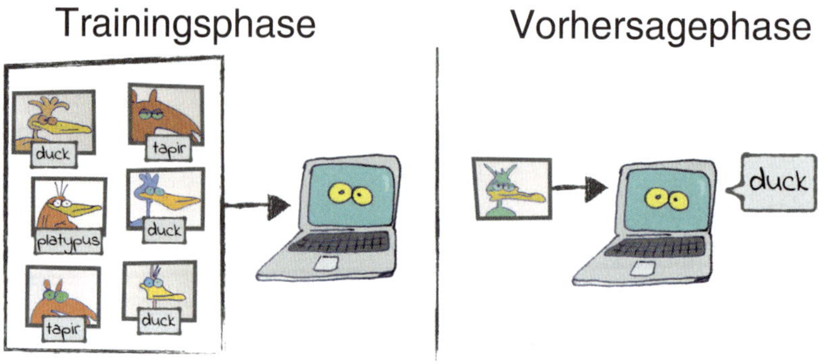

Ich habe bereits gesagt, dass der Computer beim Machine Learning etwas aus den Daten »herausfindet«. Das überwachte Lernen ist ein Beispiel eines solchen Vorgangs. Bei der herkömmlichen Programmierung führen Sie den Computer mit Ihrem Code von der Eingabe zur Ausgabe. Beim überwachten Lernen dagegen stellen Sie dem Computer Beispiele von Ein- und Ausgaben zur Verfügung, anhand derer er selbst herausfindet, wie er von den einen zu den anderen kommt.

Möglicherweise hat dieser grobe Überblick über das überwachte Lernen mehr Fragen aufgeworfen als beantwortet. Wir haben gesagt, dass ein Programm zum überwachten Lernen Muster und gemeinsame Merkmale in den Daten »erkennt«. Aber wie macht es das? Schauen wir uns also genauer an, wie dieses Zauberkunststück tatsächlich funktioniert.

Die Mathematik hinter dem Zaubertrick

Um die Beziehung zwischen Daten und ihren Labels zu erkennen, nutzt ein System zum überwachten Lernen das mathematische Prinzip der *Näherungsfunktion* aus. Sehen wir uns an einem konkreten Beispiel an, was das bedeutet.

Nehmen wir an, Sie haben eine Solaranlage auf Ihrem Dach und wollen ein System zum überwachten Lernen konstruieren, das lernt, in welchem Maße diese Anlage Energie erzeugt, und die in Zukunft generierten Energiemengen vorhersagen kann.

Der Ertrag einer Solaranlage hängt von verschiedenen Variablen ab, darunter der Tageszeit, dem Wetter usw. Besonders wichtig scheint die Tageszeit zu sein, weshalb Sie sich darauf konzentrieren. In der typischen Vorgehensweise für überwachtes Lernen sammeln Sie Beispiele für die an verschiedenen Tageszeiten produzierte Energie. Nach einigen Wochen, in denen Sie zufällige Stichproben aufgenommen haben, liegt Ihnen die folgende Tabelle vor:

Uhrzeit	Energie (Wattstunden)
09:01	153
11:48	280
05:20	0

... usw.

Jede Zeile dieser Tabelle ist ein Beispiel, das jeweils aus einer *Eingabevariablen* (der Uhrzeit) und einem *Label* (der produzierten Energie) besteht. Das ist genauso wie bei dem System zum Erkennen von Tieren, bei denen ein Bild als Eingabe diente und der Name des Tiers als Label angegeben wurde.

Wenn Sie die Beispiele wie folgt in ein Diagramm einzeichnen, können Sie unmittelbar ablesen, in welchem Zusammenhang die Uhrzeit zur produzierten Energie steht:

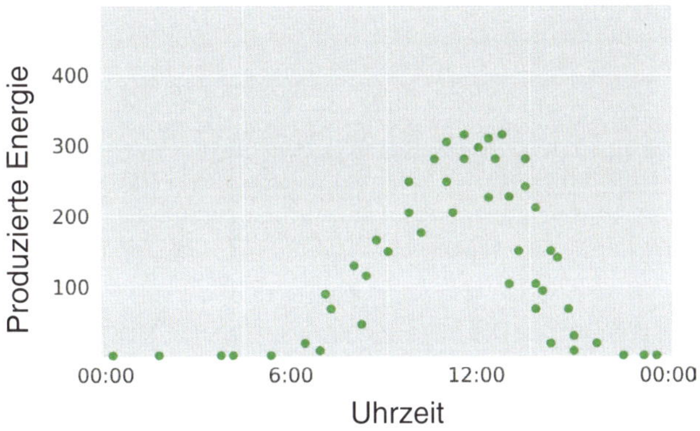

Unser menschliches Gehirn erkennt auf den ersten Blick, dass die Solaranlage nachts keine Energie produziert und dass der Ertrag um die Mittagszeit einen Spitzenwert annimmt. Einem System zum überwachten Lernen fehlt eine Luxuseinrichtung wie unser Gehirn, allerdings kann es die Daten verstehen, indem es sie durch eine Funktion annähert, wie Sie im folgenden Diagramm sehen:

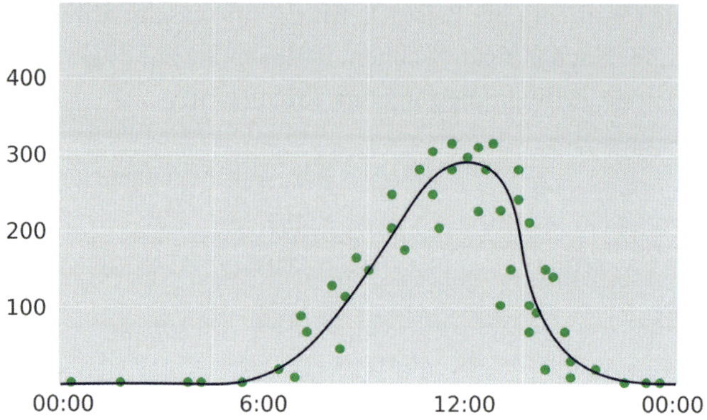

Die passende Näherungsfunktion zu den Beispielen zu finden, ist der schwierige Teil. Dies ist, was ich früher als »Trainingsphase« bezeichnet habe. Die anschließende Vorhersagephase dagegen ist einfach: Das System kümmert sich dann nicht mehr um die Beispiele, sondern nutzt die Funktion, um die von der Solaranlage produzierte Energie vorherzusagen, etwa zur Mittagszeit an beliebigen Tagen:

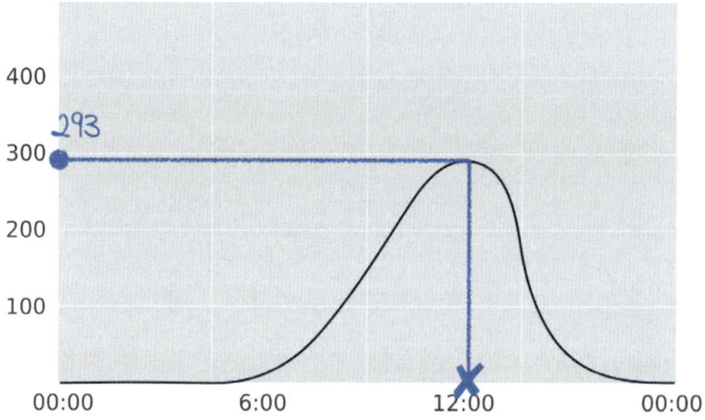

Das war es, was ich weiter vorn mit der Aussage meinte, beim überwachten Lernen werde das Prinzip der Näherungsfunktion genutzt: Das System erhält reale Daten, die gemeinhin unsauber und unvollständig sind. In der Trainingsphase nähert es diese komplizierten Daten durch eine relativ einfache Funktion an, die es dann in der Vorhersagephase nutzt, um unbekannte Daten zu prognostizieren.

Als Programmierer sind Sie es gewohnt, an all die verschiedenen Dinge zu denken, die schiefgehen können. Wahrscheinlich sind Ihnen deshalb bereits zahlreiche Möglichkeiten eingefallen, um unser Beispiel komplizierter zu machen. Erstens hängt der Ertrag einer Solaranlage noch von anderen Variablen ab als der Uhrzeit, etwa der Bewölkung und der Jahreszeit. Wenn wir auch diese Variablen erfassen, haben wir eine mehrdimensionale Wolke aus Datenpunkten, die wir nicht mehr in einem Diagramm wie dem vorherigen grafisch darstellen können. Außerdem wollen wir im Fall unserer Solaranlage ein *numerisches* Label voraussagen. Wahrscheinlich fragen Sie sich, wie sich die hier gezeigte Methode auch für nicht numerische Labels wie Tiernamen, also für *Kategorielabels*, umsetzen lässt.

All diese Dinge werden wir uns in diesem Buch noch ansehen. Für den Augenblick wollen wir jedoch nur festhalten, dass das Grundprinzip des überwachten Lernens unabhängig von allen zusätzlichen Komplikationen der hier gegebenen Beschreibung folgt: Wir gehen von einer Reihe von Beispielen aus und suchen eine Näherungsfunktion dafür.

Moderne Systeme für überwachtes Lernen sind sehr gut darin, diese Annäherung vorzunehmen. Sie können selbst komplizierte Beziehungen wie die zwischen Röntgenbildern und einer medizinischen Diagnose annähern. Die Annäherungsfunktion dafür sieht für Menschen zwar wahnsinnig kompliziert aus, ist für solche Systeme aber nichts Ungewöhnliches.

Und das ist auch schon kurz und bündig, worum es beim überwachten Lernen geht. Die Einzelheiten ... nun, die sehen wir uns im Verlaufe dieses Buchs an. Im Folgenden wollen wir daher unsere Computer einrichten, damit wir mit dem Programmieren beginnen können.

Und was ist mit unüberwachtem Lernen?

Es gibt verschiedene Spielarten des Machine Learning. In den meisten Lehrbüchern werden drei erwähnt: bestärkendes Lernen (Reinforcement Learning), überwachtes Lernen (Supervised Learning) und als dritte Variante das *unüberwachte Lernen* (*Unsupervised Learning*). Wir haben zur Einführung in die Grundlagen von ML Reinforcement Learning herangezogen und werden uns im Rest dieses Buchs mit überwachtem Lernen beschäftigen. Was aber ist unüberwachtes Lernen?

Theoretisch besteht der Unterschied zwischen überwachtem und unüberwachtem Lernen darin, dass die Beispieldaten in letzterem Fall keine Labels haben. In der Praxis hat unüberwachtes Lernen jedoch nicht viel mit unserer üblichen Vorstellung von »Lernen« zu tun, sondern wirkt eher wie eine äußerst anspruchsvolle Art von Datenverarbeitung.

Als Beispiel für unüberwachtes Lernen stellen Sie sich vor, dass Sie Marktforschung für einen Onlineshop betreiben und dabei alle Daten über die Kunden vorliegen haben: wie viel sie ausgeben, wie oft sie den Shop besuchen usw. Ein Algorithmus für unüberwaches Lernen kann Ihnen helfen, sinnvolle Zusammenhänge aus diesen Daten abzulesen, indem er ähnliche Kunden zu Gruppen zusammenfasst – ein Vorgang, der als *Clustering* bezeichnet wird.

Unüberwachtes Lernen kann sehr praktisch sein, steht heutzutage aber nicht so sehr im Rampenlicht wie die anderen Varianten von ML. Für dieses Buch musste ich mich auf ein Thema beschränken und habe mich deshalb auf überwachtes Lernen konzentriert.

Das System einrichten

Den ersten Teil dieses Buchs nimmt ein ML-Tutorial ein. Wir fangen dabei bei null an und haben am Ende ein funktionierendes Programm für maschinelles Sehen, das uns später als Ausgangspunkt dient, um die höheren Weihen zu empfangen: neuronale Netze in Teil II und Deep Learning in Teil III.

Am besten ist es, das Tutorial gleich bei der Lektüre durchzuarbeiten, also den angegebenen Quellcode auszuführen und die Übungsaufgaben zu lösen, die am Ende der meisten Kapitel stehen. Es ist jedoch auch möglich, erst alles zu lesen, um sich einen Überblick zu verschaffen, und erst dann zur Tastatur zu greifen. Beide Vorgehensweisen sind geeignet, wobei Programmierer jedoch gewöhnlich die erste bevorzugen.

Es dauert auch nicht lange, Ihr System so einzurichten, dass Sie den angegebenen Code ausführen können. ML erfordert zwar gewöhnlich eine hohe Rechenleistung, doch der Code in diesem Buch läuft auch auf einem normalen Laptop sehr gut. Sie müssen lediglich etwas Software installieren.

Vor allem benötigen Sie Python, die am häufigsten für ML verwendete Sprache, in der auch die Beispiele in diesem Buch geschrieben sind. Machen Sie sich keine Sorgen, falls Sie noch nie in Python programmiert haben – Sie werden überrascht sein, wie gut lesbar diese Sprache ist. Wenn Sie Schwierigkeiten haben sollten, den Python-Code zu verstehen, lesen Sie Anhang 1, »*Grundlagen von Python*«. Darin erfahren Sie alles, was Sie für dieses Buch benötigen.

Hinweis für erfahrene Pythonistas

Wenn Sie sich mit Python auskennen, werden Sie bemerken, dass der Code in diesem Buch teilweise von den üblichen Konventionen abweicht. Beispielsweise habe ich bewusst auf einige sprachspezifische Konstruktionen wie die Listennotation verzichtet, die den Code für Einsteiger unnötig kompliziert machen. In demselben Bemühen, mich möglichst verständlich auszudrücken, verwende ich auch manche Fachbegriffe etwas lockerer, z. B. »Funktion« statt »Methode«. Für meine Verstöße gegen die Python-Etikette möchte ich mich bereits im Voraus entschuldigen.

Fangen wir an! Als Erstes müssen Sie prüfen, ob Python bei Ihnen installiert ist. Führen Sie folgenden Befehl aus:

```
python3 --version
```

Wenn Sie Python 3 nicht haben, dann beschaffen Sie es sich, bevor Sie weiterlesen. In Anhang 1, »*Grundlagen von Python*«, erfahren Sie, wie Sie die Sprache installieren.

Achtung: Auf manchen Systemen können Sie Python 3 auch mit `python` ohne die angehängte `3` ausführen, während dieser Befehl auf anderen Systemen stattdessen Python 2 ausführt. Um Verwirrung und mysteriöse Fehler aufgrund der Verwendung einer älteren Python-Version zu verhindern, sollten Sie immer den Befehl `python3` verwenden.

Wenn Sie die Sprache installiert haben, müssen wir noch ein Wort über die Bibliotheken verlieren. Für den Anfang benötigen Sie drei davon. An erster Stelle steht dabei NumPy, eine Bibliothek für wissenschaftliche Berechnungen. Außerdem verwenden wir zwei Bibliotheken zur Ausgabe von Diagrammen. Matplotlib ist der De-facto-Standard für Diagramme in Python. Seaborn baut auf Matplotlib auf und dient vor allem dazu, Diagrammen ein angenehmes Erscheinungsbild zu verleihen.

Um diese Bibliotheken zu installieren, können Sie entweder `pip` verwenden, den offiziellen Paketmanager von Python, oder Conda, einen anspruchsvollen Umgebungsmanager, der insbesondere im Umfeld von ML sehr beliebt ist. Im Abschnitt »*Pakete mit Conda installieren*« auf *Seite 340* werden die Unterschiede zwischen `pip` und Conda genauer beleuchtet. Im Zweifelsfall nehmen Sie `pip`.

Zur Installation der Bibliotheken mit `pip` führen Sie die folgenden Befehle aus:

```
pip3 install numpy==1.15.2
pip3 install matplotlib==3.1.2
pip3 install seaborn==0.9.0
```

Das war es auch schon! Wenn Sie lieber Conda verwenden, richten Sie sich nach den Anweisungen in der Datei `readme.txt`, die Sie im Wurzelverzeichnis des Quellcodes finden.

Schließlich brauchen Sie auch noch eine Programmierumgebung. In vielen ML-Tutorials wird Jupyter Notebook verwendet, womit Sie den Code im Browser bearbeiten und ausführen können. Für die Beispiele in diesem Buch ist es jedoch nicht unbedingt erforderlich, Jupyter Notebook einzusetzen. Als Entwickler sind Sie ja schon damit vertraut, Programme zu schreiben und auszuführen. Nutzen Sie also einfach den Texteditor oder die IDE Ihrer Wahl. Für den Fall, dass Sie Jupyter bereits kennen und verwenden, finden Sie im Verzeichnis `notebooks` die Jupyter-Version des Codes zu diesem Buch.

Gehen wir die Liste noch einmal durch: Sie haben Python, drei wichtige Bibliotheken und Ihren bevorzugten Editor. Mehr brauchen Sie nicht, um anfangen zu können.

Als Nächstes wollen wir damit beginnen, ein Programm zu schreiben, das lernen kann.

Gewöhnen Sie sich an ML

Als Entwickler sind Sie es gewohnt, rasch zu lernen. Bei ML jedoch wagen Sie sich auf völlig neues Terrain vor. Ich will es nicht beschönigen: Die nächsten drei oder vier Kapitel sind schwer. Bei der Lektüre werden Sie sich womöglich wie ein blutiger Anfänger vorkommen, was zwar durchaus spannend, aber manchmal auch sehr frustrierend sein kann.

Ich kenne dieses Gefühl, aber ich kann Ihnen versichern, dass es sich lohnt, diese Hürden zu überwinden. Ich kann mich noch gut daran erinnern, wie faszinierend es war, als ich zum ersten Mal ein Machine-Learning-Programm ausführte, das eine korrekte Vorhersage machte. Halten Sie durch, und schon bald werden auch Sie dieses Glücksgefühl erleben!

2

Ihr erstes ML-Programm

Willkommen zum ersten Schritt auf dem Weg des Machine Learning. In diesem Kapitel schreiben Sie ein winziges Programm für überwachtes Lernen. Es ist noch weit weg von unserem Ziel: der Bilderkennung. Ehrlich gesagt, hat es überhaupt nichts mit maschinellem Sehen zu tun. Allerdings werden wir den Code in den nächsten Kapiteln immer mehr verfeinern, bis er dazu geeignet ist, Bilder zu erkennen.

Die erste Version unseres Programms basiert auf der Technik der *linearen Regression*. Wie Sie im ersten Kapitel erfahren haben, geht es beim überwachten Lernen darum, Daten mit einer Funktion anzunähern. Bei der linearen Regression wird dafür die einfachste Funktion herangezogen, die überhaupt möglich ist: eine gerade Linie.

Trotz dieser Einfachheit sollten Sie die vor Ihnen liegende Aufgabe nicht unterschätzen. Um Ihnen eine Einführung in lineare Regression zu geben, werden in diesem Kapitel viele verschiedene Begriffe und Prinzipien erwähnt – so viele, dass Sie sich schon überfordert fühlen mögen. Auch wenn wir anscheinend nur ein kurzes Programm schreiben, legen wir doch in Wirklichkeit die Grundlage für tiefere Kenntnisse in ML. Was Sie hier lernen, werden Sie im ganzen Rest des Buchs und darüber hinaus brauchen können.

Fangen wir mit einer praktischen Aufgabe an.

Die Aufgabenstellung

Unser Freund Roberto führt eine gemütliche kleine Pizzeria in Florenz. Mittags sieht er sich immer die Anzahl der Reservierungen an und entscheidet auf dieser Grundlage, wie viel Pizzateig er für den Abend vorbereiten soll. Wenn er zu viel Teig macht, wird der Überschuss schlecht; wenn er zu wenig macht, geht irgendwann die Pizza aus. In beiden Fällen verliert er Geld.

Es ist jedoch nicht so einfach, die Anzahl der Pizzas aus den Reservierungen abzulesen, denn erstens reservieren viele Gäste keinen Tisch, und zweitens essen viele auch gar keine Pizza, sondern etwas anderes. Roberto weiß, dass es eine Beziehung zwischen den beiden Zahlen gibt, da er bei mehr Reservierungen gewöhnlich auch mehr Pizzas verkauft. Die genaue Beziehung kennt er jedoch nicht.

Roberto träumt von einem Programm, das sich die alten Daten anschaut, die Relation zwischen Reservierungen und Pizzas erkennt und damit aus den Reservierungen für den Abend die Pizzaverkäufe am selben Abend vorhersagen kann. Er bittet uns, ein solches Programm für ihn zu schreiben.

Pizzavorhersage mit überwachtem Lernen

Nach dem, was ich im Abschnitt »*Überwachtes Lernen*« auf *Seite 12* gesagt habe, können wir Robertos Pizzavorhersageproblem lösen, indem wir einen Algorithmus für überwachtes Lernen mit einer Reihe von mit Labels versehenen Beispielen trainieren. Wir bitten Roberto, uns die Zahlen der Reservierungen und Pizzaverkäufe einiger Tage als Beispiele mitzuteilen, und sammeln sie in einer Datei, deren erste Zeilen nun wie folgt aussehen:

02_first/pizza.txt

```
Reservierungen  Pizzas
13              33
2               16
14              32
23              51
```

Jede Zeile ist ein Beispiel mit der Anzahl der Reservierungen als Eingabevariable und der Anzahl der Pizzas als numerisches Label. Sobald wir einen Algorithmus haben, können wir ihn anhand dieser Beispiele trainieren. In der Vorhersagephase übergeben wir dann die Anzahl der Reservierungen an den Algorithmus, damit er die zugehörige Anzahl von Pizzas ausgibt.

Fangen wir mit den Zahlen an, wie es Datenwissenschaftler gewöhnlich tun.

Zusammenhänge in den Daten erkennen

Schon beim ersten Blick auf Robertos Beispiele können wir erkennen, dass es eine Korrelation zwischen den Reservierungen und der Anzahl der Pizzas gibt. Um uns das genauer anzusehen, starten wir (mit dem Befehl `python3`) eine Python-Shell.

Die Bibliothek NumPy enthält eine komfortable Funktion, um durch Weißraum getrennte Daten aus Text zu importieren:

```
import numpy as np
X, Y = np.loadtxt("pizza.txt", skiprows=1, unpack=True)
```

Die erste Zeile importiert die Bibliothek NumPy, und die zweite lädt die Daten aus der Datei `pizza.txt` mithilfe der NumPy-Funktion `loadtxt()`. Ich habe hier die Kopfzeile übersprungen und die beiden Spalten in die getrennten Arrays `X` und `Y` »entpackt«, wobei `X` die Werte der Eingabevariablen enthält und `Y` die Labels. Die Namen der Arrays sind Großbuchstaben. Das ist eine Python-Konvention, um anzuzeigen, dass eine Variable als Konstante behandelt werden soll.

Sehen wir uns nun die Daten an, um uns zu vergewissern, dass sie korrekt geladen wurden. Wenn Sie die Beispiele nachvollziehen wollen, starten Sie einen Python-Interpreter, geben die beiden zuvor gezeigten Zeilen ein und prüfen dann die ersten Elemente von `X` und `Y`:

```
X[0:5]   ⇛
[ 13. 2. 14. 23. 13.]   ⟪
Y[0:5])   ⇛
[ 33. 16. 32. 51. 27.]   ⟪
```

Das sind die Zahlen aus Robertos Datei, allerdings ist es schwer, irgendwelche Zusammenhänge darin zu erkennen. In einem Diagramm werden die Beziehungen jedoch klarer:

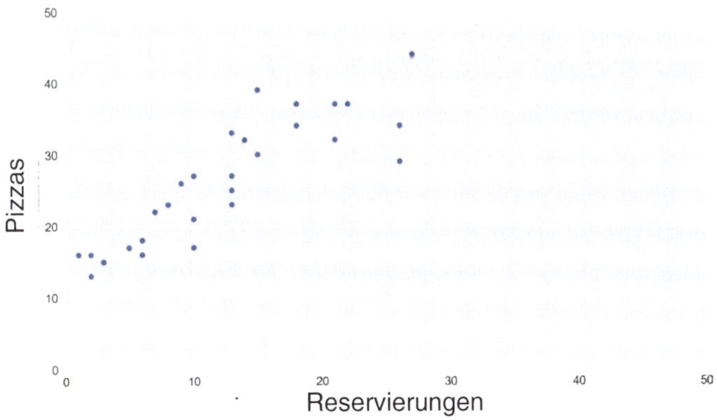

Jetzt springt die Korrelation ins Auge: Je mehr Reservierungen, umso mehr Pizzas werden verkauft. Um der Wahrheit die Ehre zu geben: Ein Statistiker würde uns dafür schelten, dass wir aus einer Handvoll flüchtig zusammengesuchter Daten solche Schlussfolgerungen ziehen. Allerdings ist dies hier nicht als Forschungsprojekt gedacht. Ignorieren wir also unseren inneren Statistiker und schreiben wir stattdessen unser Pizzavorhersageprogramm.

Der Diagrammcode

Der Code für das vorstehende Diagramm sieht übrigens wie folgt aus:

02_first/plot.py

```
import numpy as np
import matplotlib.pyplot as plt
import seaborn as sns

sns.set()                              # Aktiviert Seaborn
plt.axis([0, 50, 0, 50])               # Skaliert Achsen (0 bis 50)
plt.xticks(fontsize=15)                # Legt Teilstriche der x-Achse fest
plt.yticks(fontsize=15)                # Legt Teilstriche der y-Achse fest
plt.xlabel("Reservations", fontsize=30)  # Legt Beschriftung der x-Achse
                                         fest
plt.ylabel("Pizzas", fontsize=30)      # Legt Beschriftung der y-Achse fest
X, Y = np.loadtxt("pizza.txt", skiprows=1, unpack=True) # Lädt Daten
plt.plot(X, Y, "bo")                   # Stellt Daten im Diagramm dar
plt.show()                             # Zeigt das Diagramm an
```

Neben NumPy nutzt der vorstehende Code noch zwei andere Bibliotheken, nämlich Matplotlib, um das Diagramm zu zeichnen, und Seaborn, um das Erscheinungsbild des Diagramms zu verbessern. Die Funktion `plot()` stellt die Beispiele als blaue Kreise dar (`'bo'`), und der Rest des Codes richtet die Achsen ein, lädt die Datenpunkte und zeigt sie an. Wenn Sie wollen, können Sie dieses Programm auch selbst mit `python3 plot.py` ausführen.

Mit dem Diagrammcode müssen Sie sich jetzt nicht befassen, aber früher oder später werden Sie selbst ähnlichen Code schreiben. Sie können ja einen verregneten Nachmittag dafür reservieren, sich in die Grundlagen von Matplotlib und Seaborn einzuarbeiten, oder die Einzelheiten nach Bedarf Stück für Stück lernen.

Im weiteren Verlauf werde ich den Code zum Erstellen der Diagramme nicht mehr angeben. Sie finden ihn aber im Quellcode zu diesem Buch.

Eine lineare Regression programmieren

Unser Ziel besteht darin, ein Programm zu schreiben, dass die Anzahl der Pizzas aus der Anzahl der Reservierungen berechnet. Dabei soll dieses Programm der Vorgehensweise folgen, die wir im Abschnitt »*Die Mathematik hinter dem Zaubertrick*« auf *Seite 14* besprochen haben: In der Trainingsphase soll es die Daten durch eine Funktion annähern und in der Vorhersagephase die Anzahl der Pizzas aus dieser Funktion schließen.

Eine solche Näherungsfunktion für eine Datenmenge zu finden, ist im Allgemeinen harte Arbeit. Allerdings haben wir in unserem Fall das Glück, dass die Datenpunkte so ausgerichtet sind, dass wir sie durch eine besonders einfache Funktion annähern können, nämlich eine Gerade.

Wie aber sieht diese Gerade aus? Für den Anfang wählen wir wie im folgenden Diagramm gezeigt eine Gerade aus, die durch den Ursprung verläuft, da dies die Sache einfacher macht.

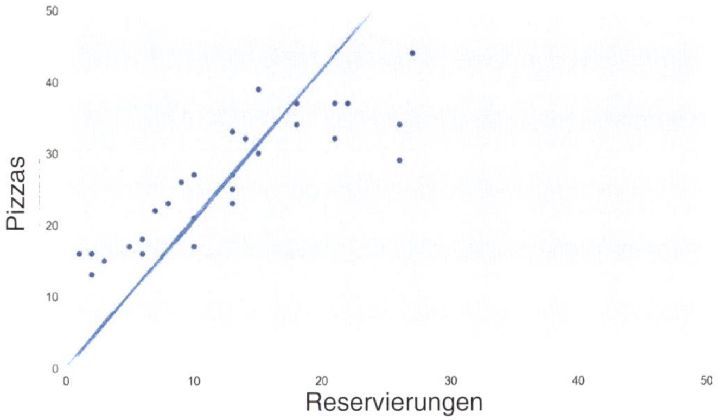

Wenn wir die Gerade bestimmt haben, ist die Trainingsphase beendet. Die Gerade ist unser *Modell* der Relation zwischen Reservierungen und Pizzas.

Anschließend können wir zur Vorhersagephase übergehen, in der wir die Gerade dazu heranziehen, das Label zu einer gegebenen Eingabevariablen vorherzusagen, also etwa anzugeben, wie viele Pizzas wir bei 20 Reservierungen zu verkaufen erwarten können. Um diese Frage zu beantworten, habe ich von dem Punkt `x = 20` auf der Achse der Reservierungen eine senkrechte Linie nach oben bis zu der Geraden eingezeichnet und bin von dem Kreuzungspunkt aus nach links zur Pizzaachse gegangen, wo ich beim Punkt `y = 42` gelandet bin:

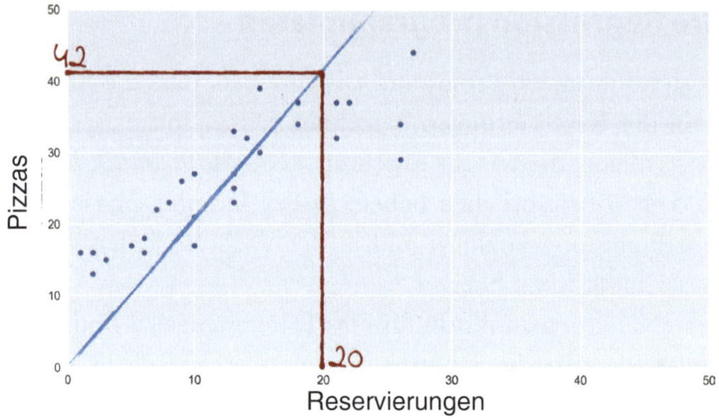

Da haben wir das Ergebnis: Bei 20 Reservierungen können wir etwa 42 Pizzabestellungen erwarten.

Diese Methode wurde von Statistikern lange schon genutzt, bevor es überwachtes Lernen gab. Sie wird als *lineare Regression* bezeichnet. »Regression« ist der statistische Begriff dafür, die Relation zwischen zwei Variablen zu finden, und da wir hier keine Kurve, sondern eine gerade Linie verwenden, ist diese Regression »linear«.

Zusammengefasst läuft überwachtes Lernen mit linearer Regression also wie folgt ab:

1. *Trainingsphase:* Wir bestimmen eine Gerade, die die Beispiele annähert.
2. *Vorhersagephase:* Wir sagen anhand dieser Geraden das Label zu einer gegebenen Eingabevariablen voraus.

Natürlich lässt sich nicht jede Relation durch eine gerade Linie annähern. Wenn sich unsere Beispiele entlang einer Kurve verteilen oder gar keine erkennbare Form bilden, können Sie diese einfache Methode nicht nutzen. Robertos Beispiele haben jedoch grob einen linearen Verlauf, weshalb die lineare Regression für unsere vorliegende Aufgabe gut genug ist.

Als Nächstes müssen wir die lineare Regression in Code umsetzen.

Das Modell definieren

Um die lineare Regression in ausführbaren Code zu übersetzen, brauchen wir eine Möglichkeit, um eine Gerade numerisch darzustellen. Dazu brauchen wir etwas Mathematik.

Eine Gerade durch den Ursprung wird durch folgende Gleichung beschrieben:

```
y = x * w
```

Vielleicht kennen Sie diese Gleichung noch aus der Schulzeit. Jede Gerade, die durch den Ursprung verläuft, ist durch einen einzigen Wert eindeutig bestimmt. Ich habe diesen Wert hier `w` für *weight* (Gewicht) genannt, aber Sie können ihn sich auch als *Steigung* der Geraden vorstellen. Je größer `w`, umso steiler die Gerade. Betrachten Sie dazu den folgenden Graphen:

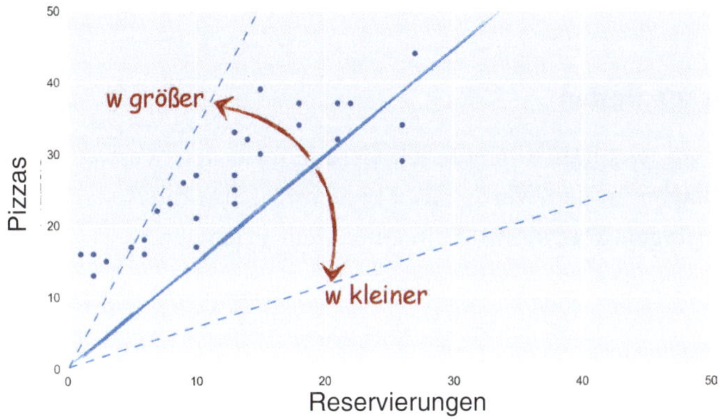

Bevor wir weitermachen, möchte ich die Gleichung noch einmal umschreiben:

```
ŷ = x * w
```

Ich habe das Symbol `y` hier durch `ŷ` (sprich: Ypsilon-Dach) ersetzt, um Verwechselungen mit den `y`-Werten aus Robertos Datei zu vermeiden. Beide Symbole stehen für die Anzahl der Pizzas, aber es gibt einen wichtigen Unterschied zwischen ihnen: `ŷ` ist unsere Vorhersage dafür, wie viele Pizzas wir zu verkaufen erwarten, wohingegen es sich bei `y` um Labels aus Beobachtungen der Realität handelt, also das, was beim Machine Learning als *Grundwahrheit* bezeichnet wird.

Kommen wir nach dieser kurzen Abschweifung zur Schreibweise wieder zu dem entscheidenden Punkt zurück: `w` ist eine Konstante, die die Gerade beschreibt. Anders ausgedrückt ist `w` alles, was wir brauchen, um die Gerade im Code darzustellen.

Damit können wir nun also den Code schreiben. Wir beginnen dabei mit der Vorhersagephase, da sie einfacher ist als die Trainingsphase. Letztere werden wir im Anschluss angehen.

Mathematischer Hintergrund: Lineare Gleichungen

Wenn Sie mit einer Gleichung wie `y = x * w` nichts anzufangen wissen, können Sie sich die Videos der Khan Academy zu linearen Gleichungen ansehen.[1] Diese Videos behandeln jedoch viel mehr Stoff, als Sie zur Lektüre dieses Buchs benötigen, weshalb Sie sich nicht alle ansehen müssen.

Eine Vorhersage treffen

Nehmen wir an, wir haben bereits die Gerade (also den Wert `w`) und wollen auf deren Grundlage nun den Wert $\hat{y}$ aus `x` berechnen, also die Anzahl der Pizzas aus den Reservierungen. Das lässt sich in einer Zeile erledigen:

02_first/linear_regression.py

```
def predict(X, w):
    return X * w
```

Die Funktion `predict()` sagt die Anzahl der Pizzas aus den Reservierungen voraus. Genauer gesagt nimmt sie die Eingabevariable und das Gewicht entgegen und berechnet daraus $\hat{y}$.

Diese kurze Funktion ist viel leistungsfähiger, als sie scheint. Vor allem kann `X` nicht nur eine einzelne Zahl, sondern ein ganzes Array mit Reservierungen sein. NumPy hat einen eigenen Arraytyp, der *Broadcast-Operationen* ermöglicht: Wenn wir ein Reservierungsarray mit `w` multiplizieren, so multipliziert NumPy jedes Element dieses Arrays mit `w` und gibt ein Array mit den vorhergesagten Pizzaverkaufsmengen zurück. Das ist eine praktische Möglichkeit, um mehrere Vorhersagen auf einmal durchzuführen.

Zu Anfang dieses Abschnitts haben wir von Hand Linien in den Graphen eingezeichnet, um von der Anzahl der Reservierungen zur Anzahl der Pizzas zu kommen. Die Funktion `predict()` erledigt den gleichen Vorgang, allerdings viel genauer. Wie viele Pizzas können wir bei 20 Reservierungen zu verkaufen erwarten? Nehmen wir an, unsere Gerade ist durch `w = 2.1` definiert. Durch den Aufruf von `predict(20, 2.1)` erhalten wir die vorhergesagte Pizzamenge von `42`.

Das ist auch schon alles, was wir für die zweite Phase der linearen Regression benötigen. Damit wollen wir uns jetzt der komplizierteren ersten Phase zuwenden. Das wird uns mehrere Seiten lang intensiv beschäftigen.

1. *www.khanacademy.org/math/algebra/two-var-linear-equations*

Das Training implementieren

Wir wollen nun den Code schreiben, um die erste Phase der linearen Regression zu implementieren. Er dient dazu, die Gerade `w` als Annäherung an die Menge der durch `X` und `Y` gegebenen Beispiele zu finden. Können Sie sich vorstellen, wie wir dazu vorgehen müssen? Halten Sie ruhig eine Minute inne und denken Sie darüber nach, wie Sie dieses Problem lösen würden.

Vielleicht denken Sie, dass die Mathematik eine einfache Möglichkeit bietet, um `w` zu finden. Schließlich muss es doch irgendeine Formel geben, die aus einer Liste von Datenpunkten eine passende Näherungsgerade berechnet. Wir könnten im Internet nach einer solchen Formel suchen und vielleicht sogar eine Bibliothek mit einer Implementierung dafür finden.

Es gibt tatsächlich eine solche Formel, allerdings werden wir sie hier nicht benutzen, da sie eine Sackgasse darstellt. Wenn wir hier eine Formel anwenden, die die Datenpunkte mit einer geraden Linie annähert, dann kommen wir später nicht weiter, wenn wir mit Datenmengen zu tun haben, bei denen verzwicktere Modellierungsfunktionen erforderlich sind. Daher ist es besser, nach einer allgemeineren Lösung Ausschau zu halten, die bei jedem Modell funktioniert.

So viel zur mathematischen Vorgehensweise. Schauen wir uns stattdessen an, was Programmierer in einem solchen Fall tun.

Wie falsch liegen wir?

Welche Strategie können wir verfolgen, um die Gerade zu finden, die sich bestmöglich an die Beispiele annähert? Nehmen wir an, wir haben eine Funktion, die die Beispiele (`X` und `Y`) und eine Gerade (`w`) entgegennimmt und den Fehler dieser Geraden misst. Je besser die Annäherung, umso geringer der Fehler. Mit einer solchen Funktion können wir verschiedene Geraden bewerten, bis wir eine mit einem ausreichend niedrigen Fehler finden; wobei ML-Experten jedoch nicht von »Fehler« sprechen, sondern von »Verlust«.

Wie schreiben wir nun diese Verlustfunktion? Nehmen Sie an, wir haben Zufallswert für `w`, sagen wir `1.5`. Versuchen wir nun, mit diesem `w` vorherzusagen, wie viele Pizzas wir verkaufen können, wenn wir beispielsweise 14 Reservierungen haben. Der Aufruf von `predict(14, 1.5)` liefert das Ergebnis `ŷ = 21` Pizzas.

Diese Vorhersage entspricht aber nicht der Grundwahrheit, also den realen Beispielen aus Robertos Datei. Betrachten Sie dazu noch einmal die ersten Beispiele:

02_first/pizza.txt

```
Reservierungen   Pizzas
13               33
2                16
14               32
23               51
```

An dem Abend mit den 14 Reservierungen hat Roberto 32 Pizzas verkauft und nicht 21. Daraus können wir den Fehler als Differenz zwischen dem vorhergesagten Wert ŷ und der Grundwahrheit berechnen. Dieser Fehler ist der orangefarbene Balken im folgenden Graphen:

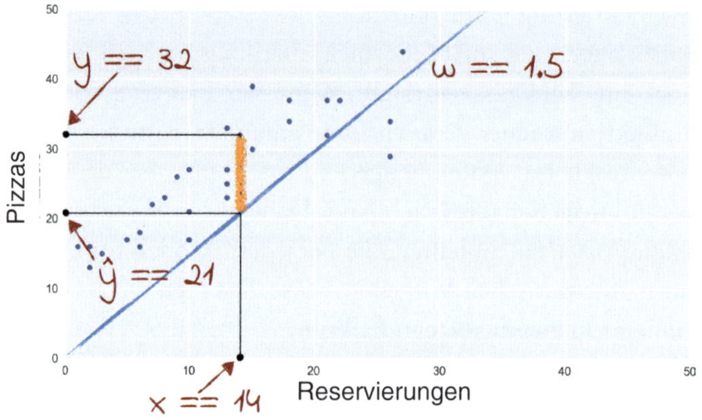

Im Code sieht diese Berechnung wie folgt aus:

```
error = predict(X, w) - Y
```

Es gibt jedoch ein kleines Problem bei dieser Berechnung: `error` kann hier null, positiv oder negativ sein. Allerdings sollte ein Fehler immer positiv sein, denn wenn Sie mehrere Fehler addieren, wie wir es in Kürze tun werden, dann sollen sich zwei entgegengesetzte Fehler nicht ausgleichen. Um zu garantieren, dass der Fehler stets positiv ist, quadrieren wir ihn:

```
squared_error = error ** 2
```

Statt des Quadrats könnten wir auch den Absolutwert des Fehlers verwenden. Allerdings bietet die Quadrierung noch weitere Vorteile, wie Sie im nächsten Kapitel sehen werden.

Wenn wir jetzt den Durchschnitt der quadrierten Fehler für alle Beispiele bilden, erhalten wir den Verlust. Diese Vorgehensweise zur Berechnung des Verlusts wird als *mittlerer quadratischer Fehler* bezeichnet und in der Statistik häufig verwendet. Im Code sieht dies wie folgt aus:

02_first/linear_regression.py

```
def loss(X, Y, w):
    return np.average((predict(X, w) - Y) ** 2)
```

Da sowohl `X` als auch `Y` NumPy-Arrays sind, können wir den Code ziemlich knapp halten. In `loss()` multiplizieren wir jedes Element von `X` mit `w`, was ein Array aus Vorhersagen ergibt, berechnen dann für jede Vorhersage den Fehler als Differenz zwischen der Vorhersage und der Grundwahrheit, quadrieren den Fehler mit dem Potenzoperator ** und weisen NumPy schließlich an, den Durchschnitt der quadrierten Fehler zu ermitteln. Das alles geschieht in einer einzigen Zeile! Und schon haben wir den mittleren quadratischen Fehler.

Damit ist die Funktion `loss()` auch schon fertig, sodass wir uns der letzten Funktion unseres ML-Programms zuwenden können.

Zu viel Jargon?

»Mittlerer quadratischer Fehler«, »Modell«, »Verlust« ... schon auf diesen paar Seiten werden Sie mit neuen Begriffen bombardiert. Eine Übersicht solcher Begriffe finden Sie in Anhang B, »*Wörterbuch des Machine Learning*«. Sollte ein Begriff dort nicht aufgeführt sein, schlagen Sie ihn im Index nach.

Näher und näher

Bei der Trainingsphase mit linearer Regression geht es darum, eine Gerade zur Annäherung der Beispiele zu finden. Mit anderen Worten, wir wollen `w` aus den Werten von `X` und `Y` berechnen. Dazu können wir einen iterativen Algorithmus verwenden:

02_first/linear_regression.py

```
def train(X, Y, iterations, lr):
    w = 0
    for i in range(iterations):
        current_loss = loss(X, Y, w)
        print("Iteration %4d => Loss: %.6f" % (i, current_loss))

        if loss(X, Y, w + lr) < current_loss:
            w += lr
        elif loss(X, Y, w - lr) < current_loss:
            w -= lr
        else:
            return w
    raise Exception("Couldn't converge within %d iterations" % iterations)
```

Die Funktion `train()` durchläuft immer wieder die Beispiele, bis sie gelernt hat, wie sie sie annähern kann. Ihre Argumente sind `X`, `Y`, die Anzahl der Iterationen (`iterations`) und der Wert `lr` (dessen Bedeutung ich in Kürze erklären werde). Zu Anfang initialisiert der Algorithmus `w` willkürlich mit dem Wert 0. Dieses `w` stellt eine Gerade im Diagramm dar. Es ist zwar unwahrscheinlich, dass sie eine gute Annäherung an die Beispiele darstellt, aber sie bildet wenigstens einen Ausgangspunkt.

Anschließend tritt `train()` in eine Schleife ein. Jeder Durchlauf beginnt mit der Berechnung des aktuellen Verlusts. Anschließend wird eine alternative Gerade betrachtet, die dadurch zustande kommt, dass wir `w` um einen kleinen Betrag erhöhen. Dieser Betrag ist praktisch die »Schrittgröße«, allerdings verwende ich hier den Fachbegriff aus dem Bereich des Machine Learning, nämlich die *Lernrate*, was zu der Abkürzung `lr` führt.

Wenn wir die Lernrate zu `w` addieren, erhalten wir eine neue Gerade. Nun fragen wir, ob diese zu einem geringeren Verlust führt als die bisherige Gerade. Wenn ja, machen wir `w + lr` zum neuen `w` und setzen die Schleife fort. Anderenfalls probiert der Algorithmus die Gerade `w - lr` aus. Auch hier wiederum wird `w` entsprechend aktualisiert, wenn diese neue Gerade zu einem geringeren Verlust führt als das bisherige `w`, und die Schleife fortgesetzt.

Führen weder `w + lr` noch `w -lr` zu einem geringeren Verlust als das aktuelle `w`, sind wir fertig, denn dann haben wir die Beispiele bestmöglich angenähert. In diesem Fall geben wir `w` an den Aufrufer zurück.

Anschaulich gesagt, dreht dieser Algorithmus die Gerade in beiden Richtungen und macht sie bei jedem Durchlauf ein kleines bisschen steiler oder flacher und untersucht dabei jeweils den Verlust. Je höher die Lernrate, umso schneller bewegt das System die Gerade. Das können Sie sich so ähnlich vorstellen wie einen Funker der alten Schule, der ganz langsam einen Regler dreht, um den Empfang immer ein kleines bisschen klarer zu machen, bis er schließlich so deutlich ist, wie er nur werden kann.

Iterative Algorithmen können manchmal jedoch in einer Endlosschleife hängenbleiben (man sagt dann, dass sie nicht *konvergieren*). Informatiker können beweisen, dass dieses Problem bei dem vorliegenden Algorithmus nicht besteht. Nach ausreichend Zeit und Iterationen wird er stets konvergieren. Allerdings kann es sein, dass ihm schon vorher die Iterationsmöglichkeiten ausgehen. In einem solchen Fall gibt `train()` auf und endet mit einer Ausnahme.

Sie brennen bestimmt schon darauf, den Code auszuführen. Dann also los!

Los geht's!

Der folgende Code lädt Robertos Beispiele und übergibt sie an `train()`. Zur klareren Darstellung werden dabei benannte Argumente verwendet (siehe die Erklärung im Abschnitt »*Schlüsselwortargumente*« auf *Seite 334*). Nach dem Aufruf von `train()` werden das ermittelte Gewicht und die Vorhersage für die Anzahl von Pizzas bei 20 Reservierungen ausgegeben.

02_first/linear_regression.py

```
# Importiert den datensatz
X, Y = np.loadtxt("pizza.txt", skiprows=1, unpack=True)

# Trainiert das System
w = train(X, Y, iterations=10000, lr=0.01)
print("\nw=%.3f" % w)
# Sagt die Anzahl der Pizzas vorher
print("Prediction: x=%d => y=%.2f" % (20, predict(20, w)))
```

Beim Aufruf von `train()` müssen wir Werte für `iterations` und `lr` bereitstellen. Vorläufig bestimmen wir sie durch Ausprobieren. Ich habe hier 10.000 Iterationen verlangt, was nach einem guten Ausgangswert aussieht. Für `lr`, also die Stärke der Änderung von `w` bei jedem Trainingsschritt, habe ich 0,01 angegeben, was genau genug erscheint, um Pizzas zu zählen.

Wenn wir das Programm ausführen, konvergiert `train()` bereits nach 200 Iterationen:

```
Iteration    0 => Loss: 812.866667
Iteration    1 => Loss: 804.820547
Iteration    2 => Loss: 796.818187
...
Iteration  184 => Loss: 69.123947

w=1.840
Prediction: x=20 => y=36.80
```

Der Verlust ist bei jeder Iteration geringer geworden, bis der Algorithmus schließlich nicht mehr versucht hat, ihn noch weiter einzuschränken. An diesem Punkt beträgt das Gewicht 1,84. Das ist die Anzahl der Pizzas, die Roberto für jede Reservierung zu verkaufen erwarten darf. Bei 20 Reservierungen können wir also mit etwa 36,80 Pizzas rechnen. (Roberto verkauft zwar keine Bruchteile von Pizzas, ist aber der genaue Typ, der lieber eine Dezimalstelle zu viel als zu wenig berücksichtigt.)

Mit der Berechnung von `w` hat unser Code gewissermaßen eine Gerade in das Diagramm eingezeichnet wie im folgenden Graphen. (Den Code für die Diagrammausgabe finden Sie wie immer im Begleitcode zu diesem Buch.)

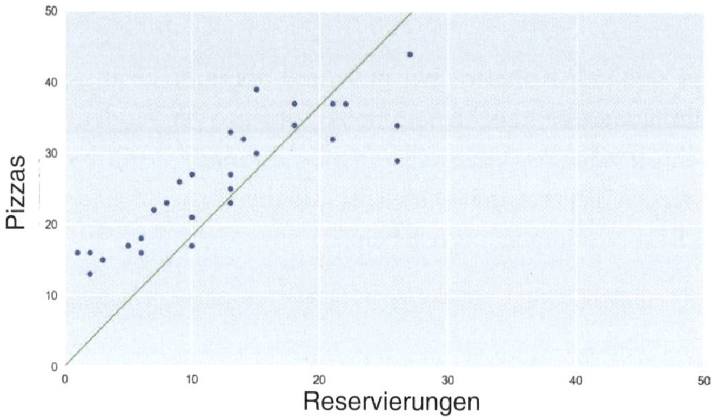

Das ist schon ein schönes Ergebnis. Wir können es aber noch verbessern.

Bias hinzufügen

Wenn Sie sich das vorstehende Diagramm ansehen, können Sie erkennen, dass unsere Gerade nicht die beste Annäherung an die Beispiele darstellt. Die ideale Gerade würde flacher sein und nicht durch den Ursprung gehen, sondern die Pizza-Achse etwa beim Wert 10 schneiden.

Bis jetzt haben wir dafür gesorgt, dass die Gerade durch den Ursprung verläuft, um unser Modell so einfach wie möglich zu halten. Allerdings sollten wir diese Einschränkung jetzt lieber aufgeben. Um eine Gerade zu zeichnen, die *nicht* durch den Ursprung geht, müssen wir unserem Modell einen weiteren Parameter hinzufügen:

```
ŷ = x * w + b
```

Das kommt Ihnen vielleicht bekannt vor. Es handelt sich hierbei um die klassische lineare Funktion, die Sie im Mathematikunterricht in der Mittelstufe kennengelernt haben, gewöhnlich in der Form `y = m * x + t`, wobei `m` als Steigung und `t` als `y`-Achsenabschnitt bezeichnet wird. Hier wollen wir jedoch die ML-Terminologie verwenden und `w` das Gewicht und `b` den *Bias* nennen (eigentlich die »systematische Abweichung«).

Anschaulich betrachtet ist der Bias ein Maß dafür, wie weit die Gerade nach oben oder unten verschoben wird (siehe die folgende Abbildung). Die Gerade schneidet die `y`-Achse beim Wert `b`. Bei `b = 0` ergibt sich wieder unser vorheriger Fall einer Geraden, die durch den Ursprung verläuft.

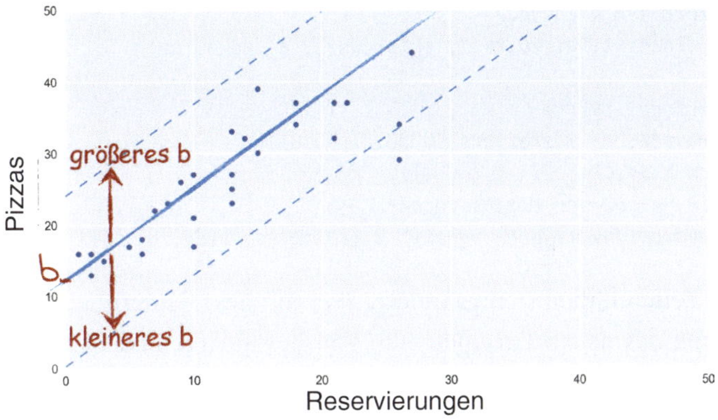

Unter Verwendung des neuen Modells mit zwei Parametern sieht das komplette Programm zur linearen Regression nun wie folgt aus (wobei die kleinen Pfeile die geänderten Zeilen kennzeichnen):

02_first/linear_regression_with_bias.py

```
import numpy as np

def predict(X, w, b):   <
    return X * w + b   <

def loss(X, Y, w, b):   <
    return np.average((predict(X, w, b) - Y) ** 2)   <

def train(X, Y, iterations, lr):
    w = b = 0   <
    for i in range(iterations):
        current_loss = loss(X, Y, w, b)   <
        print("Iteration %4d => Loss: %.6f" % (i, current_loss))

        if loss(X, Y, w + lr, b) < current_loss:   <
            w += lr
        elif loss(X, Y, w - lr, b) < current_loss:   <
            w -= lr
        elif loss(X, Y, w, b + lr) < current_loss:   <
            b += lr   <
        elif loss(X, Y, w, b - lr) < current_loss:   <
            b -= lr   <
        else:
            return w, b   <
    raise Exception("Couldn't converge within %d iterations" % iterations)
```

```
# Importiert den datensatz
X, Y = np.loadtxt("pizza.txt", skiprows=1, unpack=True)

# Trainiert das System
w, b = train(X, Y, iterations=10000, lr=0.01)  <
print("\nw=%.3f, b=%.3f" % (w, b))  <
# Sagt die Anzahl der Pizzas vorher
print("Prediction: x=%d => y=%.2f" % (20, predict(20, w, b)))  <
```

Die meisten Zeilen haben sich geändert, aber all diese Änderungen betreffen nur die Einführung des neuen Parameters `b`. Von besonderer Bedeutung sind die Änderungen in der Funktion `predict()`, die jetzt das neue Modell nutzt, und `train()`, in der `b` jetzt auf die gleiche Weise unter Berücksichtigung des Verlusts erhöht und erniedrigt wird wie `w`. Es war mir nicht ganz klar, wie ich `w` und `b` gleichzeitig verändern sollte, weshalb ich einen dieser provisorischen Hacks verwendet habe, die wir alle so lieben: Ich habe einfach ein paar neue Zweige zu der `if`-Anweisung hinzugefügt.

Probieren wir das Programm nun aus! Die Funktion `train()` braucht jetzt länger, um zu konvergieren, kommt aber schließlich doch zum Ziel:

```
Iteration    0 => Loss: 812.867
Iteration    1 => Loss: 804.821
Iteration    2 => Loss: 796.818
...
Iteration 1551 => Loss: 22.864

w=1.100, b=12.930
Prediction: x=20 => y=34.93
```

Der Graph mit der Näherungsgeraden sieht wie folgt aus:

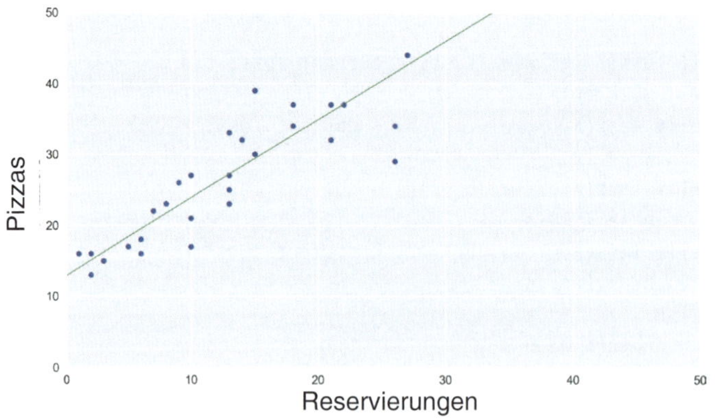

Jetzt nähert sich die Gerade den Beispielen schon viel besser an! Vor allem ist der resultierende Verlust geringer als zuvor, was bedeutet, dass wir die Pizzaverkäufe auch viel genauer vorhersagen können. Roberto wird sich freuen.

Das war eine Menge Arbeit für die erste Version unseres Programms. Halten wir kurz inne, treten wir einen Schritt zurück und sehen wir uns das Gesamtbild an.

Hyperparameter

Beim überwachten Lernen resultiert die Trainingsphase in einem Satz von Werten, die wir im Modell verwenden können. In unserem Fall handelt es sich dabei um das Gewicht und den Bias, die wir in die Geradengleichung einsetzen. Diese Werte werden »Parameter« genannt, was in der Programmierung jedoch etwas unglücklich ist, da wir die Bezeichnung »Parameter« hier schon für etwas anderes verwenden. Es ist sehr leicht möglich, Parameter wie `w` und `b` mit den Parametern von Funktionen wie `train()` zu verwechseln.

Um das zu vermeiden, werden die Parameter der Funktion `train()` im ML-Umfeld als *Hyperparameter* bezeichnet, also als »Parameter höherer Ordnung«. Kurz gesagt, legen wir *Hyperparameter* wie `iterations` und `lr` fest, damit die Funktion `train()` *Parameter* wie `w` und `b` ermitteln kann.

Zusammenfassung

In den ersten beiden Kapiteln haben Sie eine Menge Informationen erhalten und viele neue Begriffe kennengelernt. Lassen Sie mich daher eine Zusammenfassung geben.

In diesem Kapitel haben wir unser erstes Programm zum *überwachten Lernen* geschrieben. Ein System für überwachtes Lernen wird mit *Beispielen* trainiert, die jeweils aus einer *Eingabevariablen* und einem *Label* bestehen. In unserem Fall waren die Eingabevariablen jeweils eine Anzahl von Reservierungen und die Labels jeweils eine Anzahl verkaufter Pizzas.

Beim überwachten Lernen werden die Beispiele mit einer Funktion angenähert, die oft als *Modell* bezeichnet wird. In unserem ersten Programm ist das Modell eine Gerade, die durch zwei *Parameter* bestimmt wird, nämlich *Gewicht* und *Bias*. Das Prinzip der Annäherung von Beispielen durch eine Gerade wird *lineare Regression* genannt.

Die erste Phase beim überwachten Lernen ist die *Trainingsphase*, in der das System die Parameter des Models anpasst, um eine Annäherung an die Beispiele zu erreichen. Bei dieser Suche richtet sich das System nach der *Verlustfunktion*, die die Abweichung des aktuellen Modells von der *Grundwahrheit* misst: je geringer der Verlust, umso besser das Modell. Unser Programm berechnet den Verlust mit der Formel für den *mittleren quadratischen Fehler*. Das Training resultiert in dem Gewicht und dem Bias, die zu dem geringsten Verlust führen, den das System finden konnte.

Die in der Trainingsphase ermittelten Parameter werden anschließend in der *Vorhersagephase* des überwachten Lernens genutzt. Dabei werden Eingaben ohne Labels an das parametrisierte Modell übergeben. Das Ergebnis ist eine Vorhersage wie: »Heute Abend können Sie erwarten, 42 Pizzas zu verkaufen.«

In gewisser Hinsicht entsprechen die Trainings- und die Vorhersagephase des überwachten Lernens der *Kompilierungs-* und *Laufzeitphase* in der Programmierung. Das Training ist gewöhnlich datenhungrig und erfordert umfassende Berechnungen, wohingegen die Vorhersage keinen großen Aufwand verursacht. Selbst in unserem kleinen Programm braucht die Funktion `train()` merkliche Zeit, um eine passende Gerade zu den Beispielen zu finden, während `predict()` einfach nur eine rasend schnelle Multiplikation durchführt.

In umfangreichen Systemen wird der Unterschied zwischen Training und Vorhersage noch deutlicher: Das Training eines Spracherkennungssystems kann Wochen dauern und die Verarbeitung von Millionen von Audiodateien auf mehreren Prozessoren erfordern. Anschließend können Sie das System auf einem Smartphone installieren und dazu verwenden, ohne großen Aufwand die Bedeutung einzelner Stichproben zu bestimmen.

Das war eine ganze Menge Stoff. Ich verspreche Ihnen aber, dass in keinem weiteren Kapitel so viele neue Begriffe auf einen Schlag eingeführt werden.

Auf der anderen Seite haben wir in diesem Kapitel von Grund auf ein Programm zum überwachten Lernen erstellt, was schon eine ziemliche Leistung ist. Heutzutage nutzt der Großteil der ML-Software, darunter auch die meisten der erstaunlichen Deep-Learning-Systeme, das Prinzip des überwachten Lernens. Diese Systeme sind natürlich viel komplizierter als unser Pizzavorhersageprogramm. Statt einer Liste von Reservierungszahlen nehmen sie hochauflösende Bilder als Eingabe entgegen, und statt eines einfachen Modells mit zwei Parametern haben sie komplexe Modelle mit Zehntausenden von Parametern. Allerdings funktionieren sie nach denselben Grundprinzipien wie unser bescheidenes Python-Programm.

Im nächsten Kapitel bauen wir auf dieser Grundlage auf und lernen einen der wichtigsten Algorithmen des Machine Learning kennen.

Praktische Übung: Die Lernrate optimieren

Bevor Sie fortfahren, können Sie noch ein wenig mit dem Code herumspielen. Das ist eine gute Möglichkeit, um die Prinzipien besser zu verinnerlichen.

Als Erstes können Sie sich dazu etwas besser mit den Hyperparametern des Systems vertraut machen (siehe den Kasten »*Hyperparameter*« auf *Seite 37*). Versuchen Sie, den Wert des Arguments `lr` von `train()` zu ändern. Was geschieht, wenn Sie `lr` auf einen kleineren Wert setzen – oder einen größeren? Welche Vor- und Nachteile ergeben sich dabei jeweils? Wenn Sie diese Experimente abgeschlossen haben, können Sie im Verzeichnis `02_first/solution` nachschlagen, wo Sie klare Antworten auf diese Fragen erhalten.

3
Am Gradienten entlang

Im letzten Kapitel haben wir bereits etwas geschafft, auf das wir stolz sein können: Wir haben Code geschrieben, der lernen kann. Sollten wir diesen Code jedoch von einem Informatiker überprüfen lassen, so würde dieser ihn als mangelhaft einstufen. Insbesondere beim Anblick der Funktion `train()` würde er den Kopf schütteln. »Für diese einfache Aufgabe mag der Code in Ordnung sein«, mag der gestrenge Informatiker sagen, »aber er lässt sich nicht auf reale Probleme skalieren.«

Womit er recht hätte. In diesem Kapitel werden wir zwei verschiedene Dinge tun, damit es nicht zu einer solchen Kritik kommt. Erstens verzichten wir darauf, den Code einem Informatiker zur Überprüfung vorzulegen. Zweitens schauen wir uns die Probleme der jetzigen Implementierung von `train()` genauer an und lösen sie mit einem der grundlegenden Prinzipien des Machine Learnings, nämlich einem Algorithmus, der als *Gradientenverfahren*, *Gradientenabstieg* oder *Verfahren des steilsten Abstiegs* bekannt ist. Ebenso wie unser bisheriger Code von `train()` dient dieses Verfahren dazu, das Minimum der Verlustfunktion zu finden, allerdings schneller, genauer und allgemeiner als mit dem Code aus dem vorherigen Kapitel.

Der Gradientenabstieg ist nicht nur für unser kleines Programm nützlich. Ohne dieses Verfahren werden Sie beim Machine Learning nicht weit kommen.

Dieser Algorithmus wird uns in verschiedener Form das ganze Buch hindurch begleiten.

Schauen wir uns als Erstes das Problem an, das wir mit dem Gradientenverfahren lösen wollen.

Unser Algorithmus bringt es nicht

Unser Programm kann erfolgreich Pizzaverkaufszahlen vorhersagen. Aber warum sollten wir es dabei belassen? Vielleicht können wir mit demselben Code ja auch andere Dinge vorhersagen, etwa Bewegungen auf dem Aktienmarkt. Damit könnten wir über Nacht reich werden! (Um Ihnen die Enttäuschung zu ersparen: Nein, das funktioniert nicht.)

Allerdings stoßen wir schon bald auf ein Problem, wenn wir versuchen, unser Programm zur linearen Regression auf eine andere Aufgabe anzuwenden. Unser Code verwendet ein einfaches Geradenmodell mit zwei Parametern, nämlich dem Gewicht `w` und dem Bias `b`. In der Praxis sind jedoch meistens komplexe Modelle mit mehr Parametern erforderlich. Denken Sie zum Beispiel an das Ziel, das wir uns für Teil I dieses Buchs gesetzt haben, nämlich ein System zu konstruieren, das Bilder erkennen kann. Ein Bild ist viel komplizierter als eine einzelne Zahl, weshalb wir auch ein Modell mit weit mehr Parametern brauchen als für das Pizzaprogramm.

Wenn wir unserem Modell weitere Parameter hinzufügen, geht seine Leistung jedoch in den Keller. Betrachten Sie dazu noch einmal die Funktion `train()` aus dem letzten Kapitel:

```
def train(X, Y, iterations, lr):
    w = b = 0
    for i in range(iterations):
        current_loss = loss(X, Y, w, b)
        print("Iteration %4d => Loss: %.6f" % (i, current_loss))

        if loss(X, Y, w + lr, b) < current_loss:
            w += lr
        elif loss(X, Y, w - lr, b) < current_loss:
            w -= lr
        elif loss(X, Y, w, b + lr) < current_loss:
            b += lr
        elif loss(X, Y, w, b - lr) < current_loss:
            b -= lr
        else:
            return w, b

raise Exception("Couldn't converge within %d iterations" % iterations)
```

Bei jeder Iteration modifiziert dieser Algorithmus entweder `w` oder `b` und sucht nach den Werten, bei denen der Verlust möglichst gering ist. Das allerdings kann schiefgehen, denn wenn wir `w` optimieren, kann das den durch `b` verursachten Verlust erhöhen und umgekehrt. Um dieses Problem zu vermeiden und so nah wie möglich an den kleinstmöglichen Verlust heranzukommen, könnten wir beide Parameter *gleichzeitig* modifizieren. Je mehr Parameter wir haben, umso wichtiger wird das.

Um `w` und `b` gemeinsam zu optimieren, müssen wir alle möglichen Kombinationen ausprobieren: sowohl `w` als auch `b` vergrößern, `w` vergrößern und `b` verkleinern, `w` vergrößern und `b` unverändert lassen, `w` verkleinern und ... usw. usf. Die Gesamtzahl möglicher Kombinationen einschließlich des Falls, bei dem alle Parameter unverändert bleiben, ist 3 hoch die Anzahl der Parameter. Bei zwei Parametern sind das 3^2 gleich 9 Kombinationen.

Es hört sich nicht weiter schlimm an, `loss()` pro Iteration neunmal aufzurufen. Bei zehn Parametern haben wir es allerdings schon mit 3^{10} Kombinationen zu tun, also fast 60.000 Aufrufen pro Iteration. Eine Anzahl von zehn Parametern ist auch alles andere als übertrieben. Weiter hinten in diesem Buch verwenden wir Modelle mit *Hunderttausenden* von Parametern. Bei solch riesigen Modellen käme ein Algorithmus, der jede Parameterkombination ausprobiert, nicht mehr von der Stelle. Wir sollten uns daher lieber gleich von diesem langsamen Code verabschieden.

Außerdem weist `train()` in der jetzigen Form ein noch gewichtigeres Problem auf: Die Funktion ändert die Parameter in Schritten, die genauso groß sind wie die Lernrate. Bei großer `lr` ändern sich die Parameter schnell, was zwar den Trainingsvorgang beschleunigt, das Endergebnis aber weniger genau macht, da jeder Parameter jetzt ein Vielfaches des großen `lr` betragen muss. Um die Genauigkeit zu verbessern, brauchen wir eine kleine `lr`, die allerdings zu einem langsameren Training führt. Geschwindigkeit und Genauigkeit gehen jeweils auf Kosten des anderen, wobei wir jedoch beides brauchen.

Aus diesen Gründen ist unser bisheriger Code nichts weiter als ein Hack. Wir müssen ihn durch einen besseren Algorithmus ersetzen – einen, der `train()` sowohl schnell als auch genau macht.

Das Gradientenverfahren

Wir brauchen einen besseren Algorithmus für `train()`. Die Aufgabe dieser Funktion besteht darin, die Parameter zu finden, bei denen der Verlust minimal wird. Schauen wir uns also `loss()` genauer an:

```
def loss(X, Y, w, b):
    return np.average((predict(X, w, b) - Y) ** 2)
```

Betrachten Sie die Argumente dieser Funktion. `X` und `Y` enthalten die Eingabevariablen und die Labels, ändern sich also nicht von einem Aufruf von `loss()` zum nächsten. Zur Vereinfachung wollen wir `b` vorübergehend auch konstant auf 0 setzen. Unsere einzige Variable ist damit `w`.

Wie ändert sich nun der Verlust mit der Veränderung von `w`? Ich habe ein kleines Programm geschrieben, das den Verlauf von `loss()` für `w` im Bereich von –1 bis 4 ausgibt und das Minimum mit einem grünen Kreuz markiert. Das sehen Sie in der folgenden Abbildung. (Den Code finden Sie wie üblich im Begleitmaterial zu diesem Buch.)

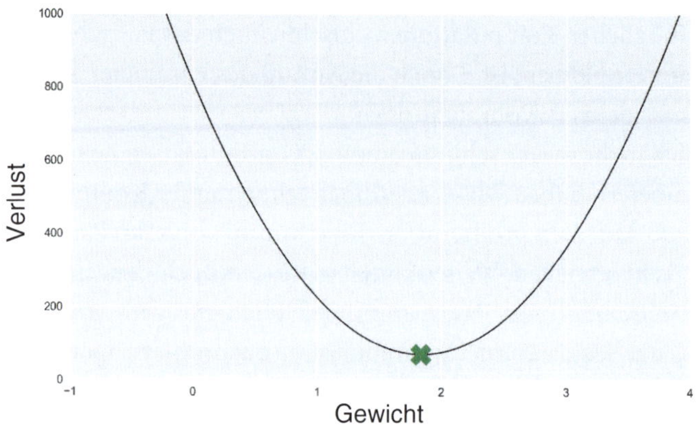

Eine hübsche Kurve – nennen wir sie die *Verlustkurve*. Sinn und Zweck von `train()` besteht darin, die markierte Stelle unten in dieser Kurve zu finden, also den Wert von `w`, der zu einem minimalen Verlust führt. Bei diesem `w` nähert sich unser Modell den Datenpunkten am besten an.

Stellen Sie sich diese Kurve als ein Tal vor, an dessen Hang irgendwo eine Wanderin steht, die zu ihrem Lager an der gekennzeichneten Stelle unterwegs ist. Allerdings ist es so dunkel, dass sie nur den Boden in unmittelbarer Nähe ihrer Füße sehen kann. Um das Lager zu finden, kann sie sich eines ganz einfachen Verfahrens bedienen: Sie geht immer in die Richtung des steilsten Abstiegs. Sofern es in dem Gelände keine Löcher oder Klippen gibt – was bei unserer Verlustfunktion nicht der Fall ist –, führt jeder Schritt die Wanderin näher an ihr Lager heran.

Um dieses Prinzip in Code umsetzen zu können, müssen wir die *Steigung* der Verlustkurve bestimmen. Ein Maß dafür ist der *Gradient*. Vereinbarungsgemäß ist der Gradient an einem gegebenen Punkt der Kurve ein »Pfeil«, der bergauf weist.

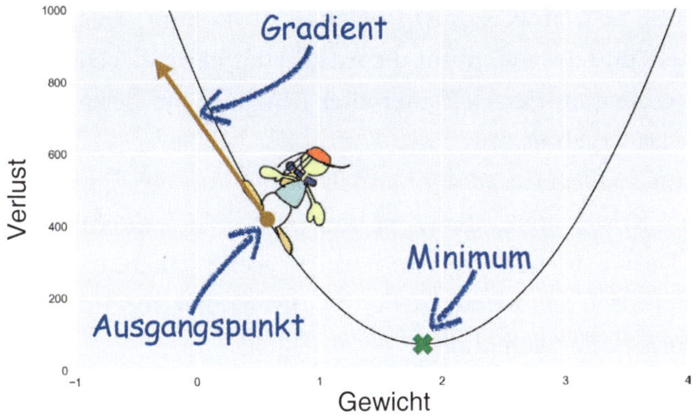

Um den Gradienten zu bestimmen, verwenden wir ein mathematisches Werkzeug: die *Ableitung* des Verlusts nach dem Gewicht, geschrieben `∂L/∂w`. Formal ausgedrückt, bestimmt die Ableitung an einem gegebenen Punkt, wie stark sich `L` an diesem Punkt bei kleinen Abweichungen von `w` ändert. Was geschieht mit dem Verlust, wenn wir das Gewicht ein winziges bisschen erhöhen? In dem vorstehenden Diagramm ist die Ableitung negativ, da der Verlust abnimmt. Bei positiver Ableitung dagegen steigt der Verlust. Am Minimum der Kurve, also an dem mit dem Kreuz markierten Punkt, ist die Kurve eben und die Ableitung damit null.

Beachten Sie, dass unsere Wanderin in die dem Gradienten *entgegengesetzte* Richtung gehen muss, um das Minimum zu erreichen. An einem Punkt mit negativer Ableitung wie in dem Bild muss sie sich also in positiver Richtung bewegen. Ihre Schrittweite muss proportional zum Betrag der Ableitung sein. Ist die Ableitung betragsmäßig groß, verläuft die Kurve steil. Das Lager ist dann noch weit entfernt. Daher kann die Wanderin vertrauensvoll große Schritte machen. Wenn sie sich dem Lager nähert, wird die Ableitung jedoch kleiner und damit auch ihre Schrittweite.

Dieser Algorithmus ist das *Gradientenverfahren* oder *Verfahren des steilsten Abstiegs*. Zu seiner Implementierung ist ein bisschen Mathematik gefordert.

Ein wenig Mathematik

Als Erstes übersetzen wir unsere Formel für den mittleren quadratischen Fehler in die gute, alte mathematische Schreibweise:

$$L = \frac{1}{m} \sum_{i=1}^{m} ((wx_i + b) - y_i)^2$$

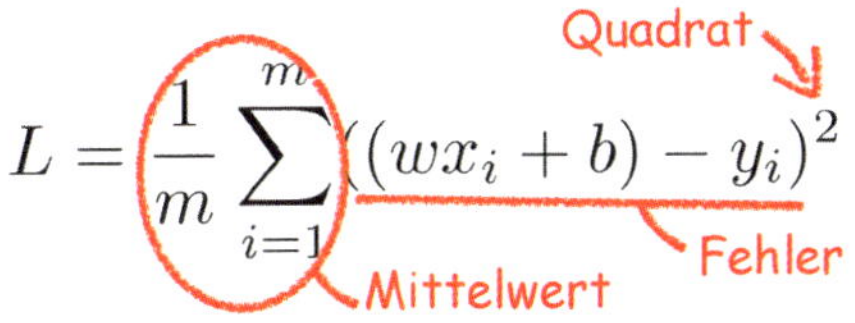

Falls Ihnen diese Schreibweise nicht bekannt vorkommt: Das Symbol S ist das Summenzeichen, und das `m` steht für die Anzahl der Beispiele. Diese Formel bedeutet: »Summiere die quadrierten Fehler aller Beispiele von Beispiel 1 bis Beispiel `m` und dividiere das Ergebnis durch die Anzahl der Beispiele.«

Bei den verschiedenen `x` und `y` handelt es sich um die Eingabevariablen und Labels, also um Konstanten. Auch `m` ist konstant, da sich die Anzahl der Beispiele nicht ändert. Da wir `b` vorübergehend auf 0 gesetzt haben, ist auch dieser Wert konstant. Wir werden `b` in Kürze wieder benutzen, aber vorläufig ist `w` der einzige Wert in der Formel, der sich ändert.

Nun müssen wir Betrag und Richtung des Gradienten bestimmen, also die Ableitung von `L` nach `w`. Wenn Sie sich noch an die Analysis in der Oberstufe erinnern, können Sie die Ableitung selbst berechnen. Wenn nicht, ist das aber auch kein Beinbruch. Jemand anderes hat die Arbeit schon für uns erledigt:

$$\frac{\partial L}{\partial w} = \frac{2}{m} \sum_{i=1}^{m} x_i((wx_i + b) - y_i)$$

Die Ableitung des Verlusts sieht ähnlich aus wie der Verlust selbst, allerdings ist die Quadrierung verloren gegangen. Außerdem wird jeder Summand mit `x` und das Endergebnis mit 2 multipliziert. In diese Formel können wir nun beliebige Werte für `w` eingeben und erhalten den Gradienten an diesem Punkt als Ergebnis.

Im Code sieht diese Formel wie folgt aus. Auch hier ist `b` wieder auf 0 fixiert.

03_gradient/gradient_descent_without_bias.py

```
def gradient(X, Y, w):
    return 2 * np.average(X * (predict(X, w, 0) - Y))
```

Mit der Formel für den Gradienten können wir nun `train()` so umschreiben, dass die Funktion das Gradientenverfahren anwendet.

Abwärts

Mit den Änderungen für das Gradientenverfahren sieht `train()` wie folgt aus:

03_gradient/gradient_descent_without_bias.py

```
def train(X, Y, iterations, lr):
    w = 0
    for i in range(iterations):
        print("Iteration %4d => Loss: %.10f" % (i, loss(X, Y, w, 0)))
        w -= gradient(X, Y, w) * lr
    return w
```

Diese Version von `train()` ist viel knapper als die vorherige. Bei Anwendung des Gradientenverfahrens brauchen wir keine `if`-Anweisungen mehr. Wir müssen lediglich `w` initialisieren und dann wiederholt in die dem Gradienten entgegengesetzte Richtung gehen (da der Gradient aufwärts zeigt, wir uns aber abwärts bewegen wollen). Der Hyperparameter `lr` ist immer noch da, gibt jetzt aber an, wie groß jeder einzelne Schritt im Verhältnis zum Gradienten sein soll.

Außerdem müssen wir entscheiden, wann wir aufhören wollen. Die alte Version von `train()` endete, wenn die Höchstzahl der Iterationen erreicht oder es nicht mehr möglich war, den Verlust weiter zu verringern. Beim Gradientenverfahren dagegen kann der Verlust theoretisch immer kleiner werden und sich in immer winzigeren Schritten dem Minimum nähern, ohne es jemals zu erreichen. Wann sollten wir diesen Vorgang abbrechen?

Wir können aufhören, wenn der Gradient ausreichend klein geworden ist, da das bedeutet, dass wir dem Minimum schon sehr nahe gekommen sind. Der vorstehende Code dagegen verfolgt einen weniger raffinierten Ansatz: Wenn Sie `train()` aufrufen, geben Sie an, wie viele Iterationen die Funktion durchlaufen soll. Mehr Iterationen bedeuten einen geringeren Verlust, aber da der Verlust in immer geringem Maße sinkt, ist irgendwann ein Punkt erreicht, an dem eine größere Präzision den Aufwand nicht mehr lohnt.

Weiter hinten in diesem Buch (in Kapitel 15, »*Entwicklung*«) erfahren Sie, wie Sie sinnvolle Werte für Hyperparameter wie `iterations` und `lr` auswählen. Vorläufig habe ich einfach verschiedene Werte ausprobiert und mich für diejenigen entschieden, die zu einem ausreichend geringen Verlust und genügender Genauigkeit führten:

```
X, Y = np.loadtxt("pizza.txt", skiprows=1, unpack=True)
w = train(X, Y, iterations=100, lr=0.001)
print("\nw=%.10f" % w)
```

Bei der Ausführung dieses Codes ergibt sich Folgendes:

```
Iteration    0 => Loss: 812.8666666667
Iteration    1 => Loss: 304.3630879787
Iteration    2 => Loss: 143.5265791020
...
Iteration   98 => Loss: 69.1209628275
Iteration   99 => Loss: 69.1209628275

w=1.8436928702
```

Wie beabsichtigt wird der Verlust mit jedem Durchlauf geringer. Nach 100 Iterationen kommt das Verfahren dem Minimum so nahe, dass wir schon keinen Unterschied mehr zwischen den beiden letzten Verlustwerten erkennen können. Unser Algorithmus scheint seine Aufgabe wie erwartet zu erfüllen.

Aber halt – wir haben ja nur den Parameter w verwendet! Was passiert, wenn wir b wieder mit ins Spiel nehmen?

Die dritte Dimension

Sehen wir uns die Verlustfunktion noch einmal in der mathematischen Schreibweise an:

$$L = \frac{1}{m}\sum_{i=1}^{m}((wx_i + b) - y_i)^2$$

Bis jetzt haben wir bis auf w alle Werte in dieser Formel als Konstanten behandelt. Vor allem haben wir b auf 0 festgelegt. Wenn wir b wieder zu einer Variablen machen, dann ist der Verlust keine zweidimensionale Kurve mehr, sondern eine Oberfläche:

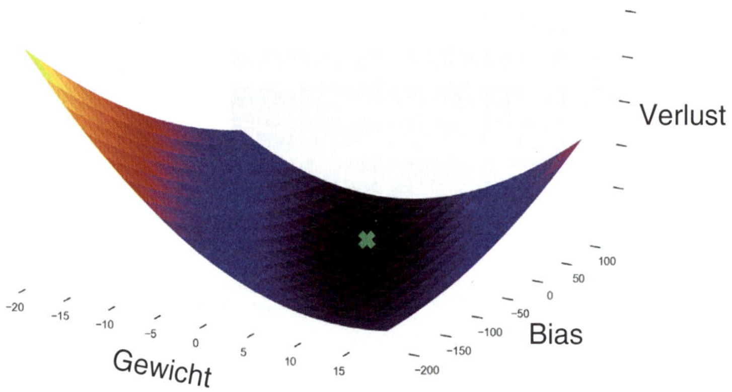

Jetzt lebt unsere Wanderin nicht mehr im Plattland, sondern kann sich in drei Dimensionen bewegen. Die Werte von w und b bilden die beiden horizontalen Achsen und die Werte des Verlusts die vertikale. Anders ausgedrückt steht jeder Punkt auf dieser Oberfläche für den Fehler in einer Geraden unseres Modells. Wir wollen nun die Gerade mit dem geringsten Fehler finden: den mit dem Kreuz markierten Punkt.

Auch wenn der Verlust jetzt eine Oberfläche ist, können wir das Minimum immer noch mit dem Gradientenverfahren erreichen, wobei wir allerdings den Gradienten einer Funktion mit mehreren Variablen berechnen müssen. Das können wir mit der Technik der *partiellen Ableitung* erreichen.

Partielle Ableitung

Was ist eine partielle Ableitung, und wie kann sie uns weiterhelfen? Stellen Sie sich vor, dass Sie die Funktion mit einem Samuraischwert aufschlitzen und dann die Ableitung des Schlitzes berechnen. (Es muss kein Samuraischwert sein, aber damit sieht es besonders cool aus.) Beispielsweise haben wir bisher `b` auf 0 festgelegt und den Verlust damit wie folgt aufgeschlitzt:

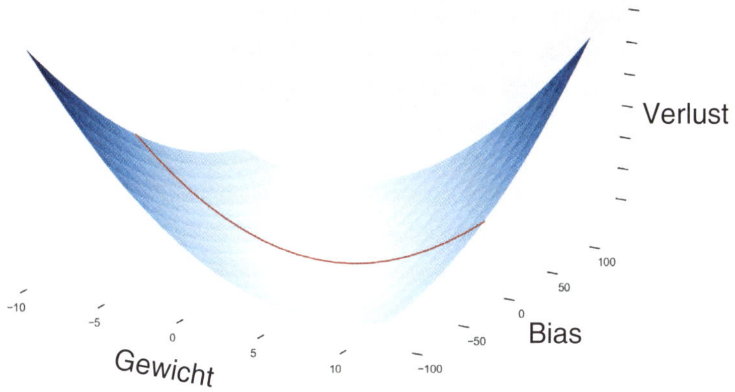

Dieser Schlitz ist genau die Verlustkurve, die wir bei der ersten Anwendung des Gradientenverfahrens behandelt haben. Sie sieht hier ein bisschen flachgedrückt aus, da ich andere Intervalle und Maßstäbe für die Achsen verwendet habe, aber es ist genau dieselbe Funktion. Für jeden Wert von `b` gibt es eine solche Kurve, deren einzige Variable `w` ist. Ebenso gibt es aber auch für jeden Wert von `w` eine Kurve mit der Variablen `b`. Für `w = 0` sieht sie wie folgt aus:

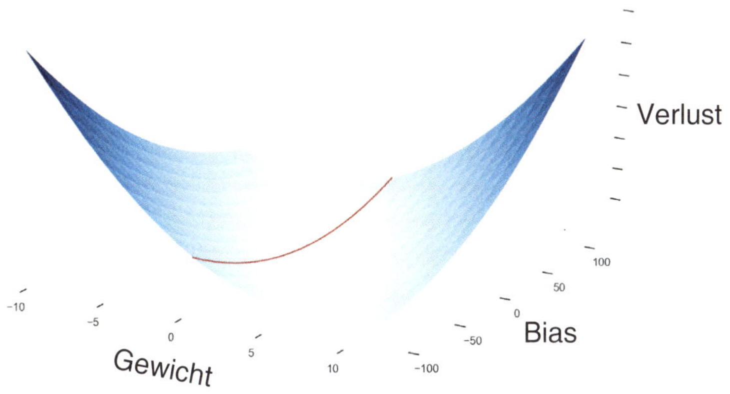

Für jeden dieser eindimensionalen »Schlitze« können wir den Gradienten berechnen, wie wir es bei unserer ursprünglichen Kurve getan haben. Das Schöne daran ist, dass wir die Gradienten dieser Schlitze kombinieren können, um die Gradienten der Oberfläche zu erhalten, wie die folgende Abbildung zeigt:

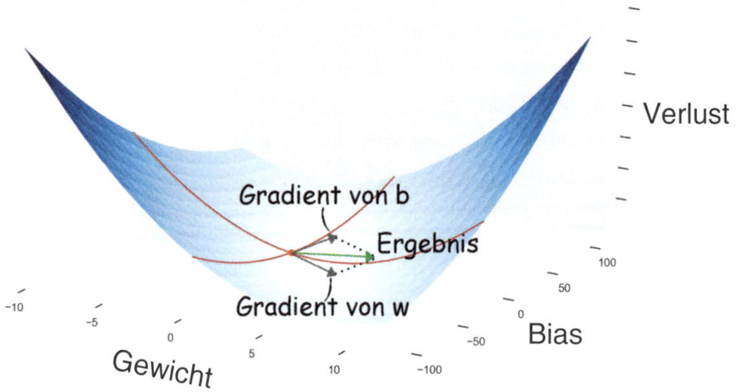

Mithilfe von partiellen Ableitungen können wir unser Problem mit zwei Variablen in zwei Probleme mit einer Variablen aufteilen. Wir brauchen also keinen neuen Algorithmus, um das Gradientenverfahren auf einer Oberfläche anzuwenden, sondern können diese Oberfläche einfach mithilfe partieller Ableitungen aufteilen und auf jedem Teil unser bisheriges Verfahren nutzen.

Mathematischer Hintergrund: Ableitungen und Analysis

Der Zweig der Mathematik, der sich mit Gradienten, Ableitungen und partiellen Ableitungen beschäftigt, ist die *Analysis.* Wenn Sie sich intensiver damit beschäftigen wollen, werfen Sie einen Blick auf die Khan Academy.[1] Auch zu diesem Thema finden Sie dort weit mehr Informationen, als Sie zum Verständnis dieses Buchs benötigen.

Um die partiellen Ableitungen konkret zu berechnen, leiten Sie die Funktion jeweils nach einer der Variablen ab (in unserem Fall also `w` oder `b`) und tun dabei so, als ob dies die *einzige* Variable in der Funktion und jeder andere Wert konstant wäre. Die Hälfte dieser Arbeit haben wir bereits erledigt, als wir `b` auf 0 gesetzt und `L` nach `w` abgeleitet haben:

1. *www.khanacademy.org/math/differential-calculus*

$$\frac{\partial L}{\partial w} = \frac{2}{m}\sum_{i=1}^{m} x_i((wx_i + b) - y_i)$$

Jetzt müssen wir das Gleiche noch einmal tun, dabei aber `w` als Konstante betrachten und `L` nach `b` ableiten. Wenn Sie mit Analysis vertraut sind, können Sie sich selbst daran versuchen. Ansonsten finden Sie das Ergebnis hier:

$$\frac{\partial L}{\partial b} = \frac{2}{m}\sum_{i=1}^{m}((wx_i + b) - y_i)$$

Wie funktioniert das Gradientenverfahren nun auf einer zweidimensionalen Verlustfläche? Unsere Wanderin steht an einem Punkt mit einem gegebenen Wert von `w` und `b` und hat die Formeln für die Berechnung der partiellen Ableitung von `L` nach `w` und `b`. Sie gibt die aktuellen Werte von `w` und `b` in diese Formeln ein und erhält dadurch einen Gradienten für jede Variable. Anschließend wendet sie das Gradientenverfahren auf beide Gradienten an – und schon kann sie dem Gradienten der Oberfläche folgend absteigen.

Das reicht erst einmal an Mathematik für dieses Kapitel. Jetzt wollen wir den Algorithmus in Code umsetzen.

Die Probe aufs Exempel

In der Version mit zwei Variablen sieht unser Code für das Gradientenverfahren wie folgt aus, wobei die geänderten Zeilen wiederum durch kleine Pfeile gekennzeichnet sind:

03_gradient/gradient_descent_final.py

```
import numpy as np

def predict(X, w, b):
    return X * w + b

def loss(X, Y, w, b):
    return np.average((predict(X, w, b) - Y) ** 2)

def gradient(X, Y, w, b):   <
    w_gradient = 2 * np.average(X * (predict(X, w, b) - Y))   <
    b_gradient = 2 * np.average(predict(X, w, b) - Y)   <
    return (w_gradient, b_gradient)   <

def train(X, Y, iterations, lr):
    w = b = 0   <
```

```
    for i in range(iterations):
        print("Iteration %4d => Loss: %.10f" % (i, loss(X, Y, w, b)))   <
        w_gradient, b_gradient = gradient(X, Y, w, b)   <
        w -= w_gradient * lr   <
        b -= b_gradient * lr   <
    return w, b   <

X, Y = np.loadtxt("pizza.txt", skiprows=1, unpack=True)
w, b = train(X, Y, iterations=20000, lr=0.001)   <
print("\nw=%.10f, b=%.10f" % (w, b))
print("Prediction: x=%d => y=%.2f" % (20, predict(20, w, b)))
```

Die Funktion `gradient()` gibt jetzt die partiellen Ableitungen des Verlusts nach `w` und `b` zurück. Anhand dieser Werte verändert `train()` gleichzeitig `w` und `b`. Außerdem habe ich die Anzahl der Iterationen heraufgesetzt, da das Programm jetzt zwei Variablen optimieren muss und daher länger benötigt, um in die Nähe des Minimums zu gelangen.

Um diese neue Version des Programms unter gleichartigen Bedingungen mit derjenigen aus dem vorherigen Kapitel zu vergleichen, führen wir zunächst Letztere mit einer großen Anzahl von Iterationen und einer ziemlich niedrigen `lr` von 0,0001 aus, sodass wir eine Genauigkeit auf vier Dezimalstellen erhalten:

```
...
Iteration 157777 => Loss: 22.842737

w=1.081, b=13.171
Prediction: x=20 => y=34.80
```

Unsere neue Implementierung mit Gradientenverfahren nähert sich dem Ergebnis auf spiralförmigem Kurs. Nach nur 20.000 Iterationen erhalten wir folgendes Resultat:

```
...
Iteration 19999 => Loss: 22.8427367616
w=1.0811301700, b=13.1722676564
Prediction: x=20 => y=34.79
```

Höhere Genauigkeit mit einem Zehntel an Iterationen – großartig! Für unser Pizzavorhersageproblem mag dieses schnellere und genauere ML-Programm zu viel des Guten sein, denn schließlich kauft niemand eine Hundertstel Pizza. Der Geschwindigkeitsgewinn jedoch wird sich bei anspruchsvolleren Problemen noch als äußerst wichtig erweisen.

Abschließend habe ich noch ein kurzes Visualisierungsprogramm geschrieben, um den Pfad auszugeben, den der Algorithmus von einem willkürlichen Ausgangspunkt zum Minimum des Verlusts nimmt. Sie wissen inzwischen zwar schon, wie das Gradientenverfahren abläuft, aber nichts geht über eine grafische Darstellung:

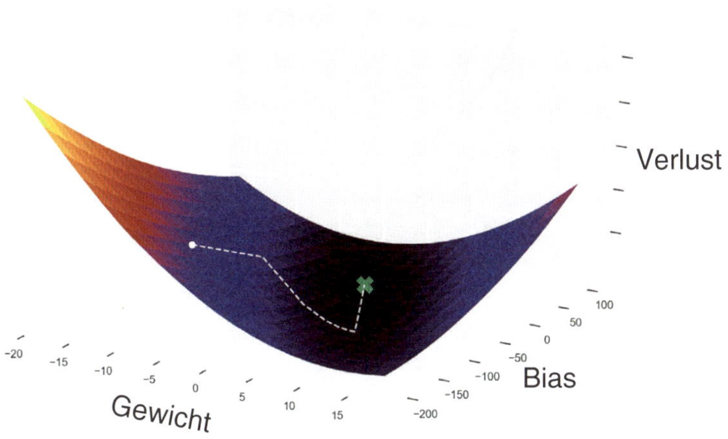

Die Wanderin hat nicht den kürzesten Weg zum Lager genommen, da sie die Route schließlich nicht im Voraus kannte. Stattdessen hat sie sich bei jedem Schritt an der Verlustfunktion orientiert. Nach zwei abrupten Richtungswechseln hat sie endlich die Talsohle erreicht und ist dem sanft absteigenden Pfad zum Lager gefolgt.

Probleme beim Gradientenverfahren

Bei der Anwendung des Gradientenverfahrens gibt es keine Erfolgsgarantie. Die gefundene Route ist nicht unbedingt die kürzeste. Es kann auch sein, dass wir am Lager vorbeigehen und wieder zurückmarschieren müssen oder dass wir uns sogar vom Lager entfernen.

Außerdem gibt es einige unglückselige Fälle, bei denen das Gradientenverfahren das Ziel völlig verfehlt. Einer davon hat mit der Lernrate zu tun. Wir werden ihn uns in der praktischen Übung am Ende dieses Kapitels noch genauer ansehen. Die meisten Probleme beim Gradientenverfahren gehen jedoch auf die Form der Verlustoberfläche zurück.

Mit etwas Fantasie lassen sich durchaus Oberflächen denken, auf denen unsere Wanderin auf dem Weg zum Lager zu Fall kommt. Was passiert, wenn die Verlustoberfläche wie in der folgenden Abbildung einen abrupten Absturz enthält, über dem die Wanderin wie Wile E. Coyote mit den Beinen rudernd in der Luft hängt?

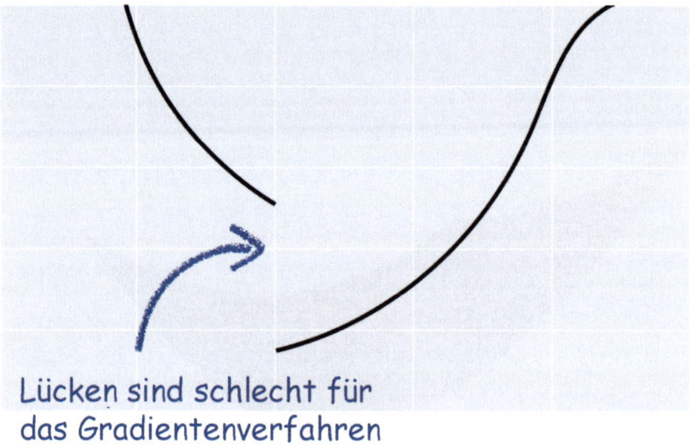

Ein anderes Problem besteht darin, dass die Wanderin statt des *globalen Minimums*, zu dem sie unterwegs ist, nur ein *lokales Minimum* wie in der folgenden Abbildung erreicht.

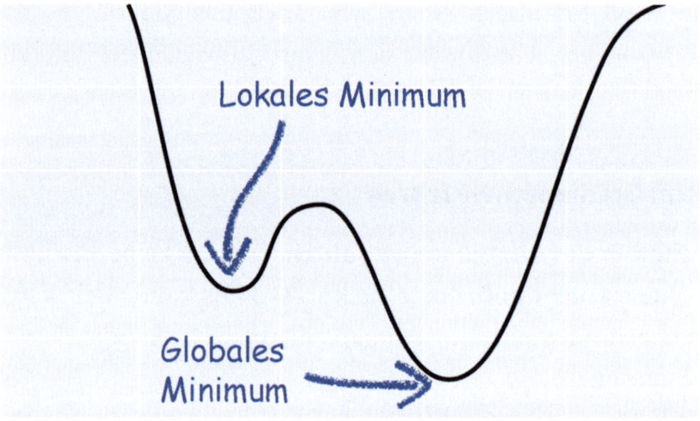

Am Boden des lokalen Minimums beträgt die Steigung null. Wenn das Gradientenverfahren dort hingelangt, steckt es fest.

Langer Rede kurzer Sinn: Das Gradientenverfahren funktioniert gut, solange die Verlustoberfläche bestimmte Eigenschaften aufweist. Mathematisch ausgedrückt, muss eine gute Verlustfunktion *konvex* sein (keine lokalen Minima aufweisen), *stetig* (frei von Lücken und Abstürzen) und *differenzierbar* (glatt, also ohne Spitzen und andere eigentümliche Stellen, an denen es nicht möglich ist, die Ableitung zu berechnen). Unsere jetzige Verlustfunktion erfüllt alle drei Voraussetzungen, ist also ideal für den Gradientenabstieg geeignet. Wir werden das Verfahren später noch auf andere Funktionen anwenden, die wir dabei zunächst auf die genannten Voraussetzungen überprüfen müssen.

Das Gradientenverfahren ist auch der Hauptgrund dafür, dass wir den Verlust als mittleren quadratischen Fehler implementiert haben. Wir hätten auch den mittleren *Absolutwert* des Fehlers nehmen können, allerdings ist diese Funktion nicht gut für das Gradientenverfahren geeignet, da sie beim Wert 0 eine nicht differenzierbare Spitze aufweist. Außerdem werden die Fehlerwerte durch das Quadrieren noch größer, was dazu führt, dass die Oberfläche sehr steil wird, wenn wir uns vom Minimum entfernen. Umgekehrt bringt dieser steile Verlauf es natürlich mit sich, dass sich das Gradientenverfahren dem Minimum rasant nähert. Aufgrund der Glätte und Steilheit ist der mittlere quadratische Fehler sehr gut für dieses Verfahren geeignet.

Zusammenfassung

In diesem Kapitel haben wir uns mit dem *Gradientenverfahren* beschäftigt, dem am häufigsten verwendeten Algorithmus zur Minimierung des Verlusts. Wie kompliziert unser Modell und die Datenmenge auch sein mögen, das Gradientenverfahren funktioniert immer auf die gleiche Weise: Es geht immer einen Schritt in die entgegengesetzte Richtung des Verlust*gradienten*, bis dieser Gradient sehr klein geworden ist. Um den Gradienten zu finden, berechnen wir die *partiellen Ableitungen* des Verlusts nach `w` und `b`.

Das Gradientenverfahren hat jedoch seine Grenzen. Da es auf Ableitungen basiert, muss die Verlustfunktion glatt und lückenlos sein, damit die Ableitung überall berechnet werden kann. Des Weiteren ist es möglich, dass das Verfahren in einem *lokalen Minimum* stecken bleibt und das *globale Minimum* nicht mehr erreicht. Um diese Probleme zu vermeiden, verwenden wir glatte Verlustfunktionen mit einem einzigen Minimum.

Das Gradientenverfahren ist nicht das Nonplusultra der Algorithmen zur Verlustminimierung. Forscher suchen nach anderen Algorithmen, die für bestimmte Umstände besser geeignet sind. Es gibt auch Variationen des regulären Verfahrens, von denen wir in diesem Buch noch einige kennenlernen werden. Nichtsdestoweniger ist das Gradientenverfahren im modernen ML von entscheidender Bedeutung und wird es auch noch lange bleiben.

Wappnen Sie sich jetzt für eine Herausforderung! Zu Beginn des Kapitels habe ich gesagt, dass es durch Anwendung des Gradientenverfahrens möglich wird, unseren Code auch auf interessantere Modelle zu übertragen und eine Annäherung an kompliziertere Datenmengen zu erreichen. Im nächsten Kapitel werden wir uns ein solches Modell ansehen.

Praktische Übung: Über das Ziel hinaus

Kommen wir noch einmal auf die Lernrate zurück. Im letzten Beispiel dieses Kapitels haben wir eine Lernrate von 0,001 verwendet. Wenn Sie die Lernrate erhöhen, werden Sie feststellen, dass der Verlust schließlich zu *steigen* beginnt anstatt weiter zu sinken. Können Sie sich denken, warum das so ist?

Wenn Sie den Grund durch abstraktes Nachdenken nicht herausfinden können, versuchen Sie, die Verlustfunktion aufzuzeichnen. Was geschieht bei einer sehr großen Lernrate? Die Antwort finden Sie im Verzeichnis `03_gradient/solution`.

4
Hyperräume

In den beiden vorherigen Kapiteln haben wir eine Ausgabe aus einer Eingabe vorhergesagt, nämlich die Pizzaverkäufe aus der Anzahl der Reservierungen. Bei Aufgabenstellungen in der Praxis gibt es jedoch gewöhnlich mehr als nur eine Eingabe. Selbst so einfache Dinge wie Pizzaverkäufe hängen von mehr als nur einer Variablen wie hier der Anzahl der Reservierungen ab. Beispielsweise wird das Restaurant wahrscheinlich mehr Pizzas verkaufen, wenn sich Touristen in der Stadt befinden, auch wenn die Anzahl der Reservierungen gleich bleibt.

Wenn es schon bei Pizza mehrere Variablen gibt, dann versuchen Sie sich einmal vorzustellen, wie viele wir bei komplexeren Aufgaben wie der Bilderkennung abdecken müssen. Ein Lernprogramm, das nur eine Variable berücksichtigt, könnte solche kniffligen Probleme niemals lösen. Dazu müssen wir unser Programm so ausbauen, dass es mit mehreren Eingabevariablen umgehen kann.

Zum Lernen aus mehreren Eingabevariablen verwenden wir eine erweiterte Version der linearen Regression: die *multiple lineare Regression*. In diesem Kapitel werden wir unser Programm so umschreiben, dass es dieses Verfahren nutzt. Außerdem lernen Sie einige nützliche Fertigkeiten wie Matrixoperationen und verschiedene NumPy-Funktionen kennen. Fangen wir also gleich an!

Ein schweres Kapitel

Eine Warnung vorab: Für die meisten Leser dürfte dies das schwierigste Kapitel im ganzen Buch sein, und zwar aus zwei Gründen. Erstens sind die nächsten Seiten sehr mathematiklastig, und zweitens ist der Code zwar nicht umfangreich, hat es dafür aber in sich. An einer Stelle brauche ich fast zwei Seiten, nur um eine einzige Codezeile zu erklären.

Lassen Sie sich davon aber bitte nicht abschrecken. Die hier vorgestellten Prinzipien und Techniken sind für Machine Learning von entscheidender Bedeutung, weshalb es sich lohnt, sie zu lernen. Denken Sie auch immer daran, dass es nach diesem Kapitel leichter wird!

Noch mehr Dimensionen

Im letzten Kapitel haben wir eine Version unseres Programms geschrieben, die sich das Gradientenverfahren zunutze macht. Diese Version lässt sich auf komplexere Modelle mit mehr als einer Variablen skalieren.

In einem Anfall von Leichtsinn haben wir das auch unserem Freund Roberto gesagt. Das war ein Fehler, denn nun ist Roberto begierig darauf, bei der Vorhersage der Pizzaverkäufe neben den Reservierungen auch noch andere Eingabevariablen wie das Wetter oder die Anzahl der Touristen in der Stadt zu berücksichtigen.

Für uns bedeutet das natürlich mehr Arbeit. Dennoch können wir Roberto schon verstehen, denn je mehr Variablen wir in dem Modell berücksichtigen, umso genauer können wir die Pizzaverkäufe vorhersagen.

Als Ausgangspunkt verwenden wir eine erweiterte Version der alten Datei `pizza.txt`. Die ersten Zeilen dieser neuen Datenmenge sehen wie folgt aus:

04_hyperspace/pizza_2_vars.txt

```
Reservierungen   Temperatur   Pizzas
13               26           44
2                14           23
14               20           28
```

Roberto vermutet, dass an wärmeren Tagen mehr Menschen seine Pizzeria besuchen, weshalb er auch die Temperatur aufgezeichnet hat. Die Labels (die Anzahl der verkauften Pizzas) befinden sich jetzt in der dritten Spalte, während die ersten beiden die Eingabevariablen enthalten.

Sehen wir uns als Erstes an, wie sich die lineare Regression ändert, wenn wir von einer zu zwei Eingabevariablen übergehen. Bei der linearen Regression werden die Beispiele bekanntlich wie folgt durch eine Gerade angenähert:

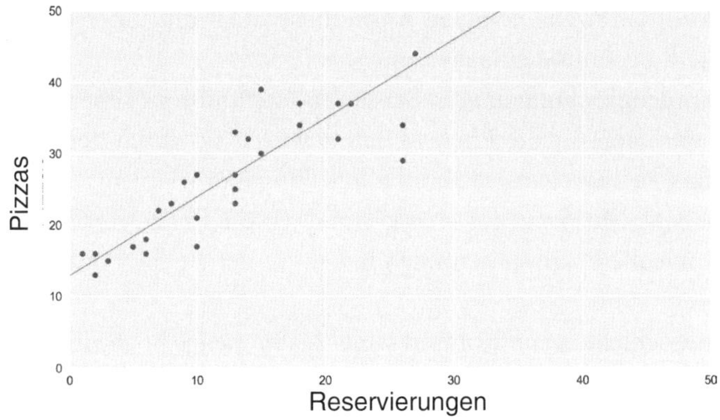

Zur Erinnerung finden Sie hier noch einmal die Formel für diese Gerade:

```
ŷ = x * w + b
```

Wenn wir eine zweite Eingabevariable hinzufügen (in unserem Fall die Temperatur), liegen die Beispiele nicht mehr auf einer Ebene, sondern sind Punkte im dreidimensionalen Raum. Zu ihrer Annäherung können wir das um eine Dimension erweiterte Äquivalent einer Geraden verwenden, nämlich eine Ebene, wie die nächste Abbildung zeigt.

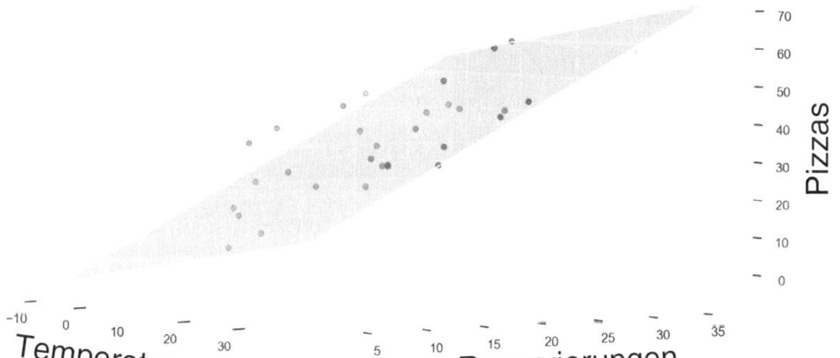

Zur Berechnung von ŷ müssen wir jetzt eine Ebenengleichung verwenden. Sie ähnelt einer Geradengleichung, hat aber zwei Eingabevariablen, `x1` und `x2`, sowie zwei Gewichte, `w1` und `w2`:

```
ŷ = x1 * w1 + x2 * w2 + b
```

Wir brauchen getrennte Gewichte für die beiden Eingabevariablen. In Robertos Datenmenge ist `x1` die Anzahl der Reservierungen und `x2` die Temperatur, und es ist einleuchtend, dass diese Faktoren unterschiedliche Auswirkungen auf die Anzahl der verkauften Pizzas nehmen, weshalb sie auch mit unterschiedlichen Gewichten in die Berechnung eingehen müssen.

In der Geradengleichung hat der Bias b den Abstand vom Ursprung angegeben. Das Gleiche gilt auch für die Ebene. Ohne b würde sie durch den Ursprung verlaufen. Um das zu beweisen, setzen Sie alle Eingabevariablen auf 0. Ohne Bias wäre ŷ ebenfalls 0. Mit dem Bias aber können wir die Ebene vertikal beliebig verschieben, bis wir die Position gefunden haben, in der sie die Punkte bestmöglich annähert.

Was aber geschieht, wenn Roberto seiner Datenmenge noch eine weitere Spalte hinzufügt?

04_hyperspace/pizza_3_vars.txt

```
Reservierungen  Temperatur  Touristen  Pizzas
13              26          9          44
2               14          6          23
14              20          3          28
```

Die neue Eingabevariable gibt die Touristendichte in der Stadt an, die Roberto von der Website des örtlichen Fremdenverkehrsamts heruntergeladen hat. Die Werte reichen von 1 (»keine Seele in der Stadt«) bis 10 (»Touristeninvasion«).

Zu Anfang haben wir zweidimensionale Beispiele mit einem eindimensionalen Modell angenähert. Dann sind wir zu dreidimensionalen Beispielen mit einem zweidimensionalen Modell übergegangen. Jetzt haben wir schon vierdimensionale Beispiele, zu deren Annäherung wir ein dreidimensionales Modell benötigen. Dieser Prozess setzt sich fort, wenn wir weitere Eingabevariablen hinzufügen. Allgemein ist eine (n -1)-dimensionale Form erforderlich, um Beispiele in n Dimensionen anzunähern.

Mit Ausnahme einiger Figuren von H. P. Lovecraft können Menschen allerdings nicht mehr als drei räumliche Dimensionen wahrnehmen. In der Mathematik stellt der Umgang mit solchen mehrdimensionalen Räumen, die einen um den Verstand bringen könnten, jedoch kein Problem dar. Sie werden als *Hyperräume* bezeichnet und mit denselben Gleichungen beschrieben wie zwei- und dreidimensionale Räume. Unabhängig davon, wie viele Dimensionen wir insgesamt haben, können wir einfach Eingabevariablen und Gewichte zu der Geraden- oder Ebenenformel hinzufügen:

```
ŷ = x1 * w1 + x2 * w2 + x3 * w3 + ... + b
```

Die vorstehende Formel ist die *gewichtete Summe* der Eingaben. Die Geradengleichung ist nur ein Sonderfall davon, nämlich die gewichtete Summe einer einzigen Eingabe. Unser Plan zur Erweiterung des ML-Programms auf mehrere Eingabevariablen klingt daher ganz einfach: Wir müssen nur die Geradengleichung durch eine allgemeinere Formel für gewichtete Summen ersetzen.

Um diesen Plan zu verwirklichen, brauchen wir jedoch einige mathematische Operationen, die wir uns in dem folgenden kleinen Exkurs ansehen werden.

Matrizenrechnung

Um unser System auf mehrere Variablen zu erweitern, brauchen wir zwei Matrizenoperationen. Ich möchte die Einführung dieser Operationen nicht auf den Zeitpunkt verschieden, an dem wir schon mit der Programmierung genug zu tun haben, sondern hier einige Seiten einschalten, um diese Hürde aus dem Weg zu räumen.

Eine *Matrix* ist ein zweidimensionales Arrays. Beispielsweise zeigt die folgende Abbildung eine `(4, 3)`-Matrix mit vier Zeilen und drei Spalten:

2	3	5
11	13	19
31	27	1
-3	14	9

Die beiden Operationen, mit denen wir uns hier beschäftigen, sind die *Matrizenmultiplikation* und die *Transposition*. Beide sind im Machine Learning allgegenwärtig und verdienen daher jeweils ihren eigenen Abschnitt.

Mathematischer Hintergrund: Lineare Algebra

Matrizenoperationen wie die Matrizenmultiplikation und die Transposition gehören zu einem Teilgebiet der Mathematik, das als *lineare Algebra* bezeichnet wird. Wenn Sie mehr darüber erfahren wollen, schauen Sie sich die Lektionen der Khan Academy an.[1]

Matrizen multiplizieren

Haben Sie sich jemals gefragt, warum für ML gewöhnlich große Anlagen mit vielen Grafikprozessoren verwendet werden? Das liegt daran, dass ML-Systeme den Großteil der Zeit mit einer einzigen Operation beschäftigt sind, die sich auf Gra-

1. *www.khanacademy.org/math/linear-algebra*

fikprozessoren besonders schnell ausführen lässt, nämlich mit der Multiplikation großer Matrizen.

Die »goldene Regel« der *Matrizenmultiplikation* lautet: Zwei Matrizen können genau dann miteinander multipliziert werden, wenn die Anzahl der Zeilen in der zweiten Matrix gleich der Anzahl der Spalten in der ersten ist.

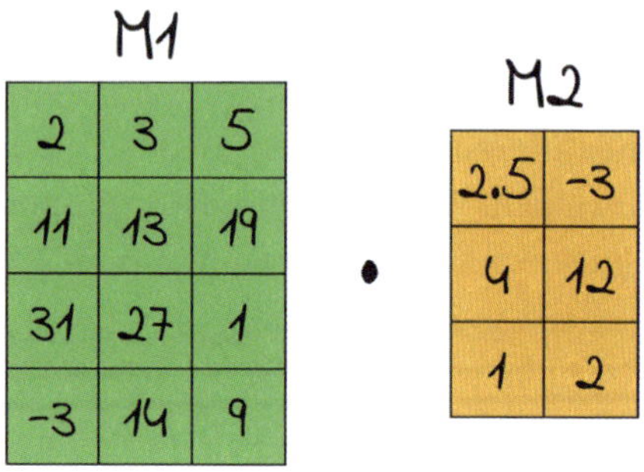

`M1` ist eine `(4, 3)`-Matrix und `M2` eine `(3, 2)`-Matrix. Laut der obigen Regel können wir sie also miteinander multiplizieren. Doch was steckt hinter dieser Regel? Um diese Frage zu beantworten, schreiben wir die Operation wie folgt:

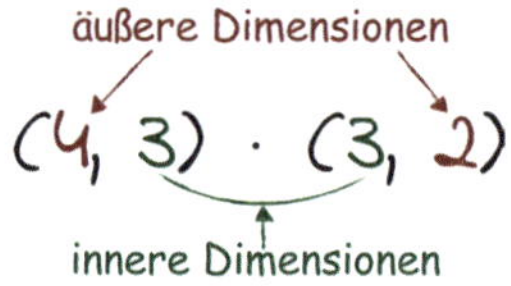

Wenn die *inneren Dimensionen* gleich sind – wie in diesem Fall –, ist die Multiplikation zulässig. Das Ergebnis ist dann eine Matrix mit den *äußeren Dimensionen*, hier also `(4, 2)`:

$$(4, 3) \cdot (3, 2) = (4, 2)$$

Schauen wir uns das an einigen konkreten Beispielen genauer an. Der einfachste Fall ist dabei eine Matrix mit einer einzigen Zeile, die mit einer Matrix mit einer einzigen Spalte multipliziert wird:

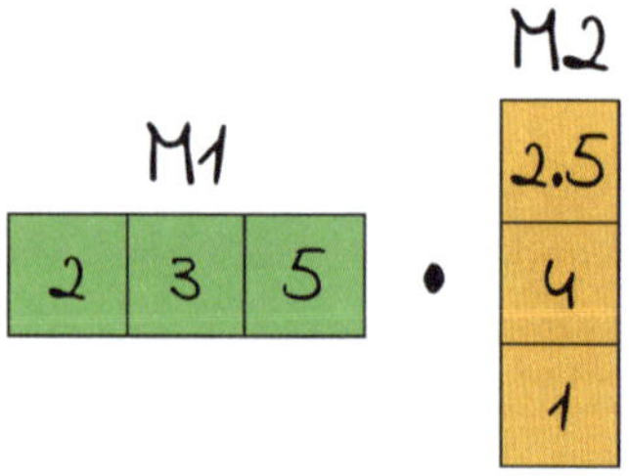

Als Erstes prüfen wir wieder, ob die Multiplikation zulässig ist. Wir haben hier eine `(1, 3)`- und eine `(3, 1)`-Matrix, und nach unserer goldenen Regel ist die Multiplikation `(1, 3)·(3, 1)` zulässig und ergibt eine `(1, 1)`-Matrix, also eine Matrix mit nur einem Element.

Um dieses eine Element zu berechnen, multiplizieren wir jedes Element von `M1` mit dem korrespondierenden Element von `M2`, also das erste mit dem ersten, das zweite mit dem zweiten usw., und addieren schließlich die einzelnen Produkte:

```
2 * 2.5 + 3 * 4 + 5 * 1 = 22
```

Die Multiplikation sieht also wie folgt aus:

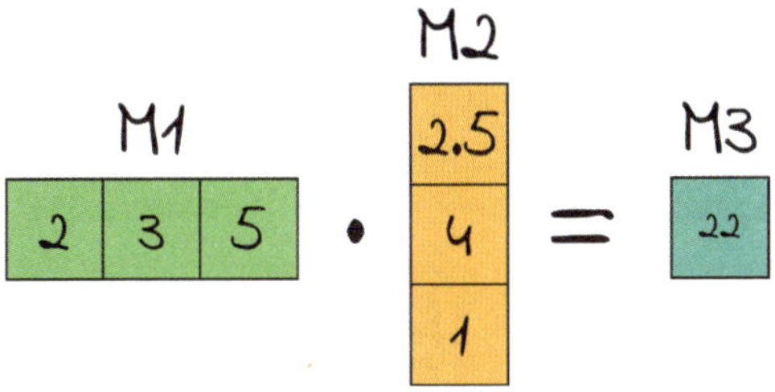

Vielleicht ist Ihnen schon die Ähnlichkeit zwischen dieser Multiplikation und der Formel am Ende des Abschnitts »*Noch mehr Dimensionen*« auf *Seite 58* aufgefallen. Diese Ähnlichkeit ist natürlich kein Zufall. Wenn wir uns hinreichend mit der Matrizenmultiplikation beschäftigt haben, werden wir sie zur Implementierung unseres Modells mit linearer Regression verwenden.

Was aber müssen wir tun, wenn die Matrizen mehrere Zeilen und Spalten aufweisen? In diesem Fall gehen wir im Prinzip genauso vor wie im ersten Beispiel, multiplizieren aber jede Zeile der ersten Matrix mit jeder Spalte der zweiten. Jedes Element `(i, j)` der resultierenden Matrix enthält das Produkt von Zeile `i` von `M1` und Spalte `j` von `M2`:

```
M3[i][j] = i-te_Zeile_von_M1 · j-te_Spalte_von_M2
```

Konkret sieht das wie folgt aus:

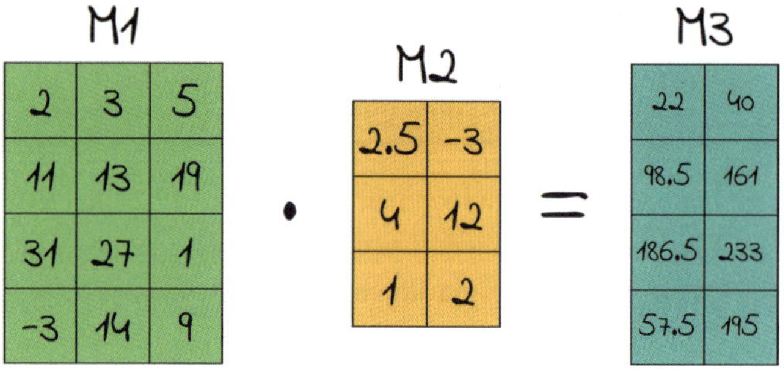

Prüfen wir das anhand eines der Elemente von `M3` nach, z. B. `M3[0][1]`. Dieses Element hat den Wert 40. Nach unserer Rechenregel muss `M3[0][1]` gleich dem Produkt von Zeile 0 von `M1` und Spalte 1 von `M2` sein:

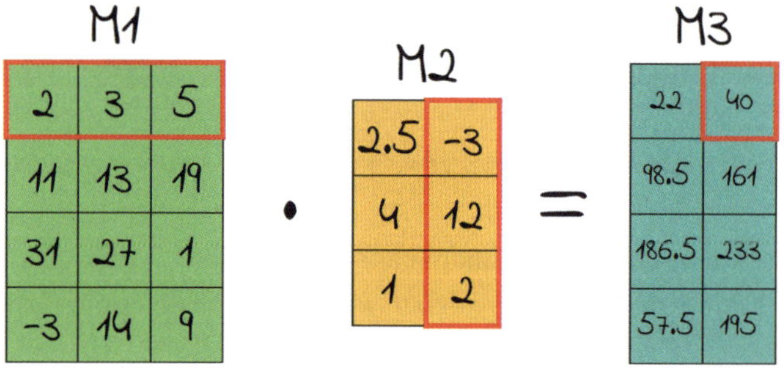

Das Produkt dieser Zeile mit dieser Spalte ist wie erwartet `2 * -3 + 3 * 12 + 5 * 2 = 40`. Auf die gleiche Weise können Sie auch alle anderen Elemente von `M3` überprüfen.

Anders als bei der regulären Multiplikation kommt es bei der Matrizenmultiplikation auf die Reihenfolge an. Wenn wir die beiden Matrizen vertauschen, erhalten wir im Allgemeinen ein anderes Ergebnis; in den meisten Fällen ist die Multiplikation dann nicht einmal mehr zulässig. In unserem Beispiel können wir `M2` nicht mit `M1` multiplizieren, da bei `(3, 2)·(4, 3)` die inneren Dimensionen ungleich sind.

In diesem Buch kommen sehr viele Matrizenmultiplikationen vor, allerdings werden wir sie nicht selbst ausrechnen, sondern dazu NumPy heranziehen. Es erleichtert die Sache jedoch, wenn Sie sich die goldene Regel merken: Die inneren Dimensionen müssen bei der Matrizenmultiplikation identisch sein, und die äußeren sind die Dimensionen der resultierenden Matrix. In unserem Beispiel haben wir `(4, 3)·(3, 2)` gerechnet und als Ergebnis eine `(4, 2)`-Matrix erhalten.

Das war es auch schon zum Thema Matrizenmultiplikation. Wenden wir uns nun der Transposition zu.

Matrizen transponieren

Im Vergleich zur Matrizenmultiplikation ist die *Transposition* einfach. Dabei spiegeln Sie die Matrix lediglich an der Diagonale, die von oben links nach unten rechts verläuft. In der folgenden Abbildung wird dies durch die verschiedenen Farbschattierungen der einzelnen Zellen deutlich gemacht:

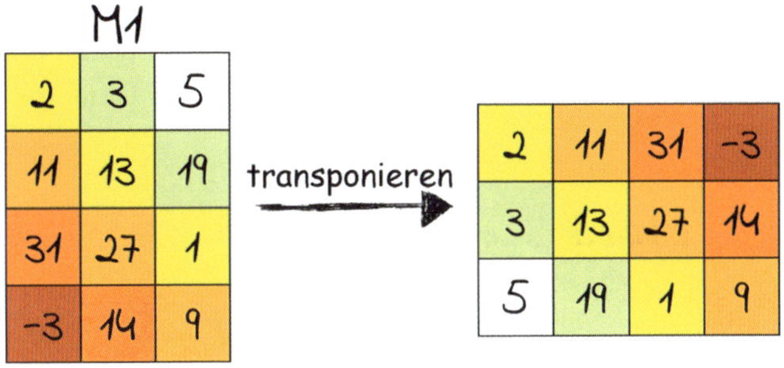

Beim Transponieren einer Matrix werden aus den Zeilendaten Spaltendaten und umgekehrt. Die Dimensionen der Matrix werden vertauscht. In dem vorstehenden Beispiel wird aus der `(4, 3)`-Matrix durch Transponieren eine `(3, 4)`-Matrix.

Jetzt wissen Sie, wie die Matrizenmultiplikation und die Transposition funktionieren. Beide Operationen werden wir in Kürze benötigen. Kehren wir nun aber wieder zu unserem Code zurück.

Das ML-Programm erweitern

Nach diesem mathematischen Exkurs kommen wir wieder zu unserer praktischen Arbeit zurück. Wir möchten unser ML-Programm so erweitern, dass es mit mehreren Eingabevariablen umgehen kann. Um den Überblick zu behalten, stellen wir zunächst einen Plan dafür auf:

- Erstens müssen wir die mehrdimensionalen Daten laden und aufbereiten, sodass wir sie in den Lernalgorithmus einspeisen können.
- Anschließend müssen wir alle Funktionen in unserem Code so anpassen, dass sie das neue Modell nutzen. Wie im Abschnitt »*Noch mehr Dimensionen*« auf *Seite 58* beschrieben, gehen wir von einer Geradengleichung zu einer allgemeinen gewichteten Summe über.

Diesen Plan werden wir nun Schritt für Schritt abarbeiten. Sie können die Befehle dabei gern in einen Python-Interpreter eingeben und selbst damit herumexperimentieren. Wenn Sie keinen Interpreter zu Hand haben, ist das jedoch auch kein

Beinbruch, denn ich werde die Ausgaben aller wichtigen Befehle hier wiedergeben (wenn auch teilweise aus Platzgründen etwas bearbeitet).

Die Daten aufbereiten

Ich wünschte, ich könnte Ihnen jetzt erzählen, dass sich bei ML alles darum dreht, fantastische KIs zu konstruieren und dabei den coolen Experten zu geben. In Wirklichkeit besteht ein Großteil der Arbeit jedoch darin, Daten für den Lernalgorithmus aufzubereiten. Dabei gehen wir wieder von der Datei mit unserer Datenmenge aus:

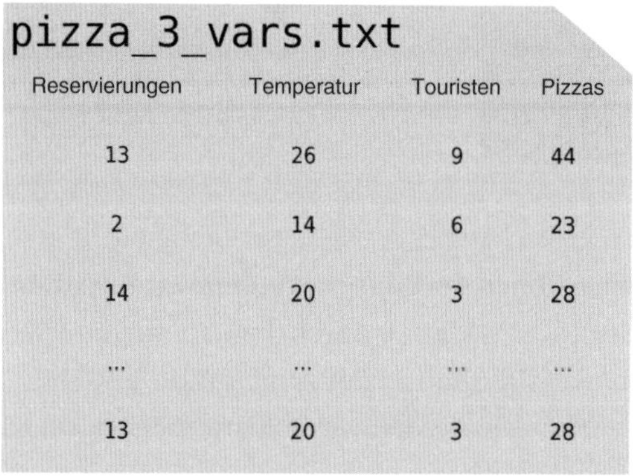

pizza_3_vars.txt

Reservierungen	Temperatur	Touristen	Pizzas
13	26	9	44
2	14	6	23
14	20	3	28
...	...	...	...
13	20	3	28

In den vorherigen Kapiteln bestand diese Datei aus zwei Spalten, die wir mit der NumPy-Funktion `loadtxt()` in zwei Arrays geladen haben. Mehr war dazu nicht nötig. Da wir jetzt mehrere Eingabevariablen haben, hat `X` nun aber die Form einer Matrix:

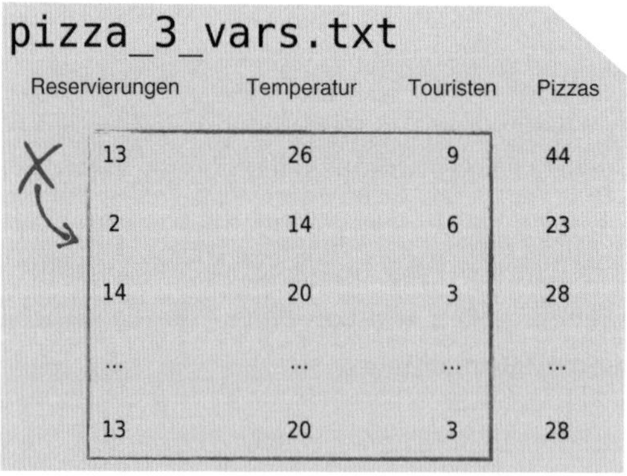

pizza_3_vars.txt

Reservierungen	Temperatur	Touristen	Pizzas
13	26	9	44
2	14	6	23
14	20	3	28
...	...	...	...
13	20	3	28

Jede Zeile von `X` ist ein Beispiel und jede Spalte eine Eingabevariable.

Wenn wir die Datei wie zuvor mit `loadtxt()` laden, erhalten wir für jede Spalte ein NumPy-Array:

```
import numpy as np
x1, x2, x3, y = np.loadtxt("pizza_3_vars.txt", skiprows=1, unpack=True)
```

Arrays sind das Merkmal, bei dem NumPy richtig glänzt! Es handelt sich um flexible Objekte, die alles Mögliche von einem *Skalar* (einer einzelnen Zahl) bis zu mehrdimensionalen Strukturen darstellen können. Diese Flexibilität macht den Umgang mit den Arrays jedoch zu Anfang auch etwas schwer. Ich werde Ihnen zeigen, wie Sie diese vier Arrays zu den Variablen `X` und `Y` umformen, die wir benötigen, aber wenn Sie diese Arbeiten selbst erledigen, ist es am besten, die Dokumentation von NumPy zur Hand zu haben.

Um zu sehen, welche Dimensionen ein Array aufweist, verwenden wir die Operation `shape()`:

```
x1.shape # => (30, )
```

Alle vier Spalten haben 30 Elemente, eines für jedes Beispiel in `pizza_3_vars.txt`. Das Komma am Ende ist die NumPy-Schreibweise dafür, dass diese Arrays nur jeweils eine Dimension aufweisen. Sie sind also weniger Matrizen als vielmehr das, was man sich gewöhnlich unter einem Array vorstellt.

Wir wollen nun die Matrix `X` zusammenstellen, indem wir die ersten drei Arrays miteinander verbinden:

```
X = np.column_stack((x1, x2, x3))
X.shape # => (30, 3)
```

Die ersten beiden Zeilen von `X` sehen nun wie folgt aus:

```
X[:2] # => array([[13., 26., 9.], [2., 14., 6.]])
```

Mit der Indizierung in NumPy lässt sich sehr viel anfangen, allerdings kann sie manchmal auch etwas verwirrend wirken. Die Schreibweise `[:2]` ist eine Abkürzung für `[0:2]` und bedeutet »die Zeilen vom Index 0 bis ausschließlich Index 2«, also die ersten beiden Zeilen.

So viel zu `X`. Kümmern wir uns nun um `y`, das immer noch die eindimensionale Form `(30, )` aufweist. Grundsätzlich sollten es NumPy-Matrizen nicht mit eindimensionalen Arrays vermischen. Code, in dem beides vorkommt, legt manchmal überraschendes Verhalten an den Tag. Aus diesem Grunde ist es am besten, eindimensionale Arrays mit der Funktion `reshape()` wie folgt in eine Matrix umzuwandeln. Dieser kleine Trick hat mir schon manchmal den Hals gerettet.

```
Y = y.reshape(-1, 1)
```

reshape() nimmt die Dimensionen des neuen Arrays entgegen. Wenn eine dieser Dimensionen –1 ist, dann setzt NumPy sie auf einen passenden Wert für die anderen Dimensionen. Die obige Zeile bedeutet also: »Gestalte Y zu einer Matrix mit einer Spalte und so vielen Zeilen um, wie für die aktuelle Anzahl der Elemente nötig sind.« Dadurch ergibt sich eine (30, 1)-Matrix:

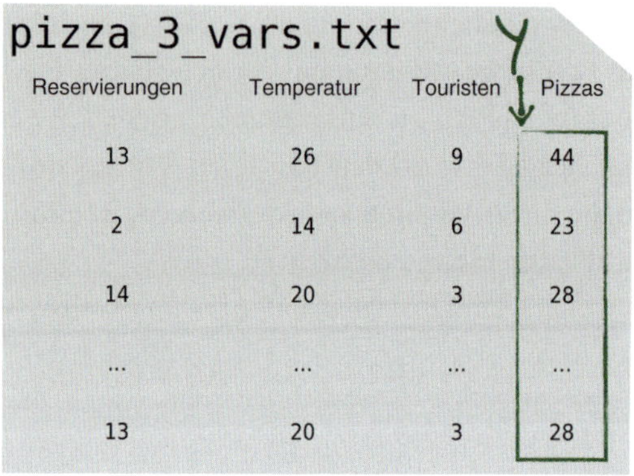
pizza_3_vars.txt

Reservierungen	Temperatur	Touristen	Pizzas
13	26	9	44
2	14	6	23
14	20	3	28
...	...	...	...
13	20	3	28


```
Y.shape # => (30, 1)
```

Damit haben wir unsere Daten jetzt sauber in einer Matrix X für Eingabevariablen und einer Matrix Y für die Labels angeordnet. Den Punkt »Datenaufbereitung« können wir damit abhaken. Als Nächstes ändern wir die Funktionen unseres Lernsystems. Dabei fangen wir mit der Funktion predict() an.

Die Vorhersagefunktion anpassen

Da wir jetzt mehrere Eingabevariablen haben, müssen wir die Vorhersageformel von einer einfachen Geradengleichung in eine gewichtete Summe ändern:

```
ŷ = x1 * w1 + x2 * w2 + x3 * w3 + ...
```

Wahrscheinlich ist Ihnen aufgefallen, dass in dieser Formel etwas fehlt. Zur Vereinfachung habe ich vorübergehend den Bias b weggelassen. Er wird aber bald wieder zurück sein.

Jetzt können wir die angegebene gewichtete Summe in eine mehrdimensionale Version von predict() umwandeln. In der eindimensionalen Version sah diese Formel wie folgt aus (hier ohne Bias):

```
def predict(X, w):
    return X * w
```

Die neue Version von `predict()` nimmt nach wie vor `X` und `w` entgegen, wobei diese Variablen jetzt aber mehr Dimensionen haben. Bisher war `X` ein Vektor aus `m` Elementen, wobei `m` der Anzahl der Beispiele entsprach. Jetzt ist es eine `(m, n)`-Matrix, wobei `n` die Anzahl der Eingabevariablen ist. In dem hier betrachteten Fall haben wir 30 Beispiele und drei Eingabevariablen, weshalb `X` eine `(830, 3)`-Matrix ist.

Wie sieht es mit `w` aus? Pro Eingabevariable brauchen wir jetzt nicht nur ein `x`, sondern auch ein `w`. Anders als die `x`-Werte sind die `w`-Werte jedoch für jedes Beispiel gleich. Für die Gewichte können wir daher eine `(n, 1)`- oder eine `(1, n)`-Matrix verwenden. Wie wir gleich sehen werden, ist eine `(n, 1)`-Matrix besser geeignet, also eine Matrix mit einer einzigen Spalte und je einer Zeile pro Eingabevariable.

Diese Matrix müssen wir nun initialisieren. Bisher haben wir `w` einfach mit 0 initialisiert, doch da `w` nun eine Matrix ist, müssen wir alle ihre Elemente auf 0 setzen. Dafür gibt es in NumPy die Funktion `zeros()`:

```
w = np.zeros((X.shape[1], 1))
w.shape # => (3, 1)
```

`X.shape[0]` gibt die Anzahl der Zeilen und `X.shape[1]` die Anzahl der Spalten in `X` an. Der vorstehende Code besagt also, dass `w` so viele Zeilen haben soll, wie es Spalten in `X` gibt, hier also drei.

An dieser Stelle kommt nun die Matrizenmultiplikation ins Spiel. Schauen Sie sich noch einmal die gewichtete Summe an:

```
ŷ = x1 * w1 + x2 * w2 + x3 * w3
```

Wenn `X` nur eine Zeile hätte, würde diese Formel die Multiplikation von `X` mit `w` beschreiben:

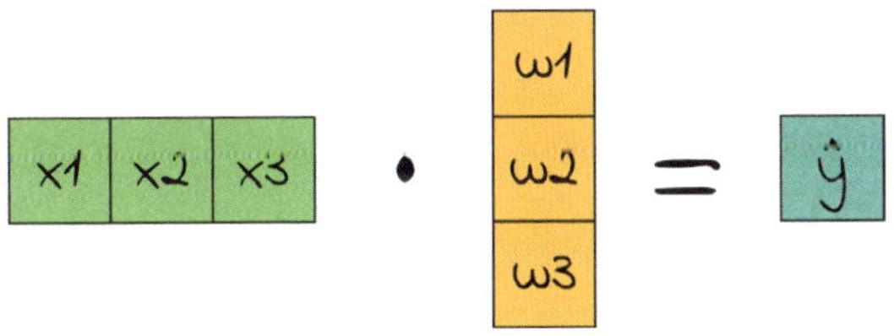

Allerdings hat `X` nicht nur eine Zeile, sondern eine Zeile pro Beispiel – es ist eine `(30, 3)`-Matrix. Wenn wir sie mit `w` multiplizieren – einer `(3, 1)`-Matrix –, erhalten wir eine `(30, 1)`-Matrix mit einer Zeile pro Beispiel und einer einzigen Spalte, die die Vorsagen für diese Beispiele enthält. Mit einer einzigen Matrizenmultiplikation erhalten wir also auf einen Streich die Vorhersagen für sämtliche Beispiele.

Um die Vorhersagefunktion für mehrere Eingabevariablen umzuschreiben, müssen wir also lediglich `X` und `w` multiplizieren, wobei uns die NumPy-Funktion `matmul()` zu Hilfe kommt:

```
def predict(X, w):
    return np.matmul(X, w)    <
```

Es hat eine Weile gedauert, um zu dieser winzigen Funktion zu kommen, und dabei haben wir die Sache noch vereinfacht, indem wir den Bias vorläufig ignoriert haben. Der Aufwand hat sich aber schon gelohnt: `predict()` implementiert jetzt das Modell der multiplen linearen Regression in einer einzigen, kurzen Codezeile.

Die Verlustfunktion anpassen

Kommen wir nun zur Funktion `loss()`. Zur Berechnung des Verlusts hatten wir den mittleren quadratischen Fehler herangezogen:

```
def loss(X, Y, w):
    return np.average((predict(X, w) - Y) ** 2)
```

Auch habe ich wieder den Bias `b` herausgenommen, damit wir uns für den Anfang mit einem Problem weniger herumschlagen müssen. Der Bias wird aber in Kürze wieder zurückkehren. Schauen wir uns zunächst aber an, wie wir diese abgespeckte Version von `loss()` an mehrdimensionale Eingaben anpassen.

Ich weiß noch, wie frustrierend Matrizenoperationen für mich waren, als ich meine ersten ML-Programme schrieb. Insbesondere schienen die Dimensionen der Matrizen nie zueinanderzupassen. Mit der Zeit lernte ich jedoch, dass diese Dimensionen in Wirklichkeit eine gute Sache waren, denn wenn ich sie sorgfältig im Auge behielt, halfen sie mir sogar dabei, meinen Code zu schreiben. Auch hier wollen wir die Dimensionen der Matrizen als Richtschnur für unseren Code nutzen.

Fangen wir bei den Labels an. Im vorstehenden Code haben wir zwei Matrizen für Labels: `Y` mit der Grundwahrheit der Datenmenge sowie die von `predict()` berechnete Matrix `y_hat` (Y-Dach!). Beide sind nun `(m, 1)`-Matrizen, haben also eine Zeile pro Beispiel, aber nur eine einzige Spalte. Da wir 30 Beispiele haben, sind es in unserem Fall `(30, 1)`-Matrizen. Wenn wir `Y` von `y_hat` subtrahieren, prüft NumPy zunächst, ob beide Matrizen die gleiche Größe haben, und subtrahiert dann jedes Element von `Y` vom entsprechenden Element von `y_hat`. Das Ergebnis ist ebenfalls eine `(30, 1)`-Matrix.

Anschließend wollen wir alle Elemente in dieser Matrix quadrieren. Da Matrizen als NumPy-Arrays implementiert sind, können wir eine Besonderheit von NumPy nutzen, die als *Broadcasting* bezeichnet wird. Sie kam sogar schon in früheren Kapiteln zum Tragen. Wenn wir eine arithmetische Operation auf ein

NumPy-Array anwenden, dann wird sie wie von einem Rundfunksender an alle Elemente des Arrays übertragen. Das heißt also, wenn wir die gesamte Matrix quadrieren, wendet NumPy diese Operation pflichteifrig auf alle Elemente der Matrix an. Auch das Ergebnis dieses Vorgangs ist wieder eine `(30, 1)`-Matrix.

Schließlich rufen wir noch `average()` auf, um den Durchschnitt aller Elemente in der Matrix zu bilden. Diese Funktion gibt einen einzelnen Skalar zurück:

```
a_number = loss(X, Y, w)
a_number.shape # => ()
```

Das leere Klammernpaar ist die NumPy-Schreibweise für: »Dies ist ein Skalar, hat also keine Dimensionen.«

Fazit: Wir müssen die Berechnung des Verlusts überhaupt nicht ändern. Unsere Code für den mittleren quadratischen Fehler funktioniert bei mehreren Eingabevariablen genauso wie bei einer einzigen Variablen.

Die Gradientenfunktion anpassen

Jetzt bleibt nur noch eines zu tun: Wir müssen den Verlustgradienten auf mehrere Variablen erweitern. Ich gehe hier gleich in die Vollen und zeige Ihnen die Matrizenversion der Funktion `gradient()`:

```
def gradient(X, Y, w):
    return 2 * np.matmul(X.T, (predict(X, w) - Y)) / X.shape[0]
```

`X.T` bedeutet »X transponiert« (siehe »*Matrizen transponieren*« auf *Seite 65*).

Es hat mich einiges an Zeit gekostet, um von der alten Version von `gradient()` zu dieser zu kommen. Ausnahmsweise werde ich hier nicht auf die Einzelheiten der Funktion eingehen, weil sie einfach zu viel Platz einnehmen würden. Wenn Sie neugierig sind, können Sie auf ProgML[2], der Begleitwebsite zu diesem Buch, mehr darüber erfahren. Sie können sich auch selbst vergewissern, dass sich diese neue Version von `gradient()` genauso verhält wie die alte, aber mehrere Eingabevariablen entgegennimmt.

Siehe »Of Gradients and Matrices« auf ProgML.

Der Code im Ganzen

Prüfen wir, ob wir alle Einzelteile zusammenhaben:

- Wir haben den Code zur Aufbereitung der Daten geschrieben.
- Wir haben `predict()` angepasst.

2. *www.progml.com*

- Wir haben festgestellt, dass wir `loss()` nicht anpassen müssen.
- Wir haben `gradient()` angepasst.

Es ist alles erledigt. Damit können wir nun unser ML-Programm wie folgt umschreiben:

04_hyperspace/multiple_regression_without_bias.py

```
import numpy as np

def predict(X, w):
    return np.matmul(X, w)    <

def loss(X, Y, w):
    return np.average((predict(X, w) - Y) ** 2)

def gradient(X, Y, w):
    return 2 * np.matmul(X.T, (predict(X, w) - Y)) / X.shape[0]    <

def train(X, Y, iterations, lr):
    w = np.zeros((X.shape[1], 1))    <
    for i in range(iterations):
        print("Iteration %4d => Loss: %.20f" % (i, loss(X, Y, w)))
        w -= gradient(X, Y, w) * lr
    return w

x1, x2, x3, y = np.loadtxt("pizza_3_vars.txt", skiprows=1, unpack=True)    <
X = np.column_stack((x1, x2, x3))    <
Y = y.reshape(-1, 1)    <
w = train(X, Y, iterations=100000, lr=0.001)    <
```

Wir haben eine ganze Reihe von Seiten gebraucht, um fertig zu werden, und doch ist der Code dem aus dem vorherigen Kapitel ziemlich ähnlich. Abgesehen von dem Teil, in dem wir die Daten laden und aufbereiten, mussten wir nur drei Zeilen ändern. Die Funktionen sind jetzt allgemein nutzbar: Sie können nicht nur Robertos Datenmenge mit drei Variablen verarbeiten, sondern mit Eingabevariablen beliebiger Anzahl umgehen.

Wenn wir dieses Programm ausführen, erhalten wir folgende Ausgabe:

```
Iteration    0 => Loss: 1333.56666666666660603369
Iteration    1 => Loss: 151.14311361881479456315
Iteration    2 => Loss: 64.99460808656147037254
...
Iteration 99999 => Loss: 6.89576133146784187034
```

Der Verlust wird bei jedem Durchlauf kleiner, was schon ein Hinweis darauf ist, dass das Programm tatsächlich lernt. Allerdings ist unsere Arbeit noch nicht getan: Schließlich haben wir zu Anfang den Bias-Parameter entfernt, um die Sache zu vereinfachen, wobei wir ohne den Bias jedoch keine genauen Vorhersagen erwarten dürfen. Zum Glück ist es viel einfacher, den Bias wieder einzuführen, als es den Anschein hat.

Bye-bye, Bias!

Im letzten Abschnitt haben wir die folgende Vorhersageformel implementiert:

```
ŷ = x1 * w1 + x2 * w2 + x3 * w3
```

Jetzt wollen wir aber den Bias wieder in unser System aufnehmen:

```
ŷ = x1 * w1 + x2 * w2 + x3 * w3 + b
```

Wir könnten jetzt einfach den Bias wie im vorherigen Kapitel wieder überall in den Code einfügen. Allerdings gibt es einen Trick, mit dem wir ihn auf weit weniger aufwendige Weise einfließen lassen können.

Schauen Sie sich die vorstehende Formel noch einmal genau an. Was ist der Unterschied zwischen dem Bias und den Gewichten? Die Gewichte werden mit einer Eingabevariablen multipliziert, der Bias dagegen nicht. Wenn wir nun in unserem System eine weitere Eingabevariable namens `x0` hätten, die stets den Wert 1 hat, so könnten wir die Formel wie folgt schreiben:

```
ŷ = x1 * w1 + x2 * w2 + x3 * w3 + x0 * b
```

Jetzt gibt es überhaupt keinen Unterschied mehr zwischen dem Bias und den Gewichten. Der Bias ist einfach nur das Gewicht einer Eingabevariablen mit dem konstanten Wert 1. Der Trick, den ich eben erwähnt habe, besteht darin, eine Pseudo-Eingabevariable hinzuzufügen, die stets 1 ist. Dann brauchen wir den expliziten Bias nicht mehr.

Wir könnten dazu in die Datei `pizza_3_vars.txt` wie folgt eine Spalte mit lauter Einsen aufnehmen:

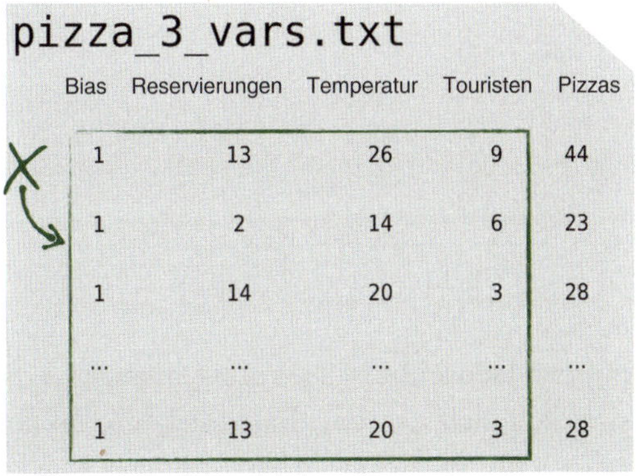

Allerdings ist es immer besser, nicht in den ursprünglichen Daten herumzupfuschen. Stattdessen fügen wir die Spalte mit den Einsen in `X` ein, *nachdem* wir die Daten geladen haben. Die Position dieser *Biasspalte* spielt keine Rolle, allerdings wird sie vereinbarungsgemäß meistens an erster Stelle eingefügt:

04_hyperspace/multiple_regression_final.py

```
x1, x2, x3, y = np.loadtxt("pizza_3_vars.txt", skiprows=1, unpack=True)
X = np.column_stack((np.ones(x1.size), x1, x2, x3))  <
Y = y.reshape(-1, 1)
w = train(X, Y, iterations=100000, lr=0.001)

print("\nWeights: %s" % w.T)  <
print("\nA few predictions:")  <
for i in range(5):  <
    print("X[%d] -> %.4f (label: %d)" % (i, predict(X[i], w), Y[i]))  <
```

Ich habe diese Gelegenheit genutzt, dem Programm noch einige `print`-Befehle beizufügen. Sie geben zunächst die Gewichtsmatrix aus (transponiert, sodass sie in eine Zeile passt) und dann die vorhergesagten Werte und die Labels der ersten fünf Beispiele, sodass wir sie vergleichen können.

Damit ist unser Programm für multiple lineare Regression fertig. Zeit für einen letzten Test!

Ein letzter Testlauf

Wenn wir das Programm ausführen, erhalten wir folgende Ausgabe:

```
Iteration     0 => Loss: 1333.56666666666660603369
Iteration     1 => Loss: 152.37148173674077611395
...
Iteration 99999 => Loss: 6.69817817063803833122

Weights: [[ 2.41178207 1.23368396 -0.02689984 3.12460558]]

A few predictions:
X[0] -> 45.8717 (label: 44)
X[1] -> 23.2502 (label: 23)
X[2] -> 28.5192 (label: 28)
X[3] -> 58.2355 (label: 60)
X[4] -> 42.8009 (label: 42)
```

Werfen wir zunächst einen Blick auf den Verlust. Wie erwartet ist er niedriger als bei der Version ohne Bias.

Eine Betrachtung der Gewichte ist sehr aufschlussreich. Bei dem ersten Gewicht handelt es sich lediglich um den Bias, den wir durch den »Einserspalten-Trick« zu einem regulären Gewicht gemacht haben. Die restlichen Gewichte dagegen sind diejenigen für die drei Eingabevariablen, also für Reservierungen, Temperatur und Touristendichte. Die Touristendichte hat ein sehr hohes Gewicht, die Temperatur dagegen ein ziemlich kleines. Das zeigt, dass die Pizzaverkäufe sehr stark von der Anzahl der Touristen beeinflusst werden, aber kaum mit dem Wetter schwanken.

Die letzten Zeilen der Ausgabe zeigen die Vorhersagen und Labels für die ersten fünf Beispiele. Keine der Vorhersagen weicht um mehr als eine oder zwei Pizzas ab. Roberto scheint recht gehabt zu haben: Die Erweiterung auf mehrere Variablen hat unsere Vorhersagefähigkeit verbessert.

Herzlichen Glückwunsch – damit haben Sie das schwerste Kapitel in diesem Buch durchgearbeitet! Fassen wir kurz zusammen, was Sie hier gelernt haben.

Zusammenfassung

In diesem Kapitel ging es um *multiple lineare Regression*. Wir haben unser Programm auf Datenmengen mit mehr als einer Eingabevariablen erweitert. Dazu verwenden wir jetzt auch mehrere Gewichte, nämlich jeweils für die einzelnen Variablen. Außerdem haben wir den expliziten Bias in ein weiteres Gewicht umgewandelt. Unser ML-Programm ist jetzt leistungsfähig genug, um damit auch Probleme aus der Praxis anzugehen, obwohl es nicht komplizierter aussieht als zuvor.

Des Weiteren haben Sie auch die *Matrizenmultiplikation* und die *Transposition* kennengelernt. Diese mathematischen Operationen sind für ML von großer Bedeutung. Diese Kenntnisse werden Ihnen noch viele Jahre lang von Nutzen sein.

In diesem Kapitel haben wir uns auch intensiver mit NumPy beschäftigt. Mich persönlich verbindet eine Hassliebe mit dieser Bibliothek: Während ich ihre Vielseitigkeit schätze, verwirrt mich ihre Schnittstelle. Nichtsdestoweniger ist NumPy ein unverzichtbares Werkzeug für ML, weshalb es wichtig ist, sich damit vertraut zu machen. Wir werden diese Bibliothek im ganzen Buch verwenden.

Es ist jetzt an der Zeit, neue Weichen zu stellen. Alles, was Sie in den ersten Kapiteln kennengelernt haben, waren lediglich die Grundlagen für etwas ganz anderes und viel Faszinierenderes. Im nächsten Kapitel werden wir den ausgetretenen Pfad der linearen Regression verlassen und einen weniger stark befahrenen Weg einschlagen – den Weg zum maschinellen Sehen.

Praktische Übung: Statistik in der Praxis

Da Sie nun ein Programm haben, das mit mehreren Variablen umgehen kann, sollten Sie versuchen, es anhand von echten Daten aus der Praxis auszuprobieren.

Im Verzeichnis `data/life-expectancy` im Begleitmaterial zu diesem Buch finden Sie eine Datenmenge, die die Lebenserwartung in verschiedenen Ländern angibt.

Dasselbe Verzeichnis enthält auch die Datei `readme.txt` mit zusätzlichen Informationen, darunter einem Experiment, das sie anhand dieser Datenmenge durchführen können. Dabei sollen Sie das Programm für multiple lineare Regression mit diesen Daten trainieren und seine Vorhersagen mit der Grundwahrheit vergleichen.

Viel Spaß beim Herumspielen mit echten Daten!

5

Ein binärer Klassifizierer

Als Einstieg in Machine Learning haben wir uns mit linearer Regression beschäftigt. Nun werden wir die dabei gewonnenen Kenntnisse (und den Code) nutzen, um die Richtung auf unser Ziel einzuschlagen, nämlich das Erkennen von Bildern.

In diesem Kapitel behandeln wir den ersten Schritt auf dem Weg dorthin. Wir konstruieren einen *Klassifizierer*, also ein Programm, das Daten einer begrenzten Anzahl von *Klassen* zuordnet. Anstelle von *numerischen* Labels verwenden Klassifizierer *Kategorielabels*. Betrachten Sie zur Veranschaulichung den Unterschied zwischen unserem Pizzavorhersageprogramm und einem System, das Pflanzen erkennen kann. Das Pizzaprogramm gibt eine Zahl aus, der Pflanzenklassifizierer dagegen den Namen einer Pflanze, den er einer vordefinierten Liste von möglichen Arten entnommen hat.

Wir werden dabei zunächst klein anfangen, nämlich mit einem *binären Klassifizierer*, der nur zwischen zwei Klassen unterscheiden kann. Viele nützliche Systeme in der Praxis fallen in diese Kategorie. Beispielsweise weist der Detektor für Lungenentzündungen, den wir im ersten Kapitel erwähnt haben, Röntgenaufnahmen entweder der Klasse »Lungenentzündung« oder »keine Lungenentzündung« zu.

Auf den nächsten Seiten werden wir die lineare Regression in unserem Programm durch eine binäre Klassifizierung ersetzen. Dabei beginnen wir wieder mit einem Problem, das nicht das Geringste mit maschinellem Sehen zu tun hat. Schon im nächsten Kapitel aber werden wir diesen binären Klassifizierer auf ein Problem der Bilderkennung anwenden.

Bevor wir loslegen, muss ich Sie noch auf eine kleine Änderung in der Terminologie hinweisen. Bis jetzt haben wir die beiden Phasen eines Lernsystems als die Trainings- und die Vorhersagephase bezeichnet. Von jetzt an werde ich jedoch von einer Trainings- und einer Klassifizierungsphase sprechen, um deutlich zu machen, dass das Ergebnis der Vorhersage ein Kategorielabel ist. Klassifizierung ist eine besondere Art von Vorhersage, weshalb ich hier den spezifischeren Begriff verwende.

Grenzen der linearen Regression

Unser Freund Roberto hat uns gebeten, ihm ein letztes Mal zu helfen. (Er *schwört*, dass es das letzte Mal ist.) Seine Pizzeria liegt in einem hippen Viertel von Berlin, und an betriebsamen Abenden halten sich vor der Pizzeria oft laute Kunden auf, sodass die Nachbarn schließlich die Polizei rufen. (Wenn Sie jemals in Berlin gelebt haben, werden Sie sowohl die Kunden als auch die Nachbarn nur zu gut verstehen können.)

Roberto vermutet, dass die Eingabevariablen, die die Menge der Pizzaverkäufe beeinflussen – also etwa Temperatur und Touristendichte –, auch Auswirkungen auf die Anzahl lauter Kunden im Eingangsbereich und damit auf die Wahrscheinlichkeit eines Polizeieinsatzes haben. Er möchte gern im Voraus wissen, wann ein solcher Einsatz wahrscheinlich ist, sodass er vorbeugende Maßnahmen ergreifen kann, indem er etwa nach draußen geht und die Leute bittet, ruhiger zu sein.

Wie üblich sendet uns Roberto eine Datei mit Daten, die mit Labels versehen sind. Die ersten Zeilen sehen wie folgt aus:

05_discerning/police.txt

```
Reservierungen  Temperatur  Touristen  Polizei
13              26          9          1
2               14          6          0
14              20          3          1
23              25          9          1
13              24          8          1
1               13          2          0
```

Das sind die gleichen Daten wie die, mit denen wir unser Programm für lineare Regression trainiert haben, allerdings mit einem bedeutenden Unterschied: Die Labels sind jetzt entweder 0, was eine ruhige Nacht bedeutet, oder 1, wenn die

Polizei vorbeikommen musste. Roberto wünscht sich ein System, das die binären Werte in der letzten Spalte vorhersagen kann.

Dies ist ein Klassifizierungsproblem, da wir die Daten entweder als 0 oder 1 klassifizieren müssen. Die Versuchung ist groß, dafür den Code zu nutzen, den wir bereits haben. Doch leider funktioniert das nicht. Warum?

Bei der linearen Regression geht es darum, Daten wie folgt mit einer Geraden anzunähern:

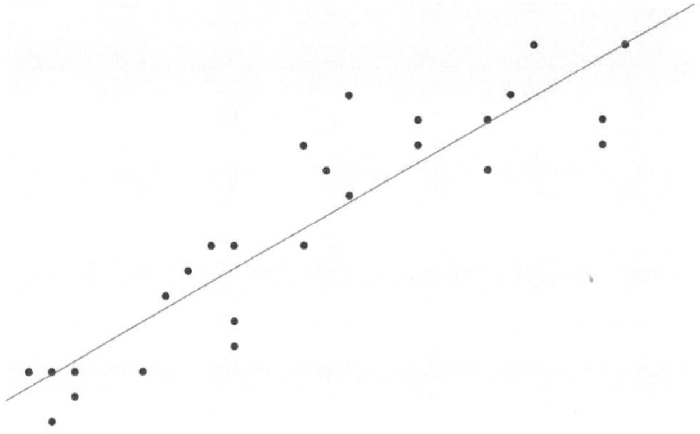

Allerdings setzen wir dabei stillschweigend voraus, dass die Datenpunkte grob linienförmig angeordnet sind. Wenn sie dem Verlauf einer Kurve folgen oder willkürlich verstreut sind, können wir sie nicht mit einer Geraden annähern, ohne die aber keine Vorhersage möglich ist. Diese Argumentation gilt auch bei der Verwendung mehrerer Eingabevariablen, denn unabhängig davon, ob wir nun eine Gerade, eine Ebene oder einen höherdimensionalen Raum zeichnen, muss es möglich sein, die Datenpunkte hinreichend gut mit dieser Form anzunähern. Anderenfalls ist lineare Regression nicht möglich.

Sehen wir uns unter diesem Gesichtspunkt noch einmal Robertos Datei an. Um es uns einfacher zu machen, ignorieren wir vorläufig die Spalten mit der Temperatur und der Touristendichte und tragen die Labels nur gegen die Reservierungen auf. Dadurch ergibt sich folgender Graph:

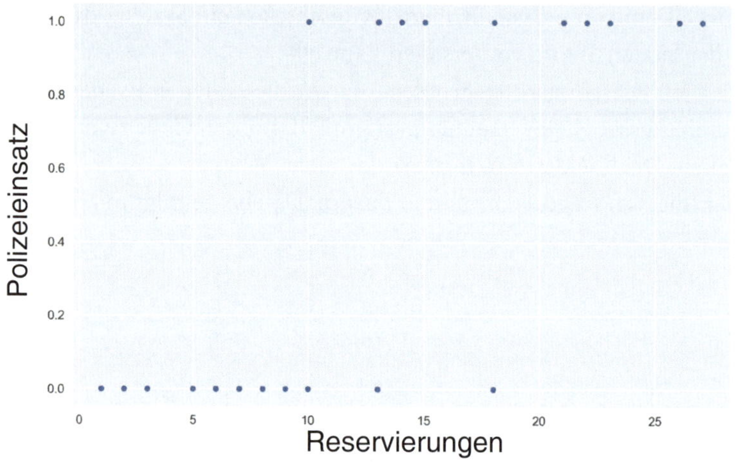

Schon der Blick auf diese eine Eingabevariable zeigt, dass die lineare Regression für kategoriale Daten wie diese nicht geeignet ist. Wie sollen wir hier eine Gerade einzeichnen, wenn die Punkte überhaupt nicht ausgerichtet sind?

Die lineare Regression liefert bei kategoriale Daten aber nicht nur eine schlechte, sondern auch eine *instabile* Annäherung. Um zu sehen, was das bedeutet, nehmen Sie einmal an, dass sich in Robertos Daten ein *Ausreißer* befindet, also ein Datenpunkt, der fern von den anderen liegt. Das kann etwa ein Tag sein, an dem es viele Reservierungen gab, es aber trotzdem nicht zu einem Polizeieinsatz kam – vielleicht, weil die Nachbarn, die sonst immer die Polizei anriefen, alle in der Pizzeria saßen. Wenn Sie einen solchen Ausreißer in die Datenmenge aufnehmen, würde die lineare Regression eine stark abweichende Gerade erzeugen:

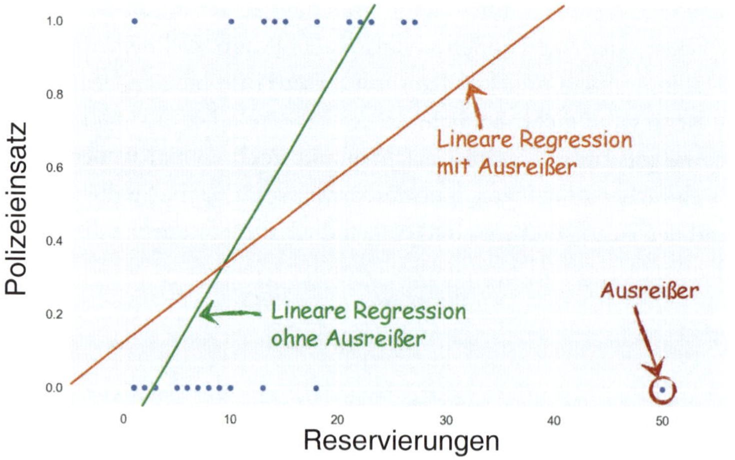

Das Vorhandensein eines Ausreißers führt dazu, dass die lineare Regression eine komplett andere Gerade und damit auch ganz andere Vorhersagen ergibt. Das Modell nähert sich den Datenpunkten also nicht nur schlecht an, sondern reagiert auch sehr empfindlich auf Anomalien.

Langer Rede kurzer Sinn: Die lineare Regression ist für kategoriale Daten wie diese ungeeignet. Suchen wir also nach einem Modell, das besser dazu passt.

Invasion der Sigmoiden

Dass die lineare Regression nicht für die binäre Klassifizierung geeignet ist, heißt jedoch nicht, dass wir unseren Code für lineare Regression wegwerfen und ganz von vorn beginnen müssen. Stattdessen können wir unseren bisherigen Algorithmus an das neue Problem anpassen. Dazu verwenden wir eine Technik, die Statistiker als *logistische Regression* bezeichnen.

Sehen wir uns dazu noch einmal ŷ an, die *gewichtete Summe* der Eingaben, die wir im Abschnitt »*Noch mehr Dimensionen*« auf *Seite 58* eingeführt haben:

```
ŷ = x1 * w1 + x2 * w2 + x3 * w3 + ...
```

Bei der linearen Regression kann ŷ beliebige Werte annehmen. Bei der binären Klassifizierung dagegen gelten strenge Bedingungen: ŷ darf weder unter 0 fallen noch über 1 steigen. Aber wie wäre es, wenn wir eine Funktion auf die gewichtete Summe anwenden, deren Ergebnis auf Werte von 0 bis 1 beschränkt ist?

```
ŷ = wrapper_function(x1 * w1 + x2 * w2 + x3 * w3 + ...)
```

Hier nimmt `wrapper_function()` die gewichtete Summe entgegen – also eine beliebige Zahl – und verarbeitet sie so, dass ein Ergebnis aus dem Intervall von 0 bis 1 dabei herauskommt.

Als weitere Voraussetzung muss sich die gesuchte Funktion für das Gradientenverfahren eigenen. Wir benutzen diese Funktion, um ŷ zu berechnen, bestimmen aus ŷ dann wiederum den Verlust und wenden darauf schließlich das Gradientenverfahren an. Um Letzteres tun zu können, muss die Wrapper-Funktion glatt sein und darf weder flache Stellen aufweisen (wo der Gradient auf 0 fällt) noch Lücken (wo der Gradient nicht definiert ist).

Die Funktion muss also beispielsweise wie folgt aussehen:

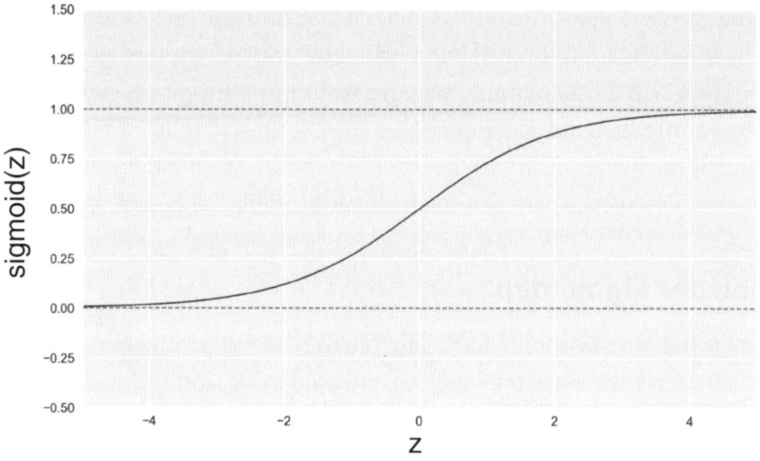

Dabei handelt es sich übrigens um eine bekannte Funktion, nämlich die *logistische Funktion*. Sie gehört zu einer Familie von S-förmigen Funktionen, die *Sigmoidfunktionen* genannt werden. Da die Bezeichnung »logistische Funktion« ziemlich umständlich ist, wird sie gewöhnlich auch nur »Sigmoide« genannt. Ihre Formel lautet wie folgt:

$$\sigma(z) = \frac{1}{1 + e^{-z}}$$

Der griechische Buchstabe Sigma (σ) steht für »Sigmoide«. Um Verwechslungen mit den als `x` bezeichneten Eingaben des Systems zu vermeiden, verwende ich für die Eingabe der Sigmoide hier `z`.

Die Formel der Sigmoidfunktion lässt sich nur schwer intuitiv erfassen, aber der Graph sagt alles, was wir wissen müssen. Bei der Eingabe 0 gibt die Sigmoide 0,5 zurück. Für negative Zahlen fällt sie schnell und glatt gegen 0, und für positive Eingaben steigt sie gegen 1, wobei sie diese beiden Grenzwerte jedoch nie erreicht. Die Sigmoidfunktion zwängt also alle Werte in ein enges Band zwischen 0 und 1, wobei sie keinerlei steile Abstürze aufweist und niemals ganz flach wird. Sie ist also genau die Funktion, die wir brauchen.

Wenden wir diese neuen Kenntnisse nun auf unseren Code an.

Konfidenz

Unter Verwendung der NumPy-Funktion `exp()` für die e-Funktion habe ich die Formel der Sigmoidfunktion in Python umgesetzt:

```
def sigmoid(z):
    return 1 / (1 + np.exp(-z))
```

Wie bei NumPy-Funktionen üblich, erfolgt auch bei `sigmoid()` ein »Broadcasting«. Das Argument `z` kann nicht nur eine Zahl, sondern auch ein mehrdimensionales Array sein, wobei die Funktion in letzterem Fall ein Array mit den Sigmoiden aller Elemente von `z` zurückgibt.

Wenden wir uns nun der Stelle in unserem Vorhersagecode zu, an der wir die gewichtete Summe berechnen. Die ursprüngliche Funktion sah wie folgt aus:

```
def predict(X, w):
    return np.matmul(X, w)
```

Ich habe sie nun so verändert, dass das Ergebnis die Funktion `sigmoid()` durchläuft:

```
def forward(X, w):
    weighted_sum = np.matmul(X, w)
    return sigmoid(weighted_sum)
```

Weiter hinten in diesem Buch werden wir noch sehen, dass diese Weiterleitung von Daten durch das System als *Forward-Propagation* bezeichnet wird. Daher habe ich die Funktion `predict()` hier in `forward()` umbenannt.

Das Ergebnis von `forward()` ist unsere Vorhersage $\hat{y}$, eine Matrix mit den gleichen Dimensionen wie die gewichtete Summe, nämlich mit einer Zeile pro Beispiel und einer Spalte pro Gewicht. Jetzt allerdings sind alle Elemente der Matrix auf das Intervall zwischen 0 und 1 beschränkt.

Es lässt sich unmittelbar erkennen, dass die Werte von `y_hat` Vorhersagen mit einer größeren oder geringeren Wahrscheinlichkeit sind. Werte nah an den Extremen, also etwa 0,01 oder 0,98, deuten auf eine sehr sichere Vorhersage (eine hohe *Konfidenz*) hin. Dagegen sind Vorhersagen mit einem mittleren Wert wie 0,51 alles andere als vertrauenswürdig.

In der Trainingsphase ist eine graduelle Veränderung der Konfidenz genau das, was wir brauchen. Wir wollen, dass sich der Verlust mit einem glatten Verlauf ändert, sodass wir das Gradientenverfahren anwenden können. Beim Übergang zur Klassifizierungsphase dagegen soll das System eindeutige Aussagen mehr machen. Die Labels, mit denen wir den Klassifizierer trainiert haben, sind entweder 0 oder 1, weshalb auch die Klassifizierung exakt 0 oder 1 ergeben muss. Um solche eindeutigen Antworten zu bekommen, müssen wir die Ergebnisse in der Klassifizierungsphase auf die nächste ganze Zahl runden:

```
def classify(X, w):
    return np.round(forward(X, w))
```

Diese Funktion könnten wir wie gehabt `precit()` oder auch `classify()` nennen. Bei einem Klassifizierer sind die Begriffe »Vorhersage« und »Klassifizierung« praktisch synonym. Ich habe mich hier für `classify()` entschieden, um deutlich zu machen, dass wir hier keine lineare Regression mehr betreiben, sondern binäre Werte vorhersagen.

Es sieht so aus, als würden wir mit unserem Klassifizierungsprogramm schon große Fortschritte machen – allerdings gibt es da noch eine kleine Schwierigkeit, mit der wir uns als Nächstes beschäftigen.

Glätten

Durch die Verwendung einer Sigmoidfunktion entsteht in unserem Programm ein kleines Problem, denn das Gradientenverfahren ist nun weniger zuverlässig. Dies zeigt sich, wenn wir die Funktion `loss()` an den neuen Klassifizierungscode anpassen:

```
def mse_loss(X, Y, w):
    return np.average((forward(X, w) - Y) ** 2)
```

Auf den ersten Blick scheint diese Funktion fast identisch mit unserer bisherigen `loss()`-Funktion zu sein: Auch hier wird der mittlere quadratische Fehler der Vorhersagen mit den tatsächlichen Labels verglichen. Allerdings hat sich die Funktion zur Berechnung von $\hat{y}$, also der vorhergesagten Labels, geändert. Statt `predict()` wird dazu jetzt `forward()` verwendet.

Diese Änderung hat jedoch weitreichende Konsequenzen, denn bei `forward()` wird eine Sigmoide berechnet, und aufgrund dieser Sigmoide haben wir jetzt einen anderen Verlust als zuvor. Die neue Verlustfunktion sieht wie folgt aus:

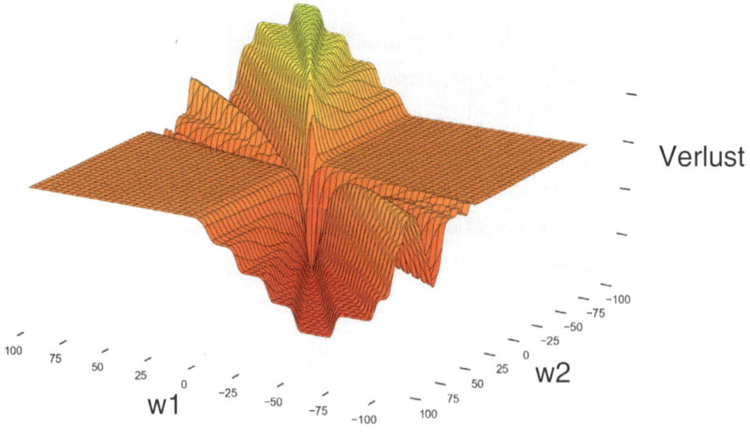

Hier haben wir ein Problem. Sehen Sie die tiefen Schluchten, die in Löcher hineinführen? Solche Löcher haben wir schon bei der Einführung des Gradientenverfahrens besprochen. Dies sind die gefürchteten *lokalen Minima*. Beim Gradientenverfahren geht es darum, sich bergab zu bewegen. Wenn wir mit diesem Verfahren in ein lokales Minimum geraten, gibt es aber kein »bergab« mehr, da wir uns am Boden eines Lochs befinden. Der Algorithmus hält daher an, da er irrigerweise annimmt, das gesuchte *globale Minimum* erreicht zu haben.

Wenn wir den mittleren quadratischen Fehler und die Sigmoide kombinieren, hat der resultierende Verlust eine ungleichmäßige Oberfläche voller lokaler Minima. Eine solche Oberfläche ist für das Gradientenverfahren denkbar ungeeignet. Daher müssen wir uns nach einer anderen Verlustfunktion umsehen, die eine glattere, für unsere Zwecke passendere Oberfläche aufweist.

Fündig werden wir in Lehrbüchern der Statistik, und zwar in Form des *logarithmischen Verlusts*:

$$L = -\frac{1}{m}\sum_{i=1}^{m}(y_i \cdot \log(\hat{y}_i) + (1 - y_i) \cdot \log(1 - \hat{y}_i))$$

Diese Formel sieht zwar erschreckend kompliziert aus, aber lassen Sie sich davon nicht einschüchtern. Sie müssen lediglich wissen, dass sie sich wie eine gute Verlustfunktion verhält: Je näher die Vorhersage ŷ der Grundwahrheit y kommt, umso geringer ist der Verlust. Im Code sieht die Formel auch gleich viel übersichtlicher aus:

```
def loss(X, Y, w):
    y_hat = forward(X, w)
    first_term = Y * np.log(y_hat)
    second_term = (1 - Y) * np.log(1 - y_hat)
    return -np.average(first_term + second_term)
```

Wenn Sie etwas genauer hinschauen, werden Sie auch feststellen, dass der logarithmische Verlust viel einfacher ist, als es den Anschein hat. Jedes Label in der Matrix `Y` ist entweder 0 oder 1. Für Labels, die 0 sind, wird der erste Term (`first_term`) mit 0 multipliziert, sodass er verschwindet, und für Labels, die 1 sind, verschwindet der zweite Term (`second_term`), da er mit `(1 - Y)` multipliziert wird. Jedes Element von `Y` trägt also nur einen einzigen dieser beiden Terme bei.

Der Graph des logarithmischen Verlusts sieht nun wie folgt aus:

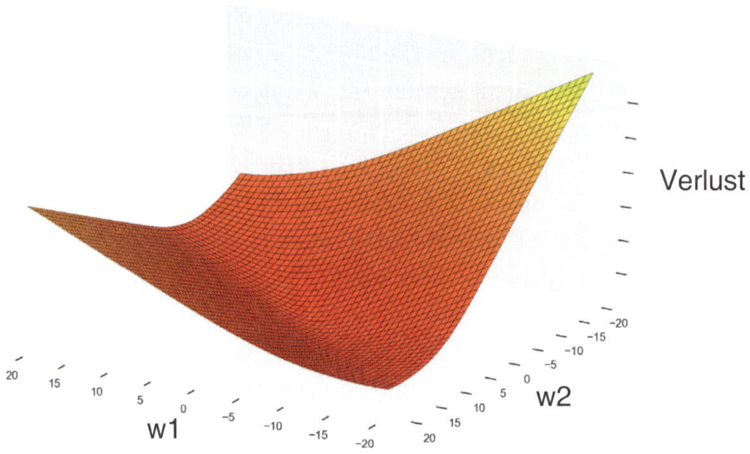

Eine schöne, glatte Funktion ohne Schluchten, ebene Flächen und Löcher! Von jetzt an werden wir daher den logarithmischen Verlust nutzen.

Den Gradienten anpassen

Da wir jetzt eine ganz neue Verlustfunktion haben, müssen wir deren Gradienten bestimmen. Mathematiklehrbüchern können wir entnehmen, dass die partielle Ableitung des logarithmischen Verlusts nach dem Gewicht wie folgt aussieht:

$$\frac{\partial L}{\partial w} = \frac{1}{m} \sum_{i=1}^{m} x_i(\hat{y}_i - y_i)$$

Kommt Ihnen dieser Gradient noch bekannt vor? Er ähnelt sehr stark dem Gradienten für den mittleren quadratischen Fehler, den wir bis jetzt verwendet haben:

$$\frac{\partial MSE}{\partial w} = \frac{2}{m} \sum_{i=1}^{m} x(\hat{y}_i - y_i)$$

Das bedeutet, dass wir auch unsere Gradientenfunktion rasch umschreiben können. Bisher sah sie wie folgt aus:

```
def gradient(X, Y, w):
    return 2 * np.matmul(X.T, (predict(X, w) - Y)) / X.shape[0]
```

Daraus wird nun Folgendes:

```
def gradient(X, Y, w):
    return np.matmul(X.T, (forward(X, w) - Y)) / X.shape[0]
```

Damit haben wir unser System von linearer Regression auf Klassifizierung umgestellt. Nehmen wir uns einen Augenblick Zeit, um uns anzuschauen, welche Auswirkungen diese Änderung auf das Modell hat.

Was ist mit der Modellfunktion geschehen?

Bei der linearen Regression war unser Modell eine Gerade, eine Ebene oder eine höherdimensionale Hyperebene. In den letzten Abschnitten haben wir dieses Modell geändert und mit einer Sigmoiden umgeben. Wie sieht es nun aus?

Um das neue Modell grafisch darzustellen, habe ich ein Skript geschrieben, das den Klassifizierer mit der ersten Datenspalte aus Robertos Datei trainiert und dann die Funktion `forward()` ausgibt. Das sieht wie folgt aus:

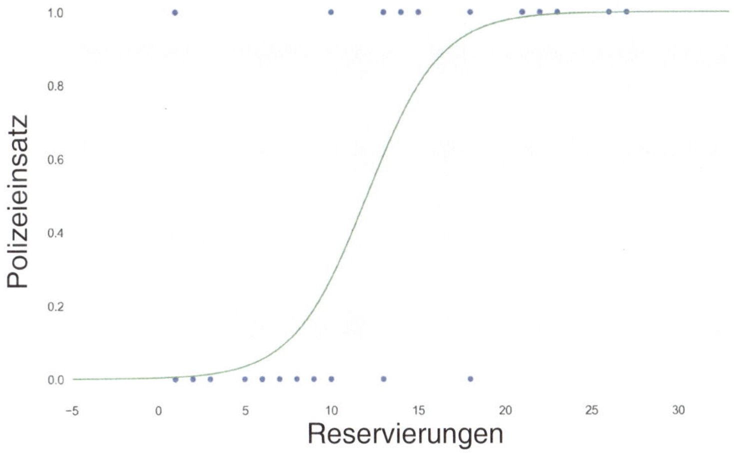

Die Übergabe der gewichteten Summe an die Sigmoide hat die Gerade in eine eher S-förmige Kurve verwandelt. Es lässt sich schon auf den ersten Blick erkennen, dass sich diese Kurve den Daten viel besser annähert, als es mit einer Geraden der Fall wäre. Statistiker können auch mathematisch beweisen, dass dieses Modell beim Auftreten von Ausreißern viel stabiler ist.

Der Graph stellt jedoch die Ausgabe von `forward()` dar, also des Modells, das unser Klassifizierer während des Trainings verwendet. Beim Vorhersagen eines Labels übergibt der Klassifizierer dieses Modell jedoch an die Funktion `classify()`, was zu der eckigeren Form aus dem nächsten Graphen führt:

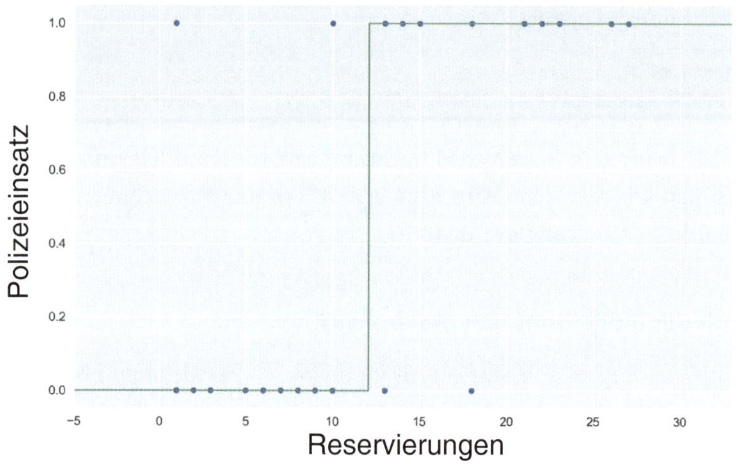

Unterhalb eines Schwellenwerts, der bei diesem Beispiel etwa bei 12 liegt, ist der Wert des Modells kleiner als 0,5, weshalb `classify()` ihn auf 0 rundet. Oberhalb des Schwellenwerts dagegen ergeben sich Modellwerte größer als 0,5, die auf 1 gerundet werden. Dadurch ergibt sich eine Stufenfunktion. Die Aufgabe der Trainingsphase besteht darin, diese Kurve zu strecken und zu versetzen und letztlich den Schwellenwert dort festzulegen, wo die Ausgabe von 0 zu 1 wechselt.

Wenn wir eine weitere Eingabevariable hinzufügen, sieht die Modellfunktion ähnlich aus, ist jetzt aber dreidimensional:

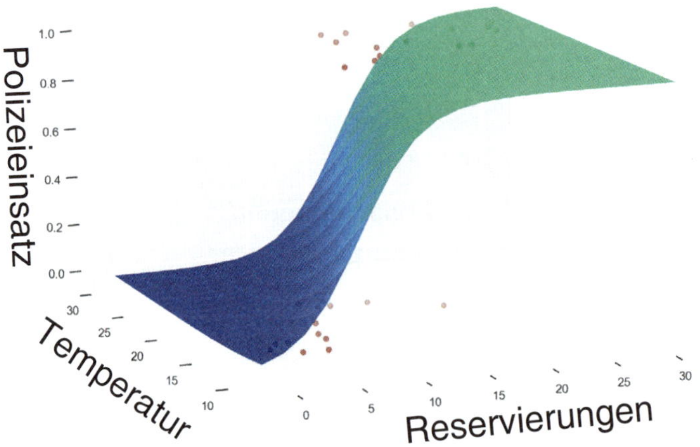

Auch hier erhalten wir statt der vorherigen linearen Oberfläche, etwa einer Ebene, nun eine gekrümmte. Um ein binäres Label vorherzusagen, werden die Werte auf dieser Oberfläche auf 0 oder 1 gerundet. Wenn wir den Daten noch weitere Eingabevariablen hinzufügen, geschieht das Gleiche, allerdings wird das Modell dadurch höherdimensional, sodass es sich nicht mehr grafisch darstellen lässt.

Beachten Sie, dass die Diagramme, die ich Ihnen hier gezeigt habe, nichts mit den Verlustkurven zu tun haben, die Sie im Abschnitt »*Glätten*« auf *Seite 84* gesehen haben. Hier wird das Modell dargestellt, wohingegen es in den früheren Graphen um den *Verlust* des Modells ging. Es handelt sich dabei um zwei verschiedene Funktionen. Allerdings sind sie miteinander verwandt. Wenn es in der Modellfunktion Sprünge gibt, so treten auch welche in der Verlustfunktion auf. Für das Gradientenverfahren ist es daher wichtig, dass auch die Modellfunktion glatt aussieht.

Da wir nun das Klassifizierermodell haben, wollen wir es auch anwenden. Führen wir also den Code aus.

Klassifizierung in Aktion

Hier nun ist unser endgültiger Code für die binäre Klassifizierung in all seiner Herrlichkeit. Er lädt Robertos Datendatei, lernt daraus und führt dann eine Reihe von Klassifizierungen durch.

05_discerning/classifier.py

```
import numpy as np

def sigmoid(z):
    return 1 / (1 + np.exp(-z))

def forward(X, w):
    weighted_sum = np.matmul(X, w)
    return sigmoid(weighted_sum)

def classify(X, w):
    return np.round(forward(X, w))

def loss(X, Y, w):
    y_hat = forward(X, w)
    first_term = Y * np.log(y_hat)
    second_term = (1 - Y) * np.log(1 - y_hat)
    return -np.average(first_term + second_term)

def gradient(X, Y, w):
    return np.matmul(X.T, (forward(X, w) - Y)) / X.shape[0]

def train(X, Y, iterations, lr):
    w = np.zeros((X.shape[1], 1))
    for i in range(iterations):
        print("Iteration %4d => Loss: %.20f" % (i, loss(X, Y, w)))
        w -= gradient(X, Y, w) * lr
    return w
```

```
def test(X, Y, w):
    total_examples = X.shape[0]
    correct_results = np.sum(classify(X, w) == Y)
    success_percent = correct_results * 100 / total_examples
    print("\nSuccess: %d/%d (%.2f%%)" %
          (correct_results, total_examples, success_percent))

# Bereitet die Daten auf
x1, x2, x3, y = np.loadtxt("police.txt", skiprows=1, unpack=True)
X = np.column_stack((np.ones(x1.size), x1, x2, x3))
Y = y.reshape(-1, 1)
w = train(X, Y, iterations=10000, lr=0.001)

# Testet die Daten
test(X, Y, w)
```

Beim Übergang von der linearen Regression zur Klassifizierung mussten wir die meisten Funktionen in unserem Programm ändern. Die Funktion `sigmoid()` ist ganz neu. Die alte Funktion `predict()` haben wir in zwei verschiedene aufgeteilt, nämlich `forward()` für das Training und `classify()` für die Klassifizierung. Außerdem haben wir die Formeln zur Berechnung des Verlusts und dessen Gradienten verändert. Statt des mittleren quadratischen Fehlers verwenden wir jetzt den logarithmischen Verlust. Dadurch haben wir nun auch ganz neue Implementierungen von `loss()` und `gradient()`.

Des Weiteren habe ich eine neue `test()`-Funktion geschrieben, die den prozentualen Anteil korrekter Klassifizierungen ausgibt. Die Anweisung `np.sum(classify(X, w) == Y)` vergleich die vorhergesagten Werte mit den Labels, gibt dann ein Array mit `True` für übereinstimmende und `False` für nicht übereinstimmende Werte zurück und zählt dann die Elemente, die `True` sind.

Gegenüber der linearen Regression hat sich zwar eine Menge Code geändert, aber nicht das Grundprinzip. Die Funktion `loss()` sagt uns immer noch, wie falsch wir liegen, und die Funktion `train()` hat sich überhaupt nicht geändert, sondern ermittelt die Gewichte nach wie vor, indem sie entlang des Gradienten an der Verlustfunktion absteigt. Wir wenden diese Gewichte auch weiterhin in `classify()` (ehemals `predict()`) an, um Klassifizierungen vorzunehmen.

Wenn wir das Programm mit 10.000 Trainingsiterationen ausführen, ergibt sich Folgendes:

```
Iteration    0 => Loss: 0.69314718055994495316
Iteration    1 => Loss: 0.68250692927994149883
...
Iteration 9999 => Loss: 0.36572874687292933338

Success: 25/30 (83.33%)
```

Das Programm hat bei 25 von 30 Vorhersagen richtig gelegen, also bei 83 %. Keine allzu schlechte Leistung!

Siehe »The Problem with Accuracy« auf ProgML.

Nebenbei bemerkt: Der Prozentsatz der korrekt klassifizierten Beispiele wird als die *Genauigkeit* des Klassifizierers bezeichnet. Diese Genauigkeit ist nicht unbedingt das beste Maß für die Leistungsfähigkeit eines Klassifizierers, aber sie ist einfach und unmittelbar einleuchtend, weshalb wir sie in diesem Buch auch weiterhin verwenden. Auf der ProgML-Website[1] erhalten Sie nähere Informationen über die Genauigkeit sowie über alternative Maße.

Zusammenfassung

In diesem Kapitel haben wir uns Schritt für Schritt die *binäre Klassifizierung* erarbeitet, also das Lernen anhand von Daten mit einem binären Label und die Vorhersage solcher Daten. Die lineare Regression ist für Kategorielabels ungeeignet, weshalb wir dafür mit der *Klassifizierung* einen neuen Algorithmus eingeführt haben.

Die Klassifizierung stützt sich auf die sogenannte *logistische Funktion* oder *Sigmoidfunktion* (kurz *Sigmoide*). Beim Training nutzen wir sie, um den Wertebereich auf das Intervall von 0 bis 1 einzuschränken, und bei der Vorhersage runden wir diese Werte auf den nächsten binären Wert – also 0 oder 1 –, um eine eindeutige Klassifizierung vorzunehmen.

Zur Berechnung des Verlusts haben wir bei der linearen Regression den mittleren quadratischen Fehler verwendet. Bei der Verwendung der Sigmoide wird die Oberfläche des mittleren quadratischen Fehlers jedoch uneben und für das Gradientenverfahren ungeeignet. Daher sind wir zu einer alternativen Verlustfunktion übergegangen, die sich gut mit der Sigmoiden verträgt, nämlich zum *logarithmischen Verlust*.

Im nächsten Kapitel machen wir einen großen Schritt nach vorn. Da wir uns nun mit der Klassifizierung auskennen, können wir sie auf ein fesselndes praktisches Problem anwenden, nämlich die Bilderkennung. Wird unser kleines Programm auch damit fertig werden?

1. *https://www.progml.com*

Praktische Übung: Gewichtige Entscheidungen

Ändern Sie das Klassifizierungsprogramm so ab, dass es nach dem Training die Gewichte ausgibt. Das erste Gewicht ist dabei der Bias, während die anderen zu den Eingabevariablen aus Robertos Beispielen gehören. Sie werden dabei feststellen, dass einige Gewichte größer sind als andere. Es können sogar negative Gewichte vorkommen.

Welche Bedeutungen haben diese Zahlen? Welche der Spalten in Robertos Datei hat den größten Einfluss auf die Wahrscheinlichkeit dafür, dass ein Nachbar die Polizei ruft?

6 Eine Aufgabe aus der Praxis

Es ist jetzt an der Zeit, von den einfachen Pizzabeispielen zu einem wirklich interessanten Thema überzugehen, nämlich zur Bilderkennung. Was wir hier tun, mag wie Zauberei erscheinen: Innerhalb weniger Seiten wollen wir ein Programm zur Klassifizierung von Bildern schreiben.

In diesem und dem folgenden Kapitel wenden wir unseren binären Klassifizierer auf MNIST an, eine Datenbank handgeschriebener Ziffern.[1] Noch vor einigen Jahren, bevor sich ML-Systeme an anspruchsvolleren Datenmengen versuchen konnten, nutzten KI-Forscher MNIST, um ihre Algorithmen zu testen. In diesem Kapitel werden wir uns ihren erlauchten Reihen anschließen.

1. *yann.lecun.com/exdb/mnist*

»MNIST? Nicht schon wieder!«

MNIST ist nicht nur ein üblicher Vergleichsmaßstab in der Branche, sondern auch so etwas wie das »Hello, world« des Machine Learning. Wenn Sie sich schon einmal mit ML beschäftigt haben, werden Sie bei der Aussicht auf ein weiteres MNIST-Beispiel wahrscheinlich mit den Augen rollen. Hätte ich für dieses Kapitel nicht eine originellere Datensammlung finden können?

Tatsache ist, dass ich MNIST ausgewählt habe, eben *weil* diese Daten so gebräuchlich sind. Die meisten Tutorials gehen das Problem des maschinellen Sehens mithilfe von abstrakten ML-Bibliotheken an, doch hier wollen wir jede einzelne Codezeile besprechen. Zur Erleichterung verwenden wir dazu eine einfache und gut dokumentierte Datenmenge. Das macht es uns auch leichter, weitere Beispiele im Internet zu finden und zum Vergleich heranzuziehen.

Da wir hier zum ersten Mal in das Gebiet des maschinellen Sehens vorstoßen, wollen wir klein anfangen. Wir beginnen damit, eine einzelne MNIST-Ziffer zu erkennen, und verschieben die Zeichenerkennung im Allgemeinen auf das nächste Kapitel.

Die Daten

Bevor wir die Daten in unser ML-System einspeisen, wollen wir uns zunächst mit ihnen vertraut machen. In diesem Abschnitt erfahren Sie alles, was Sie über MNIST wissen müssen.

MNIST

MNIST ist eine Sammlung mit Labels versehener Bilder, die eigens für Zwecke des überwachten Lernens zusammengestellt wurde. Die Abkürzung steht für »Modified NIST«, da es sich dabei um eine Neufassung einer früheren Datensammlung des National Institute of Standards and Technology handelt. MNIST enthält Bilder handgeschriebener Ziffern, die mit ihren numerischen Werten als Labels versehen sind. Die folgende Abbildung zeigt einige willkürlich ausgewählte Beispiele.

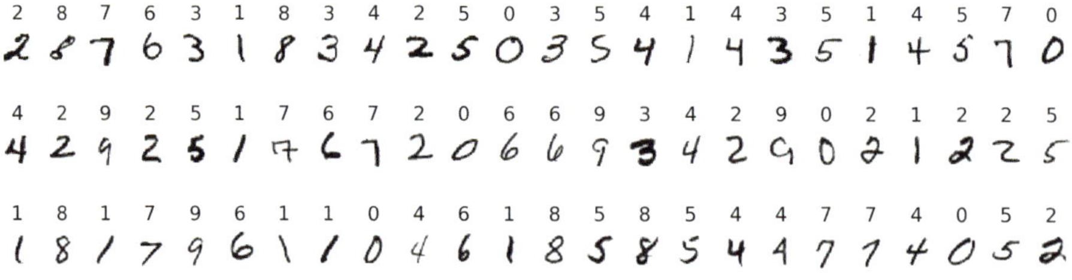

Die Ziffern bestehen aus 28 × 28 Graustufenpixeln, die jeweils ein Byte bilden. In der Grauskala von MNIST steht 0 für einen weißen und 255 für einen komplett schwarzen Vordergrund. Vergrößert sieht so eine Ziffer wie folgt aus:

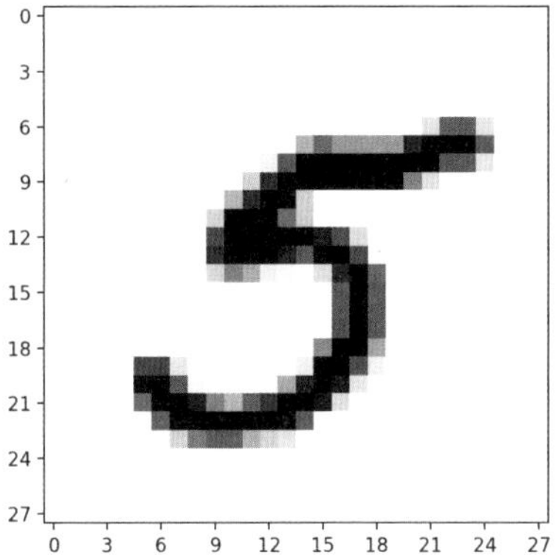

Gemessen an modernen ML-Standards ist MNIST nicht groß, aber auch nicht gerade klein. Die Datenbank enthält 70.000 Beispiele, die in je 7.000 Beispiele für die Ziffern von 0 bis 9 aufgeteilt sind. Diese Ziffern wurden aus realen Schriftproben gewonnen, sind also ziemlich unterschiedlich, wie die folgende willkürliche Zusammenstellung von Fünfen zeigt:

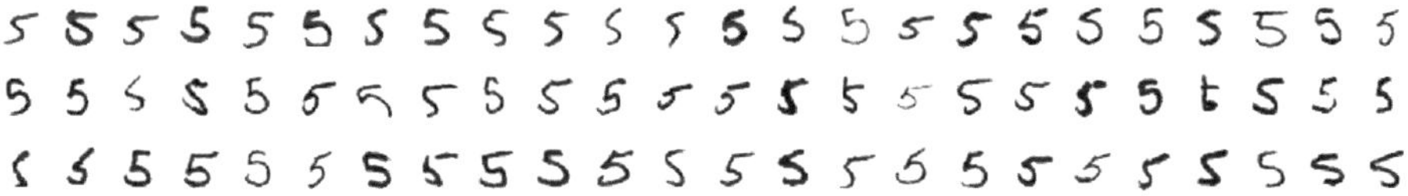

Vielleicht liegt es ja nur an meinem Alter, aber ich habe schon Probleme damit, einige dieser Fünfen als solche zu erkennen. Manche sind kaum leserliche Schnörkel. Wenn wir ein Computerprogramm schreiben können, das in der Lage ist, diese Ziffern zu identifizieren, dann haben wir wirklich alles Recht, darauf stolz zu sein.

Datenmengen wie MNIST sind für das Gebiet des Machine Learning ein Gottesgeschenk. Zwar ist ML an sich eine spannende Sache, aber es ist dabei auch eine erhebliche Plackerei erforderlich, um Daten zu sammeln, mit Labels zu versehen, zu bereinigen und aufzubereiten. Die Betreiber von MNIST haben diese Arbeit für uns erledigt: Sie haben Bilder gesammelt, mit Labels versehen, alle auf dieselbe Größe skaliert, bei Bedarf gedreht, zentriert und in Graustufen umgewandelt, sodass wir diese Ziffern einfach so, wie sie sind, in ein ML-Programm einspeisen können.

Bei MNIST sind die Bilder und die Labels in getrennten Dateien gespeichert. Es gibt eine Menge von Bibliotheken, um diese Daten zu lesen, aber das Format ist so einfach, dass man auch seinen eigenen Reader schreiben kann. Das werden wir einige Seiten weiter hinten tun.

Übrigens müssen Sie die MNIST-Dateien nicht herunterladen: Sie sind im Begleitmaterial zu diesem Buch enthalten, und zwar im Verzeichnis `data`. Wenn Sie einen Blick dort hineinwerfen, werden Sie feststellen, dass MNIST aus vier Dateien besteht. Zwei davon enthalten 60.000 Bilder bzw. die zugehörigen Labels. In den beiden anderen Dateien befinden sich die restlichen 10.000 Bilder und Labels, die wir für das Testen reservieren.

Vielleicht fragen Sie sich, warum wir zum Testen nicht dieselben Bilder und Labels verwenden wie für das Training. Um diese Frage zu beantworten, müssen wir einen kleinen Exkurs machen.

Trainings- und Testdatensatz

Überlegen Sie, wie wir unsere ML-Programme bis jetzt getestet haben: Wir haben sie anhand der mit Labels versehenen Beispiele trainiert und anschließend dieselben Beispiele herangezogen, um Werte vorherzusagen, die wir dann mit den ursprünglich vorhandenen Labels verglichen. Je ähnlicher die beiden Arrays, umso besser die Vorhersage. Diese Vorgehensweise war gut geeignet, um die Grundlagen zu erlernen, doch für ein Projekt in der Praxis taugt sie nichts.

Warum das so ist, möchte ich Ihnen an einem extremen Beispiel erklären. Stellen Sie sich vor, sie sitzen in einer Kneipe und unterhalten sich mit einer Freundin über MNIST. Nach ein paar Bier schlägt sie Ihnen eine Wette vor. Sie will ein System programmieren, das MNIST-Bilder in einer einzigen Iteration lernt und dann Vorhersagen mit einer Genauigkeit von 100 % macht. Das ist so lächerlich, dass Sie den Sieg schon in der Tasche zu haben glauben. Allerdings kann Ihre schlaue Freundin die Wette mit Leichtigkeit gewinnen. Können Sie sich vorstellen, auf welche Weise?

Ihre Freundin schreibt die Funktion `train()`, die nichts anderes tut, als die Trainingsbeispiele in einem Dictionary zu speichern, also einer Datenstruktur, in der Werte unter einem Schlüssel abgelegt werden. (Je nach Ihrem Programmierhintergrund können Sie dies auch eine Map, eine Hashtable usw. nennen.) In diesem Dictionary sind die Bilder die Schlüssel und die Labels die Werte. Wenn das Programm anschließend ein Bild klassifizieren soll, schlägt es dieses Bild einfach in dem Dictionary nach und gibt das zugehörige Label zurück. Voilà, absolut genaue Vorhersagen nach nur einer Trainingsiteration. Ihre Freundin musste sich noch nicht einmal die Mühe machen, überhaupt einen ML-Algorithmus zu implementieren.

Während Sie Ihrer Freundin also das Bier ausgeben, das als Wetteinsatz gedacht war, beschweren Sie sich zu Recht darüber, dass sie gemogelt hat. Ihr System hat in Wirklichkeit gar nichts *gelernt*, sondern sich lediglich die Bilder und die zugehörigen Labels *gemerkt*. Wenn ein solches System mit einem Bild konfrontiert wird, das es noch nicht gesehen hat, reagiert es nur mit peinlichem Schweigen. Im Gegensatz zu einem echten ML-System ist es nicht in der Lage, sein Wissen auf neue Daten anzuwenden. Das Problem ist jedoch, dass viele ML-Systeme eine natürliche Tendenz dazu haben, sich Trainingsdaten zu merken, selbst wenn niemand darauf aus ist, zu schummeln. Dieses Phänomen wird als *Überanpassung* bezeichnet. Ob ein System daran leidet, lässt sich daran erkennen, dass es bei bekannten Daten eine viel bessere Leistung zeigt als bei neuen. Ein solches System ist sehr genau, wenn ihm Bilder gezeigt werden, die es schon beim Training gesehen hat, wird Sie aber enttäuschen, wenn Sie ihm unbekannte Bilder vorführen.

Im weiteren Verlauf dieses Buchs werden wir noch oft auf die Überanpassung zu sprechen kommen und uns auch einige Techniken ansehen, um ihre Auswirkungen zu verringern. Vorläufig wollen wir uns mit einer einfachen Empfehlung begnügen: *Testen Sie ein System niemals mit den Daten, mit denen Sie es trainiert haben.* Anderenfalls erhalten Sie aufgrund der Überanpassung ein übermäßig optimistisches Ergebnis. Legen Sie vor dem Training einige Beispiele zum Testen beiseite und fassen Sie sie nicht an, bis das Training abgeschlossen ist.

Damit wissen Sie jetzt, wie MNIST aufgebaut ist und warum wir den Datensatz in einen Trainings- und einen Testdatensatz aufgeteilt haben. Als Nächstes wollen wir den Code schreiben, der die MNIST-Daten lädt und in eine geeignete Form für unser ML-Programm bringt.

Unsere eigene MNIST-Bibliothek

Im letzten Kapitel haben wir einen binären Klassifizierer erstellt, den wir nun auf MNIST anwenden möchten.

Als ersten Schritt müssen wir die Bilder und Labels von MNIST zu einer geeigneten Eingabe für unser Programm umformen.

Die Eingabematrizen vorbereiten

Unser binärer Klassifizierer erwartet seine Eingabe in Form zweiter Matrizen, nämlich der Matrix `X` mit den Beispielen `X` und der Matrix `Y` mit den Labels. Wenden wir uns zunächst der Beispielmatrix zu.

`X` muss über eine Zeile pro Beispiel und eine Spalte pro Eingabevariable sowie zusätzlich eine *Biasspalte* voller Einsen verfügen (siehe »*Bye-bye, Bias!*« auf *Seite 73*).

Um die MNIST-Bilder in dieses Format zu bekommen, können wir sie jeweils in eine durchgehende Pixelzeile umwandeln, wobei jedes Pixel zu einer Eingabevariablen wird. Da die MNIST-Bilder 28 × 28 Pixel groß sind, erhalten wir dadurch jeweils Zeilen mit 784 Elementen, mit der Biasspalte also 785. `X` ist damit eine Matrix mit 60.000 Zeilen (der Anzahl der Beispiele) und 785 Spalten (einer pro Pixel plus Bias), wie die folgende Abbildung zeigt:

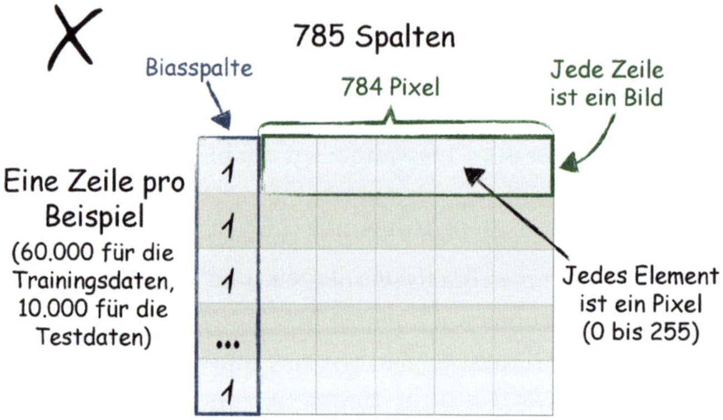

Damit sind wir von unseren anschaulichen Beispielen mit drei bis vier Eingabevariablen plötzlich zu Zehntausenden von Beispielen und Hunderten von Eingabevariablen fortgeschritten!

Ein Sprung ins kalte Wasser

Wir haben hier jedes MNIST-Bild in eine Zeile der Matrix `X` gezwängt. Vielleicht schütteln Sie den Kopf über diese Vorgehensweise. Zerstören wir die Bilder nicht, wenn wir sie auf diese Weise planieren? Welchen Zweck hat es überhaupt, handgeschriebene Ziffern zu sammeln, wenn wir sie anschließend zu bedeutungslosen Pixelzeilen zermahlen?

Diese Vorgehensweise ist tatsächlich ein Sprung ins kalte Wasser: Wir vertrauen hier auf die Macht der Statistik. Während die geometrische Anordnung der Pixel verloren geht, hoffen wir darauf, dass ihre Verteilung noch ausreichende Information zur Identifizierung der Ziffern bietet. Beispielsweise sind die mittleren Pixel bei einer 7 wahrscheinlich dunkler als die bei einer 0. Die Helligkeit eines einzelnen Pixels mag nur ein schwaches Indiz sein, aber die Massierung von ausreichend solcher schwachen Indizien kann uns hoffentlich einen Hinweis darauf geben, was für eine Ziffer wir da gerade betrachten.

→

> Bei komplizierteren als den MNIST-Daten wird diese Methode, einzelne Pixel zu betrachten, wahrscheinlich fehlschlagen. Stellen Sie sich beispielsweise einen Klassifizierer vor, der in einem Bild Elefanten erkennen soll. Wenn Elefanten sich nicht gerade im Schlamm gewälzt haben, sehen sie meistens ziemlich grau aus, weshalb der Klassifizierer mehr als nur die Farbe der Pixel braucht, um seine Aufgabe zu erledigen. Gegen Ende dieses Buchs (in Kapitel 19, »*Jenseits von Standardnetzen*«) werden wir uns mit einem leistungsfähigeren Bilderkennungsalgorithmus beschäftigen, der sich auf Formen aus mehreren Pixeln stützt.

Wenden wir uns nun `Y` zu, der Labelmatrix. Auf den ersten Blick sieht sie einfacher aus als die Matrix der Bilder: Sie hat zwar ebenfalls eine Zeile pro Beispiel, aber nur eine Spalte, nämlich die mit den Labels. Allerdings stellt sich uns hier eine andere Schwierigkeit: Bislang haben wir binäre Klassifizierer geschrieben, bei denen die Labels entweder 0 oder 1 waren. Die MNIST-Labels dagegen reichen von 0 bis 9. Wie können wir zehn verschiedene Werte als 0 oder 1 darstellen?

Vorläufig umgehen wir dieses Problem, indem wir unsere Aufgabenstellung einengen: Wir wollen zunächst nur eine einzige Ziffer identifizieren, etwa die 5. Dies ist eine binäre Klassifizierung, da jede Ziffer nur zu einer von zwei möglichen Klassen gehören kann, nämlich »keine 5« und »5«. Das bedeutet, dass wir alle MNIST-Labels außer 5 in 0 (`false`) umwandeln und die 5 in 1 (`true`). Damit sieht die Matrix `Y` wie folgt aus:

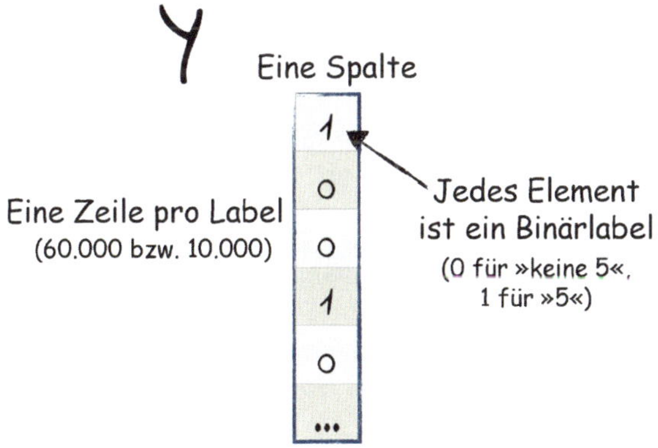

Damit wissen wir jetzt, wie wir `X` und `Y` anlegen müssen, und können dies in Form von Code umsetzen.

Die Daten aufbereiten

Das Internet ist voll von Bibliotheken und Codebeispielen, um MNIST-Daten zu lesen. Aber da wir ja schließlich Entwickler sind, wollen wir dem noch eine weitere Bibliothek hinzufügen. In diesem Abschnitt zeige ich Ihnen den Code für eine kleine Bibliothek, die die Bilder und Labels lädt und in die zuvor beschriebenen Matrizen `X` und `Y` umwandelt.

Bilder laden

Der folgende Code lädt die MNIST-Bilder in zwei Matrizen, nämlich eine für die Trainings- und eine für die Testbeispiele:

06_real/mnist.py

```
import numpy as np
import gzip
import struct

def load_images(filename):
    # Öffnet und entpackt die Datei mit den Bildern
    with gzip.open(filename, 'rb') as f:
        # Liest die Headerinformationen in eine Reihe Variablen ein
        _ignored, n_images, columns, rows = struct.unpack('>IIII', f.read(16))
        # Liest alle Pixel in ein NumPy-Bytearray ein
        all_pixels = np.frombuffer(f.read(), dtype=np.uint8)
        # Formt die Pixel zu einer Matrix mit einer Zeile pro Bild um
        return all_pixels.reshape(n_images, columns * rows)

def prepend_bias(X):
    # Fügt an Position 0 von X eine Einserspalte ein
    # ("axis=1" bedeutet: "Füge eine Spalte ein, keine Zeile."
    return np.insert(X, 0, 1, axis=1)

# 60.000 Bilder zu je 785 Elementen(1 Bias + 28 * 28 Pixel)
X_train = prepend_bias(load_images("../data/mnist/train-images-idx3-ubyte.gz"))

# 10.000 Bilder zu je 785 Elementen mit derselben Struktur wie X_train
X_test = prepend_bias(load_images("../data/mnist/t10k-images-idx3-ubyte.gz"))
```

Gehen wir diesen Code kurz durch. Die Funktion `load_images()` entpackt und decodiert die Bilder aus den binären MNIST-Dateien. Sie ist eigens für das Binärformat von MNIST gedacht, weshalb es nicht erforderlich ist, sich genau mit den Einzelheiten zu beschäftigen. Wenn es Sie doch interessiert: `struct.unpack()` liest die Daten aus der Binärdatei anhand eines Musterstrings. In unserem Fall lautet das Muster `'>IIII'`, was für »vier vorzeichenlose Integer mit dem signifikantesten

Bit an erster Stelle« steht. Die Kommentare im Code sollten Ihnen helfen, den Rest dieser Funktion zu verstehen.

Die Funktion `load_images()` gibt eine Matrix mit den Dimensionen `(60.000, 784)` für Trainingsbilder bzw. `(10.000, 784)` für Testbilder zurück. Diese Matrizen können dann an die zweite Funktion, `prepend_bias()`, übergeben werden, die ihnen die zusätzliche Einserspalte für den Bias hinzufügt.

In den letzten Zeilen des Codes werden die Trainings- und die Testbilder in zwei Konstanten gespeichert, damit Clients dieser Bibliothek die Funktionen `load_images()` und `prepend_bias()` nicht aufrufen müssen, sondern die Bibliothek mit `import imnist` importieren und dann mit `mnist.X_train` bzw. `mnist.X_test` auf diese Konstanten verweisen können.

So viel zu den Bildern. Wenden wir uns nun den Labels zu.

Labels laden

Der folgende Code lädt die MNIST-Labels und bereitet sie auf:

06_real/mnist.py

```
def load_labels(filename):
    # Öffnet und entpackt die Datei mit den Labels
    with gzip.open(filename, 'rb') as f:
        # Überspringt die Headerbytes
        f.read(8)
        # Liest alle Labels in eine Liste ein
        all_labels = f.read()
        # Formt die Labelliste zu einer einspaltigen Matrix um
        return np.frombuffer(all_labels, dtype=np.uint8).reshape(-1, 1)

def encode_fives(Y):
    # Wandelt alle Fünfen in 1 und alles andere in 0 um
    return (Y == 5).astype(int)

# 60.000 Labels mit dem Wert 1 für eine Fünf und sonst 0
Y_train = encode_fives(load_labels("../data/mnist/train-labels-idx1-ubyte.gz"))

# 10.000 Labels mit derselben Codierung wie Y_train
Y_test = encode_fives(load_labels("../data/mnist/t10k-labels-idx1-ubyte.gz"))
```

`load_labels()` lädt die MNIST-Labels in ein NumPy-Array und wandelt dieses in eine einspaltige Matrix um. Auch hier müssen Sie sich nicht mit den Einzelheiten des Codes beschäftigen, da es sehr unwahrscheinlich ist, dass Sie häufig MNIST-Labels laden müssen. Wenn Sie trotzdem neugierig sind, was da passiert, lesen Sie die Kommentare. (Zur Erinnerung: `reshape(-1, 1)` bedeutet: »Arrangiere diese Daten zu einer Matrix mit einer Spalte und so vielen Zeilen wie nötig.«) Die Funktion gibt je nachdem, ob wir Trainings- oder Testlabels laden, eine Matrix der Form `(60.000, 1)` bzw. `(10.000, 1)` zurück.

Die von `load_lables()` zurückgegebene Matrix enthält Labels von 0 bis 9. Wir können sie an `encode_fives()` übergeben, die diese Labels in Binärwerte umwandelt. Da wir `encode_fives()` ohnehin bald wieder aufgeben werden, habe ich mir nicht die Mühe gemacht, diese Funktion zu parametrisieren, sondern die Ziffer 5 einfach hartcodiert.

Die einzige Zeile in `encode_fives()` ist typischer NumPy-Code – knapp bis an den Rand der Unverständlichkeit. `(Y==5)` bedeutet: »Erstelle ein Array, das überall dort `True` enthält, wo in `Y` eine 5 steht, und ansonsten `False`.« Dieses Array wird dann in ein Array aus Integern umgewandelt, wobei jedes `True` zu 1 und jedes `False` zu 0 wird. Am Ende steht eine Matrix mit derselben Form wie `Y`, die überall dort eine 1 aufweist, wo sich in `Y` eine 5 befand, und an allen anderen Stellen eine 0.

Hinter diesen Funktionen werden in den letzten Codezeilen zwei Konstanten definiert, über die wir auf die Trainings- bzw. Testlabels zugreifen können.

Damit ist unsere MNIST-Bibliothek auch schon fertig. Wir speichern sie in der Datei `mnist.py` und können sie anschließend verwenden, um unser ML-Programm mit Daten zu speisen.

Anwendung in der Praxis

Jetzt sind wir so weit, dass wir unseren Code zur binären Klassifizierung (aus »*Klassifizierung in Aktion*« auf *Seite 89*) auf die MNIST-Daten anwenden können. Wir müssen ihn zwar noch ein bisschen anpassen, allerdings sind die Änderungen minimal. Tatsächlich können wir den Code aus dem letzten Kapitel verwenden und müssen dabei lediglich den Hauptcode anpassen:

06_real/digit_classifier.py

```
import mnist as data
w = train(data.X_train, data.Y_train, iterations=100, lr=1e-5)
test(data.X_test, data.Y_test, w)
```

Eine Zeile zum Trainieren, eine Zeile zum Testen. Wir müssen nicht einmal die Daten laden und aufbereiten, da sich unsere MNIST-Bibliothek darum kümmert.

Hyperparameter-Blues

Um den Hauptcode zu schreiben, musste ich Werte für `iterations` und `lr` finden, die sich für die neue Aufgabe gut eignen. Wie gewöhnlich erforderte das, verschiedene Werte auszuprobieren. Ich habe die Hyperparameter angepasst, bis ich mit dem Ergebnis zufrieden war.

Dabei stellte ich fest, dass `lr` in diesem Fall sehr klein sein muss. Ich habe mich schließlich für den Wert `1e-5` (0,00001) entschieden. Bei größerem `lr` kommt es bei der Berechnung der Sigmoidfunktion und des Verlusts zu einem Überlauf. Dabei handelt es sich um eine Auswirkung der Verwendung von Exponentialfunktionen und Logarithmen, die schnell zu riesigen Zahlen führen können. Bei einem etwas größeren `lr` konvergierte das Programm auch nicht mehr, d. h., das Gradientenverfahren umkreiste nur das Verlustminimum, ohne es zu erreichen.

In einem späteren Kapitel werden wir uns noch mit der Einstellung der Hyperparameter beschäftigen. Vorläufig müssen Sie einfach akzeptieren, dass wir diese Parameter bei jeder Änderung des Algorithmus oder der Datenmenge neu ausprobieren müssen.

Die Ausgabe unseres ersten Bildklassifizierers sieht wie folgt aus:

```
Iteration  0 => Loss: 0.69314718055994528623
Iteration  1 => Loss: 0.80042530259490185518
Iteration  2 => Loss: 0.60370180008019158624
...
Iteration 99 => Loss: 0.11895658384798543650
Success: 9637/10000 (96.37%)
```

Mehr als 96 % der Vorhersagen unseres Programms sind erfolgreich. Unser Programm kann also Bilder erkennen!

Nachdem wir uns eine Weile im Ruhm dieser Errungenschaft gesonnt haben, muss ich jedoch den Spielverderber geben. Ein Wert von 96 % sieht zwar gut aus, heißt aber nicht zwangsläufig, dass unser Programm auch wirklich sehr genau ist. Schließlich sind nur 10 % der Ziffern in unseren MNIST-Testdaten Fünfen. Ein naives Programm, das stets 0 vorhersagt (also »keine Fünf«) hätte schon eine Trefferquote von 90 %. Traurig, aber wahr.

Die Genauigkeit von 96 %, die unser Programm erreicht, sind natürlich schon besser als der Vergleichswert von 90 %. Allerdings lässt sich nur schwer abschätzen, wie viel besser es tatsächlich ist. Um eine anschauliche Vorstellung von der Genauigkeit des Programms zu bekommen, müssen wir den Code so erweitern, dass er alle Ziffern von 0 bis 9 erkennt. Heben wir uns unseren Siegestanz daher für das nächste Kapitel auf.

Zusammenfassung

In diesem Kapitel haben wir MNIST genauer kennengelernt. Wir haben eine kleine Bibliothek geschrieben, um MNIST-Daten zu laden und in die Matrizen `X` und `Y` umzuwandeln, die wir für unseren Code zur binären Klassifizierung benötigen. Schließlich haben wir unser Programm verwendet, um eine der Ziffern in den MNIST-Daten zu erkennen. Die Ergebnisse waren vielversprechend.

Dabei haben sie auch einige wichtige Fakten über Bilderkennung, über das Testen von ML-Systemen und die Schwierigkeiten der Interpretation von Testergebnissen aufgrund von *Überanpassung* gelernt.

Im nächsten Kapitel wollen wir endlich die Aufgabe angehen, die wir uns zu Beginn des Buchs selbst gestellt haben: Wir wollen beliebige Ziffern erkennen. Wie wird sich unser Code dabei machen?

Praktische Übung: Knifflige Ziffern

In seiner jetzigen Form erkennt unser Code die Ziffer 5. Welche Ziffern sind Ihrer Meinung nach schwerer oder leichter zu erkennen als die 5?

Ändern Sie den Code, sodass er eine dieser Ziffern erkennt. Bestätigt das Experiment Ihre Erwartungen?

7
Die große Herausforderung

Im letzten Kapitel haben wir ein System für maschinelles Sehen entwickelt – allerdings nur ein ziemlich elementares, nämlich einen *binären Klassifizierer*, der die Daten in zwei Klassen einteilt: »Fünf« und »keine Fünf«. Dieses Programm wollen wir nun weiterentwickeln, sodass es jegliche Ziffern aus der MNIST-Datenmenge erkennt.

Anders als bei der binären Klassifizierung müssen wir bei dieser Aufgabe mehr als zwei Klassen berücksichtigen, weshalb wir hier von einer *Multiklassen-* oder *Mehrklassen-Klassifizierung* sprechen. Keine Sorge, es gibt ein ganz einfaches Rezept dafür: Wir erstellen für jede Klasse einen binären Klassifizierer und kombinieren anschließend all diese Zweiklassen-Klassifizierer zu einem einzigen Mehrklassen-Klassifizierer.

Sehen wir uns nun an, wie wir diese Idee in Code umsetzen.

Von zwei zu mehr Klassen

Unser bisheriger binärer Klassifizierer kann eine bestimmte Ziffer erkennen, die hartcodiert vorgegeben ist, in unserem Fall die 5. Die eingespeisten Bilder durchlaufen eine gewichtete Summe und dann eine Sigmoidfunktion, und das Ergebnis ist eine Zahl zwischen 0 und 1, die wir anschließend auf 0 oder 1 runden, da wir an einem binären Resultat interessiert sind, also an der konkreten Aussage »Ja, das ist eine Fünf« oder »Nein, das ist keine Fünf«. Betrachten Sie dazu die folgende Abbildung:

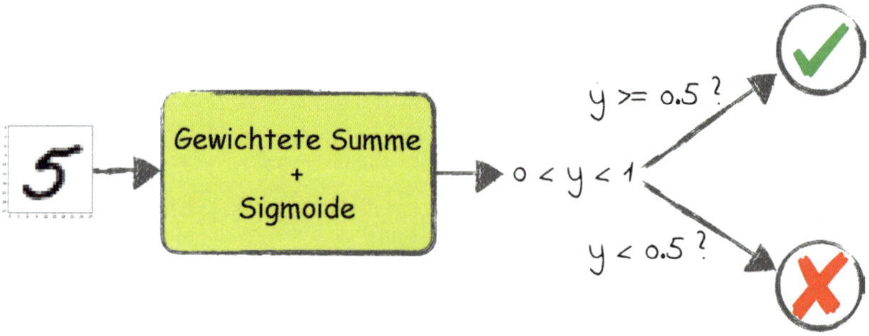

Unser Ziel besteht nun darin, ein Programm zu schreiben, das ein Bild entgegennimmt und uns sagt, welche der Ziffern 0 bis 9 es darstellt:

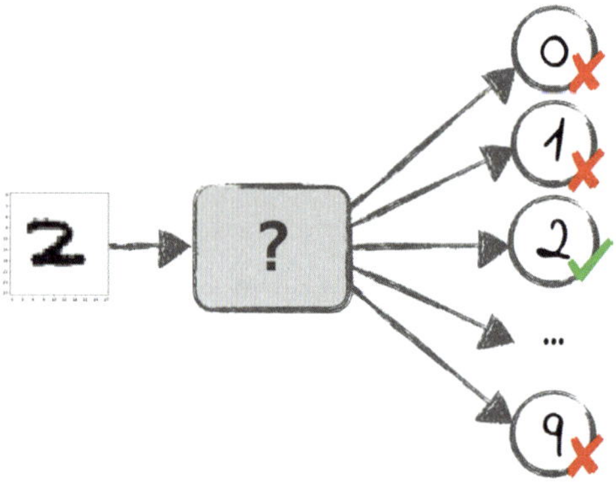

Wie kommen wir von unserem bisherigen Programm dorthin? Konzentrieren wir uns zunächst auf den Kasten in der Mitte der ersten Abbildung, der die gewichtete Summe mit anschließender Sigmoidfunktion enthält. Für diese Kombination gibt es keine gängige Bezeichnung; nennen wir sie kurz GSS. Eine GSS ist praktisch ein binärer Klassifizierer ohne den letzten Schritt: Statt 0 oder 1 gibt sie eine Fließkommazahl zwischen 0 und 1 zurück.

Stellen Sie sich jetzt vor, dass wir ein Array aus zehn GSS erstellen, eine pro Klasse von der 0-GSS, die nur Nullen erkennt, bis zur 9-GSS. Wenn wir all diese GSS ausführen, erhalten wir ein Array aus zehn Zahlen:

"0"	"1"	"2"	"3"	"4"	"5"	"6"	"7"	"8"	"9"
0.111	0.005	0.787	0.170	0.001	0.176	0.352	0.001	0.073	0.003

Jede GSS gibt eine Zahl zwischen 0 und 1 zurück, die uns sagt, wie sicher ihre Vorhersage ist. Beispielsweise gibt die 2-GSS in der Abbildung 0,787 zurück, was dem Maximalwert von 1 schon ziemlich nahe kommt. Die 2-GSS ist sich also ziemlich sicher, dass es sich bei dem Bild um eine 2 handelt. Die anderen GSS sind dagegen nicht so überzeugt, dass sie ihre Ziffer erkannt haben. Beispielsweise ist der Rückgabewert der 4-GSS fast 0, sodass wir ziemlich sicher sein können, dass es sich bei dem Bild *nicht* um eine 4 handelt. Insgesamt weist die Vorhersage der 2-GSS die größte Konfidenz von allen auf, sodass es sich bei dem Bild wahrscheinlich um eine 2 handelt.

Das gibt uns einen genaueren Plan, wie wir die Mehrklassen-Klassifizierung angehen müssen: Wir führen zunächst zehn GSS an dem Bild aus, die jeweils auf eine andere Ziffer spezialisiert sind, und entscheiden uns dann für die Ziffer, deren GSS die höchste Konfidenz liefert.

Das könnten wir dadurch implementieren, dass wir zehnmal denselben GSS-Code ausführen, einmal für jede Klasse. Allerdings gibt es eine bessere Möglichkeit.

1-aus-n-Codierung

Als wir im Abschnitt »*Labels laden*« auf *Seite 101* die Labels codiert haben, waren wir nur daran interessiert, die 5 von anderen Ziffern zu unterscheiden. Daher haben wir die 5 durch 1 ersetzt und alle anderen Ziffern durch 0:

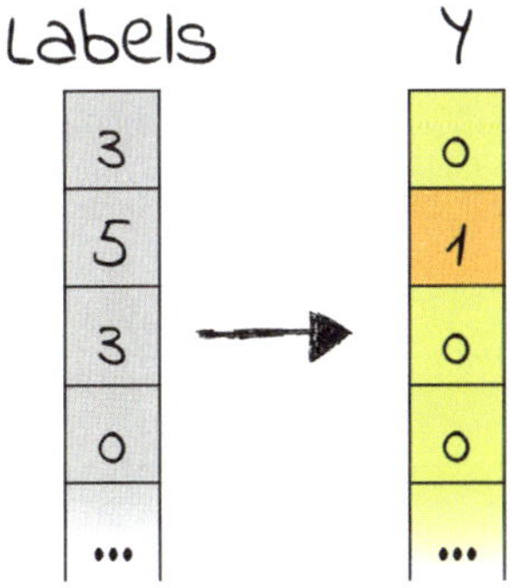

Da wir nun zehn solcher Ziffern erkennen müssen, könnten wir dazu zehn solcher codierter Matrizen verwenden, eine pro Klasse. Es gibt aber eine bessere Möglichkeit, nämlich eine große Matrix mit zehn Spalten, in denen jeweils eine Ziffer codiert ist. Das Ergebnis sieht wie folgt aus:

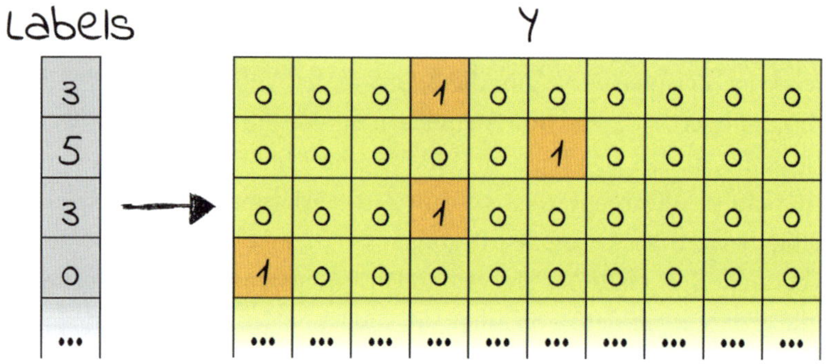

In diesem Beispiel ist das erste Label eine 3, weshalb die vierte Zelle in der ersten Zeile von `Y` den Wert 1 hat. (Es ist die vierte und nicht die dritte Zelle, da wir bei den Ziffern mit 0 anfangen.) Alle anderen Zeilen haben ebenfalls jeweils eine 1 in der Position, die dem ursprünglichen Label entspricht, und überall sonst eine 0.

Diese Vorgehensweise wird als *1-aus-n-Codierung* bezeichnet, da nur jeweils einer der *n* Werte in einer Zeile eine 1 ist.

Können Sie schon erkennen, worauf das hinausläuft? Wir führen unseren Code nicht zehnmal aus, also einmal pro Klasse, sondern nur einmal mit jeweils einer Spalte pro Klasse. Jede Spalte der Matrix enthält praktisch die binäre Codierung für eine der GSS. Dieses Verfahren nutzt die Matrizenmultiplikation und funktioniert genauso gut, als würden wir den Klassifizierer zehnmal ausführen, ist aber viel schneller.

Nicht numerische Labels codieren

Die 1-aus-n-Codierung eignet sich nicht nur für numerische Labels wie die in der MNIST-Datenmenge, sondern für alle Arten von kategorialen Daten. Wenn wir beispielsweise die Labels »Ente«, »Schnabeltier« und »Tapir« hätten, könnten wir sie in einer willkürlichen (aber festen!) Reihenfolge anordnen und als `[1, 0, 0]`, `[0, 1, 0]` und `[0, 0, 1]` codieren. Da die MNIST-Labels zufällig schon Zahlen sind, können wir sie bequem in numerischer Reihenfolge sortieren, allerdings ist das keine Voraussetzung.

Sie können sich die 1-aus-n-Codierung wie ein einfaches Dictionary vorstellen, das ein für Menschen lesbares Label auf eine Zahlenfolge fester Länge aus lauter Nullen und einer Eins abbildet.

Die 1-aus-n-Codierung ist redundant: Statt einer Zahl pro Beispiel haben wir so viele Zahlen, wie es Klassen gibt. Wie wir im nächsten Abschnitt noch sehen werden, ist diese Redundanz jedoch gewöhnlich von Vorteil.

1-aus-n-Codierung in Aktion

Im Abschnitt »*Unsere eigene MNIST-Bibliothek*« auf *Seite 97* haben wir eine Bibliothek geschrieben, um MNIST-Daten zu laden und aufzubereiten. Diese Bibliothek codiert Labels mithilfe der Funktion `encode_fives()`, die wir nun wie folgt ersetzen wollen:

07_final/mnist.py

```
def one_hot_encode(Y):
    n_labels = Y.shape[0]
    n_classes = 10
    encoded_Y = np.zeros((n_labels, n_classes))
    for i in range(n_labels):
        label = Y[i]
        encoded_Y[i][label] = 1
    return encoded_Y
```

`one_hot_encode()` initialisiert eine Matrix aus lauter Nullen mit einer Zeile pro Label und einer Spalte pro Klasse. (`Y.shape[0]` bedeutet »die Anzahl der Zeilen in `Y`«.) Anschließend durchläuft die Funktion die Matrix und ändert die erforderlichen Werte in 1. Damit können wir eine 1-aus-n-Version von `Y_train` erstellen:

```
# 60.000 Labels mit je einer Ziffer von 0 bis 9
Y_train_unencoded = load_labels("../data/mnist/train-labels-idx1-ubyte.gz")

# 60.000 Labels aus jeweils zehn 1-aus-n-codierten Elementen
Y_train = one_hot_encode(Y_train_unencoded)

# 10.000 Labels mit je einer Ziffer von 0 bis 9
Y_test = load_labels("../data/mnist/t10k-labels-idx1-ubyte.gz")
```

Vielleicht wundern Sie sich jetzt, warum wir nur die Trainings-, aber nicht die Testdaten codieren. Diese Frage sorgt oft für Verwirrung, weshalb wir diesen Punkt erst einmal klären müssen. Sehen wir uns dazu die Funktion `classify()` an.

Die Antworten des Klassifizierers decodieren

Überlegen wir noch einmal, wie `classify()` funktioniert. In der Klassifizierungsphase geben die GSS Arrays mit zehn Zahlen zwischen 0 und 1 zurück. Wenn wir das System auffordern, ein Bild zu erkennen, wollen wir diese Arrays aber nicht sehen, sondern wünschen uns eine klare Aussage wie »3«. Daher müssen wir die Antworten der GSS decodieren, bevor wir sie zurückgeben.

Bisher hat die Funktion `classify()` jedoch nicht viel in Sachen Decodierung unternommen, sondern hat lediglich `forward()` aufgerufen und die Ausgabe gerundet. Jetzt aber hat `classify()` eine viel anspruchsvollere Aufgabe. Sie muss die Ausgabe der GSS wieder in klare Labels zurückverwandeln:

07_final/mnist_classifier.py

```
def classify(X, w):
    y_hat = forward(X, w)
    labels = np.argmax(y_hat, axis=1)
    return labels.reshape(-1, 1)
```

Die erste Zeile von `classify()` berechnet eine Matrix von Voraussagen mit einer Zeile pro Label und einer Spalte pro Klasse. Jede Zeile dieser Matrix enthält zehn Zahlen zwischen 0 und 1.

In der zweiten Zeile ruft die NumPy-Funktion `argmax()` für jede Zeile den Index des Maximalwerts von `y_hat` ab, also den Wert, der 1 am nächsten ist. Standardmäßig sucht `argmax()` das Maximum der gesamten Matrix, weshalb in diesem Code das Argument `axis=1` angegeben wird, um die Funktion auf jede Zeile einzeln anzuwenden. Das Ergebnis ist ein Array aus Indizes, bei denen es sich gleichzeitig um decodierte MNIST-Labels handelt. (Funktionen wie `argmax()` sind etwas gewöhnungsbedürftig. Bevor Sie sie anwenden, sollten Sie sie zunächst in einem interaktiven Python-Interpreter ausprobieren. Auf der anderen Seite sorgen sie für sehr knappen, effizienten Code.)

Schließlich wird das Array `labels` in der letzten Zeile von `classify()` zu einer Matrix mit einer einzigen Spalte umgeformt, die die Spalten enthält. Jetzt wird klar, warum wir die Matrix `Y_test` nicht ebenso wie `Y_tain` 1-aus-n-codiert haben: Da wir `Y_test` mit der Ausgabe des Klassifizierers vergleichen, müssen beide Matrizen das gleiche Erscheinungsbild aufweisen, also nur eine einzige Spalte mit eindeutigen Labels aufweisen.

Wir haben es schon fast geschafft. Es ist nur noch eine weitere Änderung am Code des Klassifizierers erforderlich.

Mehr Gewichte

Bei der Einführung der 1-aus-n-Codierung haben wir die Labelmatrix von eine auf zehn Spalten erweitert. Das müssen wir jetzt auch bei den Gewichten nachholen.

Bis jetzt bestand unsere Gewichtsmatrix aus einer einzigen Spalte sowie einer Zeile pro Eingabevariable. Wir haben sie wie folgt initialisiert:

```
w = np.zeros((X.shape[1], 1))
```

Jetzt brauchen wir zehn Spalten mit Gewichten, eine pro Klasse:

```
w = np.zeros((X_train.shape[1], Y_train.shape[1]))
```

Das neue `w` hat eine Zeile pro Eingabevariable und eine Spalte pro Klasse. Der vorstehende Code bezieht die Anzahl der Variablen und Klassen aus der Anzahl der Spalten in `X` bzw. `Y`.

An dieser Stelle können die Dimensionen all dieser Matrizen schon ziemlich verwirrend wirken. Als ich diesen Abschnitt schrieb, musste ich selbst innehalten, um sie genau zu überprüfen. (»Moment mal, muss `w` jetzt so viele Zeilen haben, wie es Spalten in `X` gibt, oder war es anders herum?«) Nehmen wir uns daher einen Augenblick Zeit, um all diese Zeilen und Spalten einer Plausibilitätsprüfung zu unterziehen.

Die Matrixdimensionen überprüfen

Ich erinnere mich noch gern an meine ersten Gehversuche auf dem Gebiet des Machine Learning – bis auf eine frustrierende Erfahrung, die zu vielen Fehlern führte: Es schien, als ob ich die Dimensionen der Matrizen nie richtig hinbekommen würde. Da ich selbst unter so vielen Fehlern aufgrund von nicht zueinanderpassenden Dimensionen gelitten habe, möchte ich Ihnen diese Erfahrung ersparen. Auch auf die Gefahr hin, mich zu wiederholen, gehe ich hier noch einmal auf die Dimensionen unserer Matrizen ein.

Ein Wort vorab: Für mich war es dabei immer sehr hilfreich, die Matrizen auf Papier zu skizzieren. Probieren Sie es ruhig aus!

- `X` hat die Größe `(m, n)` mit einer Zeile pro *Beispiel* und einer Spalte pro *Eingabevariable*. Der MNIST-Trainingsdatensatz besteht aus 60.000 Beispielen mit je 784 Pixeln. Mit der zusätzlichen Biasspalte erhält `X` die Größe `(60.000, 785)`.
- `Y` ist eine Matrix aus 1-aus-n-codierten Labels. Sie hat eine Zeile pro *Beispiel* und eine Spalte pro *Klasse*. Wenn wir die Anzahl der Klassen `k` nennen, ist `Y` also eine `(m, k)`-Matrix. In unserem Fall beträgt ihre Größe `(60.000, 10)`.
- Die Matrix `w` mit den Gewichten hat die Größe `(n, k)` mit einer Zeile pro *Eingabevariable* und einer Spalte pro Klasse. In unserem Fall beträgt die Größe `(785, 10)`. Seit unserem ersten ML-Programm, in dem `w` noch ein einzelner Parameter war, sind wir ein großes Stück vorangekommen, denn jetzt trainieren wir unser System mit Tausenden von Parametern!

Des Weiteren vergewissern wir uns, ob die gewichtete Summe `X • w = Y` die richtigen Dimensionen aufweist. Das ist in der Tat der Fall:

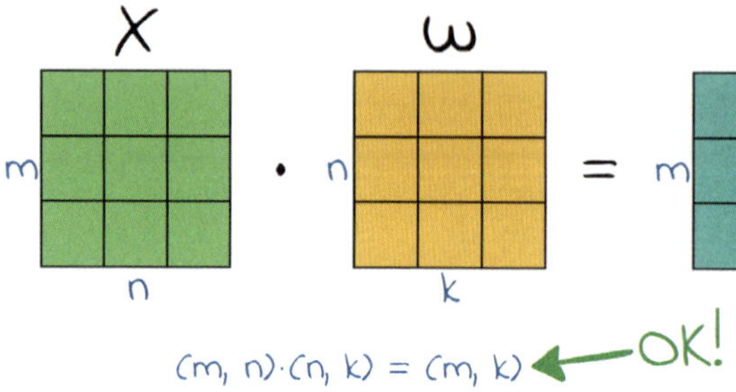

(Eine Erklärung der Matrizenmultiplikation finden Sie im Abschnitt »*Matrizen multiplizieren*« auf *Seite 61*.)

Die hier genannten Zahlen sind die Größen der Matrizen für das Training. Die MNIST-Testdatenmenge ist kleiner, und darum sind auch die Matrizen für diesen Zweck kleiner. Beispielsweise hat `X` beim Testen die Größe `(10.000, 785)`. Wenn wir ein einzelnes Bild klassifizieren, ist `X` eine `(1, 785)`-Matrix mit einer einzigen Zeile.

Nach dieser mühseligen Überprüfung der Matrixdimensionen sind Sie wahrscheinlich begierig darauf, den Klassifizierer endlich auszuführen. Fangen wir also an.

Der Augenblick der Wahrheit

Das ist der Augenblick, auf den wir gewartet haben: Wir werden unseren Multiklassen-Klassifizierer auf die MNIST-Daten loslassen! Der Klassifizierercode in all seiner Pracht sieht wie folgt aus:

07_final/mnist_classifier.py

```
import numpy as np

def sigmoid(z):
    return 1 / (1 + np.exp(-z))

def forward(X, w):
    weighted_sum = np.matmul(X, w)
    return sigmoid(weighted_sum)

def classify(X, w):
    y_hat = forward(X, w)
    labels = np.argmax(y_hat, axis=1)
    return labels.reshape(-1, 1)
```

```
def loss(X, Y, w):
    y_hat = forward(X, w)
    first_term = Y * np.log(y_hat)
    second_term = (1 - Y) * np.log(1 - y_hat)
    return -np.sum(first_term + second_term) / X.shape[0]

def gradient(X, Y, w):
    return np.matmul(X.T, (forward(X, w) - Y)) / X.shape[0]

def report(iteration, X_train, Y_train, X_test, Y_test, w):
    matches = np.count_nonzero(classify(X_test, w) == Y_test)
    n_test_examples = Y_test.shape[0]
    matches = matches * 100.0 / n_test_examples
    training_loss = loss(X_train, Y_train, w)
    print("%d - Loss: %.20f, %.2f%%" % (iteration, training_loss, matches))

def train(X_train, Y_train, X_test, Y_test, iterations, lr):
    w = np.zeros((X_train.shape[1], Y_train.shape[1]))
    for i in range(iterations):
        report(i, X_train, Y_train, X_test, Y_test, w)
        w -= gradient(X_train, Y_train, w) * lr
    report(iterations, X_train, Y_train, X_test, Y_test, w)
    return w

import mnist as data
w = train(data.X_train, data.Y_train,
          data.X_test, data.Y_test,
          iterations=200, lr=1e-5)
```

Ich habe die Gelegenheit genutzt, die neue Funktion `report()` zu schreiben, die den Prozentsatz der korrekten Ergebnisse protokolliert. `report()` ähnelt unserer bisherigen Funktion `test()`, wird aber einmal pro Trainingsiteration sowie einmal ganz am Ende aufgerufen. Das Protokoll zeigt uns im Einzelnen, wie gut (oder schlecht) unser Klassifizierer lernt.

Eine kleine Korrektur

Man muss schon Adleraugen haben, um es zu bemerken, aber in dem endgültigen Klassifizierercode gibt es eine winzige Änderung in der letzten Zeile von `loss()`. Bis jetzt wurde darin der Durchschnitt von `(first_term + second_term)` mithilfe der NumPy-Funktion `average()` berechnet. Allerdings ermittelt `average()` den Durchschnitt über alle *Elemente* einer Matrix, während wir den Verlust über alle Beispiele brauchen, also über alle *Zeilen* der Matrix.

→

Bis jetzt hat das keine Rolle gespielt, da `(first_term + second_term)` genau ein Element pro Zeile aufwies. Durch die Umstellung auf 1-aus-n-Codierung hat die Matrix nun aber zehn Elemente pro Zeile, weshalb der ursprüngliche Code einen Verlust berechnen würde, der nur ein Zehntel so groß ist wie der tatsächliche Verlust. Selbst mit diesem Bug würde der Klassifizierer immer noch dieselben Gewichte berechnen, da das Minimum des Verlusts an derselben Stelle verbleibt, wenn Sie den Verlust durch 10 teilen. Allerdings wären die während des Trainings angezeigten Angaben über den Verlust falsch.

Dieser versteckte Bug zeigt ein weiteres Mal, dass die Arbeit mit Matrizen voller Stolpersteine steckt. Zumindest ich bin darüber gestolpert, denn dieser Fehler wäre beinahe durch die Überprüfung des Codes in diesem Buch gerutscht. Bei dem neuen Code tritt das Problem nicht auf, da der Durchschnitt jetzt auf die klassische Weise berechnet wird: Er addiert alle Elemente in der Matrix und teilt das Ergebnis durch die Anzahl der Zeilen.

Wenn wir das Programm ausführen, ergibt sich Folgendes:

```
0 - Loss: 6.93147180559945397249, 9.80%
1 - Loss: 8.43445687508333641347, 68.04%
2 - Loss: 5.51204748892387641490, 68.10%
3 - Loss: 2.95687007359365416903, 68.62%
...
200 - Loss: 0.85863196488041293453, 90.32%
```

Klopfen Sie sich ruhig auf die Schulter, denn wir haben gerade Großartiges geleistet: Unser kleines Programm hat in nur wenigen Minuten gelernt, handgeschriebene Ziffern mit einer Genauigkeit von mehr als 90 % zu erkennen.

Ohne den Weißraum umfasst das gesamte Programm lediglich etwa 35 Zeilen Python-Code. Wenn wir auf die Protokollierung verzichten und die Lesbarkeit opfern, könnten wir es auch auf 20 Zeilen eindampfen. Das Programm ist nicht nur kurz, wir haben auch nicht einmal eine ML-Bibliothek dafür verwendet! In diesen Zeilen lauert nirgendwo ein Rattenschwanz von kompliziertem Code. Wir können den gesamten Vorgang problemlos nachvollziehen.

Zusammenfassung

Blicken wir noch einmal auf unser erstes Abenteuer im Land des Machine Learning zurück:

- In Kapitel 1, »*Einführung in Machine Learning*«, haben Sie erfahren, was Machine Learning und *überwachtes Lernen* eigentlich sind.
- In Kapitel 2, »*Ihr erstes ML-Programm*«, haben Sie einen konkreten Vorstoß in das Gebiet des Machine Learning unternommen und mithilfe der *linearen Regression* eine Variable aus einer anderen vorhergesagt.
- In Kapitel 3, »*Am Gradienten entlang*«, haben wir unser ML-Programm mit einem schnelleren und effizienteren Algorithmus versehen: dem *Gradientenverfahren*.
- In Kapitel 4, »*Hyperräume*«, haben wir das Gradientenverfahren (sowie einige Matrizenoperationen) genutzt, um die *multiple lineare Regression* zu implementieren, die der linearen Regression ähnelt, aber mehrere Eingaben verarbeiten kann.
- In Kapitel 5, »*Ein binärer Klassifizierer*«, sind wir von der linearen Regression zur *Klassifizierung* übergegangen.
- In Kapitel 6, »*Eine Aufgabe aus der Praxis*«, haben wir unseren binären Klassifizierer genutzt, um in der MNIST-Datenmenge eine einzige Ziffer zu erkennen.
- In diesem Kapitel haben wir das Programm auf *Mehrklassen-Klassifizierung* erweitert, sodass es alle MNIST-Zeichen mit einer Genauigkeit von mehr als 90 % erkennen kann.

Wir sind schon ganz schön weit gekommen. Nach einer letzten Übung wollen wir dann im nächsten Kapitel eine kleine Pause beim Programmieren einlegen und stattdessen unser bis dahin erstelltes System in den größeren Zusammenhang einordnen.

Praktische Übung: Minensucher

Wenn Sie die Herausforderung lieben, habe ich hier eine weitere Übung für Sie: Ändern Sie den MNIST-Klassifizierer so ab, dass er die Sonar-Datenmenge[1] verarbeiten kann. Diese Datenmenge (auch als »Mines vs. Rocks« bezeichnet) enthält die Muster von Sonarsignalen, die von zwei verschiedenen Arten von Objekten zurückgeworfen werden, nämlich Metallzylindern, bei denen es sich um Minen

1. *https://archive.ics.uci.edu/ml/datasets/Connectionist+Bench+(Sonar,+Mines+vs.+Rocks)*

handeln kann, und Felsen. Können Sie den Klassifizierer so trainieren, dass er in der Lage ist, Minen von Felsen zu unterscheiden?

Unterschätzen Sie dieses kleine Projekt nicht. Wenn Sie in Python nicht firm sind, kann es Sie einige Stunden kosten, um das Sonar-Gegenstück zur Bibliothek `mnist.py` zu schreiben, und dabei müssen Sie wahrscheinlich in der Dokumentation sowohl von Python als auch von NumPy nachschlagen. Versuchen Sie sich nur an dieser Übung, wenn Sie auch bereit sind, die dafür erforderliche Zeit aufzubringen.

Wenn Sie die Herausforderung annehmen, dann besuchen Sie als Erstes die Website mit der Sonar-Datenmenge. Laden Sie die Beispiele in `sonar.all-data` herunter und lesen Sie die Dokumentation in `sonar.names`.

Hier noch einige Tipps:

- Es sollte nicht erforderlich sein, irgendetwas außer den Hyperparametern am Code des eigentlichen Klassifizierers zu ändern. Sie sollten nur den Code zum Laden und Aufbereiten der Daten ersetzen müssen.
- Die Sonar-Datenmenge umfasst 208 Beispiele. Wie Sie sie in Trainings- und Testdaten aufteilen, ist Ihre Sache. Ich habe 48 Beispiele für Testzwecke reserviert.
- Die Beispiele in der Sonar-Datenmenge sind geordnet. Zuerst kommen die Felsen, dann die Minen. Bevor Sie die Menge aufteilen, müssen Sie sie erst durcheinanderwürfeln, da Ihre Testdatenmenge sonst nur Beispiele einer einzigen Klasse enthält.
- Denken Sie daran, sowohl `X_train` als auch `X_test` eine Biasspalte hinzuzufügen.
- Denken Sie daran, eine 1-aus-n-Codierung für `Y_train` vorzunehmen, aber nicht für `Y_test`.
- Probieren Sie als Erstes eine Lernrate von 0,01 aus und ändern Sie den Wert, wenn Sie mit dem Ergebnis nicht zufrieden sind. Eine zu große Lernrate kann zu Fehlern bei der Berechnung des Verlusts führen, da Logarithmen und Exponentialfunktionen sehr große (oder kleine) Zahlen hervorrufen.
- Wenn Sie ein System zu lange trainieren, kann seine Genauigkeit *sinken*, anstatt zu steigen. Das ist eine Auswirkung der *Überanpassung*, die wir bereits im Abschnitt »*Trainings- und Testdatensatzsatz*« auf *Seite 96* besprochen haben. Wie sich dieses Problem vermeiden lässt, sehen wir uns in Teil III dieses Buchs an.

- Denken Sie daran, dass dies ein Problem der binären Klassifizierung ist, weshalb Sie nicht unbedingt alle zusätzlichen Feinheiten der Multiklassen-Klassifizierung berücksichtigen müssen, etwa die 1-aus-n-Codierung. Allerdings habe ich die Datenmenge trotzdem 1-aus-n-codiert, damit ich denselben Multiklassen-Klassifizierer wie für die MNIST-Daten anwenden konnte. Alternativ können Sie auch den binären Klassifizierer aus Kapitel 5, »*Ein binärer Klassifizierer*«, verwenden. Statt der 1-aus-n-codierten Labels, die entweder `[1, 0]` oder `[0, 1]` sind, können Sie dann auf die binärcodierten Labels zurückgreifen, also einfach 0 oder 1.

Versuchen Sie, eine Genauigkeit von 75 % oder mehr zu erreichen. Wenn Sie nicht mehr weiterkommen sollten, können Sie sich meine Lösung im Verzeichnis `07_final/solution` ansehen.

8 Das Perzeptron

In den vorherigen Kapiteln haben wir uns durch eine ganze Menge Einzelheiten gequält. Es ist jetzt an der Zeit, einen Schritt zurückzutreten und das Gesamtbild zu betrachten.

Im ersten Teil dieses Buchs haben wir ein System für überwachtes Lernen erstellt, das handgeschriebene Ziffern erkennt. Dieses System weist eine ganz bestimmte Architektur auf, die von ML-Experten als *Perzeptron* bezeichnet wird. Am Ende dieses Kapitels werden Sie wissen, wie ein Perzeptron aussieht und was es tun kann. Vor allem aber werden Sie wissen, was es *nicht* kann, weshalb wir uns anspruchsvolleren Algorithmen wie neuronalen Netzen zuwenden müssen.

Dabei werden wir uns auch mit dem historischen Hintergrund des Perzeptrons befassen, der alles andere als langweilig ist. Tatsächlich handelt es sich um die dramatische Geschichte eines Ideenkonflikts, der großen Einfluss darauf nahm, was wir heute über Computer wissen.

Gestatten, das Perzeptron!

Um zu verstehen, was ein Perzeptron ist, sehen wir uns noch einmal den binären Klassifizierer an, den wir in einem der vorausgegangenen Kapitel geschrieben haben. Dieses Programm hat die MNIST-Zeichen in die beiden Klassen »5« und »keine 5« sortiert. Die folgende Abbildung zeigt eine mögliche Darstellung davon:

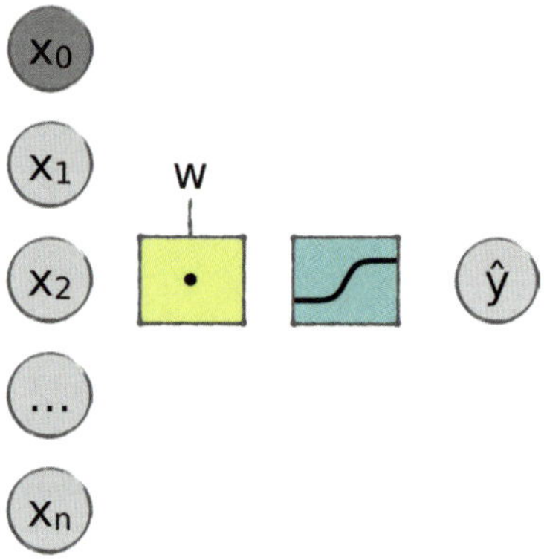

Dieses Diagramm verfolgt den Weg, den ein MNIST-Bild durch das System nimmt. Am Anfang stehen die *Eingabevariablen* x_1 bis x_n, bei denen es sich im Falle von MNIST um die 784 Pixel eines Bilds handelt. Dazu kommt noch der Bias x_0 mit dem konstanten Wert 1. Für ihn habe ich hier ein dunkleres Grau gewählt, um ihn von den anderen Eingabevariablen abzuheben.

Der nächste Schritt – das gelbe Viereck – ist die *gewichtete Summe* der Eingabevariablen. Da sie als Matrizenmultiplikation implementiert ist, habe ich sie mit dem Punktsymbol gekennzeichnet.

Die gewichtete Summe fließt in die letzte Funktion ein, hier als hellblaues Viereck dargestellt. Sie wird allgemein als *Aktivierungsfunktion* bezeichnet und unterscheidet sich von einem Lernsystem zum anderen. Wir haben hierfür eine Sigmoidfunktion verwendet. Die Ausgabe der Sigmoide ist das vorhergesagte Label $\hat{y}$ mit dem Wertebereich von 0 bis 1.

Während des Trainings vergleicht das System die Vorhersage $\hat{y}$ mit der Grundwahrheit, um den nächsten Schritt im Gradientenverfahren zu berechnen. Bei der Klassifizierung setzt es den Wert von $\hat{y}$ auf eines der Extreme, also entweder 1 oder 0 für »5« bzw. »keine 5«.

Dies ist die Architektur des Perzeptrons, des ursprünglichen Systems für überwachtes Lernen.

Die Lehrbuchdefinition eines Perzeptrons

Wenn Sie auf Wikipedia nachschauen, werden Sie feststellen, dass das Lehrbuchbeispiel für ein Perzeptron einfacher ist als die Version, die wir in diesem Kapitel betrachten. Statt des Gradientenverfahrens wird darin ein einfacherer Algorithmus ähnlich dem verwendet, den wir in Kapitel 2, »*Ihr erstes ML-Programm*«, eingesetzt haben.

Da dieses einfache Perzeptron kein Gradientenverfahren nutzt, braucht es auch keine Aktivierungsfunktion mit einem glatten Gradienten wie die Sigmoide, sondern kann stattdessen auf eine einfache »stufige« Funktion zurückgreifen, die den Wert der gewichteten Summe je nachdem, ob er positiv oder negativ ist, auf 1 oder 0 einstellt.

Perzeptrone kombinieren

Das Perzeptron eignet sich hervorragend als Baustein für komplexe Systeme. In gewissem Sinne haben wir schon von Anfang an Perzeptrone kombiniert.

Beim Training liest unser System die Beispiele nicht eines nach dem anderen, sondern alle auf einmal. Daher lässt sich diese Operation damit vergleichen, dass wir mehrere Perzeptrone übereinanderstapeln: Wir haben jeweils ein Beispiel an alle Perzeptrone gesendet und dann alle Ausgaben in einer Matrix gesammelt:

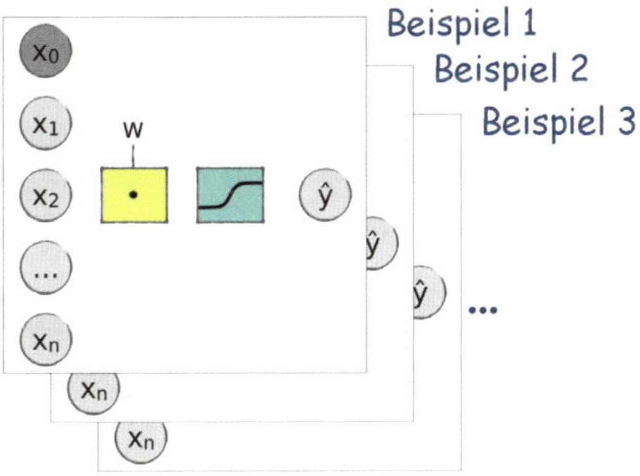

In Kapitel 7, »*Die große Herausforderung*«, haben wir Perzeptrone noch auf andere Weise kombiniert. Ein Perzeptron ist ein binärer Klassifizierer, der Dinge als entweder 0 oder 1 einstuft. Für eine Klassifizierung in zehn Ziffern haben wir zehn Matrixspalten verwendet, die jeweils eine einzige Ziffer von den anderen unterscheiden. Prinzipiell ist das genau so, als würden wir wie folgt zehn Perzeptrone parallel ausführen:

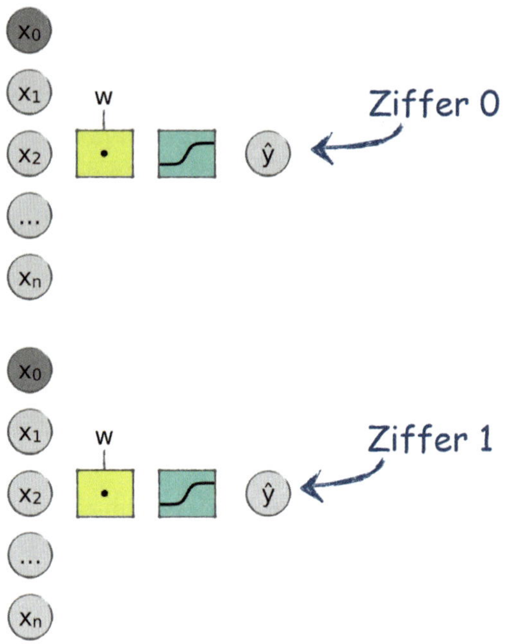

•••

Jedes dieser parallelen Perzeptrone ist für eine der Klassen 0 bis 9 zuständig. Bei der Klassifizierung wählen wir jeweils die Klasse aus, für die die Vorhersage die größte Konfidenz hat.

Wir haben Perzeptrone also sowohl *gestapelt* als auch *parallel* ausgeführt. In beiden Fällen haben wir dazu Matrizenoperationen verwendet, was einfacher ist und schneller geht, als denselben Code mehrere Male auszuführen – einmal pro Beispiel und dann einmal pro Klasse.

Es gibt jedoch noch eine weitere Möglichkeit, um Perzeptrone zu kombinieren: Wir können sie *serialisieren*, also die Ausgabe eines Perzeptrons als Eingabe des nächsten verwenden. Dadurch bekommen wir ein *mehrschichtiges Perzeptron*. Bis jetzt haben wir das noch nicht gemacht, aber wir werden es tun, und zwar sehr oft. Behalten Sie diese Idee vorerst im Hinterkopf.

Die Grenzen von Perzeptronen

Gibt es irgendetwas an Perzeptronen auszusetzen? Sie sind einfach und sie lassen sich wie Machine-Learning-Bausteine zu umfassenderen Strukturen zusammensetzen. Der Preis für diese Einfachheit ist jedoch eine enttäuschende Einschränkung: Während Perzeptrone bei einigen Datenmengen hervorragend funktionieren, versagen sie bei anderen. Genauer gesagt, eignen sich Perzeptrone nur für *linear separierbare Daten*.

Linear separierbare Daten

Schauen Sie sich diese zweidimensionale Datenmenge an:

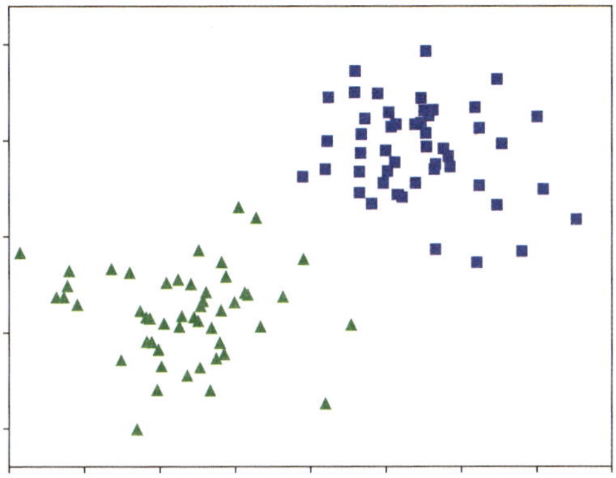

Die beiden Klassen, also die grünen Dreiecke und die blauen Quadrate, sind sauber in zwei getrennte Cluster aufgeteilt, sodass man sie mit einer Geraden voneinander abgrenzen kann:

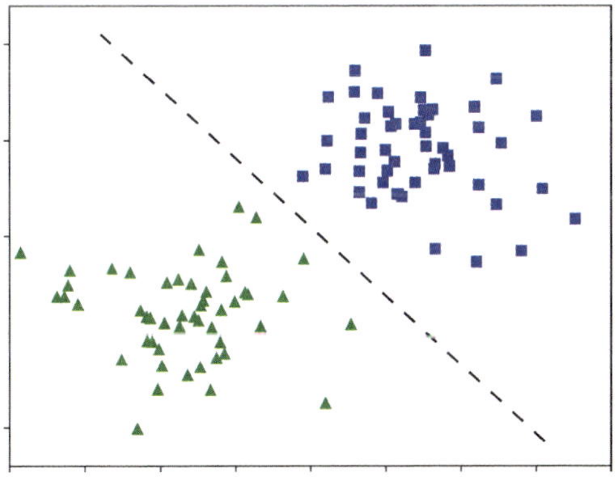

Datenmengen, die sich auf diese Weise durch eine Gerade aufteilen lassen, werden als linear separierbar bezeichnet. Dagegen sind Datenmengen, die sich nur durch eine Kurve oder überhaupt nicht partitionieren lassen, nicht linear separierbar.

Wenn wir nun unseren Klassifizierer auf diese grünen und blauen Punkte anwenden, dann lernt er, wie sie verteilt sind, und weist beliebige neue Punkte der grünen oder der blauen Klasse zu. Bei linear separierbaren Daten wie diesen funktioniert unser Klassifizierer-Perzeptron sehr gut. Weiter hinten in diesem Buch, nämlich in Kapitel 12, »*Funktionsweise von Klassifizierern*«, werden wir uns genau ansehen, warum das der Fall ist. Bis dahin nehmen Sie es einfach als gegeben hin, dass Sie genaue Klassifizierungen erzielen können, wenn Sie ein Perzeptron wie hier mit einer linear separierbaren Datenmenge trainieren.

Die Daten in dem hier gezeigten Beispiel waren zweidimensional, allerdings gelten dieselben Überlegungen auch für Daten mit drei oder mehr Dimensionen, wobei Sie zum Trennen der Klassen lediglich keine Gerade, sondern eine höherdimensionale Hyperebene verwenden müssen. Bei drei Dimensionen verwenden Sie dazu eine Ebene, bei 785 Dimensionen (wie den MNIST-Daten) eine 784-dimensionale lineare Form. (Viel Glück dabei!) In all diesen Fällen gilt jedoch dasselbe Prinzip: Wenn Sie die Klassen durch eine »lineare« Form trennen können, haben Sie gewonnen, denn dann eignen sich die Daten für die Verarbeitung in einem Perzeptron.

Mehr Klassen

Zur Veranschaulichung der Bedeutung von »linear separierbar« haben wir das Beispiel einer binären Klassifizierung herangezogen. Was aber, wenn die Datenmenge mehr als zwei Klassen hat?

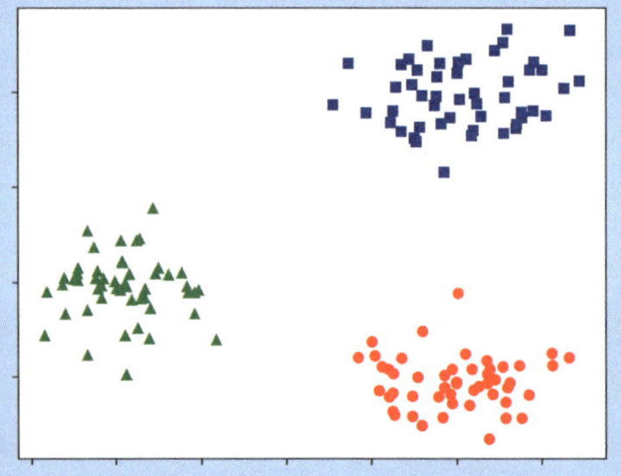

Bei drei Klassen brauchen wir einen *Mehrklassen-Klassifizierer* wie denjenigen, den wir zum Erkennen beliebiger MNIST-Ziffern erstellt haben. Dazu aber haben wir mehrere binäre Klassifizierer kombiniert. Die gleiche Vorgehensweise können wir auf die hier gezeigte Datenmenge anwenden: Um die drei Klassen zu unterscheiden, verwenden wir drei Binärklassifizierer, jeweils einen pro Klasse.

Langer Rede kurzer Sinn: Auch bei mehr als drei Klassen gilt das Prinzip der linearen Separierbarkeit praktisch unverändert. Die Daten in dem hier gezeigten Beispiel sind tatsächlich linear separierbar, denn Sie können drei Geraden einzeichnen, um jeweils eine Klasse von den anderen abzutrennen. Ein Klassifizierer in Form eines Perzeptrons kann daher gut mit dieser Datenmenge umgehen.

Sehen wir uns nun Daten an, die für Perzeptrone ungeeignet sind.

Nicht linear separierbare Daten

Betrachten Sie die folgenden Daten:

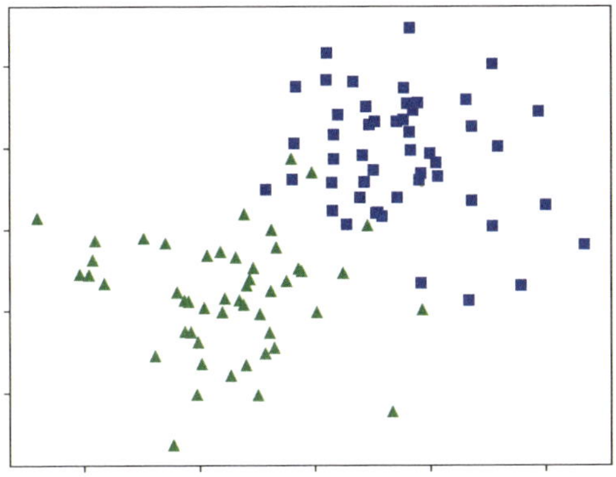

Diese Datenmenge ist nicht linear separierbar. Wie auch immer Sie die Gerade einzeichnen, werden immer einige Datenpunkte in den Bereich der falschen Klasse fallen. In diesem speziellen Fall könnte ein Perzeptron immer noch die meisten Vierecke von den meisten Dreiecken trennen und eine brauchbare Klassifizierung durchführen. Mit zunehmender Durchmischung der Daten geht das aber sehr schnell schief, wie das folgende Beispiel zeigt:

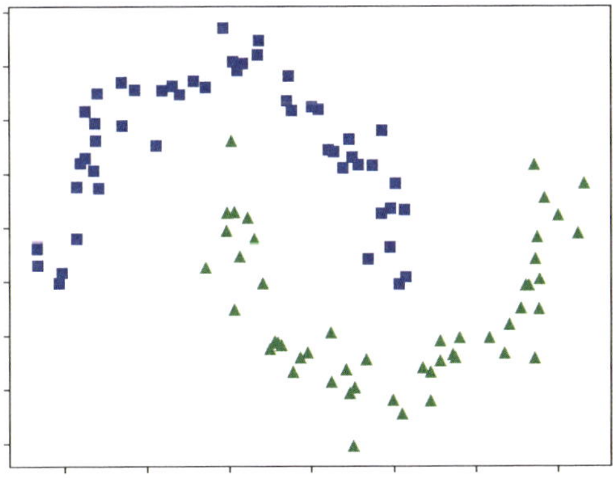

Ein Perzeptron kann diese Punkte nicht mehr klassifizieren, da es keine Möglichkeit gibt, sie sauber durch eine Linie zu trennen. Wie auch immer Sie sie einzeichnen, wird mindestens eine der Partitionen eine Mischung aus Quadraten und Dreiecken enthalten.

Die meisten Datenmengen in der Praxis sind nicht so teuflisch verworren wie die im letzten Beispiel. Auch die von MNIST ist nicht linear separierbar, erlaubt uns aber trotzdem, eine Genauigkeit von immerhin 91 % zu erreichen. Wenn Sie jedoch einen Augenblick darüber nachdenken, wird Ihnen auffallen, dass 91 % kein guter Wert für die Praxis ist. Eine Rate von einem Fehler alle zehn Zeichen ist für die meisten Anwendungen zu hoch.

Leider ist die Genauigkeit von 91 % bei den MNIST-Daten noch das Beste, was wir mit unserem Perzeptron erreichen können. Die meisten realen Datenmengen sind komplizierter als MNIST und übersteigen die Fähigkeiten eines Perzeptrons. Es ist nicht zu beschönigen: Um brauchbare ML-Software zu schreiben, benötigen wir mehr als gestapelte und parallele Perzeptrone.

Unter dem Strich ist das Perzeptron zwar einfach, eignet sich aber nur für linear separierbare Daten. Das ist heute gut bekannt, allerdings war das nicht immer so. Das Perzeptron stand sogar einmal im Mittelpunkt eines schweren Ideenkonflikts, der den Lauf der Computergeschichte änderte. Haben Sie noch einige Seiten lang Geduld mit mir, denn diese Geschichte ist es wert, erzählt zu werden.

Die Geschichte des Perzeptrons

In den 50er-Jahren spaltete sich die noch neue Disziplin der künstlichen Intelligenz in zwei rivalisierende Fraktionen. Zwei Gruppen kämpften um akademische Bedeutung. Die Platzhirsche waren damals die »Symbolisten« unter Führung von Autoritäten wie Marvin Minsky und John McCarthy. Die Zweitplatzieren waren die »Konnektionisten« mit dem charismatischen Frank Rosenblatt an der Spitze.

Diese beiden Gruppen verfolgten sehr unterschiedliche Ansätze. Die Symbolisten glaubten, es sei möglich, eine intelligente Maschine von Grund auf zu *programmieren*. Sie wollten nach und nach Computer konstruieren, die schließlich in der Lage sein sollten, Begriffe schneller und besser zu verarbeiten als Menschen.

Heutzutage mag diese Vorstellung übermäßig optimistisch klingen, aber in den 50ern, als die ersten höheren Programmiersprachen erfunden wurden, erschien sie durchaus glaubhaft. Diese Sprachen kamen dem menschlichen Denken schließlich schon viel näher als die früheren, einfachen Assemblersprachen, und niemand konnte sagen, wie weit sich dies noch treiben ließ. (Übrigens schuf John McCarthy eine dieser ersten höheren Programmiersprachen, nämlich LISP, in dem Bestreben, Intelligenz zu programmieren.)

Die konkurrierende Gruppe, also die Konnektionisten, verfolgte einen anderen Traum. Ihre Idee lautete kurz gesagt: Baue ein Gehirn, und die Intelligenz wird von selbst kommen.

Einfach ausgedrückt, besteht das Gehirn aus Neuronen, die durch Fasern verbunden sind. Jedes Neuron hat mehrere Eingangsfasern und eine Ausgangsfaser.

Wenn die Eingänge in einem bestimmten Muster aktiv sind (etwa weil sie ein Signal von den Sinnesorganen erhalten), dann wird auch der Ausgang aktiv. Frank Rosenblatt, der Anführer der Konnektionisten, konstruierte eine Maschine auf der Grundlage dieses Mechanismus. Aufgrund der Neuronenanalogie nannte er sie »Perzeptron« und ihren letzten Verarbeitungsschritt »Aktivierungsfunktion«.

Das erste Perzeptron, genannt Mark 1, war noch weit von unserem kleinen Python-Programm entfernt. Es handelte sich um Hardware, die ein ganzes Zimmer einnahm und wie ein von einem undurchdringlichen Kabeldickicht umschlungenes Serverrack aussah. Dazu gehörte auch eine Kamera, die an 400 Fotozellen angeschlossen war. Letztere bildeten praktisch die Pixel, was eine sehr niedrige Auflösung bedeutete. Die Gewichte wurden mit Potenziometern umgesetzt, die mit den Fotozellen verkabelt waren. In der Lernphase wurden diese Potis von Elektromotoren gedreht.

Um die Einschränkungen von Perzeptronen zu überwinden, beschäftigten sich die Konnektionisten auch mit *mehrschichtigen Perzeptronen*, die in der Lage zu sein schienen, auch mit nicht linear separierbaren Datenmengen umzugehen. Die Symbolisten schrieben dieweil Programme, um algebraische Probleme zu lösen und um Roboterarme zu steuern, die Bauklötze stapelten.

Tatsächlich machte keine der beiden Fraktionen Fortschritte auf dem Weg zur künstlichen Intelligenz. Dafür waren beide marktschreierischem Getue und bombastischen Versprechungen nicht abgeneigt. Einmal behauptete Rosenblatt, das Perzeptron sei der erste Schritt auf dem Weg zu Maschinen, die nicht nur sehr klug sein, sondern auch ein Bewusstsein haben würden. Die Boulevardpresse stieg voll darauf ein, was die Symbolisten eifersüchtig machte.

Die Fehde tobte viele Jahre lang. Die Symbolisten konnten sich den Großteil der Forschungsbudgets sichern, während die Konnektionisten die Rolle der von allen geliebten Verlierer spielten. Dann aber ging es schließlich ans Eingemachte.

Der entscheidende Schlag

Von den 50er- bis in die Mitte der 60er-Jahre hatten die Konnektionisten an den Forschungsbudgets für KI geknabbert. Der einflussreiche Symbolistenführer Marvin Minsky hielt dies für Geldverschwendung und beschloss, die Sache ein für alle Mal zu entscheiden.

Sein Plan war ganz einfach: Er wollte die Ideen der Konnektionisten unter besonderer Berücksichtigung ihrer Beschränkungen studieren. Zusammen mit dem gleichgesinnten Seymour Papert veröffentlichte er unter dem Titel »Perceptrons« ein ganzes Buch zu diesem Thema. Im Grunde genommen nutzte Minsky dieses Buch, um Perzeptrone durch vermeintliches Lob zu verdammen. Der Schwerpunkt des Werks lag darauf, was Perzeptrone *nicht* lernen konnten, z. B. nicht linear separierbare Daten.

Immerhin gaben Minsky und Papert zu, dass ein mehrschichtiges Perzeptron die Grenzen regulärer Perzeptrone überwinden könnte. Allerdings beeilten sie sich, ihre Einschätzung hinzuzufügen, dass sich mehrschichtige Perzeptrone unmöglich trainieren ließen. Ihrer Meinung nach war die ganze Idee, Intelligenz mithilfe von Perzeptronen zu erschaffen, kaum mehr als ein Luftschloss.

Aufgrund von Minskys Reputation gewann das Buch »Perceptrons« stärkeren Einfluss, als die Autoren beabsichtigt hatten. Während Minsky und Papert noch fein abgewogen hatten, konzentrierte man sich im wissenschaftlichen Umfeld auf die Kurzfassung: »Konnektionismus ist eine Sackgasse.« Innerhalb weniger Monate versiegte die Finanzierung für konnektionistische Forschung.

Damit aber war der Einfluss von »Perceptrons« noch nicht erschöpft. Die Öffentlichkeit hatte darauf gewartet, dass schon bald ein Perzeptron auftreten würde, das nach einer Tasse Kaffee fragen konnte. Als sich jetzt einer der bedeutendsten KI-Experten über die ganze Sache lustig machte, wandelte sich die öffentliche Meinung. Jegliche Form von Konnektionismus wurde als unwissenschaftlicher Quatsch abgetan.

Anfang der 70er-Jahre kam Rosenblatt bei einem Segelunfall ums Leben. Damit schien das Schicksal des Perzeptrons endgültig besiegelt.

Nachwehen

Nachdem der Konnektionismus in Ungnade gefallen war, verschwand er fast vollständig aus der akademischen Forschungslandschaft. Nur eine Handvoll in aller Welt verstreuter Forscher hielten das Studium von Perzeptronen wie ein Orden mittelalterlicher Mönche aufrecht.

Die Fragen, die Minsky abschließend gestellt hatte, hingen wie ein Damoklesschwert über ihnen. War es wirklich unmöglich, mehrschichtige Perzeptrone zu trainieren? War die ganze Idee eine Sackgasse? Es sollten 15 Jahre vergehen, bis diese Fragen beantwortet werden konnten.

Was dabei herauskam, ist das Thema des nächsten Teils.

Teil 2

Neuronale Netze

In diesem zweiten Teil des Buchs werden wir das, was wir in Teil I gelernt haben, dazu verwenden, ein weit anspruchsvolleres ML-System zu konstruieren, nämlich ein neuronales Netz. Neuronale Netze sind erheblich leistungsfähiger als Perzeptrone, bringen aber ihre eigenen Herausforderungen mit sich. Wir werden einige Kapitel benötigen, um unser erstes Netz zu erstellen, und einige weitere, um die Probleme damit zu erkennen und zu überwinden.

Schon die erste Version unseres neuronalen Netzes kann die MNIST-Ziffern besser klassifizieren als ein Perzeptron. Dabei werden wir es aber nicht belassen. Wie Sie schon bald sehen werden, haben wir uns ein viel anspruchsvolleres Ziel gesteckt, nämlich eine Zeichenerkennung mit einer Genauigkeit von 99 %!

Schnallen Sie sich an – wir brechen auf zu einer spannenden Reise!

9
Das Netz entwerfen

Während sich Teil I um Perzeptrone drehte, geht es in Teil II um deren große Brüder und das wichtigste Konzept, das in diesem Buch behandelt wird, nämlich um *neuronale Netze*. Sie sind viel leistungsfähiger als Perzeptrone. Im Abschnitt »*Die Grenzen von Perzeptronen*« auf *Seite 122* haben wir bereits festgestellt, dass Perzeptrone einfache, linear separierbare Daten benötigen. Neuronale Netze dagegen können mit ungeschliffenen Daten wie den Fotos von realen Objekten umgehen.

Selbst mit einer einfachen Datenmenge wie MNIST kam unser Perzeptron mit etwa einem Fehler alle zehn Zeichen nur so gerade eben zurecht. Bei neuronalen Netzen dagegen können wir eine Genauigkeit anstreben, die um Größenordnungen besser ist. In diesem Teil des Buchs wollen wir einen MNIST-Klassifizierer erstellen, der eine Genauigkeit von 99 % erreicht, also nur alle 100 Zeichen einen Fehler macht.

Um dieses hochfliegende Ziel zu erreichen, werden wir in den nächsten Kapiteln ein neuronales Netz erstellen und optimieren. Auch hierbei werden Sie wieder durch praktische Anwendungen lernen, indem Sie den Code Zeile für Zeile selbst schreiben. Wir werden drei Kapitel benötigen, um die erste Version unseres neuronalen Netzes fertigzustellen:

- In diesem ersten Kapitel entwerfen wir auf dem Papier ein Netz, das MNIST-Ziffern klassifizieren kann.
- In Kapitel 10, »*Das Netz erstellen*«, schreiben wir den *Klassifizierungscode* des Netzes.
- In Kapitel 11, »*Das Netz trainieren*«, schreiben wir den *Trainingscode*.

Nachdem wir diese drei Kapitel durchgearbeitet haben, verfügen wir über ein funktionierendes neuronales Netz. Selbst dann kann es jedoch noch unklar sein, wie es funktioniert. Im anschließenden Kapitel 12, »*Funktionsweise von Klassifizierern*«, nutzen wir unser Netz als konkretes Beispiel, um Fragen zu beantworten wie: »Was macht neuronale Netze so leistungsfähig?«

Nachdem wir das neuronale Netz erstellt und uns mit seiner Funktionsweise vertraut gemacht haben, bleibt jedoch immer noch Arbeit zu tun. Die erste Version unseres Netzes wird noch nicht sehr genau sein. Genauer gesagt, sie ist kaum genauer als das Perzeptron. In den restlichen drei Kapiteln von Teil II werden wir daher die Möglichkeiten von neuronalen Netzen voll ausschöpfen und auf eine Genauigkeit von 99 % hinarbeiten.

Ich will Ihnen den Spaß jetzt nicht verderben, indem ich Ihnen schon im Voraus verrate, ob wir dieses Ziel tatsächlich erreichen werden. Um das herauszufinden, müssen Sie schon weiterlesen. (Oder zu den letzten Seiten von Teil II vorblättern. Aber das würden Sie nicht tun, oder?)

Da wir nun wissen, wie wir vorgehen werden, wollen wir uns gleich an unsere erste Aufgabe machen, nämlich den Entwurf eines neuronalen Netzes zur Klassifizierung von MNIST-Ziffern.

Ein neuronales Netz aus Perzeptronen zusammenstellen

Um unser neuronales Netz zu konstruieren, gehen wir von dem Perzeptron aus, das uns bereits vorliegt. Zur Erinnerung ist es hier noch einmal abgebildet. Es besteht aus einer gewichteten Summe der Eingaben gefolgt von einer Sigmoiden.

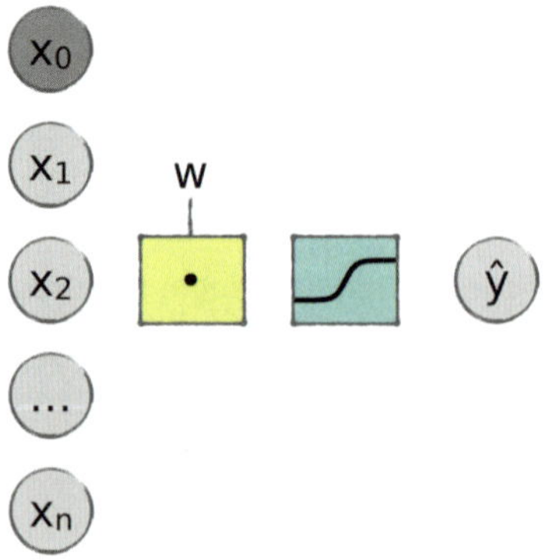

In Teil I dieses Buchs haben wir dieses Perzeptron jedoch nicht einfach nur auf sich allein gestellt verwendet, sondern auch Perzeptrone auf zwei verschiedene Weisen miteinander kombiniert. In einem Fall haben wir das Perzeptron mit vielen MNIST-Bildern auf einmal trainiert, und in einem anderen haben wir zehn Perzeptrone verwendet, um zehn mögliche Ziffern zu unterscheiden. Diese beiden Vorgänge haben wir im Abschnitt »*Perzeptrone kombinieren*« auf *Seite 121* als Stapelung bzw. Parallelschaltung beschrieben. Die folgende Abbildung stellt diese beiden Anordnungen dar:

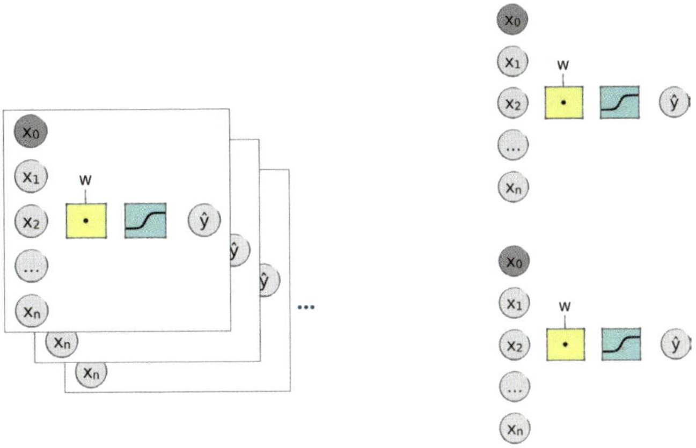

Dabei haben wir die Perzeptrone natürlich nicht *buchstäblich* gestapelt oder parallel gestellt, sondern mithilfe von Matrizenoperationen ein vergleichbares Ergebnis erzielt. Die Eingabe unseres Perzeptrons war eine Matrix mit einer Zeile pro Bild und die Ausgabe eine Matrix mit zehn Spalten, nämlich einer pro Klasse. »Stapel« und »Parallelschaltung« sind lediglich anschauliche Umschreibungen für diese Matrizenberechnungen.

Im Folgenden werden wir diese erweiterten Perzeptrone (gestapelte und parallel ausgeführte) als Bausteine für ein neuronales Netz verwenden.

Perzeptrone verketten

Wir können ein neuronales Netz erstellen, indem wir zwei Perzeptrone wie folgt *serialisieren*:

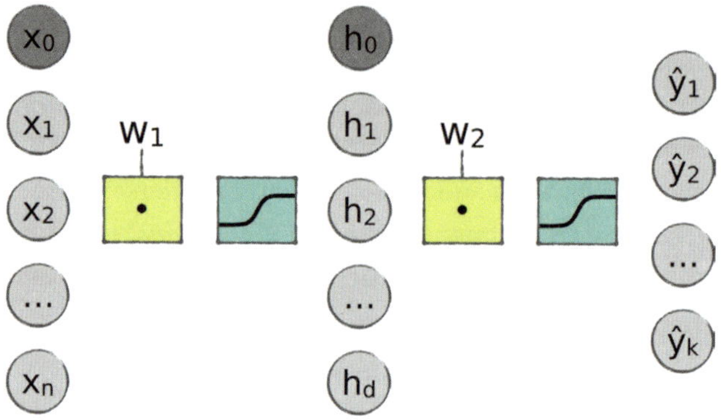

Jedes dieser Perzeptrone hat seine eigenen Gewichte und seine eigene Sigmoidoperation, allerdings sind die Ausgaben des ersten Perzeptrons die Eingaben des zweiten. Um Verwechslungen zu vermeiden, habe ich diese Werte mit dem Buchstaben `h` bezeichnet und ihre Anzahl mit `d`. Dabei steht `h` für »hidden« (versteckt), weil diese Werte weder die Eingaben noch die Ausgaben des Netzes sind. (Bevor Sie fragen: `d` steht für nichts Bestimmtes. Ich habe mich hier einfach an den Gewohnheiten von Mathematikern orientiert und einen zufälligen Buchstaben gewählt.)

Früher wurde eine solche Struktur als *mehrschichtiges Perzeptron* oder *künstliches neuronales Netz* bezeichnet. Heutzutage dagegen wird es meistens nur neuronales Netz genannt. Die grauen Kreise sind die *Knoten*, die wie folgt in *Schichten* angeordnet sind:

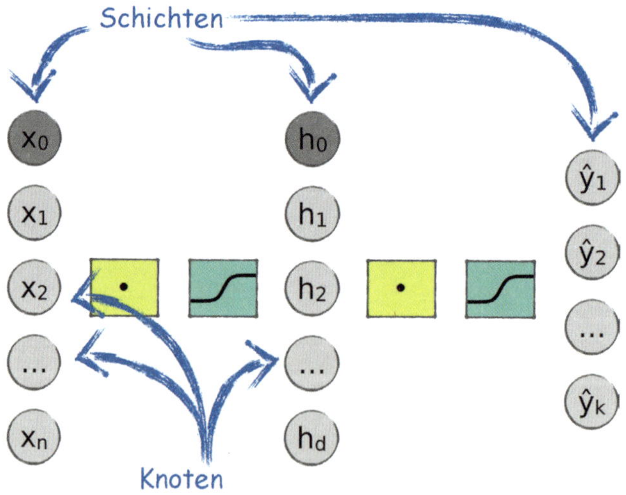

Dieses Netz hat drei Schichten, nämlich eine *Eingabeschicht*, eine *verdeckte Schicht* und eine *Ausgabeschicht*. Es ist auch möglich, mehr als zwei Perzeptrone zu verketten, sodass sich mehr als drei Schichten ergeben, allerdings sparen wir uns dieses Thema für den nächsten Teil des Buchs auf. Vorläufig beschäftigen wir uns mit dreischichtigen neuronalen Netzen.

Die Knoten in der verdeckten Schicht werden aus den Knoten in der Eingabeschicht berechnet – mit einer Ausnahme, nämlich dem Bias. Bei der Kombination der Perzeptrone zu dem Netz haben beide ihren Biasknoten beibehalten. Damit haben wir nun einen Biasknoten in der Eingabe- und einen in der verdeckten Schicht. Die Werte dieser Knoten sind auf 1 festgelegt (siehe den Abschnitt »*Bye-bye, Bias!*« auf *Seite 73*).

Wir müssen uns ganz klar darüber sein, was es bedeutet, wenn wir etwa sagen: »Diese Schicht hat zehn Knoten.« Das heißt nicht, dass das neuronale Netz die Schicht als Arrays mit zehn Elementen darstellt, sondern dass es sie als Matrix mit zehn Spalten und so vielen Zeilen wie nötig wiedergibt. Wenn wir beispielsweise ein Netz mit einer Datenmenge von 5.000 Beispielen trainieren, dann wird die Schicht als eine Matrix der Größe `(5000, 10)` dargestellt. Ebenso wie das Diagramm eines Perzeptrons gibt auch das eines neuronalen Netzes der Übersichtlichkeit halber vor, dass ein Beispiel nach dem anderen verarbeitet wird. Denken Sie aber an die Analogie eines Stapels und stellen Sie sich bei der Betrachtung dieser Diagramme vor, dass es ebenso viele von ihnen gibt wie Trainingsbeispiele, eines über dem anderen.

Manche Personen bezeichnen die Knoten in einem neuronalen Netz auch als *Neuronen*. Genau genommen ist ein Neuron aber mehr als nur ein Knoten. Es schließt auch die Komponenten ein, die sich unmittelbar auf seinen Wert auswirken, also die Knoten in der vorhergehenden Schicht und die Operation dazwischen, wie die folgende Abbildung zeigt.

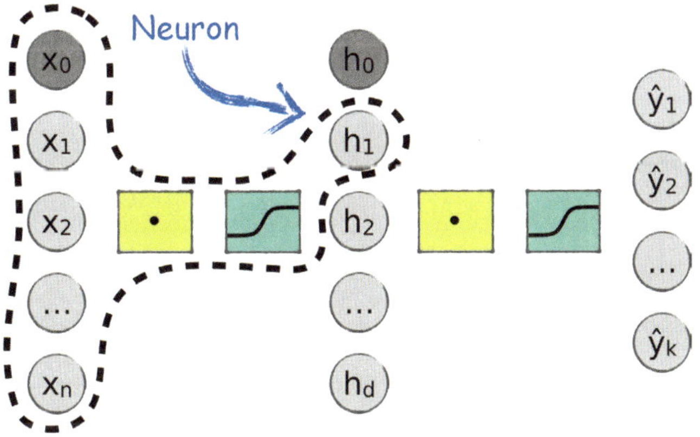

Die Funktionen zwischen den Schichten werden wie bereits erwähnt als *Aktivierungsfunktionen* des Netzes bezeichnet. In unserem Beispielnetz sind beide Aktivierungsfunktionen Sigmoide, allerdings muss das nicht unbedingt so sein, wie wir schon bald sehen werden.

Damit haben Sie jetzt eine Vorstellung davon, wie ein dreischichtiges neuronales Netz ganz allgemein aussieht. Allerdings haben wir uns noch keine Gedanken über die Anzahl der Knoten in den einzelnen Schichten gemacht. Das wollen wir als Nächstes tun.

Wie viele Knoten?

Wir müssen bestimmen, wie viele Knoten wir für die Eingabe-, die verdeckte und die Ausgabeschicht unseres Netzes benötigen.

Dabei beginnen wir mit der Anzahl der Eingabeknoten. Ebenso wie ein Perzeptron hat unser Netz einen Eingabeknoten für jede Eingabevariable in den Daten und dazu den Bias. Da wir die 784-Pixel-Bilder der MNIST-Datenmenge klassifizieren wollen, brauchen wir 785 Eingabeknoten. Unsere Eingabematrix hat eine Zeile pro Bild und 785 Spalten – genauso wie beim Perzeptron.

Die Anzahl der Ausgabeknoten ist ebenfalls identisch mit der des Perzeptrons. Da es in MNIST zehn Klassen gibt, brauchen wir auch zehn Ausgabeknoten. Die Ausgabematrix hat also eine Zeile pro Bild und zehn Spalten.

Aber was ist mit der Anzahl der verdeckten Knoten? Die müssen wir selbst festlegen. Einige Kapitel weiter werden Sie erfahren, wie Sie eine sinnvolle Entscheidung dafür treffen. Vorläufig greifen wir auf eine einfache Faustregel zurück: Die Anzahl der verdeckten Knoten sollte irgendwo zwischen der Anzahl der Eingabe- und der Ausgabeknoten liegen. Nehmen wir also 200, woraus dann nach Einschluss des Bias 201 werden.

Vielleicht fragen Sie sich, wieso ich eine so krumme Zahl wie 201 gewählt habe. Schließlich wird sich die Leistung des Netzes bei einem Knoten mehr oder weniger wahrscheinlich nicht ändern, weshalb ich auch von 199 verdeckten Knoten ausgehen könnte, sodass ich mit Bias auf glatte 200 komme. Das wäre in der Tat ebenfalls möglich. Ich habe aber absichtlich 201 gewählt, um deutlich zu machen, dass einer dieser verdeckten Knoten aus dem Rahmen fällt, da er einen festen Wert von 1 für den Bias hat.

Schließlich müssen wir uns auch noch über die Gewichte unterhalten. Da wir unser neuronales Netz durch die Verkettung zweier Perzeptrone mit jeweils ihrer eigenen Gewichtsmatrix aufgebaut haben, hat dieses Netz nun zwei Gewichtsmatrizen, nämlich eine zwischen der Eingabe- und der verdeckten Schicht und eine zwischen der verdeckten und der Ausgabeschicht. Ihre Dimensionen können wir anhand einer einfachen Regel ermitteln: *Jede Gewichtsmatrix in einem neuronalen Netz hat so viele Zeilen wie Eingabeelemente und so viele Spalten wie Ausgabeelemente.* Mit anderen Worten, `w1` hat die Größe `(n, d)` und `w2` die Größe `(d, k)`.

Diese Regel gilt übrigens auch für Perzeptrone: Die Gewichtsmatrix unseres Perzeptrons hat eine Zeile pro Eingabevariable und eine Spalte pro Klasse.

Wenn Ihnen die Matrixdimensionen nicht klar sind, prüfen Sie sie ruhig selbst nach.

Die Operationen in dem Netz lauten wie folgt:

```
H = sigmoid(X · W1)
Ŷ = sigmoid(H · W2)
```

Die Regeln für die *Matrizenmultiplikation* finden Sie in dem gleichnamigen Abschnitt auf *Seite 61*. Denken Sie daran, dass die Ausgabe der Sigmoide dieselben Dimensionen aufweist wie ihre Eingabe.

Als Nächstes zeichnen wir die Anzahl der Knoten und die Matrixdimensionen in das Diagramm unseres neuronalen Netzes ein. Für die Anzahl der Eingaben verwende ich hier den Buchstaben m. Diese Anzahl kann variieren. Bei den MNIST-Trainingsdaten beträgt sie 60.000, aber bei der Klassifizierung kann sie auch nur 1 betragen, wenn wir ein einzelnes Bild untersuchen.

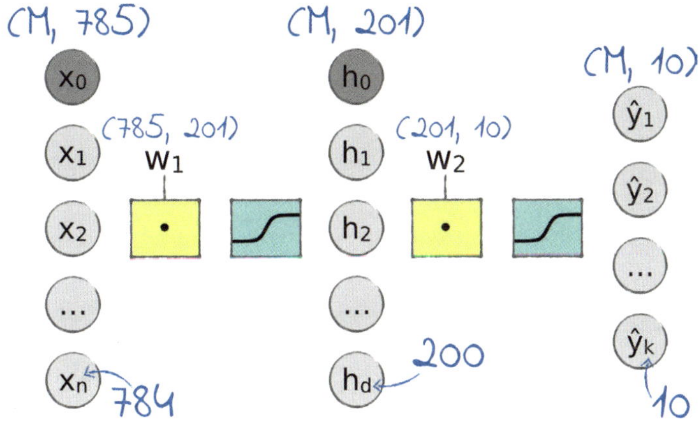

Das sieht doch schon gut aus. Wahrscheinlich brennen Sie bereits darauf, dieses Diagramm in Code umzusetzen. Allerdings müssen wir zunächst noch eine weitere Änderung vornehmen.

Die Softmax-Funktion

Schauen Sie sich die Aktivierungsfunktionen in unserem neuronalen Netz noch einmal an. Bis jetzt sind wir davon ausgegangen, dass es sich in beiden Fällen um Sigmoide handelt. In den meisten neuronalen Netzen wird jedoch die letzte Sigmoide, also diejenige unmittelbar vor der Ausgabeschicht, durch eine *Softmax*-Funktion ersetzt.

Ebenso wie die Sigmoide nimmt die Softmax-Funktion ein Array aus Zahlen entgegen, die in diesem Fall als *Logits* bezeichnet werden, und gibt ein Arrays derselben Größe zurück. Für diejenigen, die sich für den mathematischen Hintergrund interessieren, gebe ich hier die Formel an:

$$softmax(l_i) = \frac{e^{l_i}}{\sum e^l}$$

Diese Formel bedeutet: Dividiere den Exponentialwert jedes Logits durch die Summe der Exponentialwerte aller Logits.

Sie müssen diese Formel nicht voll und ganz verstehen, sondern nur wissen, was geschieht, wenn wir sie statt der Sigmoide verwenden. Denken Sie dazu an die Ausgabe der Sigmoide in unserem MNIST-Klassifizierer aus dem Abschnitt »*Die Antworten des Klassifizierers decodieren*« auf *Seite 109* zurück. Für jedes Bild in der Eingabe hat die Sigmoide zehn Zahlen zwischen 0 und 1 zurückgegeben, die jeweils besagen, wie wahrscheinlich die einzelnen Klassifizierungen sind. Lautet die vierte Zahl beispielsweise 0,9, so bedeutet das, dass es sich bei dem Bild wahrscheinlich um eine 3 handelt. Liegt der Wert dagegen nahe bei 0,1, ist es eher unwahrscheinlich, dass das Bild eine 3 zeigt. Aus den zehn Ergebnissen wählen wir das mit der höchsten Konfidenz aus.

Wie die Sigmoide gibt auch Softmax ein Array zurück, dessen einzelne Elemente zwischen 0 und 1 liegen. Zusätzlich ist die Summe der Ausgaben stets 1. Mathematisch ausgedrückt *normalisiert* Softmax die Summe auf den Wert 1.

Das ist eine praktische Eigenschaft, denn wenn sich die Zahlen zu 1 summieren, können wir sie als Wahrscheinlichkeiten deuten. Stellen Sie sich als konkretes Beispiel einen Klassifizierer für drei Klassen vor, bei dem die gewichtete Summe nach der verdeckten Schicht die folgenden Logits ausgibt:

```
logit 1  logit 2  logit 3
1.6      3.1      0.5
```

Aus diesen Zahlen lässt sich schon schließen, dass das betrachtete Objekt zur zweiten Klasse gehört, allerdings lässt sich nur schwer abschätzen, *wie* wahrscheinlich das ist. Wenn wir die Logits mit der Softmax-Funktion verarbeiten, ergibt sich jedoch Folgendes:

```
softmax 1   softmax 2   softmax 3
0.17198205  0.77077009  0.05724785
```

Wie hoch ist die Wahrscheinlichkeit dafür, dass das Objekt zur zweiten Klasse gehört? Mit einem Blick auf diese Zahlen können wir jetzt erkennen, dass die Antwort 77 % lautet. Die erste Klasse ist mit etwa 17 % deutlich weniger wahrscheinlich, während die dritte nur auf magere 6 % kommt. Wenn Sie all diese Wahrscheinlichkeiten addieren, erhalten Sie tatsächlich die zu erwartenden 100 %. Mit Softmax konnten wir die vagen Zahlen in aussagekräftige Wahrscheinlichkeiten verwandeln. Das ist ein guter Grund, um Softmax als letzte Aktivierungsfunktion in unserem neuronalen Netz zu verwenden.

Der Entwurf

Um dem Entwurf unseres neuronalen Netzes den letzten Schliff zu geben, ersetzen wir die zweite Sigmoide durch die Softmax-Funktion:

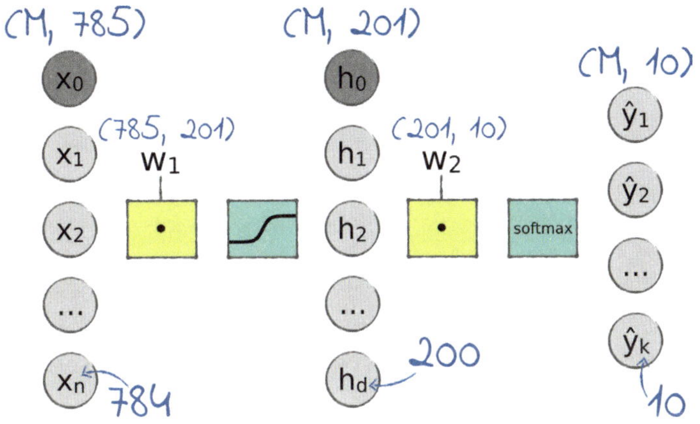

Die Eingabeschicht hat 785 Spalten (eine pro Pixel plus Bias) und eine Sigmoide als Aktivierungsfunktion, die verdeckte Schicht hat 201 Spalten einschließlich Bias und eine Softmax-Aktivierungsfunktion, und die Ausgabeschicht verfügt über zehn Spalten für die zehn MNIST-Klassen. Die Gewichtsmatrizen haben jetzt alle die richtigen Dimensionen, um multipliziert werden zu können. Das ist alles, was wir für den Anfang benötigen.

Bestimmt sind Sie schon begierig darauf, ans Programmieren zu kommen. Zunächst aber wollen wir das Gelernte zusammenfassen.

Andere Darstellungsarten für neuronale Netze

Es gibt keine Standardschreibweise für neuronale Netze. Für dieses Buch verwendete ich meine eigene einfache Darstellung, wie Sie sie auch in diesem Abschnitt gesehen haben. In anderen Quellen werden Sie dagegen eher eine Notation finden, die ich als »Kreise und Linien« bezeichne. Es gibt verschiedene Varianten, aber im Allgemeinen sieht sie wie folgt aus:

→

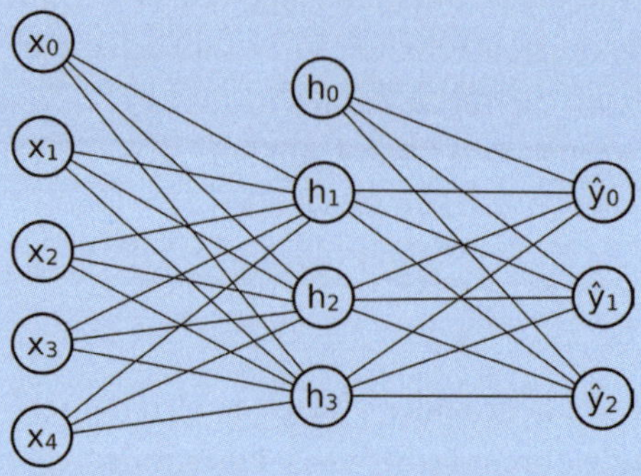

Diese Art der Darstellung hat durchaus ihre Vorteile. Beispielsweise eignen sich die Linien hervorragend dafür, die Werte der einzelnen Gewichte anzugeben. Andererseits machen die vielen Linien das Diagramm auch schnell unübersichtlich und schwer zu zeichnen.

Statt Kreisen und Linien verwende ich in diesem Buch zwei andere Schreibweisen. Meistens nutze ich die bisherige vereinfachte Darstellung, die sich gut zum Skizzieren neuronaler Netze eignet. In Kapitel 11, »*Das Netz trainieren*«, greife ich dagegen auf eine andere Notation zurück (Rechengraphen), um ein ganz spezifisches Konzept zu erklären. Auch wenn Sie in diesem Buch keine Kreise und Linien finden werden, ist es gut, wenn Sie darüber Bescheid wissen. In manchen Fällen ist die Darstellung praktisch, und außerdem ist sie in anderen Quellen sehr geläufig.

Zusammenfassung

In diesem Kapitel haben wir durch die Kombination zweiter Perzeptrone ein *künstliches neuronales Netz* (oder auch nur *neuronales Netz*) erstellt. Da die Ausgabe des ersten Perzeptrons als Eingabe des zweiten fungiert, hat das resultierende neuronale Netz drei *Schichten*: eine Eingabeschicht, eine verdeckte Schicht und eine Ausgabeschicht. Jede dieser Schichten besteht aus mehreren *Knoten* oder *Neuronen*.

Zwischen je zwei aufeinanderfolgenden Schichten sind zwei Operationen angeordnet: eine gewichtete Summe der ersten Schicht und eine *Aktivierungsfunktion*. In unserem Entwurf haben wir eine Sigmoide als Aktivierungsfunktion für die Eingabeschicht und eine *Softmax-Funktion* für die verdeckte Schicht verwendet. Außerdem verfügen sowohl die Eingabe- als auch die verdeckte Schicht jeweils über einen Biasknoten mit dem konstanten Wert 1.

Damit haben wir ein neuronales Netz entworfen, das MNIST-Zeichen erkennen soll. Im nächsten Kapitel werden wir diesen Entwurf in ausführbaren Code umsetzen.

Praktische Übung: Auf eigene Faust

In diesem Kapitel haben wir zwar keinen Code geschrieben, aber Sie können sich natürlich selbst daran versuchen. Stellen Sie dazu einen Timer auf dreißig Minuten oder eine Stunde ein, je nachdem, wie viel Erfahrung Sie schon mit Python haben, und versuchen Sie dann, den Perzeptron-Code des MNIST-Klassifizierers aus Teil I dieses Buchs in das neuronale Netz umzuwandeln, das wir in diesem Kapitel entworfen haben. Dabei können Sie so viele Vereinfachungen vornehmen, wie Sie wollen. Beispielsweise können Sie statt der Softmax-Funktion weiterhin eine zweite Sigmoide nutzen. Halten Sie an, wenn der Timer klingelt.

Dabei wird nicht erwartet, dass Sie die Aufgabe in einer Stunde erledigen können. Möglicherweise haben Sie überhaupt noch keinen Code geschrieben, wenn sich der Timer meldet. Das ist überhaupt kein Problem. Sinn und Zweck dieser Übung ist es nicht, ein neuronales Netz zu programmieren, sondern sich mit dem Problem zu beschäftigen und sich noch einmal genau mit dem Code des Perzeptrons vertraut zu machen. Wenn die Zeit abgelaufen ist, blättern Sie um. Wir wollen dann den Code für das neuronale Netz gemeinsam schreiben.

10 Das Netz erstellen

Im letzten Kapitel haben wir ein neuronales Netz zur Klassifizierung von MNIST-Bildern entworfen. Dazu haben wir zwei Perzeptrone verkettet und die Anzahl der Zeilen und Spalten aller benötigten Matrizen notiert. Das Ergebnis war das folgende Diagramm:

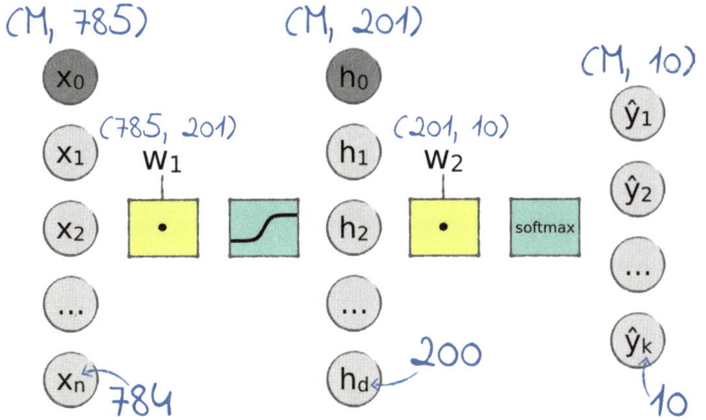

Nun wollen wir diesen Entwurf in Code umsetzen, wozu wir allerdings zwei Kapitel benötigen. In diesem hier schreiben wir die Klassifizierungsfunktionen des neuronalen Netzes, also alles außer dem Trainingscode. Im nächsten Kapitel werden wir das Netz dann vervollständigen und auf die nichtsahnenden MNIST-Datensätze loslassen.

Fangen wir also mit den Klassifizierungsfunktionen an. Dabei gehen wir von den Funktionen aus, mit denen wir in Teil I das Perzeptron implementiert haben.

Die Forward-Propagation programmieren

Hier sehen Sie noch einmal `forward()`, eine der Kernfunktionen unseres Perzeptrons:

```
def forward(X, w):
    weighted_sum = np.matmul(X, w)
    return sigmoid(weighted_sum)
```

Diese Funktion implementiert die Operation, die wir als *Forward-Propagation* bezeichnet haben. Sie berechnet die Ausgaben des Systems aus dessen Eingaben. Im Falle des Perzeptrons hat sie eine gewichtete Summe und eine Sigmoide angewendet. Bei einem neuronalen Netz ist der Vorgang jedoch ein wenig komplizierter.

Hier beginnt die »Forward-Propagation« auch erst, ihrem Namen alle Ehre zu machen: Wenn ein MNIST-Bild ein neuronales Netz durchläuft, werden die Daten durch die einzelnen Schichten weitergeleitet, und zwar vorwärts, also von der Eingabeschicht über die verdeckten Schichten zur Ausgabeschicht.

Der erste Schritt der Forward-Propagation ist identisch mit dem eines regulären Perzeptrons:

```
h = sigmoid(np.matmul(prepend_bias(X), w1))
```

Hier haben wir erst die Biasspalte zu den Eingaben hinzugefügt (mithilfe der Funktion `prepend_bias()` aus unserem alten Perzeptroncode), dann mit der ersten Gewichtsmatrix `w1` die gewichtete Summe der Eingaben berechnet und schließlich das Ergebnis mit der Funktion `sigmoid()` verarbeitet. Wenn Sie das mit der Skizze am Anfang des Kapitels vergleichen, können Sie erkennen, dass wir damit die verdeckte Schicht berechnet haben.

Diesen Vorgang können wir nun wiederholen, um die Ausgabeschicht zu berechnen:

```
y_hat = softmax(np.matmul(prepend_bias(h), w2))
```

Wir verwenden hier eine andere Gewichtsmatrix und übergeben die gewichtete Summe an `softmax()` statt `sigmoid()` (wobei wir `softmax()` noch nicht geschrieben haben, was wir aber in Kürze nachholen werden). Von diesen Unterschieden abgesehen ist der Code zur Berechnung der Ausgabeschicht aber identisch mit dem für die verdeckte Schicht: Auch er fügt den Bias hinzu, berechnet die gewichtete Summe und übergibt diese an die Aktivierungsfunktion.

Diese beiden Codezeilen stellen wir nun in eine Funktion:

```
def forward(X, w1, w2):
    h = sigmoid(np.matmul(prepend_bias(X), w1))
    y_hat = softmax(np.matmul(prepend_bias(h), w2))
    return y_hat
```

Bei der Implementierung des Perzeptrons gehörte die Funktion `prepend_bias()` zu dem Code der Bibliothek `mnist.py`, die für das Laden und Aufbereiten der Daten zuständig war. In unserem neuronalen Netz müssen wir den Bias aber zweimal hinzufügen, nämlich einmal in der Eingabe- und einmal in der verdeckten Schicht. Daher ist es besser, `prepend_bias()` aus `mnist.py` in den Hauptcode zu verlagern, sodass wir sie mehrmals aufrufen können. Die Funktion sieht wie folgt aus:

```
def prepend_bias(X):
    return np.insert(X, 0, 1, axis=1)
```

Damit ist die Forward-Propagation schon fast vollständig. Wir müssen nur noch die letzten Lücken ausfüllen, indem wir die Funktion `softmax()` schreiben.

Die Softmax-Funktion schreiben

Um die Forward-Propagation fertigzustellen, müssen wir die Aktivierungsfunktion `softmax()` schreiben. Dazu brauchen wir nicht mehr als zwei Zeilen Code, allerdings bedürfen diese beiden Zeilen unserer vollen Aufmerksamkeit.

Wie bereits im letzten Kapitel gesagt, sieht die mathematische Formel für Softmax wie folgt aus:

$$softmax(l_i) = \frac{e^{l_i}}{\sum e^l}$$

Umgesetzt in Code ergibt sich Folgendes:

```
def softmax(logits):
    exponentials = np.exp(logits)
    return exponentials / np.sum(exponentials, axis=1).reshape(-1, 1)
```

Da ist er wieder, der verwirrende NumPy-Code. Als ob wir ihn vermisst hätten! Gehen wir ihn Schritt für Schritt durch.

Im letzten Kapitel haben wir schon den Begriff »Logits« als hochgestochene Bezeichnung für die Eingaben von Softmax eingeführt. In unserem Fall werden die Eingaben in einer Matrix angeordnet, die eine Zeile pro MNIST-Bild und eine Spalte pro Klasse aufweist. Wenn wir das System mit 60.000 Bildern trainieren, nimmt `softmax()` also eine Matrix der Größe `(60.000, 10)` entgegen und muss eine Matrix derselben Form zurückgeben.

Die erste Zeile von `softmax()` berechnet die Exponentialwerte der Logits, und die zweite dividiert jeden Exponentialwert durch die Summe aller Exponentialwerte derselben Zeile. Der Parameter `axis=1` sorgt dafür, dass die Summe nur über die Zeile und nicht über die gesamte Matrix berechnet wird. Vor der Division müssen wir die Summen noch in eine einspaltige Matrix umwandeln, denn anderenfalls würde sich NumPy beschweren, weil es eine Matrix nicht durch ein eindimensionales Array dividieren kann.

Der interaktiver Python-Interpreter ist sehr hilfreich, wenn Sie mit NumPy-Code zu tun haben. Starten Sie ihn und probieren Sie die Funktion `softmax()` aus:

```
output = np.array([[0.3, 0.8, 0.2],   ⇛
                   [0.1, 0.9, 0.1]])   ⇛
softmax(output)   ⇛
array([[0.28140804, 0.46396343, 0.25462853],   《
       [0.23665609, 0.52668782, 0.23665609]])
```

Wir haben jetzt nach wie vor eine Zeile pro Bild und eine Spalte pro Klasse, aber Softmax hat die Logits jetzt so skaliert, dass ihre Summe in jeder Zeile 1 ergibt.

Damit haben wir jetzt die Funktion `forward()` sowie beide Aktivierungsfunktionen, die Sigmoide und Softmax. Um den Klassifizierer fertigzustellen, müssen wir uns jedoch noch um die Klassifizierungs- und die Testfunktion kümmern, also um `classify()` und `report()`.

Numerische Stabilität

Unsere Implementierungen von `softmax()` und `sigmoid()` weisen ein Problem auf: Sie sind *numerisch instabil*, d. h., sie verstärken kleine Änderungen der Eingaben. Schauen Sie sich zum Beispiel an, was geschieht, wenn wir `softmax()` auf einen kleinen und einen großen Logit anwenden:

```
softmax(np.array([[1, 20]]))   ⇛
array([[ 5.60279641e-09,    9.99999994e-01]])   ⟪
```

Hier verstärkt `softmax()` die Unterschiede zwischen den beiden Logits, indem sie einen kleinen Wert und einen Wert nahe 1 zurückgibt. Schauen wir uns nun an, was passiert, wenn die beiden Logits noch weiter auseinanderliegen:

```
softmax(np.array([[1, 1000]]))   ⇛
__main__:2: RuntimeWarning: overflow encountered in exp   ⟪
__main__:3: RuntimeWarning: invalid value encountered in true_divide
array([[ 0., nan]])
```

Das erste Element in der Ausgabe ist so klein, dass es die numerischen Typen von Python *unterläuft* und als 0 zurückgegeben wird. Das zweite Element enthält den Exponentialwert von 1000, eine so große Zahl, dass sie *überläuft*, weshalb der Wert `inf` (für »infinite«, also unendlich) zurückgegeben wird. Anschließend versucht der Code von `softmax()`, zwei `inf`s durcheinander zu dividieren, was in `nan` (»not a number«) resultiert. Beim Auftreten des ersten Überlaufs gibt NumPy eine Warnung aus. Wir können diese Warnung zwar ignorieren, aber dadurch riskieren wir, dass unser Netz mit `nan`s und Nullen überschwemmt wird.

Numerisch instabile Funktionen wie `softmax()` neigen dazu, ihre Eingaben »aufzublähen«, was zu Unter- oder Überläufen führt. Um dieses Problem zu lösen und numerisch stabile Implementierungen dieser Funktionen zu schreiben, können wir auf alternative Formeln zurückgreifen, bei denen keine extremen Zwischenwerte vorkommen. Beispielsweise ist die folgende Version der Softmax-Formel numerisch stabil:

$$softmax(l_i) = \frac{e^i + max(e^l)}{\sum e^l + max(e^l)}$$

In einem Produktivsystem sollten Sie ausschließlich numerisch stabile Funktionen verwenden. In diesem Buch jedoch werden wir bei den einfachen Formeln bleiben. Schließlich schreiben wir hier keinen Produktivcode. Außerdem werden wir in Teil III von selbstgeschriebenem Code zu ML-Bibliotheken übergeben, die numerisch stabile Implementierungen aller Funktionen bieten. Langer Rede kurzer Sinn: In den Kapiteln von Teil II können Sie die Überlaufwarnungen und die `nan`s im neuronalen Netz ignorieren.

Die Klassifizierungsfunktionen schreiben

Im Abschnitt »*Die Antworten des Klassifizierers decodieren*« auf *Seite 109* haben wir die Funktion classify() geschrieben, um den Wert eines nicht mit einem Label versehenen Bilds vorherzusagen. Angepasst an unser neuronales Netz sieht diese Funktion wie folgt aus:

```
def classify(X, w1, w2):
    y_hat = forward(X, w1, w2)
    labels = np.argmax(y_hat, axis=1)
    return labels.reshape(-1, 1)
```

Die classify()-Funktion für das neuronale Netz ist mit derjenigen des Perzeptrons bis auf die Tatsache identisch, dass sie zwei Gewichtsmatrizen entgegennimmt und nicht nur eine. Die Ausgabe eines neuronalen Netzes funktioniert genauso wie die eines Perzeptrons: Die Ausgabeschicht hat eine Zeile für jedes Bild in X und eine Spalte pro Klasse, also zehn Spalten im Falle von MNIST. Die Funktion classify() bestimmt anhand von argmax() die wahrscheinlichste Vorhersage in jeder Zeile und gibt eine einspaltige Matrix mit Vorhersagen zurück.

Unser MNIST-Klassifizierer nach Perzeptron-Prinzip hatte auch die Funktion report(), die den aktuellen Verlust und den prozentualen Anteil korrekter Klassifizierungen im Testdatensatz ausgibt. Diese Funktion lässt sich sowohl während der Klassifizierungs- als auch während der Trainingsphase aufrufen, wobei sie uns im letzteren Fall sagt, wie gut das System lernt. Angepasst an das neuronale Netz sieht sie wie folgt aus:

```
def report(iteration, X_train, Y_train, X_test, Y_test, w1, w2):
    y_hat = forward(X_train, w1, w2)
    training_loss = loss(Y_train, y_hat)
    classifications = classify(X_test, w1, w2)
    accuracy = np.average(classifications == Y_test) * 100.0
    print("Iteration: %5d, Loss: %.6f, Accuracy: %.2f%%" %
          (iteration, training_loss, accuracy))
```

Damit haben wir den gesamten Code für die Klassifizierungsphase des neuronalen Netzes geschrieben. Da wir aber gerade den Verlust erwähnt haben, ist es angebracht, noch einige Worte über die Funktion loss() zu verlieren.

Kreuzentropie

Für unsere binären Klassifizierer haben wir bis jetzt den *logarithmischen Verlust* verwendet, sogar dann noch, als wir zehn dieser Binärklassifizierer zu einem Mehrklassen-Klassifizierer gebündelt hatten (in Kapitel 7, »*Die große Herausforde-*

rung«). Dabei hatten wir die Verluste aller zehn Klassifizierer addiert, um den Gesamtverlust zu erhalten.

Auch wenn uns der logarithmische Verlust bis jetzt gut gedient hat, ist es nun an der Zeit, ihn durch eine einfachere Formel eigens für Mehrklassen-Klassifizierer zu ersetzen. Es handelt sich dabei um die *Kreuzentropie*, die wie folgt definiert ist:

$$L = -\frac{1}{m}\sum_{i=1}^{m} y_i \cdot \log(\hat{y}_i)$$

In Form von Code sieht sie wie folgt aus:

```
def loss(Y, y_hat):
    return -np.sum(Y * np.log(y_hat)) / Y.shape[0]
```

Wenn Sie mehr über Kreuzentropie erfahren möchten, können Sie den entsprechenden Artikel auf ProgML[1] nachlesen. Sie müssen diese Verlustfunktion jedoch nicht genau verstehen, sondern sich lediglich merken, dass sie wie jede andere Verlustfunktion die Abweichung zwischen den Vorhersagen des Klassifizierers und den Labels misst. Je geringer der Verlust, umso besser der Klassifizierer.

Siehe »Grokking the Cross Entropy Loss« auf ProgML.

Abgesehen davon, dass »Kreuzentropie« einfach cool klingt, gibt es auch einen pragmatischen Grund, um in unserem neuronalen Netz diese Verlustfunktion zu verwenden: Sie ist wie für Softmax gemacht. Genauer gesagt, lässt sich das Gradientenverfahren einfacher programmieren, wenn auf Softmax die Kreuzentropie-Verlustfunktion folgt. Aber ich greife vor, denn das ist das Thema des nächsten Kapitels. Zunächst einmal reicht es, zu wissen, dass Softmax und Kreuzentropie gut zueinanderpassen und uns in den neuronalen Netzen im gesamten Rest dieses Buchs begleiten werden.

Abschließend möchte ich noch eine Sache klären, die sonst zu Verwirrung führen könnte. Wenn Sie sich den Code ansehen, wundern Sie sich vielleicht, warum wir uns hier überhaupt mit dem Verlust beschäftigen. Schließlich sieht es so aus, als würden wir die Funktion `loss()` gar nicht nutzen, sondern lediglich ihren Wert auf dem Bildschirm ausgeben.

Tatsächlich sind wir nicht so sehr an der Verlustfunktion als vielmehr an ihrem *Gradienten* interessiert, den wir später beim Gradientenverfahren benötigen. Auch wenn die Funktion `loss()` im Grunde genommen nicht nötig ist, so bietet sie doch

1. *https://www.progml.com*

gewisse Vorteile. So können wir mit ihrer Hilfe abschätzen, wie gut der Klassifizierer sowohl im Training als auch bei der Klassifizierung funktioniert. Aus diesem Grund haben wir die Verlustfunktion `loss()` geschrieben und rufen sie in `report()` auf.

Die Rache der lokalen Minima

Da wir gerade von Verlustfunktionen reden, ist noch eine weitere Anmerkung angebracht. Seit dem Abschnitt *»Probleme beim Gradientenverfahren«* auf *Seite 53* haben wir bei unseren Verlustfunktionen immer darauf geachtet, dass sie eine wichtige Voraussetzung erfüllen: Sie müssen für das Gradientenverfahren geeignet sein. Insbesondere haben wir Verlustfunktionen ausgewählt, die keine lokalen Minima aufweisen, da das Gradientenverfahren sonst darin steckenbleiben kann.

Beim Übergang zu neuronalen Netzen gibt es jedoch leider keinerlei Garantien mehr. Wie sorgfältig Sie die Verlustfunktion auch immer auswählen, besteht immer die Möglichkeit, dass sie lokale Minima aufweist. Die Modelle von neuronalen Netzen sind anspruchsvoller als die von Perzeptronen, sodass sie auch kompliziertere Funktionen annähern können. Als Nachteil ergibt sich dabei jedoch, dass die Verluste dieser Funktionen »Löcher« aufweisen können, in denen das Gradientenverfahren hängen bleibt.

Das heißt allerdings nicht, dass die Verlustfunktion eines neuronalen Netzes zwangsläufig lokale Minima aufweist. Selbst wenn solche Minima vorhanden sind, müssen sie nicht unbedingt das gesamte Verfahren zum Erliegen bringen. Mit zunehmenden Kenntnissen über neuronale Netze haben Forscher herausgefunden, dass lokale Minima nicht so störend sind wie angenommen.[2] Das Minimum, das sich beim Trainieren eines neuronalen Netzes einstellt, ist meistens ausreichend gut, auch wenn nicht garantiert ist, dass es das beste Minimum von allen ist.

Mit der Funktion `loss()` haben wir den Klassifizierungscode unseres neuronalen Netzes fertiggestellt. Im folgenden Abschnitt sehen Sie ihn noch einmal im Überblick.

Zusammenfassung

In diesem Kapitel haben Sie eine neue Verlustfunktion (die *Kreuzentropie*) und einige neue Begriffe wie *numerische Stabilität* kennengelernt. Der Schwerpunkt lag jedoch darauf, das neuronale Netz zu implementieren, das wir im letzten Kapitel entworfen haben. Unser bisher geschriebener Code sieht insgesamt wie folgt aus:

2. *arxiv.org/abs/1412.0233*

10_building/forward_propagation.py

```
import numpy as np

def sigmoid(z):
    return 1 / (1 + np.exp(-z))

def softmax(logits):
    exponentials = np.exp(logits)
    return exponentials / np.sum(exponentials, axis=1).reshape(-1, 1)

def loss(Y, y_hat):
    return -np.sum(Y * np.log(y_hat)) / Y.shape[0]

def prepend_bias(X):
    return np.insert(X, 0, 1, axis=1)

def forward(X, w1, w2):
    h = sigmoid(np.matmul(prepend_bias(X), w1))
    y_hat = softmax(np.matmul(prepend_bias(h), w2))
    return y_hat

def classify(X, w1, w2):
    y_hat = forward(X, w1, w2)
    labels = np.argmax(y_hat, axis=1)
    return labels.reshape(-1, 1)

def report(iteration, X_train, Y_train, X_test, Y_test, w1, w2):
    y_hat = forward(X_train, w1, w2)
    training_loss = loss(Y_train, y_hat)
    classifications = classify(X_test, w1, w2)
    accuracy = np.average(classifications == Y_test) * 100.0
    print("Iteration: %5d, Loss: %.6f, Accuracy: %.2f%%" %
          (iteration, training_loss, accuracy))
```

Damit haben wir schon die halbe Logik unseres neuronalen Netzes erledigt, nämlich diejenige für die Klassifizierungsphase.

Allerdings nützt uns dieser Code überhaupt nichts, sofern wir nicht auch den Code haben, um das Netz zu trainieren. Das wollen wir im nächsten Kapitel nachholen, woraufhin wir das Programm dann auch testen können.

Praktische Übung: Test durch Zeitreise

Bestimmt würden Sie das neuronale Netz gern in Aktion sehen, auch wenn es noch unvollständig ist. Zurzeit haben wir nur den Klassifizierungscode, der vorausberechnete Gewichte benötigt, aber nicht den Trainingscode, der die Werte dieser Gewichte bestimmt. Wie können wir Ersteres ohne Letzteres prüfen?

Dieses Problem lässt sich durch Zeitreisen lösen, eine seltene Fähigkeit, die Autoren aber beherrschen. Sie werden es mir nicht glauben, aber ich bin gerade aus der Zukunft zurückgekehrt, wo ich Zugriff auf den kompletten Code des neuronalen Netzes hatte. Ich habe das komplette Netz wenige Iterationen lang trainiert und dann die beiden Gewichtsmatrizen in die JSON-Datei `weights.json` umgewandelt, die Sie im Quellcode zu diesem Kapitel finden.

Probieren Sie es ruhig aus. Fügen Sie den folgenden Code am Ende von `forward_propagation.py` ein und führen Sie ihn aus:

```
import json
with open('weights.json') as f:
    weights = json.load(f)
w1, w2 = (np.array(weights[0]), np.array(weights[1]))

import mnist
report(0, mnist.X_train, mnist.Y_train, mnist.X_test, mnist.Y_test, w1, w2)
```

Dieser Code wendet die Python-Funktion `json.load()` an, um die Matrizen `w1` und `w2` aus der Datei `weights.json` zu entnehmen, und klassifiziert anschließend die MNIST-Testdaten. Dabei sollten Sie etwas mehr als 43 % korrekte Vorhersagen erhalten.

Mit einer Genauigkeit von 43 % lässt sich natürlich kein Blumentopf gewinnen. Allerdings entstammen die Gewichte nur einer Handvoll von Trainingsiterationen. Wie gut ein neuronales Netz bei intensivem Training tatsächlich werden kann, erfahren Sie im nächsten Kapitel.

11
Das Netz trainieren

Im letzten Kapitel haben wir ein funktionierendes neuronales Netz geschrieben, wobei ich mit »funktionierend« meine, dass der Vorhersagecode fertig ist: Das Netz kann Daten durch das Modell schleusen und Labels ausgeben. Dafür sind allerdings Gewichtungen erforderlich, wobei wir den Code zur Ermittlung dieser Gewichtungen erst noch schreiben müssen. Das werden wir in diesem Kapitel mit der Funktion `train()` erledigen.

In der Frühzeit neuronaler Netze war das Training ein kniffliges Problem. KI-Experten zweifelten sogar daran, ob ein solches Training überhaupt möglich wäre. Die Antwort erhielten sie Anfang der 70er-Jahre, als Forscher eine Möglichkeit herausfanden, um den Gradienten eines Netzes mithilfe des Algorithmus der *Backpropagation* zu berechnen.

In Projekten in der Praxis werden Sie die Backpropagation wahrscheinlich niemals selbst implementieren müssen. Moderne ML-Bibliotheken bringen bereits ihre eigenen fertigen Implementierungen mit. Es ist jedoch wichtig, zu verstehen, wie die Backpropagation funktioniert, damit Sie mit allen noch so feinen Auswirkungen umgehen können.

In diesem Kapitel schauen wir uns an, wie Backpropagation funktioniert, und implementieren sie für unser neuronales Netz. Sie werden hier auch lernen, wie

Sie die Gewichte des Netzes auf eine für die Backpropagation geeignete Weise initialisieren. Anschließend führen wir unser Netz zum ersten Mal aus. Kann es die Genauigkeit des Perzeptrons überbieten, und wenn ja, wie sehr?

Eine kleine Warnung vorab

Ich habe schon Einführungen in Backpropagation gelesen, die mit der dreisten Behauptung begannen, Backpropagation sei einfach. Dem kann ich nicht zustimmen. Im Gegenteil, Backpropagation ist ziemlich schwierig. Einfach erscheint sie erst im Rückblick, wenn Sie bereits wissen, wie sie funktioniert.

Um die Anfangsschwierigkeiten zu überwinden, bauen wir in diesem Kapitel vor allem auf Anschauung. Wir beschäftigen uns mit den allgemeinen Prinzipien der Backpropagation, lassen aber einige Details und langwierige Berechnungen aus.

Ich halte diese Erklärungen so einfach wie möglich, aber nicht noch einfacher. Neben Kapitel 4, »*Hyperräume*«, ist dies das mathematiklastigste Kapitel im ganzen Buch. Lassen Sie sich nicht entmutigen, wenn Sie nicht alles auf Anhieb verstehen. Die meisten Leute brauchen einige Zeit, um mit Backpropagation klarzukommen. Mir ist es selbst so ergangen.

Wozu Backpropagation?

Bevor ich die Backpropagation erkläre, wollen wir uns ansehen, warum wir sie überhaupt brauchen.

Zunächst einmal habe ich eine gute Nachricht für Sie: In gewissem Sinne wissen Sie bereits, wie ein neuronales Netz trainiert wird, nämlich ebenso wie ein Perzeptron mithilfe des Gradientenverfahrens. Bei jeder Iteration berechnen Sie den Gradienten des Verlusts und folgen dann diesem Gradienten, um den Verlust zu minimieren (siehe Kapitel 3, »*Am Gradienten entlang*«).

Die weniger gute Nachricht dagegen lautet, dass der Abstieg am Gradienten der einfache Teil der Aufgabe ist. Schwierig ist es dagegen, diesen Gradienten zu berechnen.

Beim Perzeptron haben wir dazu einfach die Ableitungen des Verlusts nach den Gewichten berechnet. (In Wirklichkeit haben wir die Ableitungen in einem Lehrbuch nachgeschlagen, aber es läuft auf dasselbe hinaus.) Im Falle eines neuronalen Netzes kann es jedoch sehr schwer sein, diese Ableitungen zu bestimmen. So sieht beispielsweise der Code zur Berechnung des Verlusts in unserem dreischichtigen Netz wie folgt aus:

```
h = sigmoid(matmul(X, w1))
y_hat = softmax(matmul(h, w2))
L = cross_entropy_loss(Y, y_hat)
```

Stellen Sie sich nun vor, Sie müssten diesen Code in mathematische Formeln übersetzen und diese dann nach `w1` und `w2` ableiten. Selbst für jemanden, der sich in Analysis gut auskennt, bringt das ziemlich viel Arbeit mit sich.

In unserem Beispielnetz könnten wir uns noch auf diese Weise durchkämpfen, um den Gradienten zu erhalten, doch in einem typischen modernen Netz wäre diese Aufgabe noch viel schwieriger. Neuronale Netze in der Praxis können unglaublich kompliziert sein und aus Dutzenden von verzwickt miteinander verbundenen Schichten und Gewichtsmatrizen bestehen. Bei einem solchen großen Netz wäre es schon schwer, die Verlustfunktion zu formulieren, geschweige denn, ihre Ableitungen zu berechnen.

Damit stehen wir vor einem Dilemma: Auf der einen Seite möchten wir in der Lage sein, den Verlustgradienten beliebiger neuronaler Netze zu bestimmen, auf der anderen Seite ist die Berechnung der Ableitungen außer für die einfachsten und leistungsärmsten Netze impraktikabel.

An dieser Stelle kommt nun die Backpropagation ins Spiel. Sie hilft uns aus dem Dilemma, denn mit diesem Algorithmus lassen sich die Verlustgradienten beliebiger neuronaler Netze bestimmen. Sobald wir diese Gradienten haben, können wir ihnen mit unserem bewährten Gradientenverfahren folgen.

Schauen wir uns nun an, wie die Backpropagation funktioniert.

Von der Kettenregel zur Backpropagation

Die Backpropagation ist eine Anwendung der *Kettenregel*, einer der grundlegenden Regeln der Analysis. Im Folgenden sehen wir uns an, wie sich diese Regel auf eine einfache und eine kompliziertere netzartige Struktur auswirkt.

Die Kettenregel in einem einfachen Netz

Schauen Sie sich die folgende einfache netzähnliche Struktur an:

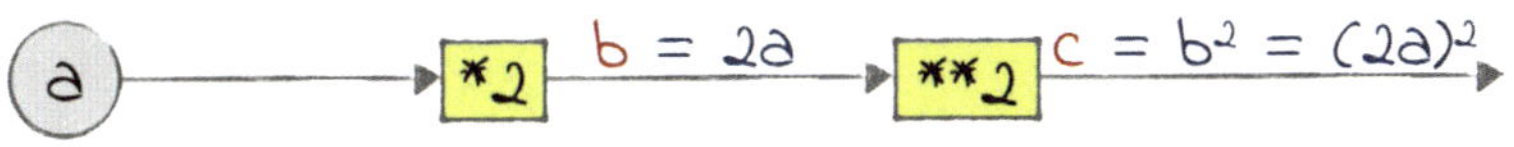

Dies ist kein neuronales Netz, da es keine Gewichte hat. Borgen wir uns hierfür einen Begriff aus der Informatik aus und nennen wir dieses Gebilde einen *Rechengraphen*. Er hat eine Eingabe `a`, auf die zwei Operationen folgen, nämlich eine Multiplikation mit 2 und eine Quadrierung. Die Ausgabe der Multiplikation heißt `b`, die Ausgabe des gesamten Graphen `c`.

Nehmen wir nun an, wir möchten $\partial c/\partial a$ berechnen, also den Gradienten von `c` nach `a`. Anschaulich steht dieser Gradient für den Einfluss von `a` auf `c`: Wenn sich `a` ändert, so ändert sich auch `c`, wobei der Gradient angibt, wie sehr. (Wenn Ihnen das verwirrend vorkommt, blättern Sie noch einmal zu *»Das Gradientenverfahren«* auf *Seite 43* zurück.)

Bei einem so kleinen Graphen könnten wir ∂c/∂a auf einen Rutsch berechnen, indem wir die Ableitung von c nach a bestimmen. Wie bereits erwähnt, wäre das bei umfangreicheren Graphen jedoch impraktikabel. Stattdessen bestimmen wir den Gradienten mithilfe der Kettenregel, die sich für Graphen beliebiger Größe eignet.

Nach dieser Regel müssen wir zur Berechnung von ∂c/∂a wie folgt vorgehen:

1. Wir durchlaufen den Graphen rückwärts von c nach a.
2. Wir berechnen den *lokalen Gradienten* für jede dazwischen liegende Operation, also die Ableitung der Ausgabe dieser Operation nach deren Eingabe.
3. Wir multiplizieren alle lokalen Gradienten.

Sehen wir uns diesen Vorgang nun an einem praktischen Beispiel an. In unserem Fall enthält der Pfad von c zurück zu a zwei Operationen, nämlich die Quadrierung und die Multiplikation mit 2. Wenn wir die lokalen Gradienten jeweils bei ihren Operationen notieren, erhalten wir Folgendes:

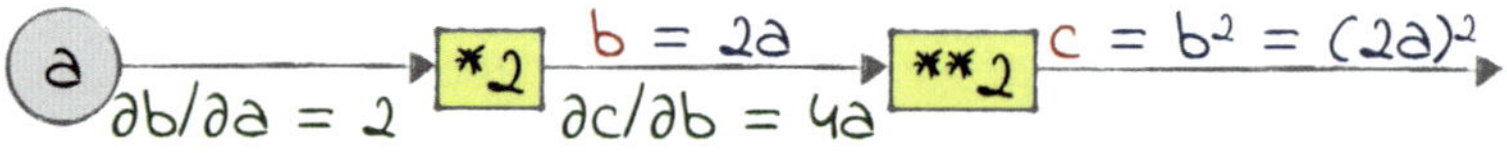

Woher weiß ich, dass ∂b/∂a gleich 2 ist und ∂c/∂b gleich 4a? Nun, auch wenn wir die Kettenregel anwenden, müssen wir die lokalen Gradienten immer noch auf althergebrachte Weise bestimmen, indem wir die Ableitungen ausrechnen. Machen Sie sich keine Sorgen, wenn Sie nicht wissen, wie das geht, denn es gibt Bibliotheken, die das für Sie erledigen. Es reicht, wenn Sie wissen, wie der Gesamtvorgang abläuft.

Anschließend multiplizieren Sie die lokalen Gradienten, um ∂c/∂a zu erhalten:

$$\frac{\partial c}{\partial a} = \frac{\partial c}{\partial b} \cdot \frac{\partial b}{\partial a} = 4a \cdot 2 = 8a$$

Dank der Kettenregel haben wir hier also unsere Antwort: Der Gradient von c nach a ist 8a. Mit anderen Worten, wenn sich a ein kleines bisschen ändert, so ändert sich c um das Achtfache des aktuellen Werts von a.

Zusammengefasst lautet die Kettenregel also: Um den Gradienten eines beliebigen Knotens y nach einem anderen Knoten x zu berechnen, multiplizieren wir die lokalen Gradienten aller Knoten, die auf dem Weg von y zurück zu x liegen.

Damit können wir auch komplizierte Gradienten durch die Multiplikation vieler einfacher Gradienten bestimmen.

Als Nächstes wenden wir die Kettenregel auf ein neuronales Netz an.

Mathematischer Hintergrund: Die Kettenregel

Im Bereich der Khan Academy zur Analysis finden Sie auch Videos zur Kettenregel.[1] Der Stoff geht auch hier weit über das hinaus, was Sie zum Verständnis dieses Kapitels benötigen, aber wenn Sie sich für Mathematik interessieren, lohnt es sich bestimmt, sich diese Filme anzusehen.

Es wird komplizierter

»Backpropagation« heißt im Grunde genommen: »Berechne die Verlustgradienten eines neuronalen Netzes nach den Gewichten mithilfe der Kettenregel.« Betrachten Sie als Beispiel dafür den folgenden zweiten Rechengraphen:

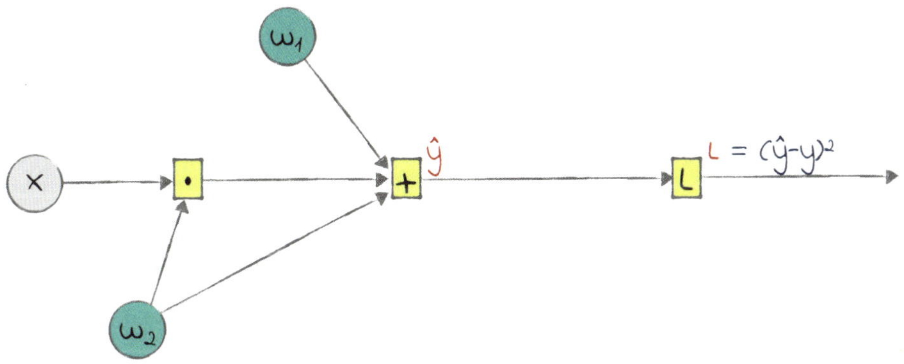

Mit diesem Graphen werden wir natürlich keinen ML-Wettbewerb gewinnen können. Man könnte sogar behaupten, dass er gar kein neuronales Netz darstellt. Er hat jedoch alles, was er braucht, um in diesem Beispiel die Rolle eines neuronalen Netzes zu spielen, nämlich eine Eingabe `x`, eine Ausgabe `ŷ`, zwei Gewichte und einen Verlust `L`, der als quadratischer Fehler der Differenz zwischen `ŷ` und der Grundwahrheit `y` berechnet wird.

Stellen Sie sich nun vor, dass Sie dieses Netz mitten im Training kurz vor dem nächsten Schritt des Gradientenverfahrens einfrieren. Nehmen wir an, dass `w1` und `w2` zurzeit den Wert 6 bzw. 2 aufweisen. Außerdem haben wir nur ein einziges Trainingsbeispiel mit `x = 3` und `y = 17`. Aus diesen Zahlen können wir nun die anderen Werte im Graphen berechnen:

1. *www.khanacademy.org/math/differential-calculus/dc-chain*

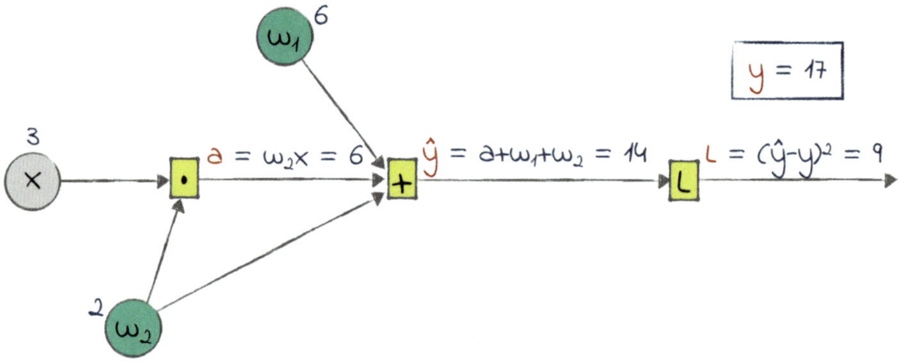

Die Ausgabe der Multiplikation habe ich hier a genannt, weil ich noch keinen anderen Namen dafür hatte.

Für einen Schritt des Gradientenverfahrens benötigen wir die Gradienten von L nach w_1 und w_2, die wir mit der Kettenregel berechnen können. Danach ist $\partial L/\partial w_1$ das Produkt der lokalen Gradienten auf dem Weg von L zurück nach w_1. Für $\partial L/\partial w_2$ gilt das Gleiche. Berechnen wir nun also diese lokalen Gradienten.

Im Vergleich zu dem Graphen aus dem vorherigen Abschnitt weist dieser hier eine zusätzliche Schwierigkeit auf: Einige der Operationen haben mehrere Eingaben. In einem solchen Fall müssen wir den lokalen Gradienten für jedes Eingabe-Ausgabe-Paar berechnen. Damit benötigen wir hier fünf lokale Gradienten:

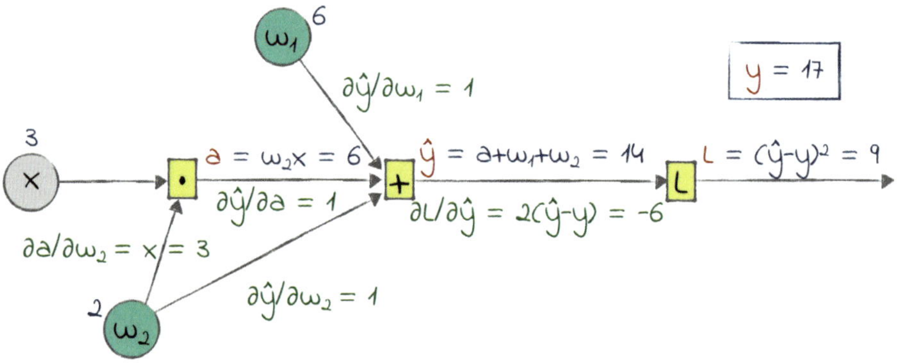

Jetzt können wir die Kettenregel anwenden. Als Erstes berechnen wir $\partial L/\partial w_1$. Genau genommen, ist dies der Gradient von L nach w_1, aber weil das ziemlich umständlich klingt, sprechen ML-Experten meistens nur vom »Gradienten von w_1«.

Um diesen »Gradienten von w_1« zu bekommen, multiplizieren wir alle Gradienten zwischen L und w_1:

$$\frac{\partial L}{\partial w_1} = \frac{\partial L}{\partial \hat{y}} \cdot \frac{\partial \hat{y}}{\partial w_1} = -6 \cdot 1 = -6$$

Mit den aktuellen Gewichten erhalten wir –6 für den Gradienten von w_1. Für den nächsten Schritt im Gradientenverfahren müssen wir diesen Gradienten mit der Lernrate multiplizieren und das Ergebnis von w_1 subtrahieren.

Für $\partial L/\partial w_2$ gehen wir auf die gleiche Weise vor, wobei sich uns allerdings eine zusätzliche Schwierigkeit stellt: Es führen zwei Pfade von w_2 nach L, von denen der eine die Multiplikation durchläuft und der andere nicht. Wenn mehrere Pfade vorliegen, müssen wir deren Gradienten addieren:

$$\frac{\partial L}{\partial w_2} = \frac{\partial L}{\partial \hat{y}} \cdot \frac{\partial \hat{y}}{\partial w_2} + \frac{\partial L}{\partial \hat{y}} \cdot \frac{\partial \hat{y}}{\partial a} \cdot \frac{\partial a}{\partial w_2} = -6 \cdot 1 + -6 \cdot 1 \cdot 3 = -24$$

$\partial L/\partial w_2$ ist also negativ, aber größer als $\partial L/\partial w_1$. Auch hier multiplizieren wir den Gradienten mit der Lernrate und subtrahieren das Ergebnis von w_2.

Sie können sich $\partial L/\partial w_1$ und $\partial L/\partial w_2$ als Maße dafür vorstellen, wie viel jedes Gewicht zum Verlust beiträgt. Beide Gewichte leisten hier einen negativen Beitrag, was bedeutet, dass sie wachsen müssen, um den Verlust kleiner zu machen. Allerdings trägt w_2 mehr bei als w_1, da es in der Berechnung von $\hat{y}$ zweimal vorkommt, nämlich einmal in der Multiplikation und einmal in der Summe.

Wenn ein Gewicht einen kleinen Gradienten hat, bedeutet das im Allgemeinen, dass es nicht viel zum Fehler des Netzes beiträgt, sodass es sich nur ein kleines bisschen ändern muss. Ein Gewicht mit einem großen Gradienten dagegen hat großen Einfluss auf den Fehler und muss daher entschiedener geändert werden. Die Backpropagation ist eine Möglichkeit, um zu berechnen, wie stark die Gewichte angepasst werden müssen.

Die Backpropagation ist also ein Algorithmus, bei dem die Gradienten der Gewichte durch Multiplikation der lokalen Gradienten an den einzelnen Operationen berechnet werden. Ihr Name bezieht sich darauf, dass sie in entgegengesetzter Richtung zur Forward-Propagation verläuft. Die Forward-Propagation bewegt sich von den Eingaben zu den Ausgaben und berechnet letzten Endes den Verlust, die Backpropagation dagegen geht vom Verlust zu den Gewichten und erfasst dabei anhand der Kettenregel alle lokalen Gradienten.

Als Nächstes wollen wir die Backpropagation auf unser Netz anwenden.

Backpropagation anwenden

In Form eines Rechengraphen sieht unser dreischichtiges neuronales Netz wie folgt aus:

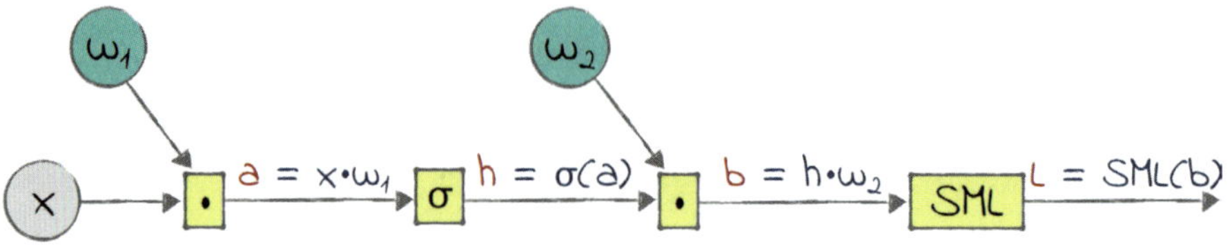

Mit Ausnahme des Verlusts `L` sind alle Variablen in diesem Graphen Matrizen. Das Symbol σ steht für die Sigmoide. Aus Gründen, die ich in Kürze darlegen werde, habe ich die Softmax-Funktion und die Kreuzentropie zu einer einzigen Operation namens `SML` zusammengefasst. Die Ausgaben der Matrizenmultiplikationen habe ich `a` und `b` genannt.

Dieses Diagramm stellt genau das neuronale Netzwerk dar, das wir in den zwei vorausgehenden Kapiteln entworfen und erstellt haben. Von links nach rechts laufen die folgenden Operationen ab: `x` und w_1 werden multipliziert und an die Sigmoide übergeben, woraus die verdeckte Schicht `h` entsteht, und daraufhin wird `h` mit w_2 multipliziert und an die Softmax- und die Verlustfunktion übergeben, was den Verlust `L` ergibt.

Kommen wir nun aber zu dem Vorgang, dessentwegen wir uns überhaupt erst mit der Backpropagation beschäftigt haben: Wir wollen die Gradienten von `L` nach w_1 und w_2 bestimmen. Um die Kettenregel anwenden zu können, brauchen wir die lokalen Gradienten entlang des Wegs von `L` nach w_1 und w_2:

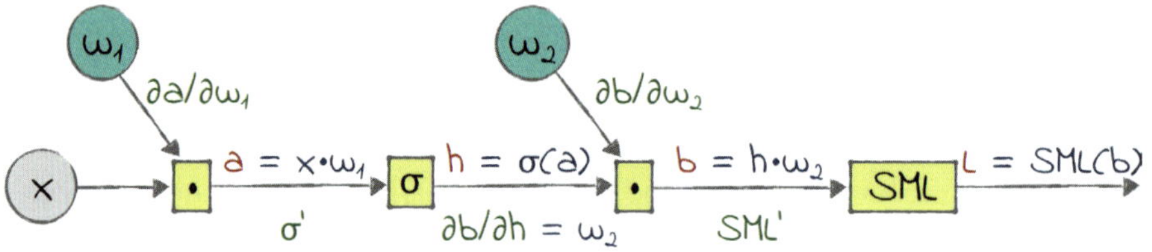

`σ'` und `SML'` sind die Ableitungen der Sigmoide bzw. der SML-Operation. In diesem Buch verwende ich für Ableitungen meistens Terme wie $\partial\sigma/\partial a$, aber wenn eine Funktion wie hier nur eine Variable hat, kann man die Ableitung auch einfach mit einem Apostroph kennzeichnen.

Nun aber einmal kräftig in die Hände gespuckt, um die lokalen Gradienten zu berechnen. Auch hier müssen Sie die Ableitungen nicht selbst ausrechnen – das habe ich schon für Sie erledigt. Die Ergebnisse sehen wie folgt aus:

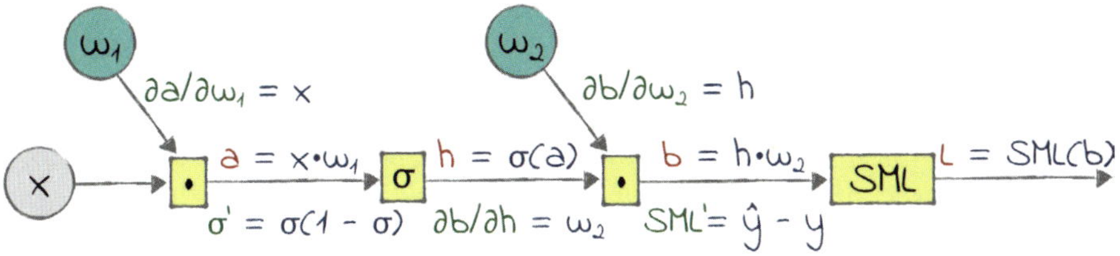

Im Abschnitt »*Kreuzentropie*« auf *Seite 148* habe ich schon gesagt, dass die Softmax-Funktion und die Kreuzentropie wie füreinander gemacht sind. Nun zeigt sich auch, warum das so ist. Jede Funktion für sich allein hat eine komplizierte Ableitung, aber wenn Sie sie kombinieren, ergibt sich eine ganz einfache Ableitung. Der gemeinsame Gradient lässt sich kostengünstig als Netzwerkausgabe minus Grundwahrheit berechnen. Wenn Sie sich für den mathematischen Hintergrund dieser Ableitung interessieren, können Sie sich die schrittweise Erklärung auf ProgML[2] ansehen.

Siehe »Killer Combo: Softmax and Cross Entropy« auf ProgML.

Die Ableitungen der Matrizenmultiplikationen lassen sich ebenfalls kurz und schmerzlos bestimmen. Wenn Sie wissen, wie Sie die Ableitung einer Skalarmultiplikation berechnen, sind Sie fein raus, denn die Ableitung der Matrizenmultiplikation sieht genauso aus.

Die Ableitung der Sigmoide habe ich in einem Lehrbuch der Mathematik nachgeschlagen. Sie hat eine merkwürdige Form, da die Sigmoide selbst in dem Ausdruck vorkommt.

Da die lokalen Gradienten nun bekannt sind, können wir die Kettenregel anwenden, um die Gradienten der Gewichte zu berechnen. Diesmal erledigen wir das aber nicht auf dem Papier, sondern schreiben Code dafür.

Auf Kurs bleiben

Im Folgenden schreiben wir eine Backpropagation-Funktion, die die Gradienten der Gewichte in unserem neuronalen Netz berechnet. Vorab aber eine kleine Warnung: Die Funktion ist zwar kurz, aber kompliziert.

Unser Code wendet die Kettenregel unmittelbar an. Wenn Sie mit skalaren Gradienten zu tun haben, lässt sich diese Regel ganz einfach nutzen, aber bei Matrizen wird es kompliziert. Damit die Multiplikationen in einem neuronalen Netz zulässig sind, müssen wir die Operanden so vertauschen und transponieren, dass die Dimensionen der Matrizen zusammenpassen.

2. *https://www.progml.com*

Dieses Jonglieren mit Matrizen lässt sich einfacher durchführen als beschreiben. Wenn Sie Ihren eigenen Code für die Backpropagation schreiben, können Sie die Berechnungen in einem Interpreter überprüfen und die Dimensionen der Matrizen als Orientierungshilfe dafür heranziehen, welche Matrizen Sie transponieren müssen, in welcher Reihenfolge sie zu multiplizieren sind usw. Bei einer schriftlichen Erklärung nehmen die Begründungen für diese Operationen jedoch sehr viel Platz ein.

Sie haben nun folgende Möglichkeiten:

1. Sie können den Abschnitt lesen, um sich anzusehen, wie der Backpropagation-Code im Großen und Ganzen geschrieben wird, die kniffligen Einzelheiten aber überfliegen.
2. Sie können die folgenden Seiten sehr aufmerksam lesen und die Matrizenoperationen dabei selbst auf Papier oder in einem Python-Interpreter nachvollziehen.
3. Sie können den Backpropagation-Code auch komplett selbst schreiben und nur nach Tipps auf den folgenden Seiten Ausschau halten, wenn Sie nicht weiterkommen. Das stellt zwar eine große Herausforderung dar, ist aber die beste Möglichkeit, um den Code in allen Einzelheiten zu begreifen.

Welche Möglichkeit Sie auch immer wählen, sollten Sie sich nicht entmutigen lassen, wenn Sie auf den folgenden Seiten mit einigen Grenzfällen zu kämpfen haben. Diese Sonderfälle sind nicht das, worum es in diesem Kapitel geht. Der Schwerpunkt liegt darauf, das Prinzip der Backpropagation zu verstehen und eine Vorstellung davon zu bekommen, wie der Code dafür zustande kommt.

Damit hätten wir die Vorbemerkungen aus dem Weg geschafft. Schreiben wir nun den Code zur Berechnung des Gradienten von w_2.

Den Gradienten von w_2 berechnen

Zur Berechnung von $\partial L/\partial w_2$ benötigen wir die folgenden lokalen Gradienten:

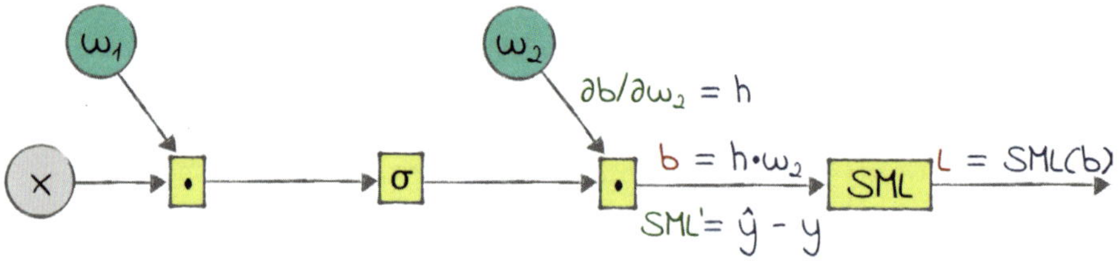

Die Anwendung der Kettenregel ergibt hier Folgendes:

$$\frac{\partial L}{\partial w_2} = \text{SML}' \cdot \frac{\partial b}{\partial w_2} = (\hat{y} - y) \cdot h$$

Als Code sieht die Formel wie folgt aus:

11_training/backpropagation.py

```
w2_gradient = np.matmul(prepend_bias(h).T, y_hat - Y) / X.shape[0]
```

Ich musste hier die Operanden der Multiplikation vertauschen und einen von ihnen transponieren, damit das Ergebnis dieselben Dimensionen bekommt wie w_2. Da wir den Gradienten anschließend mit der Lernrate multiplizieren und das Ergebnis von w_2 subtrahieren wollen, müssen die beiden Matrizen von derselben Form sein.

In dieser einen Codezeile stecken jedoch noch zwei weitere Details, die nicht unmittelbar einsichtig sind. Das eine davon ist der Aufruf von `prepend_bias()`. Da wir aber in der Funktion `forward()` eine Biasspalte zu `h` hinzufügen, müssen wir das auch bei der Backpropagation tun.

Der zweite verwunderliche Vorgang ist die Division durch `X.shape[0]` am Ende. Dieser Term gibt die Anzahl der Zeilen in `X` an, also die Anzahl der Beispiele in den Trainingsdaten. Die Matrizenmultiplikation liefert uns den akkumulierten Gradienten über alle Beispiele. Da wir aber am *durchschnittlichen* Gradienten interessiert sind, müssen wir das Ergebnis dieser Multiplikation durch die Größe des Trainingsdatensatzes teilen.

Diese eine Codezeile hatte es in sich! Weiter geht es mit dem Gradienten von w_1.

Den Gradienten von w_1 berechnen

Zur Berechnung von $\partial L/\partial w_1$ benötigen wir die folgenden lokalen Gradienten:

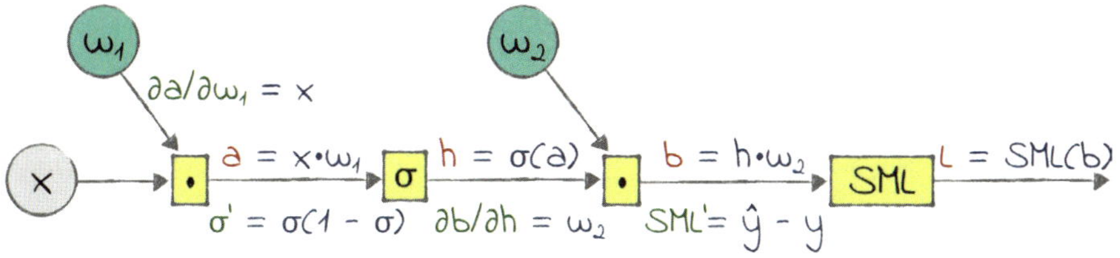

Mit der Kettenregel ergibt sich Folgendes:

$$\frac{\partial L}{\partial w_1} = \text{SML}' \cdot \frac{\partial b}{\partial h} \cdot \sigma' \cdot \frac{\partial a}{\partial w_1} = (\hat{y} - y) \cdot w_2 \cdot \sigma \cdot (1 - \sigma) \cdot x$$

Da diese Formel ziemlich lang ist, habe ich sie auf zwei Codezeilen und eine Hilfsfunktion aufgeteilt:

```
def sigmoid_gradient(sigmoid):
    return np.multiply(sigmoid, (1 - sigmoid))

a_gradient = np.matmul(y_hat - Y, w2[1:].T) * sigmoid_gradient(h)
w1_gradient = np.matmul(prepend_bias(X).T, a_gradient) / X.shape[0]
```

Die vorletzte Zeile berechnet $(\hat{y} - y) \cdot w_2 \cdot \sigma$. Dabei sind einige Feinheiten zu beachten. Erstens verwenden wir `h` diesmal im ursprünglichen Zustand, also ohne Biasspalte. Diese Spalte wird erst *nach* der Berechnung von `h` hinzugefügt, weshalb deren Gradient nicht so weit zurückläuft wie der von w_1. Anders ausgedrückt: Diese Spalte hat keinen Einfluss auf $\partial L/\partial w_1$.

Hier heißt es aber aufgepasst: Wenn wir die erste Spalte von `h` entfernen, müssen wir auch die zugehörigen Gewichte loswerden, also die erste *Zeile* von `w2`, da bei der Matrizenmultiplikation Spalten mit Zeilen multipliziert werden. Daher wird im Code `w2[1:]` verwendet, was »`w2` ohne die erste Spalte« bedeutet.

Ich muss gestehen, dass ich diesen Code beim ersten Versuch falsch geschrieben habe. Als sich NumPy wegen unpassender Matrixdimensionen beschwerte, ging ich die Dimensionen aller beteiligten Matrizen durch, um den Fehler zu beheben. Das war eine ziemlich mühselige Erfahrung.

In der betrachteten Codezeile geht es mit `sigmoid_gradient()` weiter. Diese Hilfsfunktion berechnet den Gradienten der Sigmoide aus deren Ausgabe. Da wir bereits wissen, dass diese Ausgabe die verdeckte Schicht `h` ist, können wir einfach `sigmoid_gradient(h)` aufrufen.

In der letzten Codezeile bringen wir die Aufgabe dann zum Abschluss, indem wir das bisherige Zwischenergebnis mit `X` multiplizieren. Dabei sind die gleichen Tricks erforderlich wie bei der Berechnung des Gradienten von w_2: Wir müssen die Reihenfolge der Operanden vertauschen, eine der Matrizen transponieren, die Biasspalte wie bei der Forward-Propagation vorn an `X` anhängen und den Durchschnitt des Gradienten über alle Trainingsbeispiele bilden.

Ich hatte Sie vorgewarnt, dass dieser Code ziemlich knifflig sein würde, aber jetzt sind wir auch damit fertig. Nun können wir die Einzelteile zusammenfügen.

Die Funktion back() erstellen

Den Code für die Backpropagation können wir nun in eine bequeme dreizeilige Funktion einbinden:

```
def back(X, Y, y_hat, w2, h):
    w2_gradient = np.matmul(prepend_bias(h).T, (y_hat - Y)) / X.shape[0]
    w1_gradient = np.matmul(prepend_bias(X).T, np.matmul(y_hat - Y, w2[1:].T)
                            * sigmoid_gradient(h)) / X.shape[0]
    return (w1_gradient, w2_gradient)
```

Sie können jetzt aufatmen, denn damit haben wir bereits den schwierigsten Code im ganzen Buch geschrieben.

Mit der Funktion `back()` sind wir dem Ziel eines voll funktionsfähigen Algorithmus für das Gradientenverfahren in neuronalen Netzen schon einen großen Schritt näher gekommen. Wir müssen uns nur noch um eine letzte Einzelheit kümmern: Bevor wir die Gewichte optimieren können, müssen wir sie zunächst initialisieren. Diese Aufgabe ist einen eigenen Abschnitt wert.

Das Problem der lokalen Minima

Ebenso wie Perzeptrone werden neuronale Netze mithilfe des Gradientenverfahrens trainiert. Allerdings gibt es dabei einen bedeutenden Unterschied. Bei Perzeptronen wählen wir die Verlustfunktion sorgfältig aus, um eine konvexe Verlustoberfläche zu bekommen, also eine ohne lokale Minima. Bei einem neuronalen Netz können wir das aber nicht garantieren. Die Verlustfunktion eines neuronalen Netzes ist im Allgemeinen nicht konvex und kann daher lokale Minima enthalten.

In *»Probleme beim Gradientenverfahren«* auf *Seite 53* haben Sie gelernt, dass das Gradientenverfahren in einem lokalen Minimum stecken bleiben kann. In der Praxis heißt das, dass Sie nicht sicher sein können, tatsächlich den minimalen Verlust erreicht zu haben, selbst wenn Sie das neuronale Netz sehr lange trainieren.

Wie gehen wir also in neuronalen Netzen mit lokalen Minima um? Die gute Nachricht lautet, dass Sie meistens gar nichts tun müssen. Forscher haben bewiesen, dass problematische lokale Minima in der Praxis ziemlich selten vorkommen. Außerdem wird heutzutage auch nur selten das einfache Gradientenverfahren genutzt, sondern Varianten, die lokalen Minima geschickt ausweichen können. In Kapitel 18, *»Tiefe Netze zähmen«*, werden wir uns einige davon ansehen. Während die Verlustfunktionen neuronaler Netze durchaus lokale Minima aufweisen, sorgt das in der Praxis daher nur selten für ernsthafte Probleme.

Die Gewichte initialisieren

Bei unserem Perzeptron in Teil I waren wir mit der Initialisierung der Gewichte schnell fertig: Wir haben sie einfach auf 0 gesetzt. Bei einem neuronalen Netz lauert bei der Initialisierung der Gewichte dagegen eine schwer auszumachende Fallgrube. Sehen wir uns an, was es damit auf sich hat und wie wir sie umgehen können.

Gefährliche Symmetrie

Die wichtigste Regel lautet: Initialisieren Sie niemals alle Gewichte eines neuronalen Netzes mit demselben Wert! Der Grund dafür ist die Matrizenmultiplikation in dem Netz. Betrachten Sie zum Beispiel die folgende Operation:

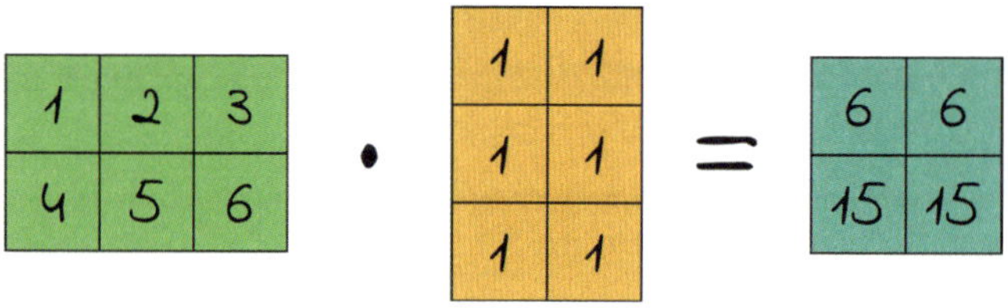

Während die erste Matrix lauter unterschiedliche Zahlen enthält, hat die resultierende Matrix zwei identische Spalten – weil die zweite Matrix völlig gleichförmig ist. Allgemein gilt: Wenn bei der zweiten Matrix in einer Multiplikation alle Zellen denselben Wert aufweisen, dann sind in jeder Zeile des Ergebnisses alle Werte identisch.

Stellen Sie sich vor, die erste und die zweite Matrix in dem obigen Beispiel wären `X` und `w1`, also die Eingaben und die Gewichte der ersten Schicht eines neuronalen Netzes. Im Anschluss an die Multiplikation wird die resultierende Matrix an die Sigmoide übergeben, um die verdeckte Schicht `h` zu bilden. Nun stehen in allen Zeilen von `h` aber lauter identische Werte, weshalb alle verdeckten Knoten im Netzwerk denselben Wert haben. Wenn wir also alle Gewichte mit demselben Wert initialisieren, verhält sich unser Netz, als ob es nur einen einzigen verdeckten Knoten hätte.

Wenn wir nun `w2` ebenso gleichförmig initialisiert, setzt sich dieser symmetrieerhaltende Effekt in der zweiten Schicht und sogar bei der Backpropagation fort. In der praktischen Übung am Ende dieses Kapitels können Sie selbst ausprobieren, wie einheitliche Gewichte dazu führen, dass sich das Netz wie eines mit einem einzigen Knoten verhält. Wie Sie sich denken können, ist ein solches Netz nicht sehr genau. Schließlich haben wir die ganzen verdeckten Knoten nicht ohne Grund angelegt.

Um die Leistungsfähigkeit unseres Netzes nicht abzuwürgen, dürfen wir die Gewichte daher nicht mit 1, 0 oder irgendeiner anderen Konstante initialisieren, sondern müssen dafür Zufallswerte verwenden. In der ML wird dies als »Aufbrechen der Symmetrie« bezeichnet.

Damit stellt sich aber als Nächstes die Frage, wie groß oder wie klein diese Werte sein sollten. Sie klingt zwar harmlos genug, erweist sich aber als ein Fass ohne Boden.

Tote Neuronen

Wir wissen bereits, dass wir die Gewichte nicht alle mit demselben Wert initialisieren dürfen. Es gibt aber noch eine andere wichtige Regel zu beherzigen: Gewichte dürfen niemals mit großen Werten initialisiert werden.

Dafür gibt es zwei Gründe. Der erste besteht darin, dass große Gewichte auch große Werte innerhalb des Netzes hervorrufen. Wie wir schon im Kasten »*Numerische Stabilität*« auf *Seite 147* besprochen haben, können solche großen Werte Probleme verursachen, wenn die Funktionen des Netzes nicht numerisch stabil sind, denn dann können diese überlaufen.

Aber selbst wenn alle Funktionen in unserem Netz numerisch stabil sind, können große Gewichte für Probleme sorgen: Sie verlangsamen nämlich das Training und können es sogar ganz zum Erliegen bringen. Um zu verstehen, warum das so ist, betrachten Sie die Sigmoidenfunktion, die das Herz unseres neuronalen Netzes darstellt:

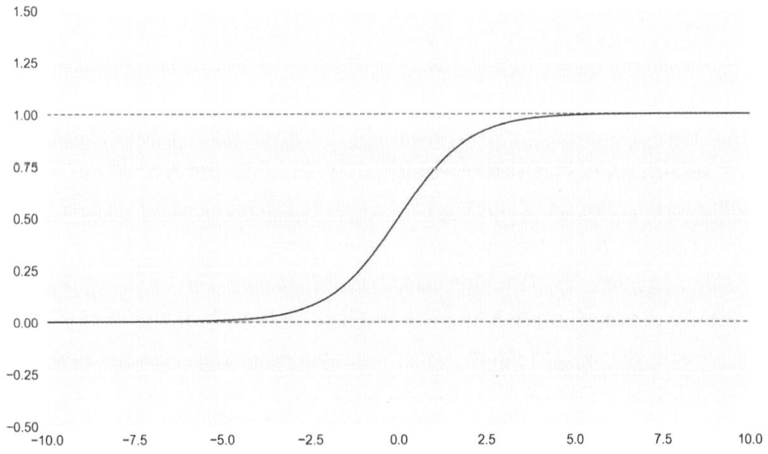

Überlege Sie, was passiert, wenn eines der Gewichte in w_1 sehr groß ist, entweder positiv oder negativ. In einem solchen Fall erhält die Sigmoide eine große Eingabe.

Dadurch wiederum wird die Sigmoide sehr flach, und ihr Gradient nähert sich 0 an. Man spricht hier auch davon, dass die Sigmoide *gesättigt* ist: Sie wird aus ihrem idealen Definitionsbereich in einen verlagert, in dem ihr Gradient sehr gering ist.

Bei der Backpropagation wird dieser winzige Gradient mit allen anderen Gradienten in der Kette multipliziert, was zu einem kleinen Gesamtgradienten führt. Das wiederum macht die einzelnen Schritte im Gradientenverfahren sehr klein.

Es ergibt sich also ein schädlicher Dominoeffekt: je größer das Gewicht, umso flacher die Sigmoide; je flacher die Sigmoide, umso kleiner der Gradient; je kleiner der Gradient, umso langsamer das Gradientenverfahren; je langsamer das Gradientenverfahren, umso weniger ändern sich die Gewichte. Eine Handvoll großer Gewichte reicht schon aus, um das Training in ein Schneckentempo zu zwingen.

Werden die Zahlen im Netz noch größer, geht die ganze Sache sehr schnell den Bach herunter. Stellen Sie sich ein Netz mit einem Eingabewert von 10 und einem Gewicht von 1.000 vor. Wenn wir dieses Gewicht und diese Eingabe multiplizieren und an die Sigmoide übergeben, passiert Folgendes:

```
import neural_network as nn    ⇛
weighted_sum = 1000 * 10    ⇛
nn.sigmoid(weighted_sum)    ⇛
1.0    《
```

Die Sigmoide ist gesättigt: Sie hat sich so weit dem Wert 1 genähert, dass sie unterläuft und nur noch 1 zurückgibt. Noch schlimmer aber ist es, dass auch der Gradient unterläuft und auf 0 fällt:

```
nn.sigmoid_gradient(nn.sigmoid(weighted_sum))    ⇛
0.0    《
```

Bei der Backpropagation wird dieser Gradient von 0 aufgrund der Kettenregel mit allen anderen lokalen Gradienten multipliziert, sodass der Gesamtgradient 0 wird. Bei einem Gradienten von 0 aber kann sich das Gradientenverfahren in keine Richtung mehr bewegen. Das Gewicht wird sich daher nie mehr ändern, wie lange wir das Netz auch immer trainieren. Das Gewicht wird also zu einem *toten Neuron*, wie es im Jargon des Machine Learning heißt.

Zu Anfang dieses Kapitels habe ich bereits erwähnt, dass die Backpropagation einige »feine Auswirkungen« hat. Tote Neuronen sind eine davon. Sie bleiben für alle Zeiten auf demselben Wert, können nicht lernen und tragen nicht mehr zum Gradientenverfahren bei. Wenn zu viele Neuronen sterben, sinkt die Leistung des Netzes. Besonders schlimm daran ist, dass Sie es möglicherweise nicht einmal bemerken.

Wie also können wir tote Neuronen verhindern?

Korrekte Gewichtsinitialisierung

In den letzten Abschnitten haben wir gelernt, dass die Werte zur Initialisierung von Gewichten folgende Bedingungen erfüllen müssen:

1. Sie müssen *zufällig* sein, um die Symmetrie zu brechen.
2. Sie müssen *klein* sein, um das Training zu beschleunigen und das Aufkommen von toten Neuronen zu verhindern.

Wie klein die Gewichte genau sein sollten, lässt sich nur schwer bestimmen. In Teil III werden wir uns einige gängige Formeln zur Gewichtsinitialisierung ansehen. Vorläufig verwenden wir eine empirische Faustregel. Danach liegt jedes Gewicht im Bereich zwischen 0 und dem folgenden Wert, wobei `r` die Anzahl der Zeilen in der Gewichtmatrix ist:

$$w \approx \pm\sqrt{\frac{1}{r}}$$

Das bedeutet: Der absolute Wert jedes Gewichts darf nicht viel größer sein als die Quadratwurzel des Kehrwerts der Anzahl von Zeilen. Diese Vorschrift leuchtet besser ein, wenn Sie daran denken, dass alle Gewichte etwas zur Ausgabe des Netzes beitragen. Je größer die Matrix wird, umso kleiner müssen daher die einzelnen Gewichte werden.

Die folgende Funktion initialisiert die Gewichte nach der vorstehenden Formel:

11_training/neural_network.py

```
def initialize_weights(n_input_variables, n_hidden_nodes, n_classes):
    w1_rows = n_input_variables + 1
    w1 = np.random.randn(w1_rows, n_hidden_nodes) * np.sqrt(1 / w1_rows)

    w2_rows = n_hidden_nodes + 1
    w2 = np.random.randn(w2_rows, n_classes) * np.sqrt(1 / w2_rows)

    return (w1, w2)
```

Die NumPy-Funktion `random.randn()` gibt eine Matrix aus Zufallszahlen nach der sogenannten *Standardnormalverteilung* zurück. In der Praxis bedeutet das, dass die Zufallszahlen betragsmäßig klein bleiben. Sie können positiv oder negativ sein, aber es ist unwahrscheinlich, dass sie weit von 0 abweichen. Der vorstehende Code erstellt zwei solcher Gewichtsmatrizen und skaliert sie auf den Bereich aus unserer Faustformel.

Mathematischer Hintergrund: Die Standardnormalverteilung

Wenn Sie mehr über die Standardnormalverteilung erfahren möchten, also etwa wie sie aussieht und warum sie Zahlen nahe 0 generiert, schauen Sie sich die Lektionen der Khan Academy über die Modellierung von Datendistributionen an.[3]

Wenn Ihnen die Dimensionen der beiden Matrizen nicht klar sein sollten, denken Sie an die Regel aus dem Abschnitt »*Mehr Gewichte*« auf *Seite 110*: Jede Gewichtsmatrix in einem neuronalen Netz hat so viele Zeilen wie Eingabeelemente und so viele Spalten wie Ausgabeelemente.

Haben Sie gerade dieses Klicken gehört? Das war das letzte Puzzlestück, das wir in den Code für unser neuronales Netz eingefügt haben. Jetzt sind wir endlich so weit, dass wir das Netz ausführen können!

Zufälligkeit akzeptieren

Wenn Sie ein neuronales Netz mit zufälligen Gewichten initialisieren, können Sie jedes Mal, wenn Sie das Netz trainieren, mit einem etwas anderen Verlust rechnen. Um diese Zufälligkeit auszuschließen, können Sie den Zufallszahlengenerator von NumPy mit `np.random.seed(bekannter_seed-wert)` mit einem festen Ausgangswert versehen.

Bei meinen ersten Gehversuchen auf dem Gebiet des Machine Learning habe ich stets einen solchen Seed verwendet. Ich wollte deterministischen Code haben, der jedes Mal dasselbe Ergebnis lieferte. Mit der Zeit lernte ich jedoch, dass ein guter Klassifizierer unabhängig davon gut ist, wie ich die Gewichte initialisiere, sofern die Werte nur klein genug sind. Wie die meisten, die auf dem Gebiet des ML tätig sind, habe ich daher aufgehört, mir über die Zufälligkeit Sorgen zu machen, und sie stattdessen akzeptiert.

Das fertige neuronale Netz

Der vollständige Code unseres neuronalen Netzes sieht wie folgt aus:

11_training/neural_network.py

```
import numpy as np

def sigmoid(z):
    return 1 / (1 + np.exp(-z))
```

3. *www.khanacademy.org/math/statistics-probability/modeling-distributions-of-data#normal-distributions-library*

```
def softmax(logits):
    exponentials = np.exp(logits)
    return exponentials / np.sum(exponentials, axis=1).reshape(-1, 1)

def sigmoid_gradient(sigmoid):
    return np.multiply(sigmoid, (1 - sigmoid))

def loss(Y, y_hat):
    return -np.sum(Y * np.log(y_hat)) / Y.shape[0]

def prepend_bias(X):
    return np.insert(X, 0, 1, axis=1)

def forward(X, w1, w2):
    h = sigmoid(np.matmul(prepend_bias(X), w1))
    y_hat = softmax(np.matmul(prepend_bias(h), w2))
    return (y_hat, h)

def back(X, Y, y_hat, w2, h):
    w2_gradient = np.matmul(prepend_bias(h).T, (y_hat - Y)) / X.shape[0]
    w1_gradient = np.matmul(prepend_bias(X).T, np.matmul(y_hat - Y, w2[1:].T)
                            * sigmoid_gradient(h)) / X.shape[0]
    return (w1_gradient, w2_gradient)

def classify(X, w1, w2):
    y_hat, _ = forward(X, w1, w2)
    labels = np.argmax(y_hat, axis=1)
    return labels.reshape(-1, 1)

def initialize_weights(n_input_variables, n_hidden_nodes, n_classes):
    w1_rows = n_input_variables + 1
    w1 = np.random.randn(w1_rows, n_hidden_nodes) * np.sqrt(1 / w1_rows)

    w2_rows = n_hidden_nodes + 1
    w2 = np.random.randn(w2_rows, n_classes) * np.sqrt(1 / w2_rows)

    return (w1, w2)

def report(iteration, X_train, Y_train, X_test, Y_test, w1, w2):
    y_hat, _ = forward(X_train, w1, w2)
    training_loss = loss(Y_train, y_hat)
    classifications = classify(X_test, w1, w2)
    accuracy = np.average(classifications == Y_test) * 100.0
    print("Iteration: %5d, Loss: %.8f, Accuracy: %.2f%%" %
          (iteration, training_loss, accuracy))

def train(X_train, Y_train, X_test, Y_test, n_hidden_nodes, iterations, lr):
    n_input_variables = X_train.shape[1]
    n_classes = Y_train.shape[1]
    w1, w2 = initialize_weights(n_input_variables, n_hidden_nodes, n_classes)
```

```
    for iteration in range(iterations):
        y_hat, h = forward(X_train, w1, w2)
        w1_gradient, w2_gradient = back(X_train, Y_train, y_hat, w2, h)
        w1 = w1 - (w1_gradient * lr)
        w2 = w2 - (w2_gradient * lr)
        report(iteration, X_train, Y_train, X_test, Y_test, w1, w2)
    return (w1, w2)

import mnist
w1, w2 = train(mnist.X_train, mnist.Y_train,
               mnist.X_test, mnist.Y_test,
               n_hidden_nodes=200, iterations=10000, lr=0.01)
```

In der letzten Zeile musste ich die Hyperparameter festlegen. Bei der Anzahl der verdeckten Knoten war das einfach, da wir uns schon für 200 zuzüglich des vom Netz automatisch hinzugefügten Bias entschieden hatten. Dagegen hat es mich einige Zeit gekostet, einen brauchbaren Wert für `lr` zu finden. Ich musste dazu mehrere Lernraten ausprobieren und habe daraus diejenige ausgewählt, die zum niedrigsten Verlust führt. Gegen Ende von Teil II werden wir noch eine systematischere Vorgehensweise zur Auswahl der Werte für die Hyperparameter kennenlernen.

Hier nun sind endlich die Ergebnisse der Ausführung dieses Netzes:

```
Iteration:    0, Loss: 2.38746031, Accuracy: 13.61%
Iteration:    1, Loss: 2.34527197, Accuracy: 15.00%
...
Iteration: 9999, Loss: 0.14668400, Accuracy: 93.25%
```

In Kapitel 7, »*Die große Herausforderung*«, mussten wir feststellen, dass wir mit unserem Perzeptron keine Genauigkeit von 92 % erreichen konnten, wie lange wir es auch immer trainierten. Unser neuronales Netz muss mehr Berechnungen durchführen als das Perzeptron, sodass es etwas länger braucht, um auf 90 % zu kommen, aber danach macht es weiter und wird noch besser. Nach einigen Stunden erreicht es schon eine Genauigkeit von mehr als 93 % für die Erkennung von MNIST-Zeichen. Das ist schon nicht schlecht, liegt aber immer noch weit von unserem anspruchsvollen Ziel von 99 % entfernt.

Falls Sie meine Begeisterung für die Verbesserung um 1 % nicht teilen, schauen Sie sich die Sache einmal aus einem anderen Blickwinkel an: Das Perzeptron nimmt in 8 % der Fälle eine Fehlklassifizierung vor, unser Netzwerk dagegen in weniger als 7 %. In einem Produktivsystem kann dies schon einen erheblichen Unterschied ausmachen. Und dies ist erst der Anfang. In den nächsten Kapiteln werden wir die Genauigkeit noch viel höher schrauben.

Zusammenfassung

In diesem Kapitel haben Sie die *Backpropagation* kennenlernt, einen Algorithmus zur Berechnung der Gewichtsgradienten in einem neuronalen Netz. Diese Gradienten geben den Einfluss an, den die einzelnen Gewichte auf den Gesamtverlust nehmen.

Jede Trainingsiteration in einem neuronalen Netz pendelt zwischen den beiden folgenden Schritten hin und her:

1. *Forward-Propagation*: Das Netz berechnet jede Schicht aus der vorherigen, wobei es sich von der Eingabeschicht zur Ausgabeschicht $\hat{y}$ bewegt.
2. *Backpropagation*: Das Netz bewegt sich von der Ausgabeschicht zu den Gewichten zurück und berechnet dabei deren Gradienten mithilfe der *Kettenregel*. Anschließend folgt sie diesen Gradienten, um den Verlust zu verringern und $\hat{y}$ stärker an die Grundwahrheit y anzunähern.

Sie haben außerdem erfahren, dass sich neuronale Netze nicht gut trainieren lassen, wenn alle Gewichte denselben Wert haben. Daher müssen Sie die Gewichte mit zufälligen Werten initialisieren, um *die Symmetrie aufzubrechen*. Diese Anfangswerte müssen außerdem klein sein, um Probleme wie *Überläufe* und *tote Neuronen* zu vermeiden.

Damit können wir diese Kapiteltrilogie zur Konstruktion eines neuronalen Netzes abschließen. Nach all diesen Feinarbeiten haben wir uns eine kleine Erholungspause verdient. Im nächsten Kapitel betrachten wir das Gesamtbild. Insbesondere wollen wir uns mit einer Frage beschäftigen, die wir bis jetzt noch nicht richtig beantwortet haben: Wie funktionieren neuronale Netze eigentlich?

Praktische Übung: Fehlstart

Im Abschnitt »*Gefährliche Symmetrie*« auf *Seite 166* haben Sie gelernt, dass die Gewichte eines neuronalen Netzes nicht alle mit demselben Wert initialisiert werden dürfen. Probieren Sie selbst aus, was passiert, wenn wir diesen Ratschlag nicht beherzigen.

Um alle Gewichte mit 0 zu initialisieren, können Sie die NumPy-Funktion `zeros()` verwenden. Das folgende Beispiel zeigt, wie Sie eine Matrix mit zwei Zeilen und drei Spalten erstellen können, die nur aus Nullen besteht:

```
np.zeros((2, 3))     ⇛
array([[ 0., 0., 0.],     ⋘
       [ 0., 0., 0.]])
```

Der Parameter von `zeros()` steht in seinen eigenen Klammern, weil er ein Tupel ist, also eine unveränderbare Zusammenstellung von Werten. (Wir werden im Abschnitt »*Datenstrukturen*« auf *Seite 330* noch genauer auf Tupel eingehen.) Hier hat das Tupel zwei Werte, bei denen es sich um die Anzahl der Zeilen bzw. Spalten in der Matrix handelt.

Initialisieren Sie die Gewichte mit 0 und führen Sie dann einige Iterationen des Netzes aus. Vergleichen Sie das Ergebnis mit dem eines zufällig initialisierten Netzes. Versuchen Sie auch, die Anzahl der verdeckten Knoten in dem mit 0 initialisierten Netz zu verringern. Führt das zu einem signifikanten Unterschied bei der Genauigkeit?

Beobachten Sie abschließend das mit 0 initialisierte Netz während des Trainings. Beispielsweise könne Sie wie folgt zehn Zeilen aus der Mitte von w_1 und w_2 ausgeben:

```
print(w1[120:130])
print(w2[120:130])
```

Was stellen Sie fest?

12 Funktionsweise von Klassifizierern

Den Großteil dieses Buchs haben wir darauf verwendet, Klassifizierer zu erstellen – zunächst ein Perzeptron und in den letzten Kapiteln ein neuronales Netz. Trotzdem ist es schwierig, intuitiv zu begreifen, was in einem Klassifizierer vor sich geht. Warum funktionieren Perzeptrone bei einigen Datensätzen gut und bei anderen nicht? Was haben neuronale Netze, das Perzeptrone nicht haben? Diese Fragen lassen sich nur schwer beantworten, da wir keine anschauliche Vorstellung davon haben, wie ein Klassifizierer seine Arbeit erledigt.

In diesem Kapitel geht es darum, eine solche anschauliche Vorstellung zu entwickeln. Mithilfe eines neuen Konzepts, nämlich der *Entscheidungsgrenze*, wollen wir bildlich darstellen, wie Perzeptrone und neuronale Netze die Welt sehen. Diese Einsichten sind nicht nur wissenschaftlich interessant, sondern erleichtern es uns auch, neuronale Netze zu erstellen und zu optimieren.

Zu Anfang betrachten wir dabei wieder das Perzeptron.

Eine Entscheidungsgrenze einzeichnen

Um die Klassifizierung anschaulich erklären zu können, brauchen wir einen Datensatz, der sich auf einfache Weise grafisch darstellen lässt. MNIST mit ihrer verwirrenden Vielzahl von Hunderten von Dimensionen ist dafür viel zu kompliziert. Stattdessen betrachten wir eine einfachere und anschaulichere Datenmenge:

12_classifiers/linearly_separable.txt

```
Input_A             Input_B             Label
-0.470680718301     -1.905835436960     1
0.9952553595720     1.4019246363100     0
-0.903484238413     -1.233058043620     1
-1.775876322450     -0.436802254656     1
```

Dies sind nur die ersten Zeilen. Die Datei enthält insgesamt 300 Beispiele aus jeweils zwei Eingabevariablen und einem binären Label. Ich habe ein Programm geschrieben, um diese Daten grafisch auszugeben. (Sie finden es unter dem Namen `plot_data.py` im Begleitcode zu diesem Buch.) Es fasst die beiden Eingabevariablen als Koordinaten auf und markiert jeden Punkt entsprechend seinem Label, nämlich mit einem blauen Quadrat für 0 und einem grünen Dreieck für 1, wie der folgende Graph zeigt:

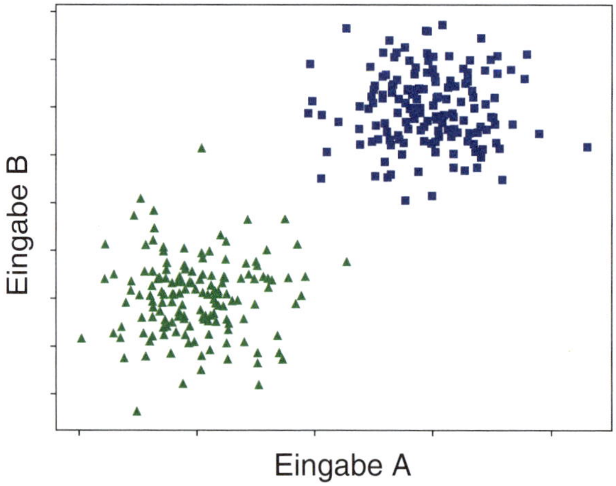

Diese beiden Klassen sind sauber getrennt. Wir könnten sogar eine Gerade einzeichnen, um die blauen Quadrate und die grünen Dreiecke voneinander abzusetzen. In »*Die Grenzen von Perzeptronen*« auf *Seite 122* haben wir solche Datenmengen als »linear separierbar« bezeichnet und festgestellt, dass Perzeptrone solche Daten gut lernen können. Das wollen wir überprüfen, indem wir das Perzeptron aus Teil I wieder hervorholen.

Der Code zu diesem Kapitel

Dieses Kapitel ist randvoll mit Diagrammen. Der Code, mit dem ich sie erstellt habe, befindet sich im Verzeichnis `12_classifiers` des Begleitmaterials zu diesem Buchs. Darüber hinaus enthält dieses Verzeichnis unter anderem noch folgende Dinge:

- Zwei Datenmengen in Form von Textdateien: `linearly_separable.txt` und `non_linearly_separable.txt`
- Den Code für unsere Klassifizierer: das Perzeptron (`perceptron.py`) und das neuronale Netz (`neural_network.py`)
- Vier Programme, um die Datenmengen zu laden, die Klassifizierer zu trainieren und deren Entscheidungsgrenzen bzw. Modellfunktionen auszugeben (`plot_perceptron_boundary.py` und `plot_neural_network_boundary.py` sowie `plot_perceptron_model.py` und `plot_neural_network_model.py`)

Den Code für alle Kapitel können Sie von *https://pragprog.com/titles/pplearn/source_code* herunterladen.

Heimspiel für das Perzeptron

Führen wir nun das Perzeptron an der Datenmenge `linearly_separable.txt` aus. Als Erstes lädt und formatiert der Code die Daten:

12_classifiers/plot_perceptron_boundary.py

```
import numpy as np
x1, x2, y = np.loadtxt('linearly_separable.txt', skiprows=1, unpack=True)
X_train = X_test = prepend_bias(np.column_stack((x1, x2)))
Y_train_unencoded = Y_test = y.astype(int).reshape(-1, 1)
Y_train = one_hot_encode(Y_train_unencoded)
```

In »*Trainings- und Testdatensatzsatz*« auf *Seite 96* haben Sie gelernt, dass Sie für ML-Systeme in der Praxis unterschiedliche Datensätze für Training und Test verwenden müssen. Da dies jedoch kein Praxissystem ist, habe ich für die Trainings- und die Testdaten einfach dieselben Beispiele verwendet. Abgesehen davon bereitet der vorstehende Code die Daten jedoch genauso auf wie die MNIST-Daten: Er stellt den Beispielen eine Biasspalte voran, wandelt die Label in Integer um (da `loadtxt()` sie als Fließkommazahlen zurückgibt) und codiert sie nach dem 1-aus-n-Verfahren.

Anschließend können wir unser Perzeptron auf diese Daten loslassen:

```
import perceptron
w = perceptron.train(X_train, Y_train,
                     X_test, Y_test,
                     iterations=10000, lr=0.1)
```

Dadurch erhalten wir Folgendes:

```
0 - Loss: 1.38629436111989057245, 50.00%
1 - Loss: 1.29274511217352139347, 100.00%
...
9999 - Loss: 0.00702079217010578415, 100.00%
```

Es zeigt sich, dass 10.000 Iterationen schon zu viel waren: Schon nach einer einzigen hat das Perzeptron bei diesen Daten absolute Genauigkeit erzielt! Das war zu erwarten, da Perzeptrone linear separierbare Daten lieben. Warum das so ist, wollen wir uns nun anschaulich begreiflich machen.

Klassifizierung verstehen

In »*Was ist mit der Modellfunktion geschehen?*« auf *Seite 87* haben wir die Modellfunktion eines binären Klassifizierers grafisch dargestellt. Das wollen wir nun auch für den Klassifizierer tun, den wir gerade eben verwendet haben. Der folgende Graph zeigt, wie die Modellfunktion am Ende der Trainingsphase aussieht:

Die sigmoide Oberfläche ist die Modellfunktion des Klassifizierers. Das Perzeptron hat diese Oberfläche in der Trainingsphase generiert, indem es die Parameter des Modells angepasst hat, um sie den Datenpunkten anzunähern. Wenn Sie genau hinsehen, können Sie die blauen Quadrate und grünen Dreiecke erkennen, an die sich das Modell anzunähern versucht.

In der Vorhersagephase wendet der Klassifizierer dieses Modell auf willkürliche Punkte an, also auf willkürliche Werte für die Eingaben `A` und `B`. Für einen solchen Punkt gibt das Modell einen Wert von $\hat{y}$ zwischen 0 und 1 aus, den der

Klassifizierer auf die nächstliegende Ganzzahl rundet. Werte unter 0,5 werden zu 0 abgerundet und als blaue Quadrate klassifiziert, Werte über 0,5 zu 1 aufgerundet und als grüne Dreiecke eingestuft.

Sie können sich jetzt eine unsichtbare Grenze vorstellen, die diese beiden Klassen trennt. Sie besteht aus den Punkten, an denen der Wert von $\hat{y}$ genau 0,5 ist. Dies ist die sogenannte *Entscheidungsgrenze*, da die Klassifizierung eines Punkts als blaues Quadrat oder grünes Dreieck davon abhängt, auf welcher Seite dieser Grenze er liegt:

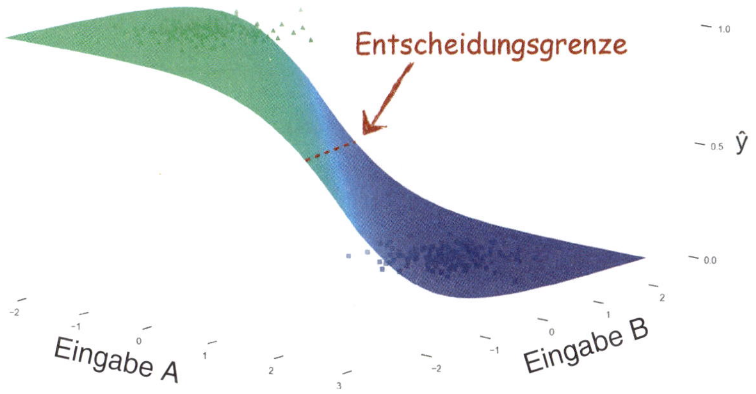

In gewissem Sinne dreht sich die gesamte Arbeit des Klassifizierers um diese Entscheidungsgrenze. Beim Training ermittelt er die Grenze, die die blauen Quadrate von den grünen Dreiecken trennt, und bei der Klassifizierung zieht er diese Grenze für die Entscheidung heran, ob es sich bei einem Datenpunkt um ein blaues Quadrat oder ein grünes Dreieck handelt.

Da sich manche Dinge in zwei Dimensionen besser erkennen lassen, finden Sie im Folgenden noch eine flache Version des vorstehenden Diagramms. Sie zeigt die Bereiche, die als blau oder grün klassifiziert werden, und die Grenze zwischen ihnen:

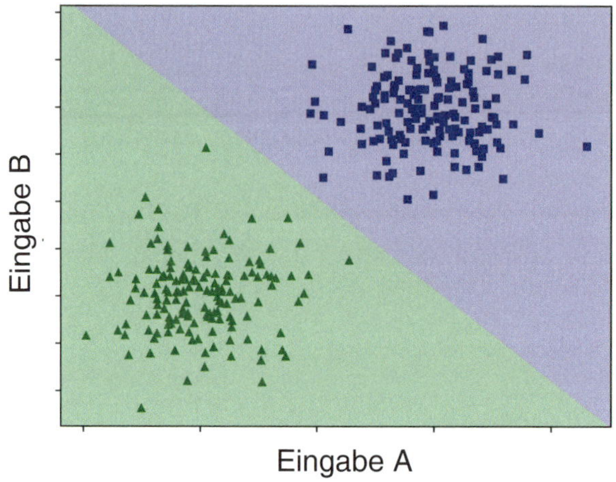

Dieser Graph zeigt deutlich, dass die Entscheidungsgrenze die beiden Klassen sauber trennt: Alle blauen Quadrate befinden sich in der blauen Fläche und alle grünen Dreiecke in der grünen. Wenn wir das Perzeptron auffordern, einen beliebigen Punkt zu klassifizieren, kann es daher mit dem richtigen Label antworten. Bei einer Genauigkeit von weniger als 100 % würden sich einige blaue Quadrate im grünen Bereich befinden oder umgekehrt.

All diese Diagramme dienten jedoch nur zur Einführung der ersten wirklich entscheidenden Erkenntnis in diesem Kapitel: Wie auch immer Sie die Gewichte eines Perzeptrons anpassen, bleibt die Entscheidungsgrenze doch immer eine Gerade. Perzeptrone können nicht mit kurvenförmigen Entscheidungsgrenzen arbeiten.

Damit keine falschen Vorstellungen aufkommen: Ich spreche hier von »Geraden«, da die hier gezeigten Beispiele über zwei Eingabevariablen verfügen. Bei mehr Variablen wäre die Grenze das höherdimensionale Äquivalent einer Geraden, etwa eine Ebene im dreidimensionalen Fall oder eine Hyperebene bei 785 Dimensionen. Der Einfachheit halber nenne ich die Entscheidungsgrenze eines Perzeptrons jedoch für alle diese Fälle salopp eine »Gerade«.

In »*Die Grenzen von Perzeptronen*« auf *Seite 122* haben Sie erfahren, dass Perzeptrone linear separierbare Daten gut klassifizieren können. Jetzt können Sie sich auch anschaulich vorstellen, warum das so ist: Da Perzeptrone nur Geraden als Entscheidungsgrenzen nutzen können, eigenen sie sich nur für Daten dieser Art. Schließlich bedeutet »linear separierbar« nichts anderes, als dass sich die Daten durch eine Gerade aufteilen lassen.

Was aber geschieht, wenn wir ein Perzeptron mit Daten trainieren, die *nicht* linear separierbar sind?

Eine Gerade reicht nicht aus

Hier sehen Sie einige Zeilen aus der zweiten Datendatei:

12_classifiers/non_linearly_separable.txt

```
Input_A             Input_B             Label
0.185872557346525   0.567645715301291   0
0.284770005578376   0.458145376240974   1
0.150041107877389   0.453290078176759   0
```

... und so weiter. Diese Datenmenge sieht genauso aus wie die vorherige. Wenn wir sie aber grafisch darstellen, ergibt sich ein völlig anderes Bild:

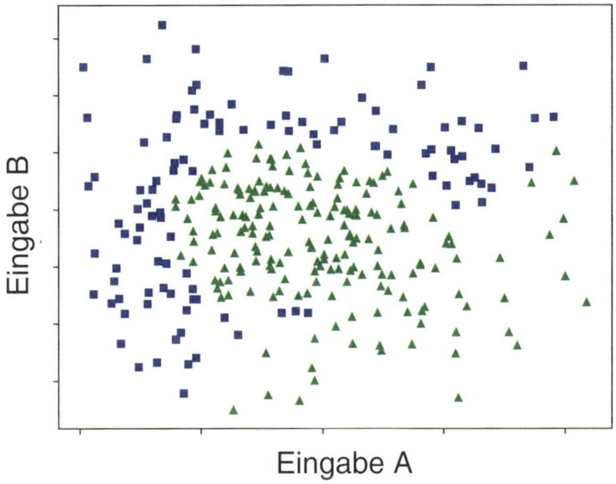

Es gibt keine Möglichkeit, die blauen Quadrate und die grünen Dreiecke durch eine Gerade zu trennen. Wenn Sie ein Perzeptron mit diesen Daten trainieren, müht es sich schwer ab:

```
0 - Loss: 1.38629436111989057245, 36.00%
1 - Loss: 1.38092065346487014033, 64.00%
...
9999 - Loss: 1.09745315956710487448, 73.33%
```

Ich habe das noch mit mehr Iterationen und verschiedenen Werten für `lr` ausprobiert, aber vergebens: Niemals konnte ich auch nur eine Genauigkeit von 80 % erreichen. Der Grund für diese schwache Leistung wird deutlich, wenn wir die Entscheidungsgrenze des Perzeptrons grafisch darstellen:

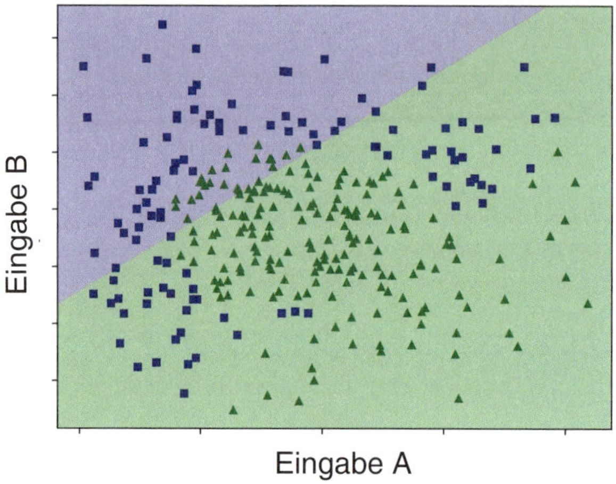

Das Perzeptron hat sich tapfer bemüht, einen Bereich für die blauen Quadrate festzulegen. Allerdings werden immer noch eine Menge blauer Quadrate fälschlich als grüne Dreiecke klassifiziert.

Das ist der Grund, aus dem Perzeptrone nur bei linear separierbaren Daten gut funktionieren. Allerdings sind wir ja nicht auf Perzeptrone beschränkt. Wenden wir uns daher unserem neuesten und bisher besten Klassifizierer zu, dem neuronalen Netz.

Die Entscheidungsgrenze krümmen

Wie sieht die Entscheidungsgrenze aus, wenn wir von einem Perzeptron zu einem neuronalen Netz übergeben?

Wenn Sie sich die Mühe machen, das neuronale Netz mit den linear separierbaren Daten zu trainieren, erhalten Sie dieselbe perfekte Genauigkeit wie mit dem Perzeptron und eine ähnlich geradlinige Entscheidungsgrenze. Richtig interessant wird es dagegen bei der zweiten Datenmenge.

Der Code zum Trainieren des neuronalen Netzes mit den nicht linear separierbaren Daten sieht wie folgt aus:

12_classifiers/plot_neural_network_boundary.py

```
import numpy as np
import neural_network as nn
x1, x2, y = np.loadtxt('non_linearly_separable.txt', skiprows=1, unpack=True)
X_train = X_test = np.column_stack((x1, x2))
Y_train_unencoded = Y_test = y.astype(int).reshape(-1, 1)
Y_train = one_hot_encode(Y_train_unencoded)
w1, w2 = nn.train(X_train, Y_train,
                  X_test, Y_test,
                  n_hidden_nodes=10, iterations=100000, lr=0.3)
```

Dieser Code ähnelt sehr stark demjenigen zum Trainieren des Perzeptrons, allerdings gibt es einige kleine Unterschiede. Unter anderem fügt er den Daten keine Biasspalte hinzu, da sich der Code für das Netz darum kümmert. Wie immer habe ich verschiedene Werte für die Hyperparameter ausprobiert, hier für `n_hidden_nodes`, `iterations` und `lr`. Dabei bin ich auf die oben angegebenen Werte gekommen, die einen guten Kompromiss zwischen Trainingszeit und Genauigkeit bildeten.

Die Ergebnisse sehen wie folgt aus:

```
Iteration:     0, Loss: 0.65876824, Accuracy: 64.00%
Iteration:     1, Loss: 0.65505330, Accuracy: 64.00%
...
Iteration: 99999, Loss: 0.05917079, Accuracy: 97.00%
```

Das sieht doch schon viel besser aus! Der Grund für die erhöhte Genauigkeit wird offensichtlich, wenn wir das Modell des neuronalen Netzes grafisch darstellen:

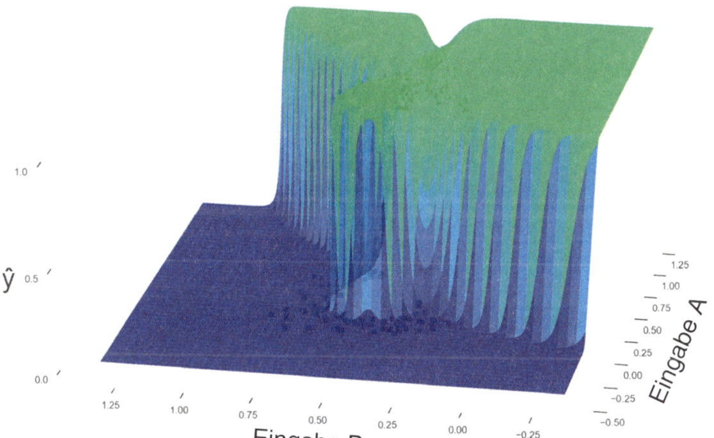

Das ist eine ziemlich zerklüftete Landschaft. Im Gegensatz zum Perzeptron kann das neuronale Netz sein Modell viel ungehinderter biegen und verzerren, um dessen Form an die der Daten anzunähern.

Siehe »The Math of Multiple Layers« auf ProgML.

Diese Freiheit rührt daher, dass das neuronale Netz mehrere Schichten aufweist. Das Perzeptron ist letzen Endes nur eine einfache gewichtete Summe gefolgt von einer Sigmoiden, weshalb das Modell immer wie eine Sigmoide aussieht. Durch die Aneinanderreihung mehrerer Perzeptrone kann das neuronale Netz diese Einschränkung überwinden. Eine ausführlichere Erklärung, warum die größere Anzahl der Schichten dem Netz erlaubt, solche zerklüfteten Modelle zu gestalten, finden Sie auf ProgML[1].

Damit haben wir die zweite wichtige Erkenntnis dieses Kapitels gewonnen: Das Modell eines neuronalen Netzes lässt sich auf eine Weise verformen, die bei beim Modell eines Perzeptrons nicht möglich ist. Dadurch kann die Entscheidungsgrenze eines neuronalen Netzes auch eine Kurve sein. Wenn Sie die Modellfunktion unseres Netzes beispielsweise dort abschneiden, wo $\hat{y}$ den Wert 0,5 hat, erhalten Sie die folgende Grenze:

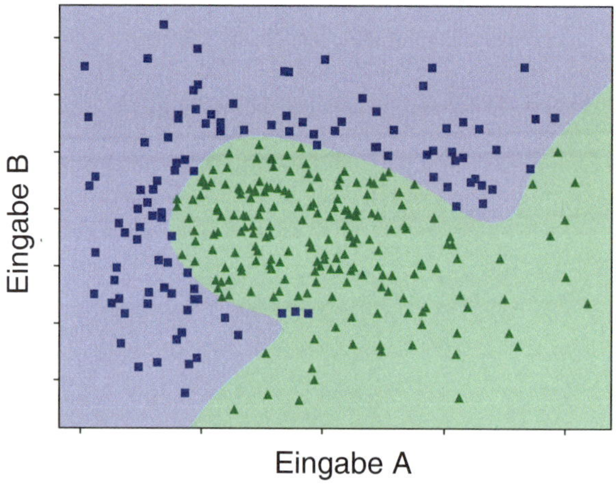

Das neuronale Netz hat seine Aufgabe, die Grenze zwischen blauen Quadraten und grünen Dreiecken zurechtzubiegen, mit Bravour erledigt. Nur eine Handvoll Punkte sind falsch klassifiziert.

Nun haben Sie mit Ihren eigenen Augen gesehen, warum neuronale Netze Perzeptrone weit hinter sich lassen.

Zusammenfassung

In diesem Kapitel haben Sie einen wichtigen Begriff kennengelernt: die *Entscheidungsgrenze* eines Klassifizierers. In der Trainingsphase formt der Klassifizierer die Entscheidungsgrenze, die die Klassen in den Datensätzen voneinander trennt, und in der Klassifizierungsphase stuft er die Daten danach ein, auf welcher Seite der Grenze sie liegen.

Diese Grenze zeigt auch anschaulich, warum ein neuronales Netz im Allgemeinen weit leistungsfähiger ist als ein Perzeptron. Da Perzeptrone nur gerade Entscheidungsgrenzen zeichnen können, funktionieren sie nur bei linear separier-

1. *https://www.progml.com*

baren Daten gut. Ein neuronales Netz dagegen kann seine Entscheidungsgrenze um verschlungene Daten herum krümmen.

Angesichts dessen mögen Sie sich jetzt fragen, warum unser neuronales Netz das Perzeptron bei der Klassifizierung der MNIST-Daten nicht schlagen konnte. Nun, in den nächsten drei Kapiteln werden wir dieses Netz noch optimieren, um sein Potenzial voll auszuschöpfen.

Praktische Übung: Albtraumdaten

Im Quellcodeverzeichnis zu diesem Kapitel finden Sie noch einen weiteren Datensatz namens `circles.txt`. Bearbeiten Sie die Datei `plot_data.py` so, dass sie diese Datenmenge lädt, und führen Sie sie aus, um sich diese Daten anzusehen. Ich kann Ihnen jetzt schon verraten, dass sie so linear unseparierbar sind wie nur möglich.

Passen Sie anschließend das Programm `plot_perceptron_boundary.py` so an, dass es `circles.txt` lädt, und führen Sie es aus. Wie sieht die Entscheidungsgrenze des Perzeptrons aus? Wiederholen Sie den Vorgang nun mit `plot_neural_network_boundary.py` und `plot_neural_network_model.py`. Wie gut kann das neuronale Netz mit diesen Daten umgehen?

13 Das Mini-Batch-Verfahren

Mit dem Gradientenverfahren sind Sie mittlerweile gut vertraut. In diesem Kapitel lernen Sie eine verbesserte Variante kennen: das *Mini-Batch-Gradientenverfahren*.

Es ist etwas komplizierter als das normale Gradientenverfahren, konvergiert gewöhnlich aber schneller, was bedeutet, dass es sich dem Verlustminimum schneller annähert und damit das Training beschleunigt. Darüber hinaus belegt es weniger Speicher und findet manchmal sogar einen geringeren Verlust als die reguläre Vorgehensweise. Nach der Lektüre dieses Kapitels werden Sie das einfache Gradientenverfahren wahrscheinlich nie wieder verwenden.

Vielleicht fragen Sie sich, warum wir uns hier auf die Trainingsgeschwindigkeit konzentrieren, obwohl doch viel dringendere Probleme anliegen, insbesondere die Genauigkeit unseres neuronalen Netzes, die immer noch enttäuschend ist. Sie liegt zwar höher als beim Perzeptron, aber immer noch deutlich unter unserem angestrebten Wert von 99 % für MNIST-Daten. Sollten wir nicht dafür sorgen, dass das Netz erst genauer wird, bevor wir uns daran machen, es zu beschleunigen? Schließlich ist »vorzeitige Optimierung [...] die Wurzel allen Übels«, wie Donald Knuth es formulierte.[1]

1. *en.wikiquote.org/wiki/Donald_Knuth*

Es gibt jedoch einen Grund, uns schon jetzt mit der Beschleunigung des Trainings zu befassen. Nur ein paar Kapitel weiter werden wir versuchen, uns langsam dem Ziel von 99 % anzunähern, indem wir das Netz iterativ verbessern. Dazu optimieren wir die Hyperparameter, trainieren das Netz und wiederholen diesen Vorgang immer wieder, bis wir mit dem Ergebnis zufrieden sind. Jede dieser Iterationen kann aber Stunden dauern. Daher ist es besser, den Vorgang zu beschleunigen, da wir sonst Tage für die Optimierung brauchten.

Des Weiteren mögen Sie sich wundern, warum wir nach einem alternativen Algorithmus Ausschau halten, anstatt den zu beschleunigen, den wir bereits verwenden. Der Grund dafür ist, dass wir schon bald nicht mehr unseren eigenen Backpropagation-Code schreiben, sondern auf hochgradig optimierte ML-Bibliotheken zurückgreifen werden. Anstatt also den Code zu optimieren, den wir in Kürze ohnehin über Bord werfen, konzentrieren wir uns lieber auf Techniken, die auch dann noch Gültigkeit haben, wenn wir Bibliotheken nutzen.

Eine dieser Techniken ist das Mini-Batch-Gradientenverfahren. Bevor wir uns ansehen, was es damit auf sich hat, müssen wir uns jedoch darüber klarwerden, was beim Training eines neuronalen Netzes eigentlich geschieht.

Der Lernvorgang grafisch dargestellt

Um das Training zu beschleunigen, müssen wir ausführlicher verstehen, wie es funktioniert. Werfen wir daher einen genaueren Blick darauf, wie sich der Verlust und die Genauigkeit beim Training ändern.

Wir wissen, dass der Verlust beim Training sinkt und die Genauigkeit steigt. Die nackten Zahlen verraten uns jedoch nicht alles. Um den Verlust und die Genauigkeit anschaulich darzustellen, habe ich unser neuronales Netz so angepasst, dass es den Verlust und die Genauigkeit bei jeder Iteration speichert und zwei Listen mit dem Verlauf dieser beiden Werte zurückgibt. Ich habe das Netz trainiert, um die Veränderungen zu erfassen, und den Verlauf dann über 30 Iterationen ausgegeben. (Den Code dafür finden Sie in `batching/plot_loss.py`.)

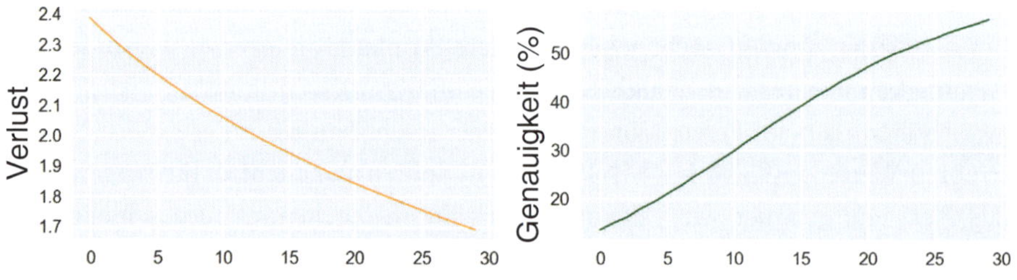

Diese Diagramme zeigen das zu erwartende Bild: Während wir das Netz trainieren, sinkt der Verlust und steigt die Genauigkeit. Allerdings sagt uns das immer noch nicht, wie gut das Netz lernt. Beispielsweise können wir erkennen, dass die Genauigkeit nach 30 Iterationen immer noch bei nur 60 % liegt. Ist das bereits ein Vorzeichen eines Fehlschlags oder der erste Schritt zum Erfolg? Das können wir erst durch längeres Training erfahren.

Trainieren wir das System also 1.000 Iterationen lang. Allerdings sollten Sie sich vorher etwas zu essen holen, denn auf meinem Laptop hat es fast eine halbe Stunde gedauert. Dabei kam Folgendes heraus:

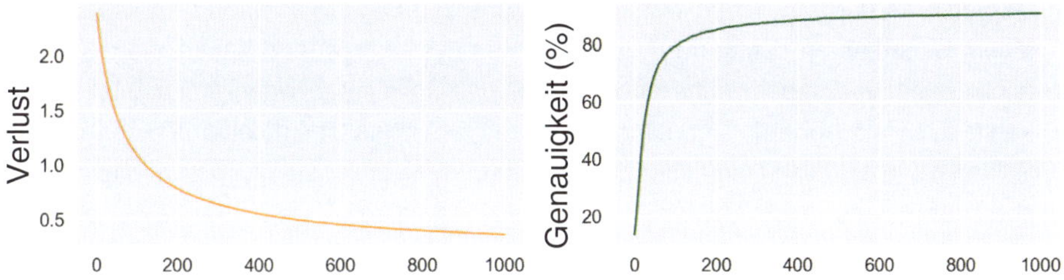

Diese Diagramme sind schon viel aussagekräftiger als die vorherigen. Es scheint, dass der Verlust einen *asymptotischen* Verlauf nimmt: Er fällt während der ersten Iterationen schnell und nähert sich dann dem idealen Minimalwert an, ohne ihn jemals ganz zu erreichen. Die Genauigkeit folgt einem ähnlichen Verlauf, allerdings aufwärts.

Wenn Sie genau hinsehen, werden Sie jedoch feststellen, dass die Genauigkeit unseren angestrebten Wert von 99 % niemals erreichen wird, wie lange wir das Netz auch immer trainieren. Am Ende von Kapitel 11, »*Das Netz trainieren*«, lag die Genauigkeit nach 10.000 Iterationen immer noch bei lediglich 93 %. Mit dem vorstehenden Diagramm hätten wir das schon nach den ersten tausend Iterationen abschätzen können.

Um die unerreichbaren 99 % dennoch erreichen zu können, müssen wir die Hyperparameter des Netzes anpassen. Dabei stoßen wir auf das Problem, das ich schon am Anfang dieses Kapitels erwähnt habe: Einerseits müssen wir das Netz längere Zeit trainieren, um abschätzen zu können, wie gut es sich macht, auf der anderen Seite aber müssen wir es auch mehrmals trainieren, um es zu optimieren. Einen langsamen Vorgang häufig durchzuführen, ist allerdings ziemlich mühselig. Es wäre schön, wenn wir schon früh eine Rückmeldung erhielten, denn dann könnten wir schnell sehen, in welche Richtung die Genauigkeit läuft, und das Training abbrechen, wenn wir feststellen, dass es sinnlos ist.

Zum Glück können wir dieses Problem jedoch mit einer anderen Vorgehensweise beim Gradientenabstieg lösen.

Der unterschiedliche Verlauf von Verlust und Genauigkeit

Bei den Verläufen von Verlust und Genauigkeit in unserem neuronalen Netz zeigt sich ein kleiner Unterschied: Der Verlust ist *streng monoton fallend*, d. h., er fällt stets von einer Iteration zur nächsten. Dagegen steigt die Genauigkeit zwar im Laufe der Zeit, aber nicht zwangsläufig bei jeder Iteration. Manchmal bleibt sie auch unverändert, und hin und wieder kann sie sogar kurzzeitig sinken. Warum ist das so?

Der Verlust muss bei jedem Schritt sinken, da es genau das ist, was das Gradientenverfahren macht: Es wandert am Verlustgradienten abwärts und findet bei jedem Schritt einen geringeren Wert. In einem der kommenden Kapitel werden wir noch sehen, dass eine falsche Konfiguration das Gradientenverfahren dazu bringen kann, zu einem höheren Verlust aufzusteigen, aber das ist ein seltener Sonderfall. Sollten wir tatsächlich einmal beobachten, dass der Verlust steigt, so ist das ein Zeichen dafür, dass wir die Hyperparameter unseres Netzes ändern oder den Code für das Gradientenverfahren debuggen müssen.

Während der Verlust einen stetigen Verlauf nimmt, ist die Genauigkeit diskret, denn sie hängt davon ab, wie viele Textbeispiele korrekt klassifiziert werden. Nach den ersten Minuten des Trainings kann diese Anzahl längere Zeit stabil bleiben, während das Netz seine Gewichte anpasst, um ein weiteres Beispiel korrekt klassifizieren zu können. Die Genauigkeit kann sogar zeitweilig sinken, wenn das Netz eine höhere Fehlerquote bei einem einzigen Beispiel in Kauf nimmt, um sie bei vielen anderen zu senken. Aus diesem Grunde kann die Genauigkeit, obwohl sie langfristig steigt, vorübergehend konstant verlaufen oder sogar auf und ab schwanken.

Kurz gesagt: Beim Gradientenverfahren sinkt der Verlust normalerweise bei jedem Schritt, während die Genauigkeit zwar steigt, aber nicht unbedingt bei jedem Schritt.

Diese Regeln gelten allerdings nur für das einfache Gradientenverfahren und nicht unbedingt für die Varianten, die wir uns nun ansehen werden. Insbesondere werden wir die Vorstellung aufgeben müssen, dass der Verlust von einem Schritt zum nächsten stets sinkt.

Batch für Batch

Das Gradientenverfahren, das wir bisher betrachtet haben, wird auch als *Batch-Gradientenabstieg* bezeichnet, da es alle Trainingsbeispiele zu einer großen Menge bündelt und dann den Verlustgradienten für diesen gesamten Posten (»Batch«) berechnet. Eine gängige Alternative ist das *Mini-Batch-Gradientenverfahren*. Die Bezeichnung gibt schon einen Hinweis darauf, wie es funktioniert: Es teilt die Trainingsdaten in kleinere »Batches« auf und geht dann für jedes Batch einen Schritt am Gradienten abwärts.

Vielleicht wundern Sie sich jetzt, warum kleinere Batches das Training beschleunigen sollen. Um diese Frage zu beantworten, wollen wir das Verfahren implementieren und ausprobieren.

Batches erstellen

In den meisten Fällen müssen wir die Datenmenge durcheinanderwürfeln, bevor wir sie in Batches aufteilen. Dadurch sorgen wir dafür, dass jedes Batch eine gute Mischung von Beispielen enthält, also nicht alle Beispiele einer bestimmten Art in einem Batch versammelt sind. Da MNIST jedoch bereits in einem durcheinandergewürfelten Zustand vorliegt, können wir die Trainingsdaten unmittelbar aufteilen. Dazu verwenden wir die folgende Funktion:

```
def prepare_batches(X_train, Y_train, batch_size):
    x_batches = []
    y_batches = []
    n_examples = X_train.shape[0]
    for batch in range(0, n_examples, batch_size):
        batch_end = batch + batch_size
        x_batches.append(X_train[batch:batch_end])
        y_batches.append(Y_train[batch:batch_end])
    return x_batches, y_batches
```

Dieser Code durchläuft eine Schleife vom Index 0 bis zur Anzahl der Schulungsbeispiele, wobei die Schrittweite der Batchgröße entspricht. Anschließend bildet er einen Slice von `X_train` als Batch der Beispiele und hängt dieses Batch an eine Liste an. Das Gleiche geschieht mit `Y_train`. Am Ende stehen zwei Listen mit den Batches, in die die Trainingsdaten zerlegt wurde, wobei jedes Batch selbst eine Liste ist.

Das letzte Batch in der Liste kann kleiner als die angegebene Batchgröße sein. Wenn wir die Funktion mit einer Batchgröße von 10 für einen Trainingsdatensatz von 103 Elementen aufrufen, dann gibt sie zwei Listen mit je elf Batches zurück, wobei die letzten jeweils nur drei Elemente enthalten. Das ist aber kein Problem, denn beim Mini-Batch-Verfahren spielt es keine Rolle, ob die Batches alle dieselbe Größe haben.

Damit können wir nun die Funktionen `report()` und `train()` unseres neuronalen Netzes so abändern, dass sie das Mini-Batch-Verfahren nutzen. Wie üblich markieren die Pfeile die geänderten Zeilen:

13_batching/neural_network.py

```
def report(epoch, batch, X_train, Y_train, X_test, Y_test, w1, w2):   <
    y_hat, _ = forward(X_train, w1, w2)
    training_loss = loss(Y_train, y_hat)
    classifications = classify(X_test, w1, w2)
    accuracy = np.average(classifications == Y_test) * 100.0
    print("%5d-%d > Loss: %.8f, Accuracy: %.2f%%" %   <
          (epoch, batch, training_loss, accuracy))   <

def train(X_train, Y_train, X_test, Y_test, n_hidden_nodes,   <
          epochs, batch_size, lr):   <
    n_input_variables = X_train.shape[1]
    n_classes = Y_train.shape[1]

    w1, w2 = initialize_weights(n_input_variables, n_hidden_nodes, n_classes)
    x_batches, y_batches = prepare_batches(X_train, Y_train, batch_size)
    for epoch in range(epochs):   <
        for batch in range(len(x_batches)):   <
            y_hat, h = forward(x_batches[batch], w1, w2)   <
            w1_gradient, w2_gradient = back(x_batches[batch],   <
                                            y_batches[batch], y_hat, w2, h) <
            w1 = w1 - (w1_gradient * lr)
            w2 = w2 - (w2_gradient * lr)
            report(epoch, batch, X_train, Y_train, X_test, Y_test, w1, w2)  <
    return (w1, w2)
```

Die Funktion `train()` enthält nun zwei ineinander verschachtelte Schleifen. Die innere Schleife stellt dabei einen Schritt des Gradientenabstiegs für ein einzelnes Batch dar. Die äußere Schleife wird als *Epoche* bezeichnet und durchläuft alle Batches in den Trainingsdaten. Anstelle des Hyperparameters `iterations` hat diese Version von `train()` nun zwei, nämlich `epoch` und `batch_size`.

Um den Code zu prüfen, trainieren wir das Netz nun zwei Epochen lang mit einer Batchgröße von 20.000:

```
if __name__ == "__main__":
    import mnist as data
    w1, w2 = train(data.X_train, data.Y_train,
                   data.X_test, data.Y_test,
                   n_hidden_nodes=200, epochs=2, batch_size=20000, lr=0.01)
```

Die erste Zeile in diesem Code (die mit `if` beginnt) ist ein gängiges Python-Idiom und bedeutet, dass der nachfolgende Code nur dann läuft, wenn jemand die Datei als Programm ausführt, also etwa bei der Eingabe `python3 neural_network.py`. Wird die Datei dagegen mit dem Schlüsselwort `import` wie eine Bibliothek geladen, so wird der Code nicht ausgeführt. Da einige der Programme in diesem Kapitel die Datei tatsächlich auf diese Weise importieren, habe ich den Trainingscode mit dem `if`-Idiom abgeschirmt. Mehr über dieses Idiom erfahren Sie in »*Das __main__-Idiom*« auf *Seite 337*.

Wenn wir das neuronale Netz auf diese Weise in Batches trainieren, erhalten wir folgendes Ergebnis:

```
0-0 > Loss: 2.38777852, Accuracy: 13.56%
0-1 > Loss: 2.34556340, Accuracy: 14.99%
0-2 > Loss: 2.30576333, Accuracy: 16.17%
1-0 > Loss: 2.26975858, Accuracy: 17.95%
1-1 > Loss: 2.23549849, Accuracy: 19.46%
1-2 > Loss: 2.20197211, Accuracy: 21.11%
```

Da unsere MNIST-Trainingsdaten 60.000 Beispiele enthalten, umfasst jede Epoche drei Batches.

In der Praxis werden neuronale Netze oft mit kleineren Batches trainieren, teilweise sogar mit einer Größe von nur 16 oder 32 Elementen. Sehen wir uns an, was dabei geschieht.

Training mit Batches

In dem folgenden Experiment trainieren wir unser neuronales Netz mit den MNIST-Daten auf zwei verschiedene Weisen, nämlich einmal mit dem herkömmlichen Gradientenverfahren und einmal mit der Mini-Batch-Variante und einer Batchgröße von 256. Wir führen beide Trainingsvorgänge je 20 Minuten lang aus und vergleichen dann ihren Verlauf.

Für diesen Vergleich könnten wir den Verlauf des Verlusts oder den der Genauigkeit heranziehen. Eigentlich sind wir an der Genauigkeit interessiert, aber der Verlust stellt das zuverlässigere Maß dar, wie ich in »*Der unterschiedliche Verlauf von Verlust und Genauigkeit*« auf *Seite 190* erklärt habe. Aus diesem Grunde wird bei solchen Vergleichen gewöhnlich der Verlust betrachtet, und wir wollen uns ebenfalls daran halten.

Das Diagramm des Verlusts in den beiden Trainingsläufen sieht wie folgt aus:

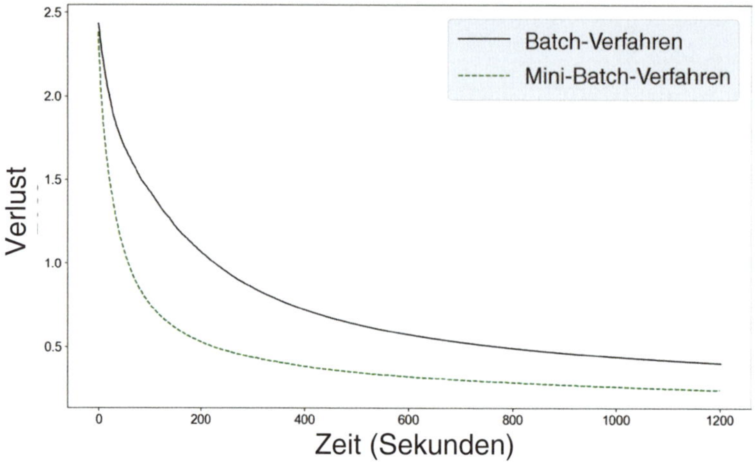

Das Mini-Batch-Verfahren schlägt das Batch-Verfahren mühelos. Gleich von Anfang an rast es den Gradienten abwärts, während das Batch-Verfahren hinterherhinkt. Bereits nach den ersten 200 Sekunden beginnt die Verlustkurve beim Mini-Batch-Verfahren abzuflachen, während der Verlust beim Batch-Verfahren immer noch sinkt. Nach 20 Minuten liegt das Mini-Batch-Verfahren immer noch in Führung.

Über eines müssen wir uns jedoch im Klaren sein: Das Mini-Batch-Verfahren gewinnt zwar den Sprint, aber das muss nicht unbedingt auch für den Marathon gelten. Wenn wir das Experiment noch mehrere Stunden fortsetzen, kann das Batch-Verfahren schließlich aufholen. Kurzfristig gibt uns das Mini-Batch-Verfahren jedoch schneller Rückmeldung, und das ist es, was wir brauchen, wenn wir unser Netz optimieren. Mit dem Mini-Batch-Verfahren dauert es nur wenige Minuten, bis wir erkennen können, wie gut unser Netz lernt. Beim Batch-Verfahren müssten wir viel länger warten.

Warum aber ist das so?

Was geschieht bei verschiedenen Batchgrößen?

Das Mini-Batch-Verfahren erscheint widersinnig. Wieso führen kleinere Batches zu einem schnelleren Training? Die Antwort lautet, dass sie es in Wirklichkeit gar nicht tun. Im Allgemeinen verarbeitet das Mini-Batch-Verfahren die gesamten Trainingsdaten sogar *langsamer* als das Batch-Verfahren, da es die Gradienten aller Batches berechnen muss und nicht nur einen Gradienten für alle Beispiele auf einmal.

Allerdings neigt das Mini-Batch-Verfahren dazu, während der ersten Trainingsiterationen schneller zu *konvergieren*. Während es also mehr Zeit braucht, um die gesamten Trainingsdaten zu verarbeiten, nähert es sich dem Ziel schneller an, wodurch wir die schnellere Rückmeldung erhalten, auf die wir aus sind. Schauen wir uns an, warum das so an.

Ein Zickzackpfad

Um zu zeigen, warum das Mini-Batch-Verfahren schneller konvergiert, habe ich den Gradientenabstieg in einer zweidimensionalen Trainingsdatenmenge grafisch dargestellt. Wie üblich finden Sie die Programme zur Ausgabe dieser Diagramme im Begleitcode zu diesem Kapitel.

Das folgende Diagramm zeigt den Pfad, den das reguläre Batch-Gradientenverfahren in den ersten Dutzend Iterationen nimmt:

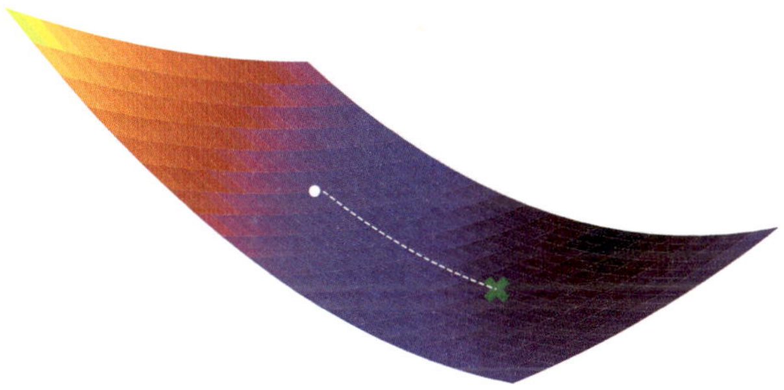

Ein ähnliches Diagramm haben Sie schon bei der Einführung des Gradientenverfahrens gesehen. Die Oberfläche ist eine grafische Darstellung des Verlusts. Bei jeder Iteration berechnet das System den Verlustgradienten der gesamten Trainingsdatenmenge und nimmt einen Schritt in die entgegengesetzte Richtung, wodurch es sich stetig dem Minimum entgegenbewegt.

Sehen wir uns nun an, was geschieht, wenn wir mehrere Batches verwenden. Als Erstes betrachten wir dabei die kleinstmögliche Batchgröße, nämlich 1. Diese extreme Variante des Mini-Batch-Verfahrens wird auch oft als *stochastischer Gradientenabstieg* bezeichnet, wobei »stochastisch« ein Begriff aus der Statistik ist, der so viel wie »zufällig verteilt« bedeutet. Beim stochastischen Gradientenverfahren gehen Sie bei jeder Iteration einen Schritt auf der Grundlage eines einzigen, zufällig ausgewählten Beispiels. In unserem Fall müssen wir nicht einmal ein Beispiel zufällig auswählen, da die MNIST-Datenmenge bereits durcheinandergewürfelt ist. Daher können wir die Beispiele einfach eines nach dem anderen in der vorliegenden Reihenfolge betrachten.

Ein Training mit dem stochastischen Verfahren führt zu folgendem Ergebnis:

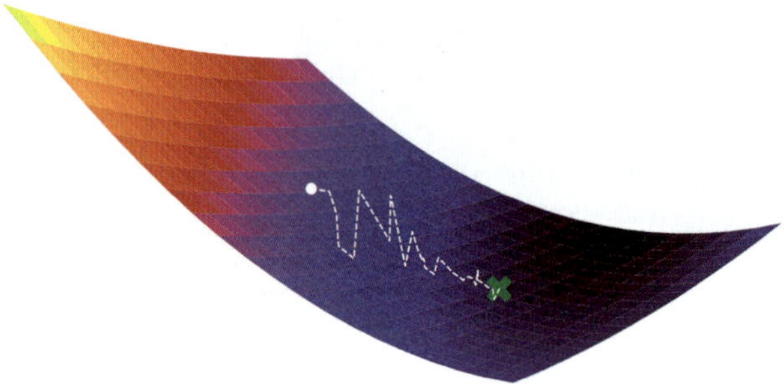

Anstatt sich mit kräftigen Schritten in die Richtung des Minimums zu bewegen, stolpert das stochastische Verfahren abwärts, als wäre der Algorithmus betrunken. Manchmal geht es sogar in die *entgegengesetzte* Richtung. Was geschieht hier?

Für diese erratische Bewegung gibt es einen Grund: Es ist nicht gesagt, dass ein einzelnes Beispiel repräsentativ für die gesamten Trainingsdaten ist. Bei den »typischeren« Beispielen ähnelt die Verlustoberfläche derjenigen der gesamten Datenmenge, weshalb ein Schritt im Gradientenverfahren auch tatsächlich unmittelbar dem Minimum entgegenstrebt. Dagegen kann die Verlustoberfläche bei weniger typischen Beispielen ganz anderes aussehen und das Gradientenverfahren sogar in die falsche Richtung schicken. Aufgrund dieser unsicheren Zickzackbewegung sinkt der globale Verlust nicht unbedingt mit jedem Schritt, wie es beim regulären Gradientenabstieg der Fall ist.

Auch wenn sich das stochastische Verfahren im Zickzack bewegt, führen die meisten Schritte doch grob in Richtung des Minimums. Da bei jedem Schritt nur ein einziges Beispiel betrachtet wird, erfolgen die einzelnen Schritte schnell. Daher konvergiert der Algorithmus schnell, auch wenn er lange Zeit benötigt, um sämtliche Beispiele zu verarbeiten.

Sehen wir uns nun an, was geschieht, wenn wir den Verlust bei jedem Schritt anhand von mehr als einem einzigen Beispiel berechnen.

Große und kleine Batches

Diesmal trainieren wir unser Netz jeweils eine halbe Stunde lang mit vier verschiedenen Batchgrößen:

- 1 (stochastisches Gradientenverfahren)
- 32 (Mini-Batch-Verfahren mit kleinen Batches)
- 128 (Mini-Batch-Verfahren mit größeren Batches)
- 60.000 (Batch-Verfahren mit den gesamten MNIST-Trainingsdaten in einem Batch)

Um Ihnen die Wartezeit zu ersparen, teile ich Ihnen gleich die Ergebnisse mit:

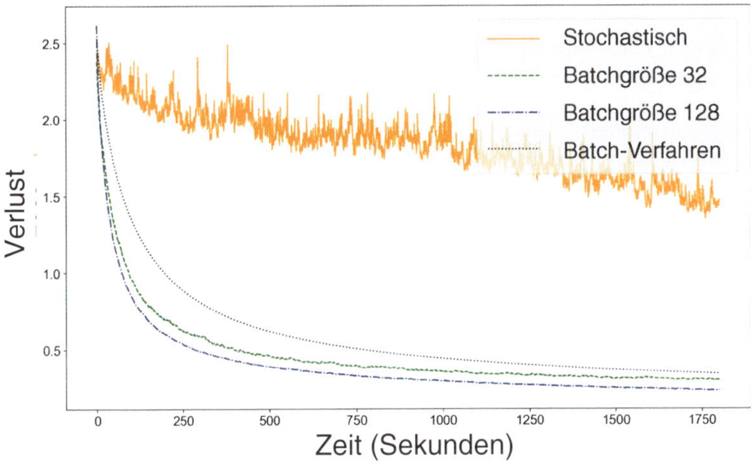

Eines lässt sich auf den ersten Blick erkennen: Das stochastische Verfahren mag sich für andere Probleme eignen, aber nicht für unsere vorliegende Aufgabe und unser Netz. Der Verlust springt hin und her wie ein Grashüpfer mit Koffeinvergiftung und sinkt im Laufe der Zeit auch nicht sehr stark.

Mit zunehmender Batchgröße verläuft der Verlust glatter, denn je mehr Beispiele Sie betrachten, umso wahrscheinlicher ist es, dass ihr durchschnittlicher Verlust dem durchschnittlichen Verlust der gesamten Trainingsdaten nahe kommt. Damit ist es auch wahrscheinlicher, dass jeder Schritt des Gradientenabstiegs näher ans Ziel führt anstatt von ihm weg.

Glatter heißt jedoch nicht unbedingt besser. Das Batchverfahren zeigt einen absolut glatten Verlauf, gibt uns aber weder die schnellste Rückmeldung noch den besten endgültigen Verlust. Schon bei einer Batchgröße von 32 erhalten wir eine schnellere Rückmeldung zu Anfang und einen geringeren Verlust am Ende des Experiments (wobei es jedoch wahrscheinlich ist, dass das Batch-Verfahren langfristig aufholt). Bei der Batchgröße von 128 sieht es sogar noch besser aus: Wir erhalten hier eine hervorragend frühe Rückmeldung und am Ende einen sehr niedrigen Verlust. Zwar wissen wir nicht, was nach einem Training von zehn oder hundert Stunden passiert, aber eine Batchgröße von 128 sieht bis jetzt nach einer guten Wahl aus.

Damit wissen Sie jetzt, was bei der Verwendung unterschiedlicher Batchgrößen jeweils geschieht. Als Nächstes wollen wir uns das Gesamtbild ansehen.

Vor- und Nachteile von Batches

Ich habe das Mini-Batch-Verfahren hier eingeführt, da es schneller konvergiert als das herkömmliche Batch-Verfahren. Dies ist jedoch nicht sein einziger und auch nicht sein wichtigster Vorteil. Sehen wir uns an, welche anderen Gründe es gibt, um Batches zu verwenden – und welche Nachteile das Verfahren aufweist.

Der wichtigste Vorteil des Mini-Batch-Verfahrens besteht darin, dass Sie nicht die gesamte Trainingsdatenmenge im Arbeitsspeicher vorhalten müssen wie beim regulären Gradientenabstieg, sondern die Daten Batch für Batch laden können, wobei die meisten immer offline sind. Wenn diese Sparsamkeit für Sie nicht so attraktiv klingt, dann bedenken Sie einmal die erhebliche Größe der heutzutage üblichen Trainingsdaten. MNIST können Sie noch im Arbeitsspeicher festhalten, aber mit den mehrere Terabyte umfassenden Trainingsdaten, die Google und Facebook verwenden, ist das nicht mehr möglich. Das Mini-Batch-Verfahren erlaubt es aber nicht nur, die einzelnen Batches nacheinander zu laden, sondern auch, sie parallel auf mehreren Kernen oder Servern zu verarbeiten. Beim Übergang von kleinen Experimenten zu großen Praxissystemen kommen Sie am Mini-Batch-Verfahren nicht mehr vorbei.

Es gibt jedoch noch einen weiteren wichtigen Vorteil gegenüber dem regulären Gradientenabstieg. Schon in »*Probleme beim Gradientenverfahren*« auf *Seite 53* habe ich erwähnt, dass das Gradientenverfahren in »Löchern« der Oberfläche stecken bleiben kann, also in lokalen Minima, anstatt das globale Minimum – den tiefsten Punkt der Verlustoberfläche insgesamt – zu erreichen.

Auch das Mini-Batch-Verfahren kann in solche lokalen Minima geraten, aber durch die zufälligen Fluktuationen kann es sich wieder herauswinden und seinen Weg zum globalen Minimum fortsetzen. Aus diesem Grunde resultiert diese Variante des Gradientenabstiegs manchmal in einem geringeren Verlust als das reguläre Verfahren, auch langfristig. Ein geringerer Verlust bedeutet im Allgemeinen auch eine genauere Klassifizierung, sodass dies schon eine wichtige Sache ist.

So toll das Mini-Batch-Verfahren auch ist, so hat es doch auch einige Nachteile. Wie Sie bereits gesehen haben, ist etwas mehr Code dafür erforderlich als für das Batch-Verfahren. Außerdem kommt mit der Batchgröße ein weiterer Hyperparameter hinzu, der eingestellt werden muss. Des Weiteren schwankt der Verlust beim Mini-Batch-Verfahren hin und her. Wenn Sie das Experiment an einer Stelle abbrechen, an der der Verlust gerade relativ hoch ist, können Sie – nur durch einen ungünstigen Zufall! – etwas an Genauigkeit einbüßen. Zu geringe Batchgrößen (wie beim stochastischen Verfahren) können außerdem zu viel des Guten sein. Wie wir bei unserem MNIST-Verfahren gesehen haben, kann es dabei sogar sein, dass das Verfahren nicht mehr konvergiert.

Insgesamt überwiegen die Vorteile des Mini-Batch-Verfahrens aber die Nachteile. In den nächsten Kapiteln werden wir das reguläre Gradientenverfahren über Bord werden und nur noch Mini-Batches verwenden. Sie können jedoch jederzeit zu dem althergebrachten Verfahren zurückkehren, indem Sie `batch_size` auf die Größe der Trainingsdatenmenge setzen.

Zusammenfassung

Seit der Einführung des Gradientenverfahrens haben wir unsere ML-Systeme stets auf dieselbe Weise trainiert: Wir haben für jeden Schritt des Gradientenabstiegs den Verlustgradienten über die gesamte Trainingsdatenmenge berechnet. Diese Vorgehensweise wird auch als *Batch-Gradientenverfahren* bezeichnet.

In diesem Kapitel haben Sie jedoch eine andere Vorgehensweise kennengelernt, nämlich das *Mini-Batch-Gradientenverfahren*. Dabei betrachten wir bei jedem Beispiel den Verlust über eine *Teilmenge* der Beispiele. Eine extreme Spielart ist das *stochastische Gradientenverfahren*, bei dem wir jedes Mal nur den Verlust für ein einziges Beispiel berücksichtigen.

Das Mini-Batch-Verfahren konvergiert gewöhnlich schneller als das Batch-Verfahren und gibt uns dadurch eine frühere Rückmeldung über das Training. Es kann auch »Löchern« in der Verlustoberfläche besser entkommen und damit zu einem geringeren Verlust führen. Schließlich ist es auch ideal für umfangreiche Trainingsdaten geeignet, die nicht mehr in den Arbeitsspeicher passen, und bietet die Möglichkeit, das Training auf mehreren Computern parallel durchzuführen.

Mit dem Mini-Batch-Verfahren sind wir unserem Ziel, unser neuronales Netz zu optimieren und wirklich genau zu machen, einen Schritt näher gekommen. Es gibt nur noch eine Unregelmäßigkeit, um die wir uns kümmern müssen, und die werden wir im nächsten Kapitel ausbügeln.

Praktische Übung: Das kleinste Batch

In »*Große und kleine Batches*« auf *Seite 197* haben wir festgestellt, dass sich das stochastische Gradientenverfahren für unser Problem und unser Netz nicht eignet. Eine Batchgröße von 32 scheint dagegen in Ordnung zu sein.

Was ist die geringste Batchgröße, bei der wir noch eine frühere Rückmeldung erhalten als beim regulären Batch-Verfahren? Finden Sie das selbst heraus, indem Sie die Batchgrößen im Programm `compare_batch_size.py` ändern, das Sie in dem Begleitcode finden.

Es kann auch sein, dass das stochastische Verfahren bei unserer Aufgabenstellung besser funktioniert, wenn wir andere Hyperparameter verwenden. Beispielsweise können Sie eine kleinere Lernrate ausprobieren. Ergibt sich dadurch ein glatterer Verlauf des Verlusts?

14

Die Kunst des Testens

Wir wollen unser neuronales Netz in Kürze optimieren und so genau machen wie nur möglich. Bevor wir das tun können, brauchen wir jedoch einen zuverlässigen Test, um die Genauigkeit messen zu können. Allerdings lauert bei Tests im Bereich Machine Learning ein nicht unmittelbar erkennbarer Fallstrick, der Sie rasch ins Stolpern bringen kann.

Es ist schwer, diesen Fallstrick in wenigen Zeilen zu erklären. Gestatten Sie mir daher, mich hier auf einigen Seiten darüber auszulassen. In diesem Kapitel erfahren Sie, wo sich dieser Fallstrick versteckt und wie Sie ihn umgehen können.

Die Gefahr der Überanpassung

Schon in Teil I haben wir zum Trainieren und zum Testen des Algorithmus immer zwei verschiedene Sets von Beispieldaten verwendet. Ich möchte hier noch einmal darauf eingehen, warum wir für diese beiden Zwecke nicht einfach dieselben Beispiele nehmen.

Stellen Sie sich vor, Sie sind Rechenlehrer in einer Grundschulklasse und haben gerade 60 Multiple-Choice-Fragen zur Multiplikation vorbereitet. Die meisten davon wollen Sie den Schülern als Hausaufgabe stellen. Allerdings möchten Sie abschließend auch einen Test mit zehn dieser Fragen schreiben, um zu prüfen, wie gut die Kinder den Stoff beherrschen.

Also teilen Sie die Fragen in zwei Gruppen auf – Hausaufgaben und Test. Dabei haben Sie zwei Möglichkeiten: Sie können alle 60 Fragen als Hausaufgabe stellen und zehn davon in dem Test wiederverwenden oder nur 50 für die Hausaufgabe verwenden und die restlichen zehn für den Test reservieren. Für welche dieser Vorgehensweisen entscheiden Sie sich?

Es gibt einen wichtigen Grund dafür, die zweite Möglichkeit zu bevorzugen, denn schließlich wollen Sie nicht, dass sich die Kinder die Multiplikationsergebnisse *merken*, sondern dass sie *die Regeln verstehen*. Daher ist es besser, die Kenntnisse anhand von Aufgaben zu prüfen, die die Schüler nicht schon zuvor gesehen haben, denn ansonsten könnten sie die richtigen Antworten ankreuzen, an die sie sich von den Hausaufgaben erinnern.

Das Gleiche gilt auch für das Training eines Systems für überwachtes Lernen. Wenn wir ein Netz darauf trainieren, Fotos von Beagles zu erkennen, dann wollen wir, dass es *beliebige* Beaglefotos identifizieren kann und nicht nur diejenigen, die es während des Trainings gesehen hat. Das ist jedoch einfacher gesagt als getan. Ebenso wie Menschen neigen Systeme für überwachtes Lernen dazu, sich die Trainingsbeispiele zu merken, anstatt allgemeine Regeln daraus abzuleiten. In »*Trainings- und Testdatensatz*« auf *Seite 96* haben wir dieses Problem »Überanpassung« genannt.

Als Gegenmaßnahme verwenden wir einen separaten Testdatensatz. Ebenso wie der Lehrer in dem vorstehenden Beispiel trainieren wir unser neuronales Netz mit einem Satz von Beispielen und testen es mit einem anderen Satz. So können wir im Produktivbetrieb eine realistische Einschätzung der Leistung erhalten, die das Netz bei der Konfrontation mit ihm unbekannten Daten erzielt.

Bei der Klassifizierung der Trainingsdaten würde das Netz aufgrund der Überanpassung eine unrealistisch gute Leistung zeigen, da es mit den Daten bereits vertraut ist. Es ist zu erwarten, dass die Genauigkeit des Netzes beim Trainingsdatensatz größer ist als beim Testdatensatz. Beim Vergleich des Verlusts können wir das gegenteilige Verhalten erwarten: Da der Verlust den Fehler des Systems bei den Vorhersagen misst, ist er beim Trainingsdatensatz geringer als beim Testdatensatz.

Zum Beweis habe ich unser neuronales Netz so abgewandelt, dass es den Verlust und die Genauigkeit sowohl beim Trainings- als auch beim Testdatensatz protokolliert. Diese Version des Netzes habe ich anschließend 10.000 Iterationen mit dem Batch-Gradientenverfahren (also mit allen Beispielen in einem großen Batch) und den Hyperparametern `n_hidden_nodes=200` und `lr=0.01` ausgeführt:

```
0 > Training loss: 2.43321 - Test loss: 2.42661
1 > Training loss: 2.38746 - Test loss: 2.38024
2 > Training loss: 2.34527 - Test loss: 2.33774
...
9999 > Training loss: 0.14669 - Test loss: 0.22979
Training accuracy: 96.13%, Test accuracy: 93.25%
```

Der Verlauf des Verlusts bei den beiden Mengen sah wie folgt aus:

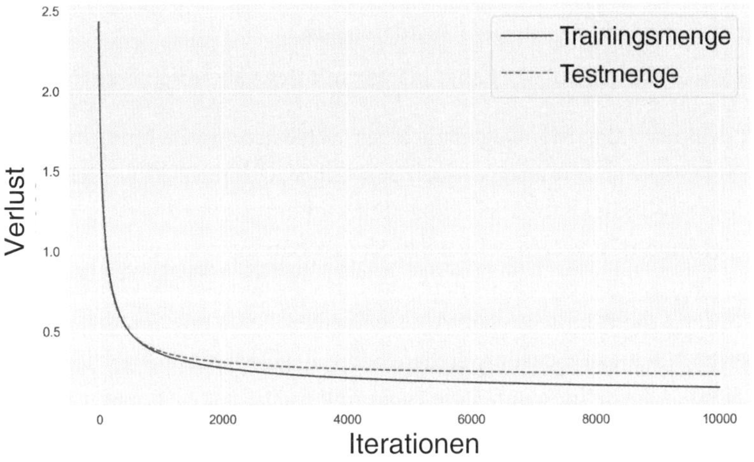

Die beiden Verlustkurven beginnen am selben Punkt, divergieren aber schon bald. Während das Netz die Trainingsdaten durcharbeitet, sinkt der Verlust schneller als beim Testdatensatz. Ein niedrigerer Verlust bedeutet im Allgemeinen eine höhere Genauigkeit, und tatsächlich kann das Netz am Ende des Trainings 96 % der Trainingsbeispiele korrekt klassifizieren, aber nur 93 % der Testbeispiele. Wenn wir keinen getrennten Testdatensatz verwendet hätten, würden wir uns der Illusion hingeben, dass die Fehlerrate unter 4 % liegt, während sie sich in Wirklichkeit nahe bei 7 % bewegt. Dieser große Unterschied ist eine Auswirkung der Überanpassung: Das Netz kann die Trainingsdaten besser klassifizieren, weil es sie schon kennt.

Unter dem Strich ergibt sich daraus die Blindtestregel: *Testen Sie Ihr System mit Daten, die es noch nicht kennt.* Halten Sie sich an diese Regel, um keine Enttäuschungen zu erleben, wenn Ihr neuronales Netz Daten aus der Praxis weniger genau klassifizieren kann als die Testdaten.

»Schön und gut«, werden Sie jetzt sagen, »halten wir uns also an die Blindtestregel, und das Problem ist gelöst.« Leider ist es jedoch nur zu leicht möglich, diese Regel versehentlich zu verletzen. Tatsächlich haben wir das sogar schon getan, wie Sie im folgenden Abschnitt sehen werden.

Das Problem mit dem Testdatensatz

Um zu sehen, wo der Fallstrick beim Testen liegt, müssen wir uns deutlich machen, dass wir unser neuronales Netz mit einem iterativen Vorgang optimieren, der wie folgt abläuft:

- Wir stellen die Hyperparameter des Netzes ein.
- Wir trainieren das Netz mit dem Trainingsdatensatz.
- Wir testen das Netz mit dem Testdatensatz.
- Wir wiederholen den Vorgang, bis wir mit der Genauigkeit zufrieden sind.

Dies ist praktisch das ML-Gegenstück zur Softwareentwicklung, sodass wir den Vorgang ebenso wie dort auch einfach den »Entwicklungszyklus« nennen können.

Im letzten Kapitel haben wir einige Entwicklungsiterationen durchgeführt, als wir die Leistung des Netzes bei verschiedenen Batchgrößen gemessen haben. Dabei haben wir jedoch eine alarmierende Tatsache übersehen: Der Entwicklungszyklus verletzt die Blindtestregel! Aber warum?

Während der Entwicklung stellen wir die Hyperparameter des neuronalen Netzes ein und betrachten dabei die Genauigkeit, die das Netz beim Testdatensatz erzielt. Dadurch richten wir die Hyperparameter aber implizit so ein, dass sie ein gutes Ergebnis für diese Menge liefern. Am Ende sind unsere Hyperparameter für den Testdatensatz optimiert, wobei es sehr unwahrscheinlich ist, dass sie sich ebenso gut für nie zuvor gesehene Produktivdaten eignen. In gewissem Sinne verletzt unser Gehirn die Blindtestregel, indem es Informationen über die Testbeispiele in das Netz einfließen lässt. Wir haben die Überanpassung zwar zum Fenster hinausgeworfen, aber leider ist sie durch ein anderes Fenster wieder hereingekrochen.

Es mag schwer einzusehen sein, wie der Entwicklungszyklus eine Überanpassung hervorrufen kann. Stellen Sie sich daher eine ähnliche Situation in der Softwareentwicklung vor: Gewöhnlich werden standardisierte Benchmarktests verwendet, um die Leistung von Hardware wie Grafikkarten zu messen. Hin und wieder stellt sich heraus, dass ein Hardwarehersteller seine Produkte für den Benchmarktest optimiert, also so konstruiert, dass sie bei einem bestimmten Test hervorragende Ergebnisse erzielen, auch wenn das nicht zwangsläufig eine gute Leistung in der Praxis bedeutet. Der Entwicklungszyklus kann uns schnell zu einer ähnlichen Art von »Schummelei« verleiten, wobei der ML-Algorithmus beim Testdatensatz unrealistisch gute Ergebnisse erzielt. Statt von »Schummeln« können wir hier auch von »unbeabsichtigter Optimierung« sprechen. Um sie zu vermeiden, dürfen wir den Testdatensatz bei der Einstellung des Netzes nicht verwenden.

Die unbeabsichtigte Optimierung ist ein heimtückisches Problem. Solange wir ihrer bewusst sind, können wir sie jedoch mit minimalem Aufwand vermeiden:

Anstelle von zwei Beispieldatensätzen verwenden wir drei – einen zum Trainieren, einen zum Testen und den dritten für die Verwendung während des Entwicklungszyklus, der gewöhnlich als *Validierungsdatensatz* bezeichnet wird. Wenn wir die Entwicklung anhand dieses Validierungsdatensatzes durchführen, können wir ganz am Ende des Vorgangs gefahrlos den Testdatensatz verwenden, um eine realistische Einschätzung der Genauigkeit unseres Systems zu erhalten.

Alles in allem sieht diese Strategie wie folgt aus:

1. *Einrichtung*: Wir legen den Testdatensatz beiseite und werden ihn erst ganz am Ende wieder betrachten.
2. *Entwicklungszyklus*: Wir trainieren das Netz wie gehabt mit dem Trainingsdatensatz, messen seine Leistung aber anhand des Validierungsdatensatzes.
3. *Abschließender Test*: Nachdem wir die Hyperparameter eingestellt und optimiert haben, prüfen wir das Netz anhand des Testdatensatzes. Dadurch erhalten wir eine objektive Einschätzung der Leistung, die das Netz im Produktivbetrieb zeigen wird.

Die Grundidee ist so wichtig, dass ich sie hier noch einmal wiedergeben werde: Schließen Sie den Testdatensatz weg und fassen Sie ihn nicht mehr an, bis Sie ganz am Ende des Vorgangs angekommen sind. Geben Sie nicht der Versuchung nach, den Testdatensatz während des Entwicklungsvorgangs zu verwenden, denn sobald Sie das tun, verletzen Sie die Blindtestregel, rufen eine Überanpassung an den Testdatensatz hervor und riskieren eine unrealistische Einschätzung der Genauigkeit Ihres Systems.

Wie viele Beispiele sollten wir für den Validierungs- und den Testdatensatz reservieren? Das hängt jeweils von der Aufgabenstellung ab. Manche empfehlen, 20 % der Beispiele als Validierungsdaten zu verwenden und ebenso viele als Testdaten. Dies wird als »60/20/20-Aufteilung« bezeichnet.

MNIST besteht jedoch aus sehr vielen Beispielen, nämlich insgesamt 70.000. Fast 30.000 davon für Testzwecke beiseitezulegen, klingt da schon nach Verschwendung. Stattdessen teilen wir die 10.000 Beispiele unseres bisherigen Testdatensatzes in zwei Gruppen zu je 5.000 für den Validierungs- und den Testdatensatz auf. Das erledigen wir mit dem folgenden, entsprechend geänderten Code:

14_testing/mnist_three_sets.py

```
# X_train/X_validation/X_test: 60.000/5000/5000 Bilder
# Jedes Bild hat 784 Elemente (28 * 28 Pixel)
X_train = load_images("../data/mnist/train-images-idx3-ubyte.gz")
X_test_all = load_images("../data/mnist/t10k-images-idx3-ubyte.gz")
X_validation, X_test = np.split(X_test_all, 2)
```

```
# 60.000 Labels mit jeweils einer Ziffer von 0 bis 9
Y_train_unencoded = load_labels("../data/mnist/train-labels-idx1-ubyte.gz")

# Y_train: 60.000 Labels aus je zehn 1-aus-n-codierten Elementen
Y_train = one_hot_encode(Y_train_unencoded)

# Y_validation/Y_test: 5000/5000 Labels mit je einer Ziffer von 0 bis 9
Y_test_all = load_labels("../data/mnist/t10k-labels-idx1-ubyte.gz")
Y_validation, Y_test = np.split(Y_test_all, 2)
```

Damit haben wir nun einen Trainings-, einen Validierungs- und einen Testdatensatz.

Modellauswahl

In diesem Abschnitt habe ich gesagt, dass es beim Entwicklungszyklus darum geht, die Hyperparameter eines neuronalen Netzes einzustellen. Diese Definition greift jedoch zu kurz. Bei einem Projekt in der Praxis lassen Sie das neuronale Netz nicht zwangsläufig unverändert, sondern vergleichen seine Ergebnisse mit denen anderer Algorithmen, um das beste Modell für die vorliegende Aufgabe auszuwählen. Beispielsweise kann es sein, dass sich ein bestimmtes Problem besser mit einer schnellen linearen Regression als mit einem langsamen und mühseligen neuronalen Netz lösen lässt.

Der Schwerpunkt dieses Buchs liegt auf neuronalen Netzen, doch die *Modellauswahl* ist ein wichtiger Vorgang in einem ML-Projekt. Wie bei der Anpassung der Hyperparameter sind auch dafür Validierungsdaten erforderlich. Das macht die Verwendung einer solchen Menge sogar noch wichtiger, denn sie hilft Ihnen nicht nur bei der Einstellung der Hyperparameter, sondern auch bei der Auswahl des richtigen Algorithmus.

Zusammenfassung

Bis jetzt haben wir unsere Beispiele immer in *Trainingsdatensätze* und *Testdatensätze* aufgeteilt. Diese Vorgehensweise ist jedoch nicht mehr geeignet, wenn wir die Hyperparameter unseres Systems einstellen, da wir das System dadurch unbeabsichtigt für die Beispiele im Testdatensatz optimieren.

In diesem Kapitel sind wir daher zu einer anspruchsvolleren Vorgehensweise übergegangen, indem wir den Testdatensatz wiederum zweigeteilt haben, nämlich in einen nun kleineren eigentlichen Testdatensatz und den neuen *Validierungsdatensatz*. Letzteren verwenden wir zur Entwicklung, wohingegen wir den Testdatensatz ausschließlich für den abschließenden Test einsetzen. Da unser Netz dann zum ersten Mal mit den Testdaten in Berührung kommt, können wir sicher sein, dass das Ergebnis die Genauigkeit widerspiegelt, die das Netz auch bei zukünftigen Produktivdaten erzielen wird.

Ein Wort zur Warnung, bevor wir weitermachen: In diesem Kapitel haben Sie gelernt, wie wir die Genauigkeit unseres Systems korrekt anhand der Testdaten bestimmen. Allerdings haben wir die Überanpassung dadurch nicht aus der Welt geschafft. Unser Netz erzielt mit den Trainings- und der Validierungsdaten immer noch unrealistisch gute Ergebnisse. Wir haben uns lediglich entschieden, diesen Ergebnissen nicht zu trauen, sondern uns stattdessen auf die Ergebnisse der Testdaten zu verlassen.

Anders ausgedrückt: Wir haben die Überanpassung umgangen, aber nicht ausgemerzt. Die Überanpassung ist ein Dauerthema und wird schon bald wieder ihr hässliches Haupt erheben. Unseren Entscheidungskampf gegen die Überanpassung werden wir in Kapitel 17, »*Überanpassung vermeiden*«, ausfechten. Bis dahin müssen wir jedoch damit leben und ihre Auswirkungen durch Befolgen der Blindtestregel aufheben.

Mit unserer soliden Teststrategie können wir nun endlich in die Hände spucken und uns der Entwicklung zuwenden.

Praktische Übung: Überlegungen zum Testen

Diese Übung ist nicht »praktisch« im Sinne des Wortes. Stattdessen möchte ich Sie bitten, einen Augenblick lang innezuhalten und darüber nachzudenken, was beim Aufteilen der Daten schiefgehen kann.

Stellen Sie sich vor, Sie erhalten eine riesige Datenmenge mit handgeschriebenen Zeichen ähnlich wie MNIST, allerdings für die Buchstaben A bis Z. Um einen Klassifizierer dafür zu schreiben, brauchen Sie einen Trainings-, einen Validierungs- und einen Testdatensatz. Nehmen wir an, die gesamte Datenmenge besteht aus 1.000.000 Zeichen und Sie möchten je 50.000 davon für den Validierungs- und für den Testdatensatz reservieren. Dafür können Sie folgenden Code verwenden:

```
data_train, data_validation, data_test = np.split(data_all, [900_000, 950_000])
```

Dieser Code teilt `data_all` an den beiden angegebenen Indizes auf. Danach haben Sie die Mengen `data_train` mit 900.000 Zeichen, `data_validation` mit 50.000 Zeichen und `data_test` mit dem Rest.

Das sieht ganz harmlos aus, allerdings kann sich hier ein heimtückisches Problem verbergen, das Sie – je nach den vorliegenden Daten – leicht zu Fall bringen kann. Können Sie sich vorstellen, was für ein Problem das ist und welcher Aspekt der Datensätze diese Aufteilungsstrategie gefährlich machen kann? Wie würden Sie diesem Problem begegnen?

Versuchen Sie, die Antworten darauf selbst herauszufinden, und lesen Sie anschließend meine Antwort im Ordner `14_testing/solution`.

15 Entwicklung

Wir haben bereits einige Kapitel in die Erstellung eines neuronalen Netzes investiert und uns in einigen weiteren Kapiteln mit den Feinheiten beschäftigt. Jetzt machen wir ernst und streben eine Genauigkeit von 99 % für die MNIST-Daten an. Dazu folgen wir einem iterativen Prozess, der das ML-Gegenstück zur Softwareentwicklung darstellt, weshalb wir ihn ebenfalls einfach Entwicklung nennen können.

Ebenso wie die Softwareentwicklung ist die ML-Entwicklung ein zu breites Tätigkeitsfeld, als dass wir sie in einem Kapitel oder auch nur einem Buch erschöpfend behandeln könnten. An diesem Vorgang sind Personen mit unterschiedlichem Hintergrund beteiligt, von Mathematikern bis zu Ingenieuren. Selbst der konstruktive Aspekt der Aufgabe ist breiter gefasst, als nur ein neuronales Netz zu erstellen und zu optimieren. ML-Systeme in der Praxis sind oft komplizierte Pipelines aus mehreren Algorithmen und Diensten. Noch schwieriger wird die Sache dadurch, dass die ML-Entwicklung oft mehr eine Kunst als eine Wissenschaft ist. Sie erfordert viel Erfahrung, gezieltes Raten und schlicht und einfach Glück.

Doch wie sagt das Sprichwort: Übung macht den Meister! Fangen wir also damit an, etwas Übung zu gewinnen. Wir schauen uns die ML-Entwicklung in abgespeckter Form an und konzentrieren uns dabei auf die drei folgenden Tätigkeiten:

1. Als Erstes bereiten wir die Daten für das Netz auf. Unter anderem skalieren wir die Eingabevariablen neu, damit das Netz besser damit umgehen kann.
2. Anschließend fahren wir mit dem Entwicklungszyklus fort. Bei jedem Schritt verbessern wir die Genauigkeit des Netzes, indem wir seine Hyperparameter einstellen, also Lernrate, Batchgröße usw.
3. Am Ende des Vorgangs unterziehen wir das Netz einem abschließenden Test.

Dabei setzen wir die Teststrategie aus Kapitel 14, »*Die Kunst des Testens*«, ein. Wir haben drei Mengen von Beispielen: die Trainings-, die Validierungs- und die Testdaten. Die Testdaten schließen wir zunächst weg, bis wir zum Abschlusstest kommen. Während des Entwicklungszyklus verwenden wir stattdessen die Validierungsdaten, um die Leistung des Netzes zu bestimmen. Manchmal wird dieser Datensatz sogar *Entwicklungsdatensatz* genannt, weil er bei der Entwicklung zum Einsatz kommt.

Das ist unser Plan für die weitere Vorgehensweise. Legen wir nun los und schauen wir, wie nahe wir einer Genauigkeit von 99 % kommen können.

Daten aufbereiten

Vielleicht haben Sie die romantische Vorstellung, dass ML-Ingenieure ihre ganze Zeit damit verbringen, komplizierte Algorithmen zu erfinden und zu trainieren. Ebenso wie die Programmierung hat jedoch auch dieser Job eine weniger glanzvolle, zeitraubende Seite. Beim Machine Learning besteht die Knochenarbeit gewöhnlich aus der Datenaufbereitung.

Wenn Sie mir nicht glauben wollen, dass die Datenaufbereitung so viel Zeit verschlingen kann, dann überlegen Sie einmal, wie viel Arbeit in MNIST gesteckt wurde. Jemand hat 60.000 handgeschriebene Ziffern gesammelt und gescannt. Wahrscheinlich wurden alle diese Ziffern von Hand geprüft, um nicht repräsentative Beispiele zu entfernen, beispielsweise zu stark verzerrte Ziffern. Außerdem mussten die Bilder zentriert, beschnitten und auf dieselbe Auflösung skaliert werden, wobei dabei noch darauf zu achten war, dass keine Artefakte wie Treppenstufen entstanden. Ich möchte wetten, dass die Ziffern außerdem so verarbeitet wurden, dass sie alle die gleiche Helligkeit und den gleichen Kontrast aufweisen. Außerdem musste jedes Beispiel mit einem Label versehen und jedes Label überprüft werden, damit sich dabei keine Fehler einschlichen.

Bei MNIST müssen wir uns um all dies nicht mehr kümmern, weil es schon jemand anderes für uns erledigt hat. Allerdings müssen wir die Daten trotzdem noch ein bisschen bearbeiten, damit sie sich besser für unser neuronales Netz eignen.

Die Datenaufbereitung ist eine vielschichtige Aufgabe. Hier werden wir nur ein bisschen an der Oberfläche kratzen und uns einige wenige gängige Techniken ansehen, um ein intuitives Verständnis dafür zu entwickeln, wozu sie gut sind.

Den Wertebereich der Eingabevariablen prüfen

Bevor wir Daten in ein neuronales Netz einspeisen, ist es sinnvoll, sich zu vergewissern, dass alle Eingabevariablen ähnliche Wertebereiche aufweisen. Nehmen wir etwa an, dass eine Variable Werte im Bereich von 0 bis 10 annehmen kann und eine andere Werte von 1.000 bis 2.000. Auch wenn beide Variablen gleich wichtig sind, um das Label vorherzusagen, trägt die zweite in diesem Fall mehr zum Verlust bei, da sie größer ist. Das Netz wird sich dann darauf konzentrieren, den Verlust der größeren Variablen zu minimieren, und die kleinere größtenteils ignorieren.

Um dieses Problem zu vermeiden, können wir die Variablen auf ähnliche Wertebereiche skalieren. Dieser Vorgang wird als *Featureskalierung* bezeichnet, wobei Feature hier nur eine andere Bezeichnung für »Eingabevariable« ist. In unserem Fall müssen wir uns jedoch nicht um eine solche Featureskalierung bemühen, da alle Variablen in MNIST 1-Byte-Pixel sind und damit nie unter 0 fallen oder über 255 steigen.

Doch auch wenn die Eingabevariablen ähnliche Wertebereiche umfassen, sollten Sie keine zu großen Werte annehmen. Wenn wir große Zahlen in das Netz einspeisen, führt das gewöhnlich zu großen Zahlen *innerhalb* des Netzes. Wie Sie im Abschnitt »*Tote Neuronen*« auf *Seite 167* gesehen haben, funktionieren neuronale Netze besser, wenn sie Werte verarbeiten, die in der Nähe von 0 liegen, da Sigmoide in diesem Bereich am besten funktionieren.

Fazit: Wenn die Eingabevariablen weit streuen (etwa von –10.000 bis +10.000) oder vom Nullpunkt entfernt liegen (etwa von 10.000 bis 10.100), sollten Sie sie verschieben und skalieren, um sie klein zu machen und um 0 zu zentrieren. Eine gängige Technik dafür sehen wir uns im nächsten Abschnitt an.

Eingabevariablen standardisieren

Um die Werte der Eingabevariablen nahe bei 0 zu halten, werden sie in der ML häufig *standardisiert*. Unter diesem Begriff versteht jeder etwas anderes, aber die üblichste Definition lautet, die Eingaben so zu skalieren, dass ihr Durchschnitt 0 wird und ihre Standardabweichung 1.

Die *Standardabweichung* misst dabei, wie weit die Variable »verstreut« ist. Bei geringer Standardabweichung liegen die Werte nah beim Durchschnitt. Beispielsweise hat die Körpergröße von Menschen eine relativ niedrige Standardabweichung, da niemand hundert Mal so groß ist wie irgendjemand anderes. Dagegen hat die Größe von Pflanzen eine hohe Standardabweichung, denn schließlich können sie so klein wie Moos oder so groß wie ein Mammutbaum sein.

Eine schnelle Möglichkeit, um Eingaben zu standardisieren, besteht darin, den Durchschnitt von ihnen zu subtrahieren und das Ergebnis durch die Standardabweichung zu teilen:

```
standardized_inputs = (inputs - np.average(inputs)) / np.std(inputs)
```

Durch diese Operation erhalten die Daten die gewünschte Form: Sie liegen um 0 verteilt und weichen nicht weit davon ab.

Die folgende Version von `mnist.py` nimmt eine Standardisierung der Datenmenge vor:

15_development/mnist_standardized.py

```
def standardize(training_set, test_set):
    average = np.average(training_set)
    standard_deviation = np.std(training_set)
    training_set_standardized = (training_set - average) / standard_deviation
    test_set_standardized = (test_set - average) / standard_deviation
    return (training_set_standardized, test_set_standardized)

# X_train/X_validation/X_test: 60.000/5000/5000 Bilder
# Jedes Bild hat 784 Elemente (28 * 28 Pixel)
X_train_raw = load_images("../data/mnist/train-images-idx3-ubyte.gz")
X_test_raw = load_images("../data/mnist/t10k-images-idx3-ubyte.gz")
X_train, X_test_all = standardize(X_train_raw, X_test_raw)
X_validation, X_test = np.split(X_test_all, 2)
```

Wir können jede Eingabevariable für sich, aber auch alle zusammen standardisieren. Da die Eingabevariablen in MNIST alle eine vergleichbare Größe aufweisen, standardisieren wir sie hier alle auf einen Schlag mit `standardize()`. Diese Funktion berechnet mit NumPy-Funktionen den Durchschnitt und die Standardabweichung der Trainingsdaten und wendet dann die Formel *(Werte – Durchschnitt) / Standardabweichung* darauf an.

Die letzten vier Zeilen laden die beiden MNIST-Datensätze, standardisieren sie und teilen die Testdaten in die Validierungs- und die Testdaten auf. Da dieser Vorgang eine häufige Quelle von Anfängerfehlern ist, will ich hier Schritt für Schritt erklären, was die Funktion `standardize()` tut:

1. Die Funktion berechnet den Durchschnitt und die Standardabweichung ausschließlich auf der Grundlage des Trainingsdatensatzes, da dieser die einzigen Informationen enthält, mit denen wir das Netz trainieren wollen. Würden wir auch die Validierungs- und die Testdaten in die Berechnung einfließen lassen, so würden Informationen aus diesen Mengen in das Training durchsickern.
2. Anschließend verwendet die Funktion die berechneten Parameter dagegen, um alle drei Mengen zu standardisieren, also sowohl die Trainings- als auch die Validierungs- und die Testdaten. Die drei Mengen sollen schließlich ähnlich sein, denn anderenfalls würde das Netz beim Übergang vom Training zum Test versagen. Wenn wir das Netz in den Produktivbetrieb stellen, müssen wir auch die Produktivdaten mit demselben Durchschnitt und derselben Standardabweichung standardisieren.

Durchschnitt und Standardabweichung werden also allein anhand der Trainingsdaten berechnet, dann aber zur Standardisierung des gesamten Datensatzes genutzt. Das ist etwas verwirrend, und ich muss zugeben, dass ich als Anfänger selbst ein paar Mal darüber gestolpert bin.

Damit haben wir unsere MNIST-Daten nun standardisiert. Prüfen wir also, ob es der Mühe wert war.

Standardisierung in der Praxis

Sehen wir uns an, welche Auswirkungen die Standardisierung auf die Genauigkeit unseres neuronalen Netzes hat. Der folgende Code führt das Netz zweimal aus, einmal mit den regulären und einmal mit den standardisierten MNIST-Daten. Jede dieser Konfigurationen wird zwei Epochen lang mit einer Batchgröße von 60 ausgeführt. Bei 60.000 Beispielen in den MNIST-Trainingsdaten sind das 1.000 Iterationen pro Epoche.

15_development/mnist_vs_standardized_mnist.py

```
# Vergleicht die Genauigkeit bei MNIST-Daten mit und ohne Standardisierung
import neural_network as nn
import mnist as normal
import mnist_standardized as standardized

print("Regular MNIST:")
nn.train(normal.X_train, normal.Y_train,
         normal.X_validation, normal.Y_validation,
         n_hidden_nodes=200, epochs=2, batch_size=60, lr=0.1)
print("Standardized MNIST:")
nn.train(standardized.X_train, standardized.Y_train,
         standardized.X_validation, standardized.Y_validation,
         n_hidden_nodes=200, epochs=2, batch_size=60, lr=0.1)
```

Nach ein paar Dutzend Minuten erhalten wir folgendes Ergebnis:

```
Regular MNIST:
    0-0 > Loss: 2.28073164, Accuracy: 18.90%
    ...
    RuntimeWarning: overflow encountered in exp
    ...
    1-999 > Loss: 0.41537869, Accuracy: 84.60%
Standardized MNIST:
    0-0 > Loss: 2.26244033, Accuracy: 17.96%
    ...
    1-999 > Loss: 0.21364970, Accuracy: 91.80%
```

Wir wissen zwar nicht, was passieren würde, wenn wir das System mehrere Tage lang trainierten, aber dieser kurze Test liefert schon ziemlich überzeugende Zahlen. Das Netz ist weit genauer, wenn es mit den standardisierten statt den regulären MNIST-Daten trainiert wird. Außerdem verursachen die standardisierten Daten keine Überläufe mehr beim Training. Damit bestätigt sich die Theorie, dass kleinere Eingabevariablen das Netz numerisch stabiler machen.

Damit ist klar, dass wir von jetzt an die standardisierte Version der MNIST-Daten verwenden werden. Mit diesen vertrauenswürdigen Daten können wir nun zum Hauptteil des Entwicklungszyklus übergehen.

Die Hyperparameter anpassen

Das Erstellen des neuronalen Netzes und die Aufbereitung der Eingabedaten waren erst der Anfang. Je nach den Hyperparametern wie der Lernrate oder der Anzahl verdeckter Knoten kann unser Algorithmus bei denselben Daten zu erheblich unterschiedlichen Ergebnissen führen.

Bei der ML-Entwicklung geht es vor allem darum, gute Werte für diese Hyperparameter zu finden. Im Vergleich zur Softwareentwicklung kann dieser Vorgang wie schwarze Magie wirken: Es gibt keine festen Regeln, die Ihnen sagen, wie Sie die Hyperparameter einstellen sollen. Bisher bin ich diesem Problem immer ausgewichen und habe nur schwammige Ratschläge gegeben wie: »Probieren Sie verschiedene Werte aus und nehmen Sie den, der am besten funktioniert.«

In diesem Abschnitt werde ich Ihnen konkretere Richtlinien an die Hand heben. Regel Nr. 1 lautet, niemals mehrere Hyperparameter auf einmal zu ändern, denn dann können Sie nicht erkennen, welche der Änderungen die Genauigkeit des Netzes beeinflusst hat. Nehmen Sie sich die Hyperparameter stattdessen einen nach dem anderen vor und beginnen Sie dabei mit dem einfachsten.

Die Anzahl der Epochen festlegen

`epochs` ist wohl der Hyperparameter, der sich am einfachsten einstellen lässt. Wir wissen bereits, dass das System umso genauer wird, je länger wir es trainieren – allerdings nur bis zu einem bestimmten Punkt. Nach einer bestimmten Anzahl von Epochen hat die Genauigkeit den höchsten Wert erreicht, den sie einnehmen kann, woraufhin jedes weitere Training nur Zeitverschwendung wäre. Übermäßiges Training kann sogar kontraproduktiv sein und die Genauigkeit *verringern*. Diesen Fall sehen wir uns in Kapitel 17, »*Überanpassung vermeiden*«, genauer an.

Langer Rede kurzer Sinn: Trainieren Sie ein Netz nur so lange, bis es seine maximale Genauigkeit erreicht, aber nicht länger. Die übliche Vorgehensweise zur Auswahl der Epochenanzahl besteht darin, mit einer großen Zahl zu beginnen und sich dann anzusehen, nach wie vielen Epochen die Genauigkeit nicht mehr weiter zu steigen scheint. Dieser Wert ist dann die »richtige« Anzahl von Epochen.

Die Anzahl der verdeckten Knoten einstellen

Ein weiterer wichtiger Hyperparameter ist die Größe `h`, nämlich die Anzahl der verdeckten Knoten. Wie wichtig er ist, zeigt das folgende Experiment. Ich habe unser Netz mit der einfachen zweidimensionalen Datenmenge trainiert, die wir schon in »*Die Entscheidungsgrenze krümmen*« auf *Seite 182* verwendet haben, und die Entscheidungsgrenzen bei einem, zwei, zehn und zwanzig verdeckten Knoten grafisch dargestellt. Das Ergebnis sehen Sie in den folgenden Diagrammen:

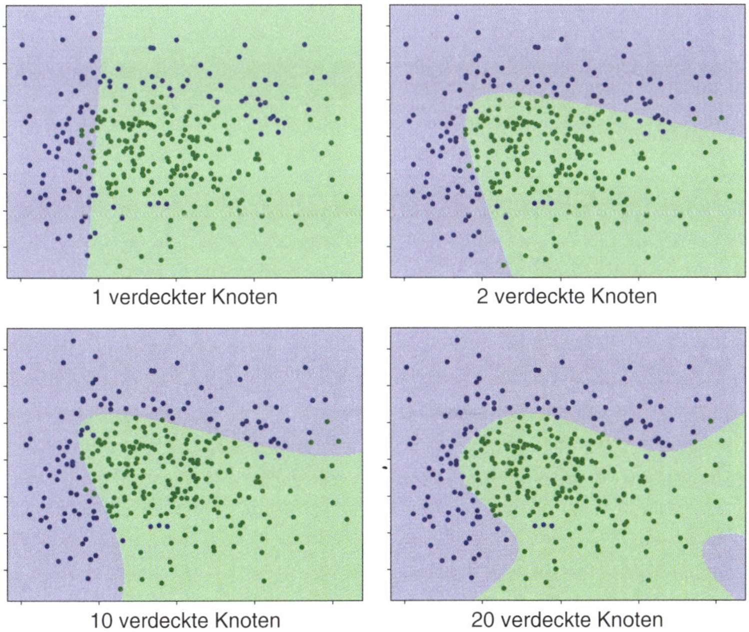

1 verdeckter Knoten

2 verdeckte Knoten

10 verdeckte Knoten

20 verdeckte Knoten

Diese Diagramme zeigen, dass ein Netz mit mehr verdeckten Knoten in der Regel auch eine kompliziertere Grenze erkennen kann. Mit einem einzigen verdeckten Knoten verhält sich das neuronale Netz wie ein Perzeptron und verwendet eine Gerade als Entscheidungsgrenze. Je höher die Anzahl der verdeckten Knoten wird, umso besser kann das Netz die Grenze an die Kontur der Daten anpassen.

Das heißt jedoch nicht, dass wir ins andere Extrem verfallen und Tausende von verdeckten Knoten verwenden sollten. Erstens verlangsamt die Zunahme der Knoten das Training. Zweitens können zu viele Knoten das Netzwerk auch zu intelligent machen und zu einer Überanpassung an die Trainingsdaten führen (siehe »*Die Gefahr der Überanpassung*« auf *Seite 201*). Wie immer müssen wir den goldenen Mittelweg zwischen zu wenigen und zu vielen verdeckten Knoten finden.

Manche ML-Fachleute richten sich nach einer einfachen Faustregel, um eine ausreichend gute Anzahl verdeckter Knoten zu bestimmen: Sie nehmen einfach den Mittelwert aus der Anzahl der Eingabe- und der Ausgabeknoten. Da unser Netz über 785 Eingabe- und 10 Ausgabeknoten verfügt, müssten wir nach dieser »Mittelwertregel« also um die 400 verdeckte Knoten verwenden.

compare.py

Um die verschiedenen Konfigurationen des Netzes in diesem Abschnitt zu vergleichen, habe ich die einfache Hilfsbibliothek `compare.py` mit den Funktionen `configuration()` und `show_results()` geschrieben. `configuration()` trainiert das neuronale Netz eine bestimmte Zeit lang mit einem gegebenen Satz von Hyperparameterwerten. Nachdem Sie `configuration()` mehrere Male aufgerufen haben, können Sie mit `show_results()` die Trainingsverläufe all dieser Konfigurationen ausgeben und vergleichen. Ein konkretes Beispiel haben Sie bereits zu Anfang dieses Abschnitts gesehen.

Seien Sie aber vorsichtig bei der Deutung der Ergebnisse von `compare.py`. Wenn Sie zwei Konfigurationen einige Minuten lang trainieren und die erste einen besseren Verlust liefert, heißt das nicht, dass sie auch langfristig die bessere ist. Gut Ding will Weile haben, und manche Konfigurationen brauchen etwas länger, um den Verlust nach unten zu drücken, können ihn schließlich aber viel weiter verringern als ihre schnelleren Konkurrenten. Schauen Sie sich nicht nur den abschließenden Verlustwert an, sondern auch den Verlauf in dem von `show_results()` ausgegebenen Diagramm an, um sich ein besseres Bild davon zu machen, was während des Trainings geschieht. Wie ich bereits zu Anfang dieses Kapitels gesagt habe, ist die Konfiguration von neuronalen Netzen keine exakte Wissenschaft.

Wir wollen nun ausprobieren, wie gut sich die Mittelwertregel für unseren Fall eignet. Zum Vergleichen verwenden wir die Hilfsbibliothek `compare.py` (siehe Kasten). Der folgende Code probiert verschiedene Werte von `h` über und unter 400 aus:

15_development/compare_hidden_nodes.py

```
import compare
import mnist_standardized

DATA = mnist_standardized
BATCH = 128
LR = 0.1
TIME = 60 * 10
compare.configuration(data=DATA, n_hidden_nodes=10, batch_size=BATCH,
                      lr=LR, time_in_seconds=TIME,
                      label="h=10", color='orange', linestyle='-')
compare.configuration(data=DATA, n_hidden_nodes=100, batch_size=BATCH,
                      lr=LR, time_in_seconds=TIME,
                      label="h=100", color='green', linestyle='--')
compare.configuration(data=DATA, n_hidden_nodes=400, batch_size=BATCH,
                      lr=LR, time_in_seconds=TIME,
                      label="h=400", color='blue', linestyle='-.')
compare.configuration(data=DATA, n_hidden_nodes=1000, batch_size=BATCH,
                      lr=LR, time_in_seconds=TIME,
                      label="h=1000", color='black', linestyle=':')
compare.show_results()
```

Dabei erhalten wir folgende Ergebnisse:

```
Training: h=10
  Loss: 0.35488827 (4 epochs completed, 1932 total steps)
Training: h=100
  Loss: 0.24496126 (2 epochs completed, 1312 total steps)
Training: h=400
  Loss: 0.32815639 (1 epochs completed, 503 total steps)
Training: h=1000
  Loss: 0.39487844 (0 epochs completed, 243 total steps)
```

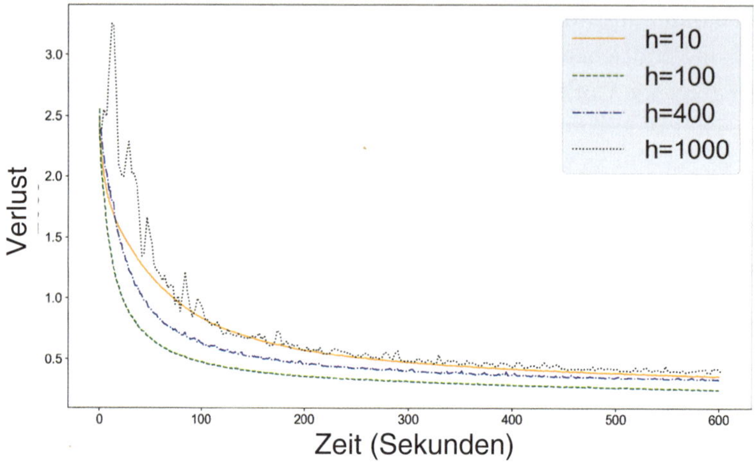

Zu viele verdeckte Knoten scheinen das Training instabil zu machen, sodass der Verlust sehr stark schwankt. Das wichtigste Ergebnis aber lautet, das eine Anzahl von 100 verdeckten Knoten zum geringsten Verlust führt, zumindest nach einem Training von zehn Minuten. Das ist natürlich keine lange Zeit, weshalb wir diese Entscheidung später möglicherweise revidieren müssen, doch vorläufig wollen wir es bei 100 verdeckten Knoten belassen.

Damit haben wir auch die Anzahl der verdeckten Knoten abgehakt. Wenden wir uns nun dem Hyperparameter zu, der uns schon am längsten begleitet.

Die Lernrate einstellen

Da ist er wieder, unser alter Freund `lr`. Dieser Hyperparameter begleitet uns schon fast von Anfang an. Wahrscheinlich haben Sie sich inzwischen schon das eine oder andere Mal daran versucht, ihn einzustellen, etwa durch Ausprobieren verschiedener Werte. Jetzt aber wollen wir uns eine systematischere Methode zum Einstellen von `lr` ansehen.

Um die Auswirkungen unterschiedlicher Lernraten zu verstehen, müssen wir wieder zu den Grundlagen zurückkehren und uns den Gradientenabstieg bildlich vorstellen. Die folgenden Diagramme zeigen einige Schritte dieses Verfahrens entlang einer eindimensionalen Verlustkurve bei drei verschiedenen Werten von `lr`. Das rote Kreuz kennzeichnet dabei den Ausgangspunkt und das grüne das Minimum:

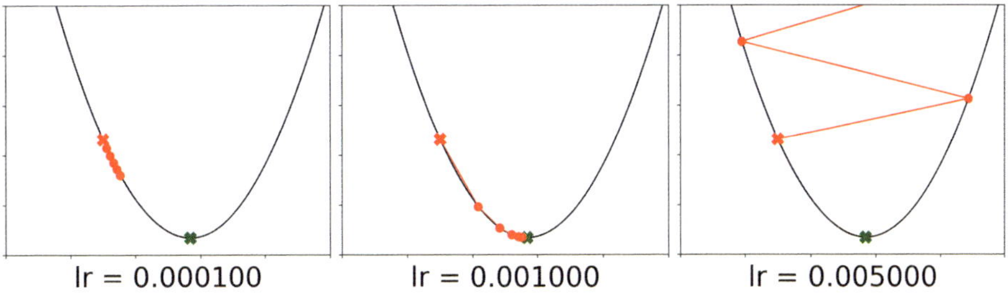

Rufen Sie sich noch einmal in Erinnerung zurück, was `lr` eigentlich macht: Je größer dieser Wert ist, umso größer sind die Schritte im Gradientenverfahren. Im ersten Diagramm ist `lr` klein, weshalb der Algorithmus nur winzige Schritte in Richtung des Minimums geht. Der größere Wert von `lr` im zweiten Schritt führt zu weiter ausgreifenden Schritten und damit zu einem schnelleren Abstieg.

Allerdings können wir nicht einfach ein sehr großes `lr` wählen, um uns dem Minimum mit affenartiger Geschwindigkeit zu nähern, wie das dritte Diagramm zeigt. Hier ist `lr` so groß, dass jeder Schritt des Gradientenverfahrens weiter vom Ziel wegführt. Der Algorithmus ist nicht nur unfähig, das Minimum zu finden, sondern er konvergiert nicht einmal, sondern *vergrößert* den Verlust bei jedem Schritt, anstatt ihn zu verringen. Es lässt sich mathematisch beweisen, dass das Batch-Gradientenverfahren bei einer glatten Verlustfunktion immer das Minimum findet, sofern `lr` nur ausreichend klein ist. Bei großem `lr` dagegen ist das nicht mehr sicher.

Ein sehr kleiner Wert für `lr` kann das Gradientenverfahren verlangsamen, ein sehr großer kann es völlig aus der Bahn werfen. Wie so oft müssen wir auch hier einen goldenen Mittelweg finden. Mit diesen Kenntnissen wollen wir nun einige Werte von `lr` ausprobieren. Dazu passen wir `compare.py` wie folgt an:

15_development/compare_lr.py

```
import compare
import mnist_standardized

DATA = mnist_standardized
HIDDEN = 100
BATCH = 128
TIME = 60 * 10
compare.configuration(data=DATA, n_hidden_nodes=HIDDEN, batch_size=BATCH,
                      lr=0.001, time_in_seconds=TIME,
                      label="lr=0.001", color='orange', linestyle=':')
compare.configuration(data=DATA, n_hidden_nodes=HIDDEN, batch_size=BATCH,
                      lr=0.01, time_in_seconds=TIME,
                      label="lr=0.01", color='green', linestyle='-.')
```

```
compare.configuration(data=DATA, n_hidden_nodes=HIDDEN, batch_size=BATCH,
                      lr=0.1, time_in_seconds=TIME,
                      label="lr=0.1", color='blue', linestyle='--')
compare.configuration(data=DATA, n_hidden_nodes=HIDDEN, batch_size=BATCH,
                      lr=1, time_in_seconds=TIME,
                      label="lr=1", color='black', linestyle='-')
compare.show_results()
```

Da der Bereich angemessener Wert für `lr` weit gefächert ist, hat es keinen Sinn, linear wachsende Werte auszuprobieren, also etwa 0,1, 0,2 und 0,3. Stattdessen probiert der vorstehende Code exponentiell wachsende Werte aus, nämlich 0,001, 0,01, 0,1 und 1. Es kann auch Fälle geben, in denen wir noch größere Werte von `lr` in Betracht ziehen müssen; oder, was häufiger vorkommt, viel kleinere. Hier jedoch umspannen die ausgewählten Werte offensichtlich einen ausreichend großen Bereich:

```
Training: lr=0.001
  Loss: 1.64907297 (3 epochs completed, 1543 total steps)
Training: lr=0.01
  Loss: 0.53636065 (3 epochs completed, 1600 total steps)
Training: lr=0.1
  Loss: 0.23230808 (3 epochs completed, 1552 total steps)
Training: lr=1
  Loss: 0.07311269 (3 epochs completed, 1572 total steps)
```

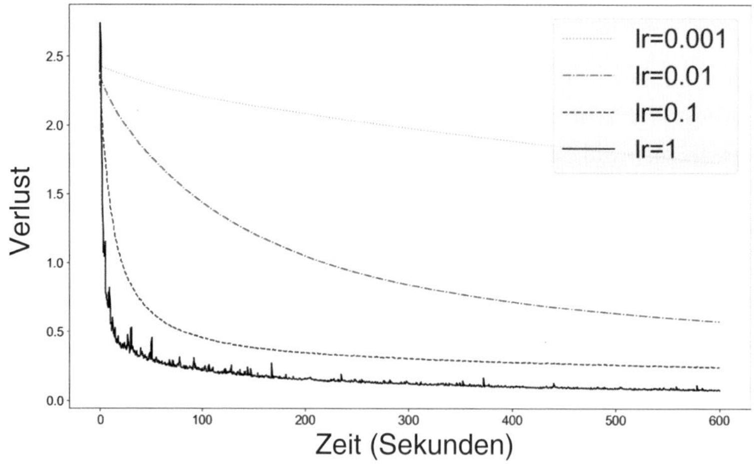

Sehen Sie die Zacken in der Kurve für `lr=1`? Es scheint, dass dieser Wert schon ein bisschen zu hoch ist und dazu führt, dass einige Schritte des Gradientenverfahrens vom Minimum wegführen. Andererseits ist er noch nicht so hoch, dass er den Algorithmus völlig aus der Bahn wirft, und führt zu einem geringeren Verlust als die anderen Werte, die wir ausprobiert haben. Darüber hinaus scheinen die Instabilitäten nach einigen Minuten des Trainings zu verschwinden, wahrscheinlich weil die einzelnen Schritte des Gradientenverfahrens dann so klein werden, dass selbst ein großer Wert von `lr` keine Divergenz mehr hervorrufen kann.

Ein Wert von 1 für `lr` scheint seine negativen Auswirkungen langfristig wieder wettzumachen. Daher belassen wir es dabei und wenden uns dem nächsten Hyperparameter zu.

Die Batchgröße festlegen

In »*Große und kleine Batches*« auf *Seite 197* haben wir bereits die Auswirkungen verschiedener Batchgrößen betrachtet. Dabei hatten wir festgestellt, dass Batches das Training beschleunigen und den Entwicklungszyklus verkürzen können. Da wir uns nun dem Ende des Zyklus nähern und bereits alle anderen Hyperparameter eingestellt haben, wollen wir noch einmal verschiedene Batchgrößen vergleichen.

15_development/compare_batch_sizes.py

```
import compare
import mnist_standardized

DATA = mnist_standardized
HIDDEN = 100
LR = 1
TIME = 60 * 5
compare.configuration(data=DATA, n_hidden_nodes=HIDDEN, batch_size=60000,
                      lr=LR, time_in_seconds=TIME,
                      label="batch_size=60000", color='orange', linestyle=':')
compare.configuration(data=DATA, n_hidden_nodes=HIDDEN, batch_size=256,
                      lr=LR, time_in_seconds=TIME,
                      label="batch_size=256", color='green', linestyle='-.')
compare.configuration(data=DATA, n_hidden_nodes=HIDDEN, batch_size=128,
                      lr=LR, time_in_seconds=TIME,
                      label="batch_size=128", color='blue', linestyle='--')
compare.configuration(data=DATA, n_hidden_nodes=HIDDEN, batch_size=64,
                      lr=LR, time_in_seconds=TIME,
                      label="batch_size=64", color='black', linestyle='-')
compare.show_results()
```

Auf eine Untersuchung des stochastischen Gradientenverfahrens mit der Batchgröße 1 habe ich diesmal verzichtet. Beim letzten Mal hat dieses Verfahren nur eine Menge Rauschen im Diagramm verursacht und keinerlei Fortschritte in Sachen Leistung erzielt. Stattdessen schauen wir uns hier die drei aussichtsreicheren

Batchgrößen 64, 128 und 256 sowie das klassische Verfahren mit einem einzigen Batch an, der sämtliche Beispiele enthält. Dabei ergibt sich folgendes Diagramm:

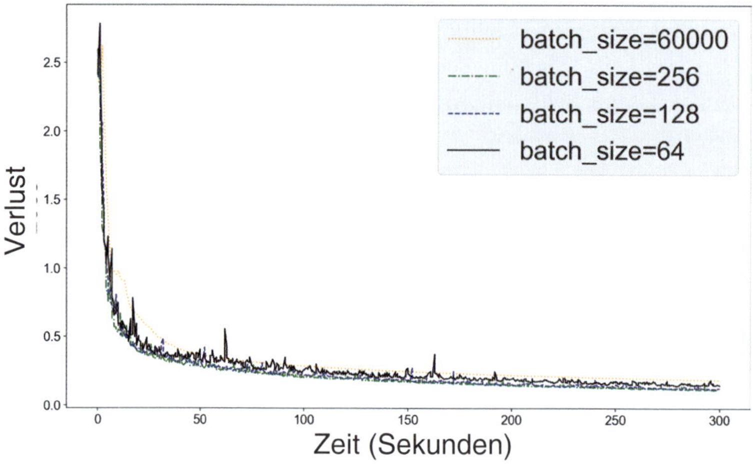

Die Verlustkurven liegen so nah beieinander, dass sich in dem Diagramm nicht erkennen lässt, welche Batchgröße die bessere Leistung zeigt. Sehen wir uns daher die Ausgabe im Terminal an:

```
Training: batch_size=60000
  Loss: 0.18655365 (241 epochs completed, 241 total steps)
Training: batch_size=256
  Loss: 0.11773560 (2 epochs completed, 678 total steps)
Training: batch_size=128
  Loss: 0.12600472 (1 epochs completed, 668 total steps)
Training: batch_size=64
  Loss: 0.14859866 (0 epochs completed, 656 total steps)
```

Demnach führt eine Batchgröße von 256 nach fünf Minuten Training zu einem geringeren Verlust als die bisher verwendete Batchgröße von 128. Daher wollen wir von nun an den Wert 256 verwenden.

Das war es auch schon. Wir sind alle Hyperparameter unseres neuronalen Netzes durchgegangen und haben jetzt für alle von ihnen gute Werte ermittelt. Das heißt natürlich nicht, dass wir jetzt für alle Zeiten an diese Werte gebunden sind. Wenn wir uns die Hyperparameter ein zweites und ein drittes Mal ansehen, können wir den Verlust dabei möglicherweise noch um ein paar Dezimalstellen verbessern. Außerdem kann es bessere *Kombinationen* von Hyperparametern geben, die sich nicht dadurch ermitteln lassen, dass wir die Werte einen nach dem anderen einstellen.

Nichtsdestoweniger haben wir bei der Optimierung unseres Netzes schon große Vorteile erzielt, sodass wir fürs Erste Feierabend machen können. Zum Abschluss unseres Vorstoßes auf das Gebiet der ML-Entwicklung wollen wir aus all unserer harten Arbeit eine einzige Zahl gewinnen, nämlich die Genauigkeit unseres neuronalen Netzes.

Der Abschlusstest

Es ist schon eine Weile her, dass wir uns den Code unseres neuronalen Netzes angesehen haben. Hier sehen Sie ihn noch einmal komplett – zum letzten Mal:

15_development/neural_network.py

```
import numpy as np

def sigmoid(z):
    return 1 / (1 + np.exp(-z))

def softmax(logits):
    exponentials = np.exp(logits)
    return exponentials / np.sum(exponentials, axis=1).reshape(-1, 1)

def sigmoid_gradient(sigmoid):
    return np.multiply(sigmoid, (1 - sigmoid))

def loss(Y, y_hat):
    return -np.sum(Y * np.log(y_hat)) / Y.shape[0]

def prepend_bias(X):
    return np.insert(X, 0, 1, axis=1)

def forward(X, w1, w2):
    h = sigmoid(np.matmul(prepend_bias(X), w1))
    y_hat = softmax(np.matmul(prepend_bias(h), w2))
    return (y_hat, h)

def back(X, Y, y_hat, w2, h):
    w2_gradient = np.matmul(prepend_bias(h).T, (y_hat - Y)) / X.shape[0]
    w1_gradient = np.matmul(prepend_bias(X).T, np.matmul(y_hat - Y, w2[1:].T)
                            * sigmoid_gradient(h)) / X.shape[0]
    return (w1_gradient, w2_gradient)

def classify(X, w1, w2):
    y_hat, _ = forward(X, w1, w2)
    labels = np.argmax(y_hat, axis=1)
    return labels.reshape(-1, 1)
```

```
def initialize_weights(n_input_variables, n_hidden_nodes, n_classes):
    w1_rows = n_input_variables + 1
    w1 = np.random.randn(w1_rows, n_hidden_nodes) * np.sqrt(1 / w1_rows)

    w2_rows = n_hidden_nodes + 1
    w2 = np.random.randn(w2_rows, n_classes) * np.sqrt(1 / w2_rows)

    return (w1, w2)

def prepare_batches(X_train, Y_train, batch_size):
    x_batches = []
    y_batches = []
    n_examples = X_train.shape[0]
    for batch in range(0, n_examples, batch_size):
        batch_end = batch + batch_size
        x_batches.append(X_train[batch:batch_end])
        y_batches.append(Y_train[batch:batch_end])
    return x_batches, y_batches

def report(epoch, batch, X_train, Y_train, X_test, Y_test, w1, w2):
    y_hat, _ = forward(X_train, w1, w2)
    training_loss = loss(Y_train, y_hat)
    classifications = classify(X_test, w1, w2)
    accuracy = np.average(classifications == Y_test) * 100.0
    print("%5d-%d > Loss: %.8f, Accuracy: %.2f%%" %
          (epoch, batch, training_loss, accuracy))

def train(X_train, Y_train, X_test, Y_test, n_hidden_nodes,
          epochs, batch_size, lr):
    n_input_variables = X_train.shape[1]
    n_classes = Y_train.shape[1]

    w1, w2 = initialize_weights(n_input_variables, n_hidden_nodes, n_classes)
    x_batches, y_batches = prepare_batches(X_train, Y_train, batch_size)
    for epoch in range(epochs):
        for batch in range(len(x_batches)):
            y_hat, h = forward(x_batches[batch], w1, w2)
            w1_gradient, w2_gradient = back(x_batches[batch],
                                            y_batches[batch], y_hat, w2, h)
            w1 = w1 - (w1_gradient * lr)
            w2 = w2 - (w2_gradient * lr)
            report(epoch, batch, X_train, Y_train, X_test, Y_test, w1, w2)
    return (w1, w2)
```

Unterziehen wir diesen Code nun einem abschließenden Test.

Auf dem Weg zu 99 %

In diesem Kapitel haben wir unser neuronales Netz immer anhand der Trainingsdaten trainiert und seine Leistung anhand der Validierungsdaten gemessen. Wie in Kapitel 14, »*Die Kunst des Testens*«, dargelegt, ist es jetzt an der Zeit, den Testdatensatz wieder hervorzuholen, den wir die ganze Zeit über absichtlich ignoriert haben. Wir werden nun die gesamten Testdaten klassifizieren und dabei die in diesem Kapitel bestimmten Hyperparameter verwenden.

15_development/final_test.py

```
import neural_network as nn
import mnist_standardized as data

nn.train(data.X_train, data.Y_train, data.X_test, data.Y_test,
         n_hidden_nodes=100, epochs=10, batch_size=256, lr=1)
```

Bestimmt sind Sie schon ganz gespannt auf die Ergebnisse. Hier sind sie:

```
0-0 > Loss: 2.22356892, Accuracy: 26.70%
0-1 > Loss: 2.38862271, Accuracy: 35.50%
0-2 > Loss: 2.08208522, Accuracy: 39.94%
...
9-234 > Loss: 0.04350713, Accuracy: 98.24%
```

Nach wenigen Sekunden zieht die Genauigkeit des neuronalen Netzes an der 90-%-Marke vorbei und steigt und steigt und steigt. Auf meinem Computer hat das Netz einige Stunden gebraucht, um über 98 % zu kommen. Wenn Sie es noch länger laufen lassen, werden Sie auf etwa 98,6 % kommen, bevor keine weitere Steigerung mehr möglich ist. Das sind zwar nicht die 99 %, die wir angestrebt haben, aber für weniger als 100 Codezeilen trotzdem ein sehr eindrucksvolles Ergebnis!

Praktische Übung: 99 % erreichen

Zu Beginn von Teil II haben wir uns eine Genauigkeit von 99 % bei der Klassifizierung von MNIST-Daten als Ziel gesetzt. Mit 98,6 % sind wir dem schon ziemlich nahe gekommen. Was aber machen wir mit den restlichen 0,4 %? Nun, die überlasse ich Ihnen.

Ich habe bereits gesagt, dass die Konfiguration eines neuronalen Netzes mehr von einer Kunst als von einer Wissenschaft hat, und das wird sich auch in dieser Übung zeigen. Sie sollen hier bessere Hyperparameter als die bisherigen finden, wobei ich Ihnen rate, auf `compare.py` zu verzichten und stattdessen die alternative Version `neural_network_quieter.py` zu verwenden. Sie protokolliert die Genauigkeit nur einmal alle zehn Epochen und ist dadurch viel schneller. Hier noch einige Tipps:

- Die standardisierte Version der MNIST-Daten funktioniert gewöhnlich besser, weshalb es keinen Grund gibt, sie nicht zu benutzen.
- Es zahlt sich manchmal aus, sich in Geduld zu üben und noch ein paar Epochen mehr abzuwarten. Wenn sich jedoch in 20 oder 30 Epochen keine Steigerung der Genauigkeit zeigt, ist es wahrscheinlich an der Zeit, eine andere Konfiguration auszuprobieren.
- Eine größere Anzahl von verdeckten Knoten verlangsamt das Training, macht das Netz beim Umgang mit verzwickten Daten aber intelligenter. Scheuen Sie sich daher nicht, die Anzahl zu erhöhen.
- Je geringer die Lernrate, umso langsamer ist das Training, aber andererseits ermöglichen solche kleinen Schritte es dem Netz, näher an das Verlustminimum heranzukommen. Probieren Sie einen etwas geringeren Wert von `lr` als denjenigen aus, den wir verwendet haben.
- Wir haben bereits viel zu den Vor- und Nachteilen kleiner Batches gesagt. Allerdings habe ich in diesem Fall mit sehr großen Batches mehr Glück gehabt.

Es ist tatsächlich möglich, mit unserem neuronalen Netz eine Genauigkeit von 99 % zu erreichen. Viel Glück! Wenn Sie Ihre Hyperparameter mit denen vergleichen wollen, die ich gefunden habe, schauen Sie im Verzeichnis `15_development/solution` nach.

Zusammenfassung und Vorschau

Was haben wir in diesem zweiten Teil des Buchs alles erreicht? Wir haben ein neuronales Netz von Grund auf erstellt, seine Funktionsweise erklärt und uns sogar mit anspruchsvollen Einzelheiten wie dem Mini-Batch-Gradientenverfahren und dem Testen beschäftigt. Im letzten Kapitel haben wir das Netz durch eine *Standardisierung* der Eingabedaten und die Einstellung der Hyperparameter optimiert.

In der Praxis ist die ML-Entwicklung komplizierter als hier geschildert, ebenso wie Programmierung in der Praxis komplizierter ist als die Beispielprobleme in Lehrbüchern. Allerdings haben Sie jetzt zumindest eine Vorstellung davon, wie wir das Ziel erreichen können, das wir uns zu Beginn von Teil II gestellt haben, nämlich mit einem neuronalen Netz genaue Klassifizierungen vorzunehmen. Als wir eine Genauigkeit von 90 % erreicht hatten, hielten wir das schon für eine tolle Leistung, aber jetzt sind wir die stolzen Programmierer eines zu 99 % genauen Netzes!

Wir haben uns anstrengen müssen, um dieses Ziel zu erreichen, aber auf dem Weg dorthin hatten wir keine Zweifel, dass wir es schaffen würden, denn heutzutage gilt das Training eines neuronalen Netzes als eine sinnvolle Idee. Das war jedoch nicht immer so, wie Sie schon in »*Die Geschichte des Perzeptrons*« auf *Seite 126* erfahren haben.

In den 80er- und 90er-Jahren schien der Ideenkonflikt zwischen den Symbolisten und den Konnektionisten entschieden – und zwar zugunsten der Symbolisten. Neuronale Netze wurden gemeinhin als Sackgassen betrachtet und nur noch von wenigen Forschern studiert. Schließlich aber erfanden diese Forscher die Backpropagation und widerlegten damit die Behauptungen der Skeptiker: Es war tatsächlich möglich, neuronale Netze zu trainieren! Die Konnektionisten hatten allen Grund zum Jubeln. Dennoch sahen sie sich weiterhin widrigen Umständen gegenüber.

Neuronale Netze waren zwar schon eine tolle Sache, aber auch recht beschränkt. Das zeigt sich auch an dem Netz, das wir in diesem Buch erstellt haben. Die Fehlerrate von 1 % ist zwar eindrucksvoll, aber nicht mit der eines Menschen zu vergleichen, der MNIST-Zeichen mit einer Genauigkeit von fast 99,9 % identifizieren kann. Welchen Nutzen hat ein neuronales Netz, wenn ein Mensch die gestellte Aufgabe zehnmal genauer erledigen kann?

Die Konnektionisten glaubten, dass neuronale Netze die Menschen auf diesem Gebiet schlagen konnten, wenn sie mehr als nur drei Schichten zur Verfügung hatten. Daher experimentierten sie mit sogenannten »tiefen« neuronalen Netzen, die vier, fünf und noch mehr Schichten aufweisen. Die Ergebnisse dieser Experimente waren jedoch durchwachsen. Tiefe Netze waren zwar tatsächlich genauer als »flache« dreischichtige Netze, aber auch instabil, knifflig und schwer zu trainieren.

Dann kam es Anfang der 2000er-Jahre zu einem radikalen Umschwung.

Diese Änderungen bilden das Thema des letzten Teils. Seien Sie aber gewarnt: Wenn Ihnen Teil I vorkam wie der Absturz auf einem fremden Planeten und Teil II wie ein Weltraumabenteuer, dann wird Sie Teil III an das Ende von *2001: Odyssee im Weltraum* erinnern. Holen Sie also tief Luft, und dann geht es los mit Deep Learning.

Teil 3

Deep Learning

Das Gebiet des Deep Learning umfasst verschiedene komplizierte Techniken, hinter denen aber eine einzige einfache Idee steht: Neuronale Netze sind leistungsfähiger, wenn sie über mehr Schichten verfügen. Solche »tiefen« Netze bedeuten weit größere Herausforderungen als die »flachen« dreischichtigen Netze, mit denen wir uns bisher beschäftigt haben. In den nächsten Kapiteln werden wir diese Probleme beschreiben und überwinden.

Weitere Schichten hinzuzufügen, ist jedoch nur der Anfang. In den letzten Jahren hat das ursprüngliche Prinzip des Deep Learning verschiedene komplexe – und manchmal grandiose – Ideen hervorgebracht, von denen wir uns einige ansehen werden.

In Teil I und II haben wir MNIST zum Testen unseres Netzes verwendet. MNIST wird uns auch in den ersten Kapiteln von Teil III als Ausgangspunkt dienen, aber dann werden wir darüber hinauswachsen und uns komplexeren Datenmengen zuwenden. Schnallen Sie sich an!

16
Tiefere Netze

In diesem dritten Teil des Buchs geht es um *Deep Learning*, den großen Durchbruch auf dem Gebiet der künstlichen Intelligenz. Der Begriff »Deep Learning« hat verschiedene Bedeutungen, aber in erster Linie steht er für »neuronale Netze mit vielen Schichten«. Solche tieferen Netze nutzen anspruchsvollere Modelle als flache Netze und können damit auch kompliziertere Funktionen zur Annäherung der Daten generieren.

Wir werden später noch sehen, dass zu Deep Learning mehr gehört, als nur weitere Schichten hinzuzufügen. In Wirklichkeit umfasst Deep Learning eine Kombination von Techniken mit beeindruckenden Namen wie »Faltung«, »rekurrente neuronale Netze« oder »Generative Adversarial Network«. Gegen Ende dieses Buchs werden Sie eine bessere Vorstellung von diesen Techniken haben und genug wissen, um selbstständig mehr darüber zu lernen.

Beginnen wollen wir jedoch mit dem Grundprinzip, nämlich weitere Schichten zu einem neuronalen Netz hinzuzufügen. In diesem Kapitel erstellen wir zwei Netze, nämlich ein flaches mit drei Schichten und ein etwas tieferes mit vier. Wir werden beide Netze an derselben Datenmenge ausführen und die Ergebnisse vergleichen.

In den ersten beiden Teilen dieses Buchs haben wir den Code Zeile für Zeile selbst entwickelt. Beim Übergang zu Deep Learning würde diese Do-it-youself-Vorgehensweise jedoch mehr und mehr Zeit erfordern. Es gibt auch keinen überzeugenden Grund mehr dafür, da Sie inzwischen schon ein solides Verständnis der Grundlagen gewonnen haben und sich nun nicht mehr um jede Einzelheit selbst kümmern müssen. Kurz gesagt: Von diesem Kapitel an werden wir unsere neuronalen Netze mithilfe der weit verbreiteten ML-Bibliothek Keras schreiben. Während Keras die Kleinarbeit erledigt, richten wir unser Augenmerk auf das Gesamtbild.

In diesem Kapitel werden wir Folgendes tun:

1. Wir sehen uns an, wie man mithilfe von Keras ein neuronales Netz erstellt.
2. Wir schreiben ein dreischichtiges Netz und führen es an einer einfachen Datenmenge aus.
3. Wir fügen dem Netz eine weitere Schicht hinzu und beobachten, wie sich seine Leistung dadurch ändert.

Bevor wir uns an die neuronalen Netze machen, bereiten wir jedoch zunächst die Datenmenge auf, an der wir sie ausführen wollen.

Der Echidna-Datensatz

Im Abschnitt *»Eine Entscheidungsgrenze einzeichnen«* auf *Seite 175* haben wir das Konzept der Entscheidungsgrenze eingeführt. Sie werden schon bald sehen, wie sich die Entscheidungsgrenze eines neuronalen Netzes durch die Ergänzung um eine vierte Schicht ändert. Um das zu zeigen, brauchen wir eine Datenmenge, die zwar verzwickt, aber auch grafisch einfach darzustellen ist. Und so sieht sie aus:

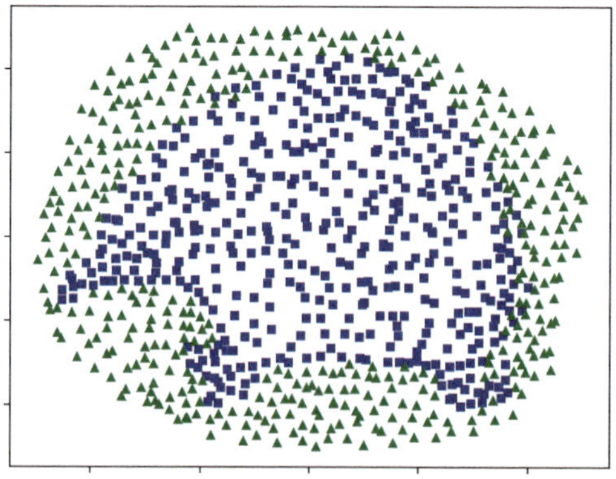

Dieser Datensatz hat zwei Eingabevariablen und zwei Klassen, hier dargestellt als Quadrate und Dreiecke. Falls Sie ein Faible für ausgefallene Tiere haben, ist Ihnen vielleicht schon aufgefallen, dass der Datensatz die Form eines australischen Ameisenigels[1] (Echidna) hat.

Meine Frau und ich denken immer noch gern an die unerwartete Begegnung zurück, die wir bei einer Australienreise mit einem Ameisenigel in freier Wildbahn hatten. Ameisenigel sind einfach toll!

Ich habe diese Daten in der Datei `echidna.txt` gespeichert und darüber hinaus die Datei `echidna.py` geschrieben, die die gleiche Aufgabe erledigt wie `mnist.py` in vorhergehenden Kapiteln: Sie lädt die Daten und die Labels in die beiden Variablen `X` und `Y` und teilt die Gesamtmenge in einen Trainings-, einen Validierungs- und einen Testdatensatz auf.

```
import echidna as data ⇛
data.X.shape ⇛
(855, 2) «
data.X[0:3] ⇛
array([[ 0.01653543,  0.42533333], «
       [ 0.14566929, -0.332 ],
       [ 0.19133858, -0.47866667]])
data.Y[0:3] ⇛
array([[0], «
       [1],
       [1]])
data.X_train.shape ⇛
(285, 2) «
data.Y_train.shape ⇛
(285, 1) «
```

1. *https://de.wikipedia.org/wiki/Ameisenigel*

Die Testdaten werden wir in diesem Kapitel noch nicht verwenden, sondern vorläufig nur die Trainings- und die Validierungsdaten.

Im nächsten Abschnitt erstellen wir ein neuronales Netzwerk, das den Echidna-Datensatz lernt.

Neuronale Netze mit Keras erstellen

Für Python gibt es einige umfangreiche ML-Bibliotheken wie PyTorch[2] und TensorFlow[3]. Sie sind ziemlich komplex und entwickeln sich rasch weiter, weshalb ich sie in diesem Buch nicht verwenden und auch nicht näher darauf eingehen werde, denn meine Codebeispiele und Erklärungen wären wahrscheinlich schon veraltet, wenn Sie sie lesen.

Stattdessen greife ich auf eine schlankere und beständigere Bibliothek namens Keras[4] zurück. Es handelt sich dabei um eine dünne Schicht, die auf den »großen Bibliotheken« aufsetzt und diese hinter einer angenehmen, saubereren Programmierschnittstelle versteckt. Zu Anfang war Keras nur für die Prototypentwicklung gedacht, mauserte sich aber rasch zu einem häufig verwendeten Werkzeug, um neuronale Netze in Python zu erstellen, und wurde schließlich sogar als offizielle Oberfläche von TensorFlow übernommen. Mithilfe von Keras können wir die umfangreichen Bibliotheken nutzen, ohne uns in deren komplizierte Einzelheiten zu verstricken.

Je nach Betriebssystem, Haupt- und Grafikprozessor usw. gibt es verschiedene Möglichkeiten, um Keras zu installieren. Auf den meisten Systemen gehen Sie dabei wie bei jeder anderen Bibliothek vor, entweder global mit `pip` oder in einer Conda-Umgebung. Zur globalen Installation verwenden Sie folgenden Befehl:

```
pip3 install keras==2.2.4
```

In der Conda-Umgebung `machinelearning` gehen Sie dagegen wie folgt vor:

```
source activate machinelearning
conda install keras=2.2.4
```

Zusammen mit der Installation von Keras erhalten Sie auch TensorFlow. Dadurch können Sie gleich mit dem Erstellen von neuronalen Netzen loslegen.

2. *pytorch.org*
3. *www.tensorflow.org*
4. *keras.io*

Den Aufbau des Netzes planen und der erste Code

Wir wollen nun ein neuronales Netz für die Echidna-Daten erstellen. Als Ausgangspunkt können wir das MNIST-Netz auf Kapitel 9, »*Das Netz entwerfen*«, verwenden:

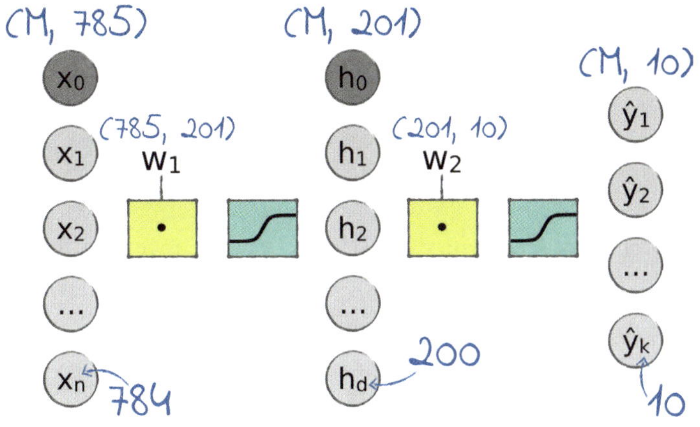

Zur Erinnerung: `M` ist die Anzahl der Beispiele in den Trainingsdaten und 784 die Anzahl der Eingabevariablen in MNIST. Um das Netz so anzupassen, dass es von den Echidna-Daten lernt, müssen wir Folgendes beachten:

1. Da der Echidna-Datensatz zwei Eingabevariablen hat, brauchen wir auch nur zwei Eingabeknoten.
2. Da der Echidna-Datensatz zwei Klassen hat, brauchen wir auch nur zwei statt zehn Ausgabeknoten.
3. Die Anzahl der verdeckten Knoten ist ein Hyperparameter, den wir später noch ändern können. Für den Anfang setzen wir ihn auf 100.
4. Was das MNIST-Netz komplizierter gemacht hat, waren die Biasknoten x_0 und h_0. Glücklicherweise kümmert sich aber Keras hinter den Kulissen um den Bias, sodass wir uns nicht mehr mit diesen Knoten beschäftigen müssen.

Unter Berücksichtigung dieser Änderungen sieht unser Plan für das neue Netz wie folgt aus:

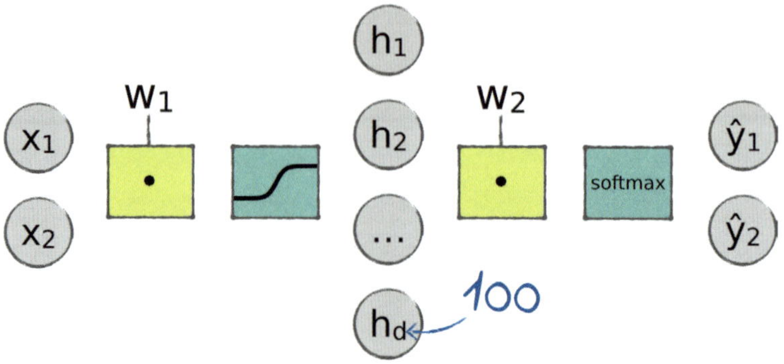

Als Nächstes zeige ich Ihnen, wie dieses Netz mit Keras implementiert wird. Machen Sie sich keine Sorgen, wenn dieser Code zunächst unverständlich erscheint – wir werden ihn gleich Schritt für Schritt durchgehen. Insgesamt sieht er wie folgt aus:

16_deeper/network_shallow.py

```
from keras.models import Sequential
from keras.layers import Dense
from keras.optimizers import RMSprop
from keras.utils import to_categorical
import echidna as data

X_train = data.X_train
X_validation = data.X_validation
Y_train = to_categorical(data.Y_train)
Y_validation = to_categorical(data.Y_validation)

model = Sequential()
model.add(Dense(100, activation='sigmoid'))
model.add(Dense(2, activation='softmax'))

model.compile(loss='categorical_crossentropy',
              optimizer=RMSprop(lr=0.001),
              metrics=['accuracy'])

model.fit(X_train, Y_train,
          validation_data=(X_validation, Y_validation),
          epochs=30000, batch_size=25)

boundary.show(model, data.X_train, data.Y_train)
```

Dafür, dass dieser Code ein neuronales Netz erstellt, trainiert und sogar noch die Genauigkeit anhand der Validierungsdaten überprüft, ist er ziemlich kurz. Gehen wir dieses Programm nun Zeile für Zeile durch.

Die Daten laden

Die folgenden Zeilen dienen dazu, die Trainings- und die Validierungsdaten aufzubereiten:

```
from keras.utils import to_categorical
import echidna as data

X_train = data.X_train
X_validation = data.X_validation
Y_train = to_categorical(data.Y_train)
Y_validation = to_categorical(data.Y_validation)
```

X_train und X_validation haben dieselbe Bedeutung wie in echidna.py und werden hier lediglich aus Gründen der Konsistenz umbenannt. Die Labels dagegen bedürfen etwas mehr Aufmerksamkeit, da echidna.py sie nicht 1-aus-n-codiert. Die beiden letzten Codezeilen holen diese Codierung mithilfe der Keras-Funktion to_categorical() nach. Sie verhält sich genauso wie die Funktion one_hot_encode(), die wir in Teil I selbst geschrieben haben. Ursprünglich liegen unsere Daten in der folgenden Form vor:

```
data.Y_train[0:3]     ⇛
array([[0],     《
       [1],
       [1]])
```

Die Funktion to_categorical() wandelt sie in Folgendes um:

```
to_categorical(data.Y_train[0:3])     ⇛
array([[1., 0.],     《
       [0., 1.],
       [0., 1.]], dtype=float32)
```

Damit haben wir die Daten. Als Nächstes setzen wir das Netz zusammen.

Das Modell erstellen

Die nächsten Codezeilen legen die Form des neuronalen Netzes fest:

```
model = Sequential()
model.add(Dense(100, activation='sigmoid'))
model.add(Dense(2, activation='softmax'))
```

Diese Code nutzt die Einrichtungen von Python zur Objektorientierung. (Wenn Sie sich mit Objekten und Klassen nicht auskennen, sollten Sie zur Einführung »*Objekte erstellen und verwenden*« auf *Seite 341* lesen. Das dauert auch nur wenige Minuten.)

Die erste Zeile erstellt ein sogenanntes »sequenzielles Modell«, d. h., sie baut das neuronale Netz aus einer Folge (oder Sequenz) von Schichten auf. Keras bietet noch weitere Optionen zur Konstruktion von neuronalen Netzen, aber in diesem Buch werden wir stets das sequenzielle Modell nutzen.

In der zweiten und dritten Schicht werden die verdeckte und die Ausgabeschicht angelegt und dem Netz hinzugefügt. Es ist nicht nötig, die Eingabeschicht zu erstellen, da sich Keras automatisch darum kümmert: Sobald wir Daten in das Netz einspeisen, untersucht Keras deren Form und legt eine Eingabeschicht mit der passenden Anzahl von Knoten an, in unserem Fall zwei. Wie bereits erwähnt fügt Keras auch Biasknoten zur Eingabe- und zur verdeckten Schicht hinzu, sodass wir uns auch darüber keine Sorgen zu machen brauchen.

Sowohl das Modell als auch die Schichten sind Python-Objekte: Das Modell ist ein Objekt der Klasse `Sequential`, die Schichten sind Objekte der Klasse `Dense` (»dicht«). Eine Schicht heißt *dicht*, wenn jeder ihrer Knoten mit allen Knoten einer Nachbarschicht verbunden ist. In den nächsten Kapiteln werden wir uns noch andere Arten von Schichten ansehen, aber vorläufig beschäftigen wir uns nur mit dichten Schichten.

Um eine `Dense`-Schicht zu erstellen, braucht Keras zwei Argumente: die Anzahl der Knoten und den Namen einer Aktivierungsfunktion. Keras unterstützt alle gängigen Aktivierungsfunktionen, darunter auch die beiden, die wir in diesem Netz verwenden möchten, nämlich die Sigmoide und Softmax. Beachten Sie, dass wir in jeder Schicht die Aktivierungsfunktion angeben, die *davor* steht, nicht dahinter.

Damit haben wir auch schon ein neuronales Netz! Das ging schnell. Als Nächstes konfigurieren wir es.

Das Modell kompilieren

Die nächsten Anweisungen dienen dazu, das neuronale Netz zu konfigurieren oder, wie es im Keras-Jargon heißt, zu »kompilieren«:

```
model.compile(loss='categorical_crossentropy',
              optimizer=RMSprop(lr=0.001),
              metrics=['accuracy'])
```

Als Erstes teilt diese Anweisung Keras mit, welche Formel für den Verlust verwendet werden soll. Wir wollen hier dieselbe Formel nehmen wie für das MNIST-Netz in Teil II, nämlich die Kreuzentropie, die in Keras `categorical_crossentropy` heißt.

Des Weiteren legt diese Anweisung fest, mit welchem Algorithmus Keras den Verlust beim Training minimieren soll. Keras beherrscht verschiedene Spielarten des Gradientenverfahrens. Ich habe hier ein bisschen gemogelt und statt des einfachen Gradientenabstiegs (`SGD` in Keras) eine optimierte Version namens `RMSprop` verwendet, die im Allgemeinen besser und schneller ist als `SGD`. Dieser Geschwindigkeitsvorsprung wird uns bei unseren weiteren Experimenten mit dem Netz noch zugutekommen. Die Einzelheiten von `RMSprop` werde ich in Kapitel 18, »*Tiefe Netze zähmen*«, besprechen.

Wenn wir das `RMSprop`-Objekt erstellen, müssen wir ihm auch die Parameter übergeben, die dieser Algorithmus benötigt. Für das Batch-Gradientenverfahren ist nur ein einziger Parameter erforderlich, nämlich die Lernrate `lr`.

Der letzte Parameter von `compile()` teilt Keras mit, welches Maß während des Trainings protokollieren soll. Standardmäßig meldet Keras nur den Verlust. Hier sorgen wir jedoch dafür, dass auch die Genauigkeit verfolgt wird.

Damit haben wir auch die Konfiguration des neuronalen Netzes erledigt. Nun können wir zur Trainingsphase übergehen.

Das Netz trainieren

Die nächste Anweisung trainiert das Netz bzw. »passt es an« (*to fit*), wie es in Keras heißt:

```
model.fit(X_train, Y_train,
          validation_data=(X_validation, Y_validation),
          epochs=30000, batch_size=25)
```

Neben den Trainingsdaten nimmt `fit()` auch noch die Validierungsdaten als optionalen Parameter entgegen. Wenn Sie wie in dem vorstehenden Code die Validierungsdaten übergeben, gibt Keras am Ende jeder Epoche zusätzlich zum Trainingsverlust und der Trainingsgenauigkeit auch den Validierungsverlust und die Validierungsgenauigkeit aus. Der Aufruf von `fit()` ist auch die Stelle, an der wir die beiden restlichen Hyperparameter `epochs` und `batch_size` angeben.

Damit haben wir den Code unseres neuronalen Netzes schon fast komplett durchgearbeitet. Wir müssen uns nur noch eine einzige Zeile ansehen.

Die Terminologie des Machine Learning

Wenn Sie sich mit einer neuen ML-Bibliothek vertraut machen, besteht eine der Herausforderungen darin, sich an das Vokabular zu gewöhnen. Sie haben in diesem Abschnitt bereits gesehen, dass Keras vom »Kompilieren« eines Netzes spricht, wenn es darum geht, es zu konfigurieren, und dass statt »trainieren« das Wort »anpassen« (to fit) verwendet wird.

→

> Einige dieser begrifflichen Besonderheiten können ziemlich verwirrend sein. Beispielsweise wird in Keras die Bezeichnung »stochastischer Gradientenabstieg« (SGD) für das Gradientenverfahren mit mehreren Batches verwendet, obwohl diese Bezeichnung sonst oft für ein Gradientenverfahren mit der Batchgröße 1 reserviert ist.
>
> Wir werden mit diesen uneinheitlichen Bezeichnungen leben müssen. Die Terminologie des Machine Learning unterscheidet sich sehr stark von einer Person zur anderen.

Die Entscheidungsgrenze einzeichnen

Die letzte Zeile in dem Programm gibt die Entscheidungsgrenze des neuronalen Netzes aus. Dies ist jedoch keine Einrichtung von Keras, sondern stammt aus einer kleinen Hilfsbibliothek namens `boundary.py`, die ich geschrieben habe und die Sie in dem Begleitcode zu diesem Kapitel finden. Die Funktion `boundary.show()` nimmt ein trainiertes neuronales Netz und eine zweidimensionale Datenmenge entgegen und gibt die Entscheidungsgrenze des Netzes grafisch über einer Darstellung der Datenmenge aus.

```
import boundary

boundary.show(model, data.X_train, data.Y_train)
```

Beachten Sie, dass `boundary.show()` die Labels *ohne* 1-aus-n-Codierung entgegennimmt.

Damit haben wir alles zusammen, um das neuronale Netz am Echidna-Datensatz auszuführen, seine Genauigkeit bei der Klassifizierung der Trainings- und der Validierungsdaten zu messen und uns seine Entscheidungsgrenze anzusehen.

Das Netz ausführen

Auf meinem Laptop hat mich das Training des neuronalen Netzes wenige Minuten gekostet. Die Ausgabe, reduziert auf die wesentlichen Angaben, sieht wie folgt aus:

```
Using TensorFlow backend.
Train on 285 samples, validate on 285 samples
Epoch 1 - loss: 0.7222 - acc: 0.5088 - val_loss: 0.6928 - val_acc: 0.4807
Epoch 2 - loss: 0.6966 - acc: 0.5018 - val_loss: 0.6904 - val_acc: 0.5193
...
Epoch 30000 - loss: 0.1623 - acc: 0.9193 - val_loss: 0.1975 - val_acc: 0.9018
```

Bei den Trainingsdaten erreicht die Genauigkeit 0,9193, also 91,93 %. Wie wir aber aus »*Trainings- und Testdatensatz*« auf *Seite 96* wissen, kann die Trainingsgenauigkeit durch Überanpassung verzerrt sein. Ein besseres Maß bietet die Validierungsgenauigkeit. Sie beträgt 90,18 %.

Sehen wir uns als Nächstes die Entscheidungsgrenze des Netzes an:

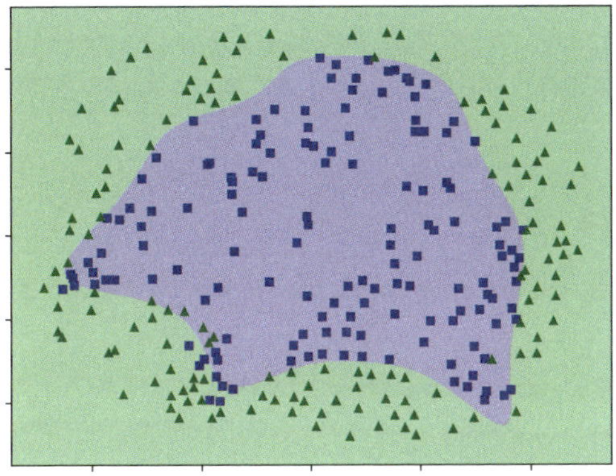

Das Netz hat seine Aufgabe, eine Grenze zwischen den Datenpunkten innerhalb und außerhalb der Ameisenigel-Silhouette zu finden, schon recht gut erledigt. Allerdings scheint es nicht gut darin zu sein, feine Konturen wie die Nase und die Krallen des Ameisenigels zu zeichnen. Dieser mangelnde Detaillierungsgrad erklärt, warum das neuronale Netz ungefähr einen von zehn Datenpunkten falsch klassifiziert.

Kann ein tieferes Netz diese Einzelheiten genauer nachzeichnen? Schließlich ist das doch das Verkaufsargument für Deep Learning: Ebenso wie ein flaches neuronales Netz den Verschlingungen in einer Datenmenge besser folgen kann als ein Perzeptron, kann ein tiefes neuronales Netz diese Aufgabe noch besser ledigen.

Probieren wir das nun selbst aus, indem wir unserem neuronalen Netz eine weitere Schicht hinzufügen.

Warnungen von TensorFlow

Wenn ich Keras-Code ausführe, erhalte ich immer eine Reihe Warnungen des TensorFlow-Backends, nach denen meine TensorFlow-Version und meine Konfiguration suboptimal sind und die Möglichkeiten meines Prozessors nicht voll ausschöpfen.

→

Möglicherweise könnte ich noch ein kleines bisschen mehr Leistung herauszuholen, wenn ich TensorFlow neu kompiliere, aber ich habe mich trotzdem dagegen entschieden. Mein Laptop ist ohnehin keine Rakete. Daher ignoriere ich einfach diese Warnungen und miete einen Grafikprozessor in der Cloud, wenn ich wirklich eine hohe Geschwindigkeit brauche. Sollten Sie auch solche Warnungen erhalten, können Sie versuchen, TensorFlow neu zu kompilieren, um eine etwas höhere Geschwindigkeit zu erzielen. Allerdings ist dieser Kompilierungsvorgang ein ziemlicher Akt, mit dessen Fertigstellung Sie nicht in ein paar Minuten rechnen können.

Ein tieferes Netz

Wir wollen unserem bisherigen dreischichtigen Netz nun eine weitere Schicht hinzufügen:

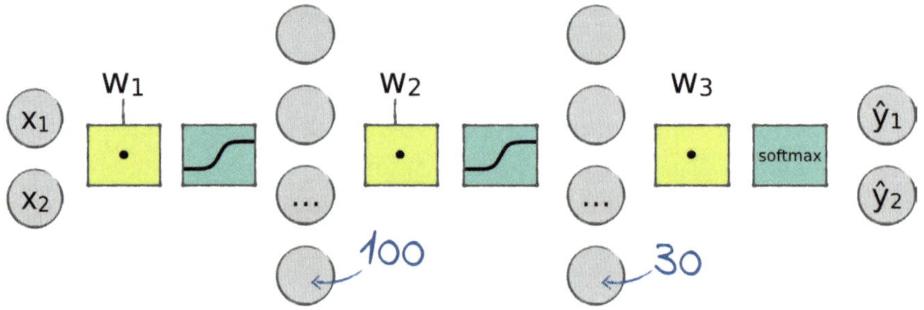

Dieses tiefere Netz hat vier Schichten jeweils mit ihrem eigenen Satz von Gewichten und ihrer eigenen Aktivierungsfunktion. Die Anzahl der Knoten in der neuen Schicht bildet einen weiteren Hyperparameter, den wir einstellen müssen, um die bestmöglichen Ergebnisse zu erzielen. Für den Anfang setzen wir ihn auf 30.

Setzen wir diesen Plan nun in Code um. Hier zahlt sich die Nutzung von Keras richtig aus, denn für diese neue Schicht müssen wir unserem Modell nur eine einzige Codezeile hinzufügen:

16_deeper/network_deep.py

```
model = Sequential()
model.add(Dense(100, activation='sigmoid'))
model.add(Dense(30, activation='sigmoid'))   <
model.add(Dense(2, activation='softmax'))
```

Mehr ist gar nicht nötig. Führen wir nun dieses tiefere Netz aus, um zu sehen, ob es sich besser macht als unser bisheriges dreischichtiges.

```
Using TensorFlow backend.
Train on 285 samples, validate on 285 samples
Epoch 1 - loss: 0.7111 - acc: 0.4947 - val_loss: 0.6967 - val_acc: 0.4807
...
Epoch 30000 - loss: 0.0056 - acc: 1.0000 - val_loss: 0.7029 - val_acc: 0.8982
```

Die Entscheidungsgrenze dieses Netzes sieht folgendermaßen aus:

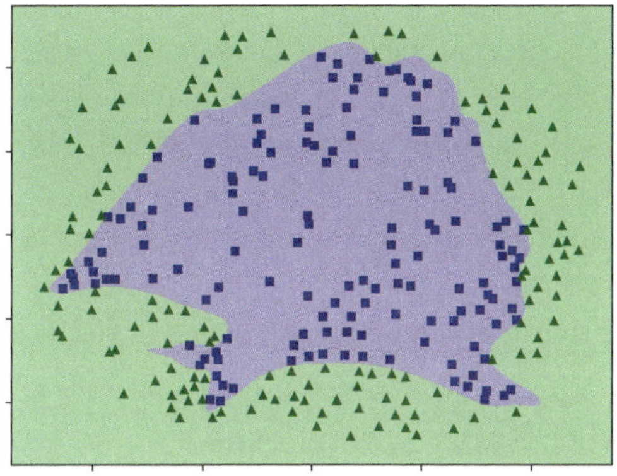

Nehmen Sie sich einen Augenblick Zeit, sich die Zahlen und das Diagramm genauer anzusehen. Was halten Sie davon? Fällt Ihnen irgendetwas auf?

Auf den ersten Blick könnte man meinen, dass sich das Netz erstaunlich gut bewährt hat. Seine Entscheidungsgrenze hat die kleinen Einzelheiten des Echidna-Trainingsdatensatzes außerordentlich gut nachgezeichnet und sogar die feinsten Details herausgearbeitet, um die Quadrate und die Dreiecke mit fantastischer Präzision voneinander zu trennen. Dadurch kann das Netz auch mit einer absoluten Genauigkeit von 1,0000 bei der Klassifizierung der Trainingsdaten glänzen, was bedeutet, dass es 100 % der Trainingsbeispiele die richtigen Labels zuordnet.

Wenn Sie aber genauer hinschauen, werden Sie eine erschreckende Feststellung machen: Während das Netz bei den Trainingsdaten eine vollkommene Genauigkeit erreicht hat, kommt es bei den Validierungsdaten nicht einmal in die Nähe dieser Perfektion. Mit 89,92 % ist die Genauigkeit des tiefen Netzes sogar *schlechter* als die ihres flachen Gegenstücks!

Holen wir also tief Luft und sehen wir uns noch einmal an, was wir aus diesem kleinen Experiment gelernt haben.

Zusammenfassung

In diesem Kapitel haben wir die ML-Bibliothek Keras genutzt, um auf die Schnelle ein dreischichtiges neuronales Netz zu schreiben, und dieses anschließend mit einer einfachen Datenmenge trainiert. Dieses flache Netz hat annehmbare Ergebnisse gezielt, schien aber Probleme mit den feineren Einzelheiten der Daten zu haben.

In der Erwartung, dass ein tieferes Netz Besserung bringen würde, haben wir eine vierte Schicht hinzugefügt und das neue Netz mit derselben Datenmenge trainiert. Das Ergebnis war, vorsichtig ausgedrückt, enttäuschend. Das tiefere Netz erzielte zwar eine Genauigkeit von 100 % beim Trainingsdatensatz, kam diesem Wert bei den Validierungsdaten, auf die es wirklich ankommt, aber nicht einmal nahe, sondern zeigte dabei sogar noch eine schlechtere Leistung als das flache dreischichtige Netz.

Ich habe eine schlechte und eine gute Nachricht. Die schlechte lautet, dass wir unser neuronales Netz zwar tiefer, aber dadurch nicht besser gemacht haben. Es scheint sogar so zu sein, dass die Leistung in den Keller geht, wenn wir das Netz vertiefen.

Und nun die gute Nachricht: Wir können etwas gegen dieses Problem unternehmen und damit die Möglichkeiten von tiefen Netzen voll ausschöpfen! Damit werden wir uns im nächsten Kapitel beschäftigen.

Praktische Übung: Keras-Spielwiese

Nachdem Sie nun etwas Erfahrung mit Keras gesammelt haben, können Sie sich an der folgenden Übung versuchen: Schreiben Sie das MNIST-Netz, das wir in Teil II dieses Buchs erstellt haben, mithilfe von Keras von Grund auf neu.

Im Lieferumfang von Keras sind einige gebräuchliche Datenmengen enthalten, darunter auch MNIST. Es ist daher nicht nötig, unsere Bibliothek `mnist.py` zu verwenden. Stattdessen können Sie MNIST mit dem folgenden Code laden und seine Labels 1-aus-n-codieren:

```
from keras.datasets import mnist
from keras.utils import to_categorical

(X_train_raw, Y_train_raw), (X_test_raw, Y_test_raw) = mnist.load_data()
X_train = X_train_raw.reshape(X_train_raw.shape[0], -1) / 255
X_test = X_test_raw.reshape(X_test_raw.shape[0], -1) / 255
Y_train = to_categorical(Y_train_raw)
Y_test = to_categorical(Y_test_raw)
```

Wenn Sie diesen Code zum ersten Mal ausführen, lädt Keras MNIST selbstständig herunter.

Beachten Sie, dass MNIST im Lieferzustand keine Validierungsdaten enthält. Sie können entweder die Testdaten zur Validierung verwenden oder – wie wir es bisher getan haben – die Testdaten in kleinere Test- und Validierungsdatensätze aufteilen.

Der Code standardisiert die Eingaben auch nicht so genau, wie wir es in unseren früheren Implementierungen getan haben, sondern dividiert die Eingabepixel nur durch 255, sodass die Werte in den Bereich zwischen 0 und 1 fallen. Sie können hier natürlich auch eine anspruchsvollere Standardisierungsmethode wie die aus »*Standardisierung in der Praxis*« auf *Seite 213* durchführen. Allerdings musste ich beim Ausprobieren feststellen, dass dies bei dem neuen Netz keinen Unterschied ausmacht, weshalb ich darauf verzichtet habe, diese Standardisierung zu verwenden.

Den Code zum Laden der Daten habe ich Ihnen hier vorgeführt, aber den Code für das Netz müssen Sie selbst schreiben. Bei `model.compile()` können Sie entscheiden, welchen Algorithmus Sie einsetzen wollen – entweder `SGD`, das Standard-Gradientenverfahren, oder den fortschrittlicheren Algorithmus `RMSprop`, den wir weiter vorn in diesem Kapitel verwendet haben. Sie können auch beide ausprobieren und die Trainingsgeschwindigkeit und abschließende Genauigkeit bei den Trainings- und der Testdaten vergleichen.

Sie sollten nicht davon ausgehen, dass das Keras-MNIST-Netz mit den in Kapitel 15, »*Entwicklung*«, ermittelten Hyperparametern genauso gut funktioniert wie die alte Version. Da Sie nun eine völlig andere Implementierung haben, müssen Sie auch neue Werte für die Hyperparameter finden. Streben Sie eine Genauigkeit von 99 % oder mehr an. Meine Lösung finden Sie wie üblich im Verzeichnis `16_deeper/solution`.

Noch eine letzte Bemerkung: Ihr Keras-gestütztes neuronales Netz sollte schneller sein als die Version, die wir komplett selbst geschrieben haben – was keine Überraschung darstellt, da wir unseren Code schließlich kein bisschen optimiert haben. Allerdings wird der Großteil der Prozessorleistung beim Training des neuronalen Netzes für die Matrizenmultiplikation aufgewendet, die unser Code an die hochgradig optimierte Bibliothek NumPy delegiert. Daher sollte die Keras-Version zwar durchaus schneller sein als unsere alte selbstgestrickte, aber nicht *wahnsinnig* viel schneller.

Viel Spaß beim Programmieren!

17

Überanpassung vermeiden

Die Überanpassung hat uns schon das ganze Buch über verfolgt. In diesem Kapitel wollen wir uns diesem Erzfeind nun endlich stellen.

Zur Erinnerung: Ein überangepasstes System ist mit einem Schüler vergleichbar, der die Antworten auf Testfragen auswendig lernt. Damit kann der Schüler die vertrauten Aufgaben aus seinen Übungsbüchern zwar gut lösen, kommt aber bei unbekannten Aufgaben ins Stolpern. Ebenso ist ein überangepasstes System gut darin, seine Trainingsdaten zu klassifizieren, versagt aber bei Daten, die es nie zuvor gesehen hat.

In einigen der vorausgegangenen Kapitel haben Sie eine Technik kennengelernt, um Überanpassung zu vermeiden: die Aufteilung der Daten in Trainings-, Validierungs- und Testdaten. Mit dem Trainingsdatensatz trainieren Sie dabei die Daten, mit den Validierungsdaten optimieren Sie die Leistung und mit dem Testdatensatz führen Sie eine abschließende Überprüfung durch. Dadurch können Sie das System anhand von Daten testen, die es zuvor noch nicht gesehen hat, und erhalten eine zuverlässige, nicht durch Überanpassung verzerrte Messung.

Diese Teststrategie funktioniert zwar, ist aber im Grunde genommen nur ein Provisorium. Sie verhindert lediglich, dass die Überanpassung in unsere Messung einfließt. Allerdings hat die Überanpassung schlimmere Folgen als nur eine ungenaue Leistungsmessung. Ebenso wie der zu Anfang erwähnte schlampige Schüler ist ein überangepasstes System gut darin, sich an Daten zu *erinnern*, aber nicht gut darin, Erkenntnisse zu *generalisieren*. Diesem Problem sind wir begegnet, als wir das tiefe neuronale Netz am Ende des letzten Kapitels erstellt haben. Während es beim Trainingsdatensatz eine absolute Genauigkeit erreichte, war seine Leistung beim Validierungsdatensatz schlechter als die seines flachen Gegenstücks.

Auf den nächsten Seiten werden wir uns mit den Ursachen der Überanpassung und ihren schleichenden Folgen beschäftigen. Später werden wir verschiedene Methoden anwenden, um die Überanpassung im Keim zu ersticken – sogenannte *Regularisierungstechniken*. Damit können wir dann endlich die Möglichkeiten von tiefen neuronalen Netzen voll ausschöpfen.

Was ist Überanpassung?

Man sollte seinen Feind kennen. Bevor wir uns darüber unterhalten, wie wir die Überanpassung reduzieren können, wollen wir daher zunächst mehr darüber erfahren. In diesem Abschnitt sehen wir uns die Ursachen der Überanpassung an. Was geschieht hinter den Kulissen eines überangepassten neuronalen Netzes?

Um das Phänomen der Überanpassung vollständig zu verstehen, müssen wir uns auch über das Gegenteil klar werden, nämlich die *Unteranpassung*, weshalb wir diesen Effekt hier ebenfalls betrachten.

Als Erstes sehen wir uns an, wie Überanpassung zustande kommt.

Ursachen der Überanpassung

Bis jetzt habe ich die Überanpassung nur mit schwammigen Analogien von Schülern erklärt, die ihre Aufgaben auswendig lernen. Es ist nun aber an der Zeit, einen Blick hinter die Kulissen des überwachten Lernens zu werfen und uns anzusehen, was bei der Überanpassung wirklich geschieht.

Nehmen wir an, wir wollen die Anzahl der Kunden eines Hot-Dog-Stands auf der Grundlage von historischen Daten vorhersagen. Wie üblich teilen wir diese Daten in einen Trainings-, einen Validierungs- und einen Testdatensatz auf. Die folgende Abbildung zeigt einen Ausschnitt der Trainingsdaten für die ersten drei Januarwochen. Auf der horizontalen Achse sind die aufeinanderfolgenden Tage aufgetragen, auf der vertikalen Achse die durchschnittliche Anzahl der Kunden pro Stunde.

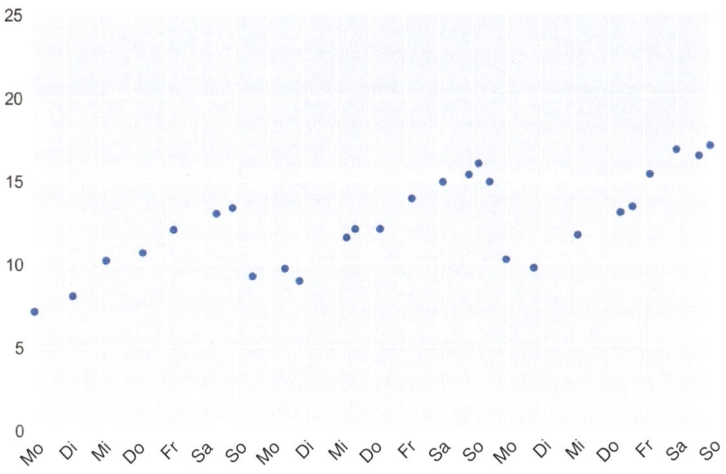

Was geschieht, wenn wir ein neuronales Netz mit diesen Daten trainieren? Zu Anfang dieses Buchs haben wir bereits gelernt, dass die Trainingsdaten beim überwachten Lernen mit einer Modellfunktion angenähert werden, wie die folgende Abbildung zeigt:

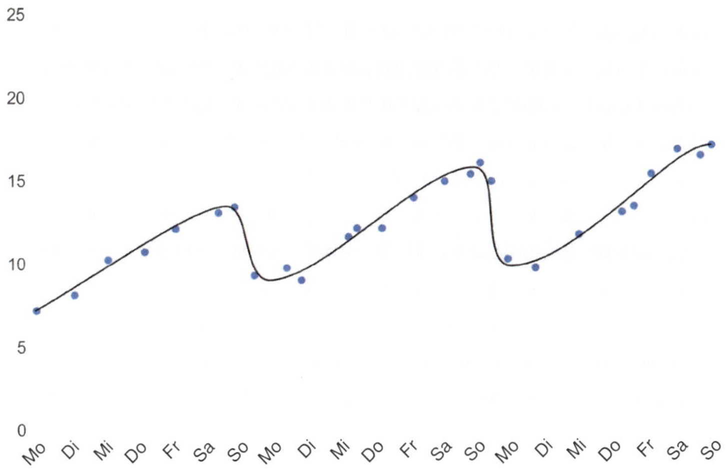

Anhand dieses Modells kann das System anschließend das zukünftige Kundenaufkommen vorhersagen.

Es gibt jedoch einen Haken bei der Sache. Ein sehr leistungsfähiges neuronales Netz kann ein Modell finden, das sich sehr eng an die Daten anschmiegt:

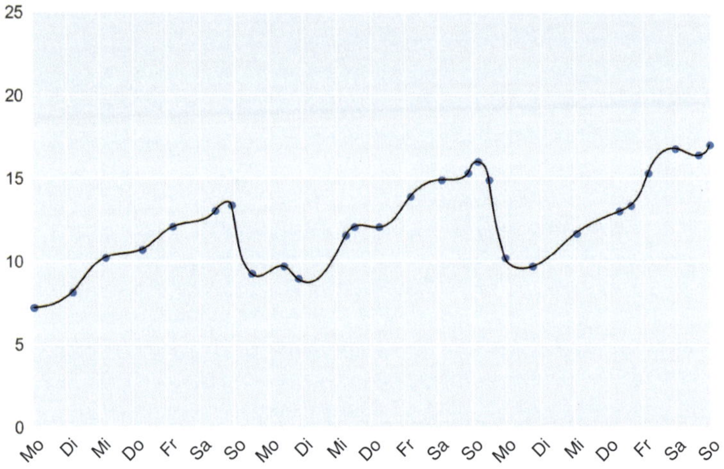

Was halten Sie von dieser Modellfunktion? Nun, sie ist genauer, als ihr gut tut, denn sie zeichnet jede noch so winzige Fluktuation in den Daten nach, auch diejenigen, bei denen es sich wahrscheinlich nur um *statistisches Rauschen*, also irrelevante zufällige Schwankungen, handelt. So gibt es beispielsweise einen Anstieg am zweiten Montag im Januar. Allerdings ist kaum davon auszugehen, dass jedes Jahr an diesem Tag mehr Kunden zu dem Hot-Dog-Stand strömen. Es ist eher wahrscheinlich, dass dieser Anstieg auf ansonsten irrelevante oder unbekannte Einflüsse zurückgeht. Vielleicht herrschte an jenem Montag besonders schönes Wetter, sodass mehr Leute unterwegs waren und sich einen Hot Dog gönnten.

Damit haben wir auch schon die Grundursache der Überanpassung erkannt: Es ist wörtlich eine »zu gute Anpassung«. Ein leistungsfähiges neuronales Netz kann so eifrig darum bemüht sein, die Funktion an die Daten anzupassen, dass es sie auch an das Rauschen anpasst (»Oh, da ist ja ein Anstieg am zweiten Montag des Jahrs«), anstatt sich auf die wirklich aussagekräftigen Muster zu konzentrieren (»Ah, die Anzahl der Kunden steigt gewöhnlich von Sonntag bis Samstag«).

Was geschieht, wenn wir den Verlust bei diesen beiden Modellen messen? Das überangepasste Modell verfolgt die Daten besser als das glattere und weist daher einen geringeren Verlust auf. Allerdings ist dieser geringe Verlust genau auf die Trainingsdaten zugeschnitten. Wenn wir die beiden Modelle auf die Validierungsdaten anwenden, ergibt sich jedoch ein ganz anderes Bild. Mit dem glatten Modell erhalten wir Folgendes:

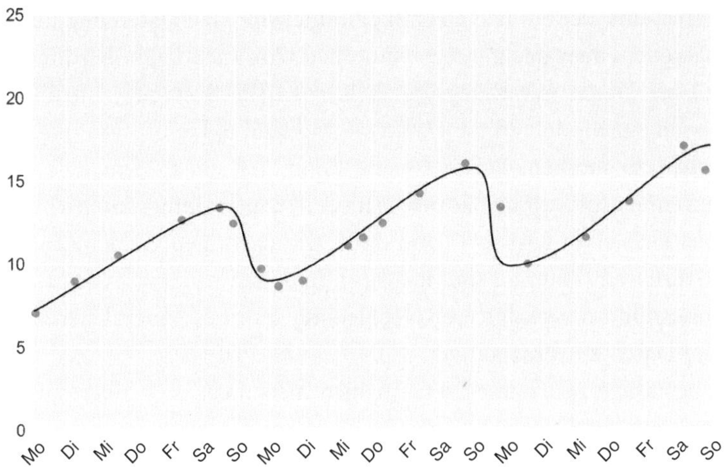

Das überangepasste Modell dagegen führt zu dem folgenden Resultat:

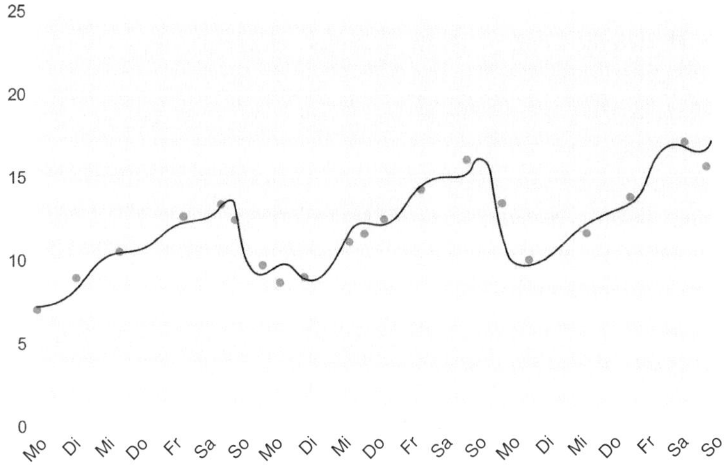

Mit all seinen sinnlosen Ecken und Winkeln nähert sich das überangepasste Modell den Validierungsdaten *schlechter* an als das glatte Modell. Das ist es, was bei der Überanpassung geschieht: Bestenfalls erhalten Sie zu optimistische Ergebnisse bei den Trainingsdaten, aber schlimmstenfalls sinkt die Leistung des Netzes bei unbekannten Daten.

Je länger Sie dieses neuronale Netz trainieren, desto enger schmiegt sich das überangepasste Modell an die Trainingsdaten an und umso schlechter wird die Annäherung an die Validierungsdaten. Dadurch kann die Überanpassung zu einer Situation führen, in der das Training kontraproduktiv wird und fortgesetztes Training das Netz weniger genau macht.

Wir haben uns hier ein Beispiel mit eindimensionalen Daten und numerischen Labels angesehen, aber das gleiche Phänomen tritt auch bei höherdimensionalen Daten und bei Daten mit Kategorielabels auf. Alle Systeme zum überwachten Lernen passen ein Modell an die Daten an und sind daher alle anfällig dafür, sich das Rauschen zu merken. Beispielsweise kann sich ein System, das Bilder von Hunden erkennen soll, auf irrelevante Details in den Trainingsdaten konzentrieren (»Oh, da ist ein gelbes Kissen!«) und dabei die wichtigen Gemeinsamkeiten aus dem Blick verlieren (»Hunde sind haarig«). Je besser ein System das Rauschen in den Trainingsbildern verfolgt, umso schlechter kann es generalisieren, um auch unbekannte Daten zu verarbeiten.

Leistungsfähige neuronale Netze neigen also dazu, sich übermäßig an ihre Trainingsdaten anzupassen. Das ist auch der Grund, warum ich bis zu Teil III gewartet habe, um die Überanpassung genauer zu erklären. Unsere einfachen, dreischichtigen Netze aus Teil II waren kaum in der Lage, eine Überanpassung an komplizierte Datenmengen wie Bilder vorzunehmen, was bei den tiefen Netzen, die wir jetzt erstellen, dagegen durchaus möglich ist. Beim Übergang zu Deep Learning entwickelt sich die Überanpassung von einem kleinen Ärgernis zu einem echten Problem.

Unter dem Strich kann die Überanpassung zu drei miteinander zusammenhängenden Problemen führen:

- Sie bringt unsere Messungen durcheinander, da sie beim Trainingsdatensatz eine Genauigkeit angibt, die nicht repräsentativ für die Genauigkeit des Systems bei neuen Daten ist.
- Sie verringert die Genauigkeit des Systems bei unbekannten Daten.
- Sie kann das fortgesetzte Training nach einer bestimmten Anzahl von Trainingsepochen kontraproduktiv machen, sodass das System schlechter wird, je länger sie es trainieren.

Unteranpassung

Ein leistungsfähiges System ist also besonders anfällig für eine Überanpassung an seine Trainingsdaten. Was aber geschieht bei einem System, das alles andere als leistungsfähig ist? Überlegen Sie beispielsweise, was geschieht, wenn wir die Hot-Dog-Daten an ein Programm übergeben, das nur eine lineare Regression durchführt. In diesem Fall sieht die Modellfunktion wie folgt aus:

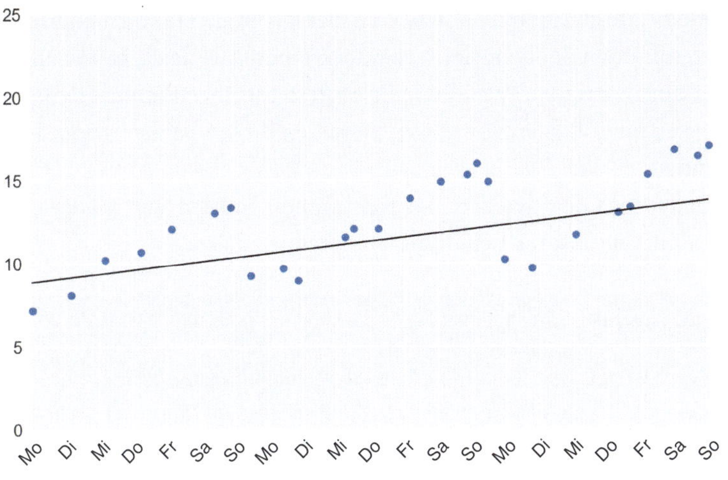

Dieses Modell ist für die vorliegenden Daten zu einfach und kann daher keine genauen Vorhersagen treffen. Man sagt auch, dass dieses System *unterangepasst* ist. Wir haben es hier also nicht mit einer zu genauen Anpassung zu tun, sondern mit einer nicht ausreichenden.

In der Praxis sind die Daten und das Modell gewöhnlich mehrdimensional und lassen sich daher nicht wie hier grafisch darstellen. Sie können jedoch immer noch herausfinden, ob das System über- oder unterangepasst ist, indem Sie sich die Messwerte von Verlust und Genauigkeit ansehen: Ein überangepasstes System ist sehr gut darin, die Trainingsdaten zu klassifizieren, aber weniger gut bei der Verarbeitung der Testdaten, wohingegen ein unterangepasstes System beide Aufgaben nicht gut löst.

Man sollte meinen, dass sich Über- und Unteranpassung gegenseitig ausschließen und ein System nur entweder das eine oder das andere Phänomen aufweisen kann. Das ist aber nicht der Fall. Wir werden schon in Kürze ein System betrachten, das sowohl unter- als auch überangepasst ist, da es eine geringe Genauigkeit bei den Trainingsdaten und eine sogar noch geringere bei den Validierungsdaten erzielt.

Fassen wir zusammen: Überanpassung und Unteranpassung sind einander entgegengesetzte Phänomene, wobei leistungsfähige Systeme zum überwachten Lernen zu Ersterem neigen und einfachere Systeme zu Letzteren. Manchmal wird hier auch vom *Verzerrung-Varianz-Dilemma* (engl. bias-variance trade-off) gesprochen, wobei Verzerrung und Varianz andere Begriffe für Unter- bzw. Überanpassung sind (siehe den Kasten »*Verzerrung und Varianz*«). Allerdings schließen sich Über- und Unteranpassung nicht gegenseitig aus. Es ist durchaus möglich, dass in einem neuronalen Netz beide Effekte auftreten.

In diesem Abschnitt haben wir eine der größten Herausforderungen beim überwachten Lernen kennengelernt, nämlich einen Ausgleich zwischen Über- und Unteranpassung zu finden. Wenn wir ein System für überwachtes Lernen erstellen, müssen wir einen goldenen Mittelweg zwischen diesen beiden störenden Erscheinungen finden.

Um herauszufinden, wie wir das tun können, kehren wir wieder zu unserem tiefen Netz und zu unserer Echidna-Datenmenge zurück.

Verzerrung und Varianz

Auf dem Gebiet des Machine Learning wird ständig von Über- und Unteranpassung gesprochen, aber Statistiker haben ihre eigenen Begriffe dafür. Ein überangepasstes System hat nach ihrem Jargon eine »hohe Varianz«, während ein unterangepasstes System eine »starke Verzerrung« zeigt.

Ich verwende die Begriffe Varianz und Verzerrung in diesem Buch nicht, aber es kann sein, dass Sie ihnen anderswo begegnen. Merken Sie sich einfach, dass »hohe Varianz« für Über- und »starke Verzerrung« für Unteranpassung steht.

Das Modell regularisieren

Im vorigen Abschnitt haben Sie drei wichtige Dinge gelernt:

- Leistungsfähige neuronale Netze neigen zur *Überanpassung*.
- Einfache neuronale Netze neigen zur *Unteranpassung*.
- Es ist erforderlich, einen Ausgleich zwischen diesen beiden Effekten zu finden.

Die allgemeine Vorgehensweise, um diesen Ausgleich zu erzielen, besteht darin, mit einer überangepassten Modellfunktion zu beginnen, die auch kleinste Fluktuationen in den Daten verfolgt, und sie dann nach und nach glatter zu machen, bis ein gesundes Mittelmaß erreicht ist. Diese Glättung der Modellfunktion wird als »Regularisierung« bezeichnet und ist das Thema dieses Abschnitts.

Im letzten Kapitel haben wir schon den ersten Schritt des gerade beschriebenen Vorgangs erledigt: Wir haben ein tiefes neuronales Netz erstellt, das eine Überanpassung an die vorliegenden Daten vornimmt. Sehen wir uns nun das Modell dieses Netzes genauer an, um es schließlich glatter zu machen.

Eine Untersuchung unseres tiefen Netzes

Um einen besseren Einblick in die Überanpassung zu bekommen, habe ich an dem tiefen neuronalen Netz aus dem vorherigen Kapitel einige Änderungen vorgenommen. Der neue Trainingscode sieht wie folgt aus. Der Rest des Codes ist unverändert geblieben, weshalb ich ihn hier nicht erneut angebe.

17_overfitting/network_deep.py

```
import losses

history = model.fit(X_train, Y_train,
                    validation_data=(X_validation, Y_validation),
                    epochs=30000, batch_size=25)

boundary.show(model, data.X_train, data.Y_train,
              title="Training set")
boundary.show(model, data.X_validation, data.Y_validation,
              title="Validation set")
losses.plot(history)
```

Im ursprünglichen Netz wurde die Entscheidungsgrenze bei der grafischen Darstellung der Trainingsdaten überlagert. Ich habe hier ein zweites Diagramm hinzugefügt, das dieselbe Grenze über den Validierungsdaten zeigt. Außerdem lasse ich den Verlauf des Verlusts beim Training ausgeben. Glücklicherweise gibt die Keras-Funktion `model.fit()` ohnehin ein Objekt zurück, das den Verlauf enthält, sodass ich lediglich das Hilfsprogramm `losses.py` schreiben musste, um es grafisch darzustellen.

Nach dem Hinzufügen dieser Messeinrichtungen habe ich das tiefe Netz erneut trainiert und dabei folgende Ergebnisse erhalten:

```
loss: 0.0059 - acc: 1.0000 - val_loss: 0.6656 - val_acc: 0.9053
```

Da die Gewichte unseres neuronalen Netzes zufällig initialisiert werden, sind die Zahlen nicht mit denen aus dem vorherigen Kapitel identisch, liegen aber in derselben Größenordnung. Auch hier haben wir wieder absolute Genauigkeit bei den Trainingsdaten und eine um 10 % geringere Genauigkeit bei den Validierungsdaten.

Gut, dass wir die Validierungsdaten haben! Stellen Sie sich vor, was ohne sie passieren würde: Wir würden uns im Ruhm unserer illusorischen Genauigkeit von 100 % sonnen, das Netz im Produktivbetrieb bereitstellen … und dann plötzlich herausfinden, dass es weit weniger genau ist, als wir dachten.

Datenverteilung

Wenn ein neuronales Netz bei den Trainingsdaten eine andere Genauigkeit zeigt als bei sonstigen Daten (etwa den Validierungsdaten oder Produktivdaten), erklären wir das in diesem Buch immer mit Überanpassung. Allerdings kann eine solche Abweichung auch eine einfachere Ursache haben – nämlich dass sich die Beispiele in den Trainingsdaten grundlegend von den anderen Daten unterscheiden.

Stellen Sie sich beispielsweise ein neuronales Netz vor, das gesprochene Befehle erkennen soll. Wenn wir es mit Tausenden von Beispielen trainieren, die von professionellen Sprechern aufgenommen wurden, im Produktivbetrieb aber mit Befehlen konfrontieren, die Menschen wie Sie und ich in einer lauten Umgebung gesprochen haben, so wird es dort eine geringere Genauigkeit an den Tag legen als beim Training. Das aber liegt nicht an einer Überanpassung, sondern daran, dass wir das Netz praktisch betrogen haben: Wir haben es mit Daten einer ganz anderen Art trainiert als denen, für die wir es ausführen. Ein Statistiker würde sagen, dass die Trainingsdaten eine andere *Verteilung* aufweisen als die Produktivdaten.

Die Aufbereitung von Datenmengen für überwachtes Lernen ist ein anspruchsvolles Thema, das den Rahmen dieses Buchs sprengen würde. Sie werden noch genug Zeit haben, Erfahrungen damit zu sammeln, wenn Sie erst einmal an Praxisprojekten arbeiten. Merken Sie sich vorläufig nur, dass die Trainings-, die Validierungs- und die Testdaten alle dieselbe Verteilung aufweisen müssen wie die Produktivdaten.

Diese Zahlen sprechen für sich, aber die Diagramme sind noch aufschlussreicher. Der Verlauf des Verlusts sieht wie folgt aus:

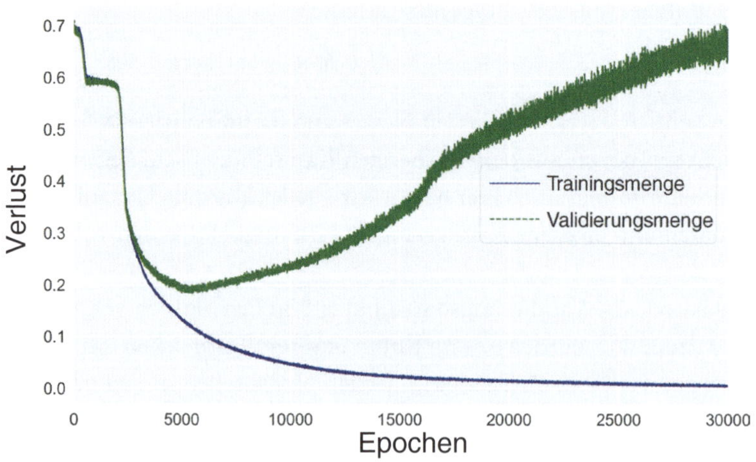

Das Netz lernt zu Anfang schnell, wird dann langsamer und beschleunigt schließlich wieder, und während dieses ganzen Vorgangs sinken der Trainings- und der Validierungsverlust gemeinsam – bis sich die Überanpassung auszuwirken beginnt und sich die beiden Verlustkurven voneinander trennen. Während der Trainingsverlust weiter sinkt, schießt der Validierungsverlust in die Höhe. Das ist eine üble Folge der Überanpassung: Je länger wir das Netz trainieren, umso schlechter wird es bei der Klassifizierung neuer Daten.

Sehen wir uns nun die Entscheidungsgrenze des Netzes an. Im folgenden Diagramm ist sie den Trainingsdaten überlagert:

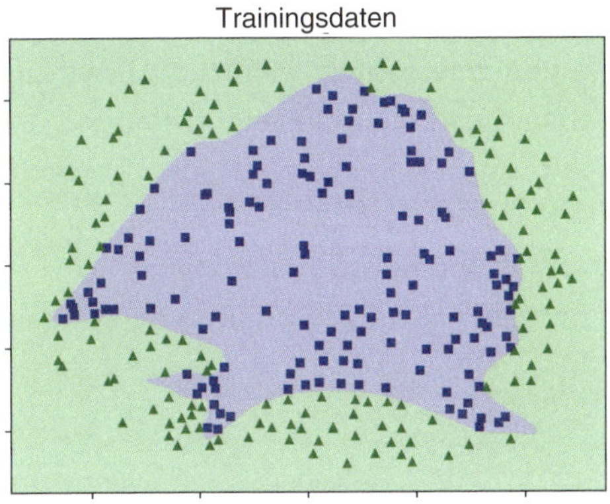

Diese Entscheidungsgrenze zeichnet die Trainingsdaten perfekt nach, ohne auch nur einen einzigen Punkt auszulassen. Wenn wir diese Grenze jedoch den Validierungsdaten überlagern, wird ihre Unzulänglichkeit deutlich:

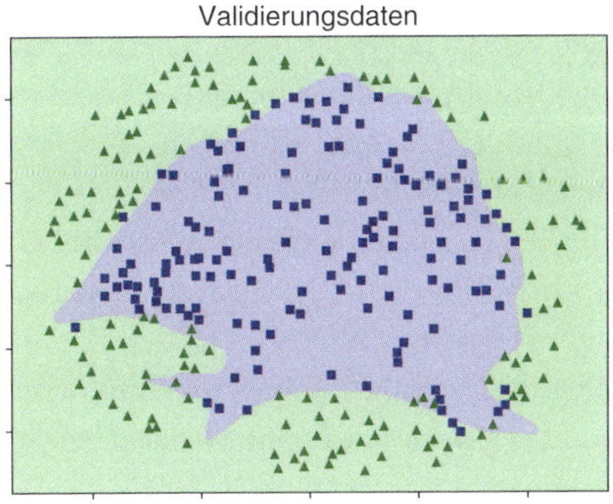

Jetzt können wir erkennen, warum das Netz bei den Validierungsdaten so ungenau ist. Die Schnörkel seiner Entscheidungsgrenze schaden mehr als sie nutzen. Die Grenze schmiegt sich den Trainingsdaten perfekt an, ordnet viele Punkte in den Validierungsdaten aber falsch zu. In gewissem Sinne ist unser tiefes Netz seiner eigenen Schlauheit zum Opfer gefallen. Eine einfachere, weniger barocke Grenze würde ihre Aufgabe, eine Generalisierung zur Einschätzung neuer Datenpunkte vorzunehmen, wahrscheinlich besser erledigen.

Damit haben wir am praktischen Beispiel gesehen, dass die Überanpassung ein Netz zwar besser erscheinen lässt, es aber in Wirklichkeit schlechter macht. Um die Genauigkeit zu steigern, müssen wir die Grenze glätten.

L1- und L2-Regularisierung

L1 und L2 sind zwei der am häufigsten verwendeten Methoden, um Entscheidungsgrenzen zu glätten bzw. zu regularisieren, wie der Fachbegriff lautet. Sie funktionieren ähnlich und zeigen auch ähnliche Auswirkungen. Wenn Sie sich eingehender mit Machine Learning befassen, sollten Sie sich genauer mit ihren jeweiligen Vorteilen vertraut machen, aber für die Zwecke dieses Buchs können Sie einfach zufällig zwischen L1 und L2 auswählen oder beide ausprobieren und sich ansehen, welche sich in Ihrem Fall besser eignet.

Schauen wir uns nun an, wie diese Verfahren funktionieren.

Funktionsweise von L1 und L2

L1 und L2 beruhen auf derselben Grundidee: Sie fügen dem Verlust des neuronalen Netzes einen Regularisierungsterm hinzu. Beispielsweise sieht der Verlust erweitert um die L1-Regularisierung wie folgt aus:

$$L_{regularisiert} = L_{nicht\text{-}regularisiert} + \lambda \sum |w|$$

In unserem neuronalen Netz ist der nicht regularisierte Verlust die Kreuzentropie. Dazu wird bei L1 das Produkt aus der Summe der Absolutwerte aller Gewichte im Netz und der Konstante λ (Lambda) addiert.

Lambda ist ein neuer Hyperparameter, über den wir die Stärke der Regularisierung einstellen können. Je größer Lambda, umso höher ist der Einfluss des Regularisierungsterms. Ist Lambda 0, so wird der gesamte Term 0, sodass wir wieder bei unserem nicht regularisierten Netz landen.

Um zu verstehen, was der Regularisierungsterm macht, müssen wir uns wieder vor Augen halten, dass der Zweck des Trainings darin besteht, den Verlust zu minimieren. Durch die Hinzunahme des neuen Terms wird der Absolutwert der Gewichte ein Bestandteil des Verlusts. Das wiederum bedeutet, dass der Algorithmus für den Gradientenabstieg automatisch versucht, die Gewichte klein zu halten, damit auch der Verlust klein bleibt.

Aber was haben kleine Gewichte mit Regularisierung zu tun? Um diese Frage zu beantworten, müssen wir bedenken, wozu die Gewichte da sind: Die Werte in der ersten Schicht des Netzes werden mit einigen der Gewichte multipliziert und dann kombiniert. Dieser Vorgang wiederholt sich in der zweiten Schicht, der dritten Schicht usw. bis zur letzten Schicht. Sind die Gewichte groß, so führt dadurch eine kleine Änderung bei den Eingaben zu einer großen Änderung bei den Ausgaben. Sind sie dagegen klein, so führen kleine Änderungen in den Eingaben nur kleine Änderungen in den Ausgaben herbei. Kleine Gewichte sorgen als dafür, dass sich die Modellfunktion langsam ändert, anstatt auf und ab zu springen.

Fazit: L1 hält die Gewichte klein, was einen regularisierenden Einfluss auf die Modellfunktion ausübt. Das ist genau das, was wir erreichen wollten! Die Methode L2 geht praktisch auf dieselbe Weise vor, wobei der einzige Unterschied darin besteht, dass statt der Absolutwerte die Quadrate der Gewichte verwendet werden.

Zusammengefasst läuft die L1- und L2-Regularisierung also wie folgt ab:

- Beide Techniken nehmen die Gewichte in den Verlust des neuronalen Netzes auf.
- Um den Verlust zu minimieren, versucht das Gradientenverfahren, die Gewichte klein zu halten.
- Kleinere Gewichte führen zu einem glatteren Modell.

Probieren wir eine dieser Techniken nun in unserem neuronalen Testnetz aus.

L1 in Aktion

Die meisten ML-Bibliotheken bringen vorgefertigte Einrichtungen zur L1- und L2-Regularisierung mit. Eine der beiden Vorgehensweisen müssen wir auswählen, wobei wir uns hier für L1 entscheiden. Als Erstes müssen wir unser neuronales Keras Netz um einen neuen Import erweitern:

```
from keras.regularizers import l1
```

Anschließend müssen wir einen neuen Parameter zu den inneren Schichten des Netzes hinzufügen:

17_overfitting/network_regularized.py

```
model = Sequential()
model.add(Dense(100, activation='sigmoid', activity_regularizer=l1(0.0004))) <
model.add(Dense(30, activation='sigmoid', activity_regularizer=l1(0.0004)))  <
model.add(Dense(2, activation='softmax'))
```

In Keras können Sie L1 für jede Schicht einzeln einrichten. Nach einigem Ausprobieren habe ich beide innere Schichten mit λ = 0,0004 regularisiert, was ein guter Mittelweg zwischen Über- und Unteranpassung zu sein scheint. Wir könnten die Lambda-Werte der beiden Schichten auch einzeln einstellen, um noch das letzte Quäntchen Genauigkeit aus unserem Netz herauszuquetschen.

Mit dem nicht regularisierten Netz haben wir eine Genauigkeit von 100 % bei den Trainings- und 90 % bei den Validierungsdaten erzielt. Die Ausführung der regularisierten Version liefert dagegen folgendes Ergebnis:

```
loss: 0.1684 - acc: 0.9509 - val_loss: 0.2278 - val_acc: 0.9263
```

Die Genauigkeit bei den Validierungsdaten ist von 90 % auf über 92 % gestiegen, was ein Viertel weniger Fehler bedeutet. Das ist schon ziemlich gut. Wir haben 5 % der unbedeutenden Trainingsgenauigkeit geopfert, um dafür 2 % der kostbaren Validierungsgenauigkeit zu gewinnen.

Damit ist das Netz nicht nur besser als die vorhergehende, nicht regularisierte Version, sondern auch besser als sein flaches Gegenstück aus dem letzten Kapitel, das kaum über 90 % hinauskam. Dank der Regularisierung konnten wir nun endlich die Vorteile genießen, die ein vier- gegenüber einem dreischichtigen Netz bietet. So langsam beginnt sich die ganze Deep-Learning-Theorie in messbarem Fortschritt auszuzahlen.

Der Grund für die bessere Leistung des Netzes wird bei einem Blick auf die Entscheidungsgrenze deutlich:

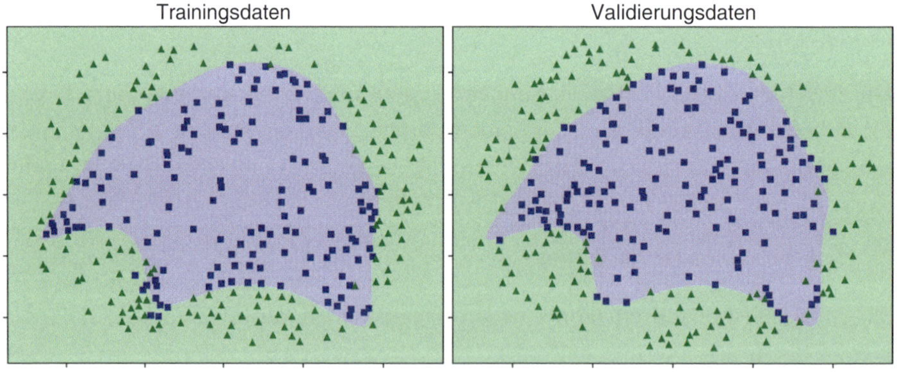

Dies ist eine sehr glatte Ameisenigel-Form. Die regulierte Grenze windet sich nicht so kunstvoll wie die vorherige, aber das ist umso besser! Zwar nähert sie sich den Trainingsdaten nicht ganz so gut an, aber dafür besser den Validierungsdaten.

Das folgende Diagramm schließlich zeigt den Verlauf des Trainings- und des Validierungsverlusts:

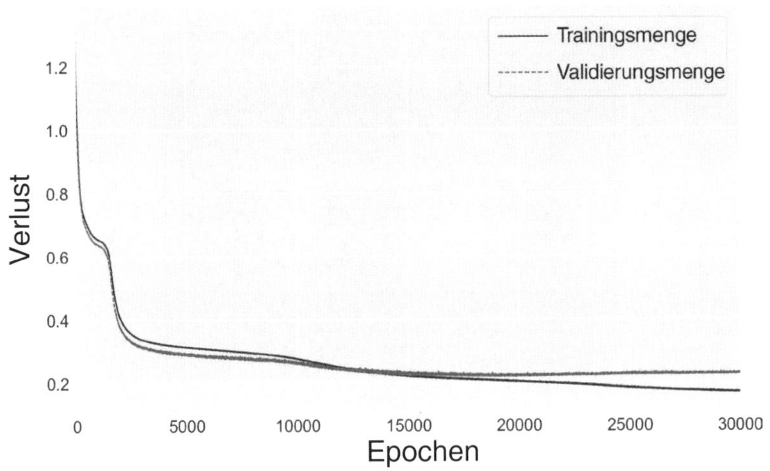

Die beiden Verlustkurven bleiben jetzt viel näher zusammen als zuvor, was bedeutet, dass die Überanpassung sehr gering ist.

Zu viel des Guten

Können wir Lambda nicht noch erhöhen, um die Überanpassung weiter zu verringern? Nun, das könnten wir zwar, aber dadurch würden wir vom Regen der Überanpassung in die Traufe der Unteranpassung geraten. Beispielsweise erhalten wir das folgende Ergebnis, wenn wir den Lambda-Wert der ersten verdeckten Schicht verfünffachen, also von 0,004 auf 0,002 heraufsetzen:

```
loss: 0.2392 - acc: 0.9123 - val_loss: 0.2486 - val_acc: 0.9053
```

Die Genauigkeit des Netzes ist dadurch wieder auf 90 % gefallen. Damit ist sie nicht besser als ohne Regularisierung und sogar schlechter als in dem flachen, dreischichtigen Netz. Diesmal hat auch die Genauigkeit bei den Trainingsdaten gelitten, was ein Hinweis auf eine Unteranpassung ist.

Wenn Sie sich die Entscheidungsgrenze ansehen, können Sie erkennen, woher der Verlust der Genauigkeit rührt:

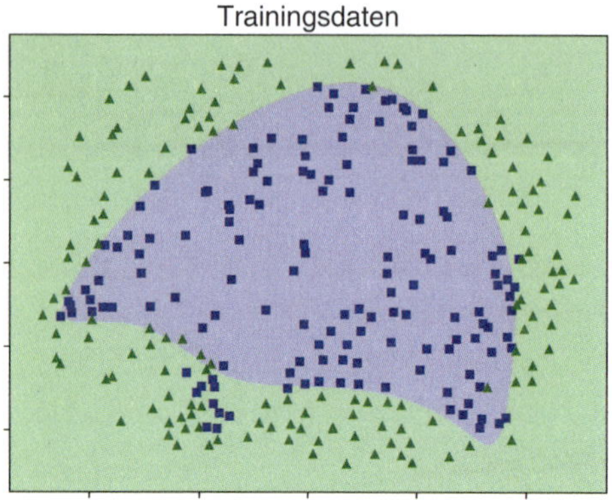

Eine glattere Entscheidungsgrenze ist schön und gut, aber wenn man es übertreibt, verliert das Netz seine Fähigkeit, die Grenze zu formen, und kann sich nicht mehr ausreichend an die Daten anpassen. Der Lambda-Wert von 0,0004 scheint bei diesem Netz und dieser Datenmenge ein guter Kompromiss zwischen Über- und Unteranpassung zu sein.

Damit haben wir die Erörterung von L1 und L2 auch schon abgeschlossen. Allerdings sind dies bei Weitem nicht die einzigen Regularisierungsmethoden, die uns zur Verfügung stehen. Bevor wir zum Abschluss dieses Kapitels kommen, wollen wir uns daher noch einige weitere ansehen.

Weitere Möglichkeiten zur Regularisierung

Ebenso wie die Einstellung der Hyperparameter ist auch die Verringerung der Überanpassung eher eine Kunst als eine Wissenschaft. Neben L1 und L2 gibt es noch viele andere Regularisierungsmethoden, die Sie dazu verwenden können. Wir wollen uns hier einige davon im Überblick ansehen.

Die erste Regularisierungstechnik, die Sie anwenden sollten, ist auch die grundlegendste: Machen Sie das überangepasste Netz kleiner. Schließlich rührt die Überanpassung daher, dass das System zu schlau für die Daten ist, die es lernt. Kleinere Netze aber sind weniger intelligent als große. Dazu können Sie versuchen, die Anzahl der verdeckten Knoten zu reduzieren oder sogar einige Schichten zu entfernen. In der abschließenden Übung zu diesem Kapitel werden Sie das selbst ausprobieren.

Statt des Modells können Sie auch die Daten vereinfachen, indem Sie einige Eingabevariablen entfernen. Nehmen wir an, Sie wollen den Verbrauch eines Heizkessels anhand einer Datenmenge mit 20 Eingabevariablen vorhersagen. Ein überangepasstes Netz versucht, alle Einzelheiten dieser Datenmenge zu berücksichtigen, auch das Rauschen. Versuchen Sie, einige der Variablen herauszunehmen, die wahrscheinlich wenig Einfluss auf den Verbrauch haben (etwa den Wochentag), sodass sich das Netz stärker auf die relevanten Faktoren konzentrieren kann (wie die Außentemperatur). Je weniger Merkmale Sie berücksichtigen, umso weniger Rauschen bringen Sie in das System ein.

Eine weitere Möglichkeit, die Überanpassung zu verringern, besteht darin, die Trainingszeit zu verkürzen. Das ist nicht so verrückt, wie es sich anhört. Wenn Sie sich den Verlauf des Verlusts während des Trainings ansehen, können Sie erkennen, dass das System von einer Unterpassung zu einer Überanpassung übergeht, sobald es das Rauschen in den Trainingsdaten lernt. Beim Eintreten dieser Überanpassung beginnt die Kurve des Validierungsverlusts von der des Trainingsverlusts abzuweichen und wird flacher. Wenn Sie das Training an dieser Stelle abbrechen, hat das Netz noch nicht genug gelernt, um sich übermäßig an die Daten anzupassen. Diese Technik wird als *frühzeitiger Abbruch* bezeichnet.

Manchmal können Sie die Überanpassung auch dadurch reduzieren, dass Sie die Lernrate des neuronalen Netzes erhöhen. Das mag überraschend klingen, aber denken Sie daran, dass die Lernrate die Größe der einzelnen Schritte im Gradientenverfahren bestimmt. Bei einer größeren Lernrate bewegt sich das Verfahren in kräftigeren und gröberen Schritten fort. Das führt zu einem weniger detaillierten Modell, was wiederum hilft, die Überanpassung zu verringern.

Damit kennen Sie schon eine Reihe Regularisierungstechniken, und im nächsten Kapitel werden wir uns noch einige weitere ansehen. Es ist jedoch nicht gesagt, dass jede dieser Techniken für ein bestimmtes Netz und eine bestimmte Datenmenge geeignet ist. Wie bei so vielen anderen Aspekten des Machine Learning kommt es auch hier auf den Einzelfall an. Probieren Sie verschiedene Vorgehensweisen sowohl einzeln als auch in Kombination aus. Mit zunehmender Erfahrung werden Sie lernen, welche Vorgehensweisen sich unter welchen Umständen am besten eignen.

Weitere Daten erfassen

Neben den hier beschriebenen Regularisierungstechniken gibt es noch eine andere wirkungsvolle Vorgehensweise, um die Überanpassung zu verringern, nämlich mehr Trainingsdaten zu sammeln. Eine Überanpassung tritt ein, wenn das Modell nicht in der Lage ist, die Erkenntnisse aus den Trainingsbeispielen zu generalisieren. Eine solche Verallgemeinerung ist schwer, wenn nur eine Handvoll Beispiele zur Verfügung stehen. Bei vielen Beispielen wird sie leichter. Je größer und mannigfaltiger die Trainingsdaten, umso unwahrscheinlicher ist es, dass sich das System übermäßig daran anpasst.

→

Eine solche Datensammlung kann jedoch sehr aufwendig sein und viel Zeit und Geld verschlingen. Alternativ können Sie auch unechte Trainingsdaten generieren, indem Sie die vorhandenen Daten abwandeln. Beispielsweise können Sie bei einem System zur Bildererkennung die Menge der Trainingsdaten verdoppeln, indem Sie die Bilder einfach spiegeln. Solche unechten Daten funktionieren gewöhnlich nicht so gut wie reale Daten, können bei manchen Problemen aber noch die beste Möglichkeit sein, die Sie haben.

Während mehr Daten helfen können, die Überanpassung zu reduzieren, haben sie keine Auswirkungen auf ein unterangepasstes System. Es ist ein üblicher Anfängerfehler, zu versuchen, Unteranpassung durch mehr Trainingsdaten zu kurieren. Ein unterangepasstes System ist schon nicht intelligent genug, um einen Sinn in den bereits vorhandenen Daten zu sehen, weshalb mehr Daten keine Abhilfe schaffen.

Zusammenfassung

In diesem Kapitel ging es um *Überanpassung*. Dieser Effekt tritt auf, wenn ein System das *statistische Rauschen* in den Trainingsdaten lernt und die Kenntnisse nicht mehr verallgemeinern und auf neue Daten anwenden kann. Je leistungsfähiger ein System für überwachtes Lernen ist, umso mehr neigt es zur Überanpassung. Tiefe neuronale Netze sind sehr leistungsfähig und damit auch äußerst anfällig für Überanpassung.

Um die Überanpassung zu verringern, können Sie das Modell des neuronalen Netzes »glätten«, sodass es der allgemeinen Form der Daten folgt, anstatt jede durch Rauschen hervorgerufene Fluktuation zu verfolgen. Diese Vorgehensweise wird *Regularisierung* genannt. In diesem Kapitel haben wir uns verschiedene Techniken dafür angesehen:

- L1- und L2-Regularisierung
- Vereinfachung des Modells
- Vereinfachung der Trainingsdaten
- Frühzeitiger Abbruch
- Erhöhen der Lernrate

Um das Phänomen der Überanpassung genau zu verstehen, müssen Sie auch das gegenteilige Problem kennen: die *Unteranpassung*. Sie tritt auf, wenn das Modell für die vorliegenden Daten zu einfach ist. Überanpassung lässt sich daran erkennen, dass das System bei den Trainingsdaten eine höhere Genauigkeit erzielt als bei den Validierungsdaten, Unteranpassung daran, dass die Genauigkeit bei beiden Mengen gering ist.

Über- und Unteranpassung schließen sich nicht gegenseitig aus. Ein Netz kann ein bisschen von beidem aufweisen. Wenn Sie den einen Effekt verringern, werden Sie jedoch irgendwann den anderen erhöhen. Diese Zwickmühle wird auch als *Verzerrung-Varianz-Dilemma* bezeichnet. Machine-Learning-Fachleute streben die goldene Mitte zwischen Über- und Unteranpassung an.

Das war es auch schon zu diesem Thema! Diesmal sind wir der Überanpassung unmittelbar entgegengetreten. Dabei kamen eine praktische Sammlung von Regularisierungsmethoden und eine Verbesserung der Genauigkeit um 2 % heraus. Das ist jedoch erst der Anfang. Mit tiefen neuronalen Netzen können wir noch viel mehr erreichen, wofür wir uns allerdings mit weiteren und sehr unterschiedlichen Techniken vertraut machen müssen. Im nächsten Kapitel lernen Sie dazu eine ganze Menge weiterer ML-Tricks kennen.

Praktische Übung: Weitere Regularisierungstechniken

In diesem Kapitel haben wir die L1-Regularisierung angewendet, um die Überanpassung unseres vierschichtigen neuronalen Netzes zu verringern. Ihre Aufgabe besteht nun darin, einige weitere Regularisierungstechniken auszuprobieren. Funktioniert ein frühzeitiger Abbruch bei diesem Netz? Was geschieht, wenn Sie aus jeder Schicht einige Knoten entfernen?

Probieren Sie diese Techniken aus und behalten Sie dabei die Validierungsgenauigkeit im Auge. Vielleicht gelingt es Ihnen ja, ein besseres Ergebnis zu erzielen als in diesem Kapitel. Machen Sie sich aber keine Sorgen, wenn das nicht der Fall ist! Bei dieser Übung geht es nicht darum, den Wert von 92 % zu überbieten, sondern eigene Erfahrungen mit der Regularisierung zu machen.

Nachdem Sie die Validierungsgenauigkeit des Netzes optimiert haben, gibt es noch eine weitere Sache, um die Sie sich kümmern können. Denken Sie an das zurück, was wir in »*Das Problem mit dem Testdatensatz*« auf *Seite 204* gesagt haben. Wenn wir die Leistung für die Validierungsdaten verbessern, laufen wir Gefahr, eine Überanpassung an diese Menge durchzuführen. Es gibt nur eine Möglichkeit, um herauszufinden, ob das der Fall ist: Führen Sie einen abschließenden Test mithilfe des Echidna-Testdatensatz aus, den wir bis jetzt links liegen gelassen haben.

Ersetzen Sie dazu im Code des neuronalen Netzes die Validierungsdaten (`data.X_validation` und `data.Y_validation`) durch die Testdaten (`data.X_test` und `data.Y_test`). Bestimmen Sie die Genauigkeit bei der Klassifizierung der Testdaten. Ist sie so gut wie die Spitzengenauigkeit, die Sie bei den Validierungsdaten erzielt haben?

18 Tiefe Netze zähmen

In gewissem Sinne sind tiefe Netze nichts Besonderes, sondern einfach nur flache neuronale Netze mit zusätzlichen Schichten. Als Forscher jedoch begannen, mit tiefen Netzen zu experimentieren, sahen Sie sich plötzlich mit einer unangenehmen Erkenntnis konfrontiert: Tiefe Netze zu erstellen, mag einfach sein, sie zu trainieren aber nicht.

Die Backpropagation in tiefen Netzen bringt ihre eigenen Herausforderungen mit, die unheilsschwangere Bezeichnungen wie »verschwindende Gradienten« und »tote Neuronen« tragen. In flachen neuronalen Netzen treten diese Probleme nur selten auf, aber in tiefen Netzen sind sie zu erwarten.

Im Laufe der Jahre haben Forscher auf dem Gebiet der tiefen Netze eine Reihe von Techniken entwickelt, um diese Probleme anzugehen und tiefe neuronale Netze zu zähmen:

- Neue Aktivierungsfunktionen als Ersatz für die Sigmoide
- Verschiedene Varianten des Gradientenverfahrens
- Effektivere Arten der Gewichtsinitialisierung

- Bessere Regularisierungstechniken gegen Überanpassung
- Weitere Tricks, die in keine der genannten Kategorien passen

In diesem Kapitel gehen wir die vorstehende Liste im Turbogang durch. Dabei werden wir den Aktivierungsfunktionen den meisten Platz einräumen und uns damit beschäftigen, warum die Sigmoide den Anforderungen tiefer neuronaler Netze nicht mehr genügen und wodurch wir sie ersetzen können. Zur Abrundung des Kapitels und zur Vervollständigung Ihres Werkzeugkastens sehen wir uns dann noch einige ausgewählte Techniken aus den anderen genannten Kategorien an.

Fangen wir also mit den Aktivierungsfunktionen an.

Aktivierungsfunktionen

Mit den Aktivierungsfunktionen sind Sie mittlerweile schon lange vertraut. Es handelt sich dabei um die hellblauen Kästen zwischen den Schichten eines neuronalen Netzes wie in dem folgenden Diagramm:

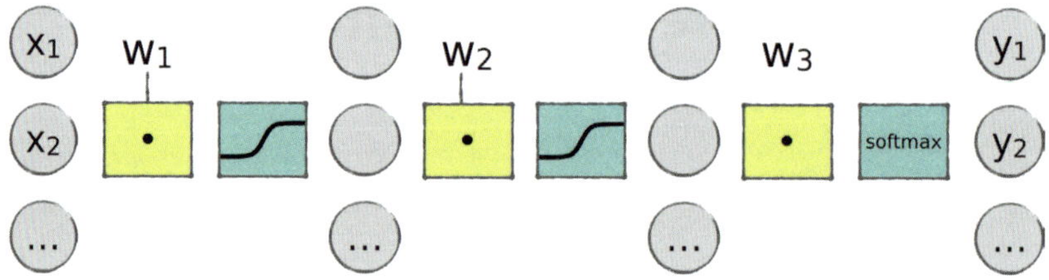

Bisher haben wir als Aktivierungsfunktionen fast überall Sigmoide verwendet. Die einzige Ausnahme bildete jeweils die Ausgabeschicht, in der die Softmax-Funktion zum Einsatz kam.

Die Sigmoide begleitet uns schon lange. Ich hatte sie ursprünglich eingeführt, um die Ausgabe eines Perzeptrons in den Wertebereich von 0 bis 1 zu zwängen. Später habe ich die Softmax-Funktion verwendet, um die Ausgaben des neuronalen Netzes so zu skalieren, dass ihre Summe 1 ergab. Dadurch war es möglich, die Ausgaben als Wahrscheinlichkeiten zu deuten, also etwa: »Mit einer Wahrscheinlichkeit von 30 % zeigt dieses Bild ein Schnabeltier.«

Beim Übergang zu tiefen neuronalen Netzen verliert die ursprüngliche Motivation für die Funktionen jedoch stark an Bedeutung. Die Aktivierungsfunktionen machen unsere neuronalen Netze kompliziert und scheinen dabei keinen großen Nutzen zu bieten. Können wir nicht einfach darauf verzichten?

Wozu Aktivierungsfunktionen gut sind

Schauen wir uns einmal an, was geschieht, wenn wir die Aktivierungsfunktionen aus einem neuronalen Netz herausnehmen. Ohne sie sieht das zuvor gezeigte Netz wie folgt aus:

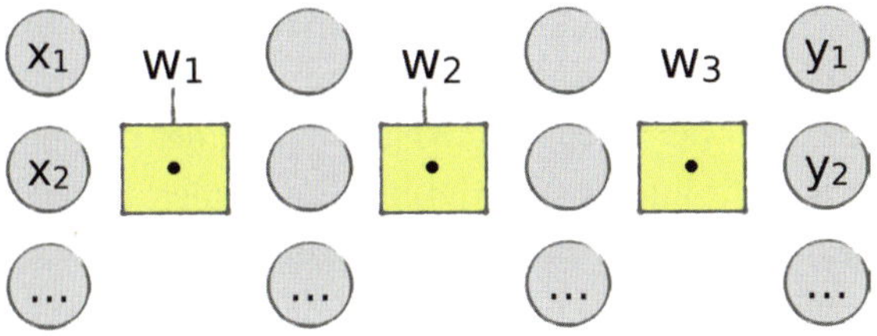

Dieses Netz sieht zwar deutlich einfacher aus als das vorhergehende, unterliegt aber auch einer erheblichen Einschränkung: Alle seine Operationen sind *linear*, können also durch gerade Formen grafisch dargestellt werden. Um zu erkennen, welche Folgen das hat, müssen wir uns durch ein bisschen Mathematik kämpfen.

In einem Netz ohne Aktivierungsfunktionen ist jede der `n` Schichten die gewichtete Summe der Knoten in der vorherigen Schicht:

$$\text{Schicht}_2 = \text{Schicht}_1 \cdot \text{Gewicht}_1$$
$$\text{Schicht}_3 = \text{Schicht}_2 \cdot \text{Gewicht}_2$$
...
$$\text{Schicht}_n = \text{Schicht}_{n-1} \cdot \text{Gewicht}_{n-1}$$

Wir können alle diese Formeln ineinander einsetzen und die letzte Schicht als Produkt aus der ersten Schicht und sämtlichen dazwischen liegenden Gewichtsmatrizen berechnen:

$$\text{Schicht}_n = \text{Schicht}_1 \cdot \text{Gewicht}_1 \cdot \text{Gewicht}_2 \cdot \ldots \cdot \text{Gewicht}_{n-1}$$

Jetzt kommt ein cleverer Schritt: Wenn wir all diese Gewichtsprodukte zusammenfassen und `w` nennen, reduziert sich die vorstehende Formel auf Folgendes:

$$\text{Schicht}_n = \text{Schicht}_1 \cdot w$$

Damit haben wir das gesamte neuronale Netz auf eine einzige gewichtete Summe zurückgeführt:

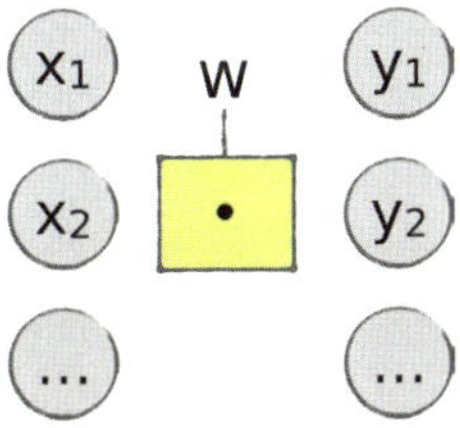

Das ist eine ziemlich heftige Konsequenz: Wie viele lineare Operationen wir auch immer übereinanderstapeln, bleibt am Schluss nur eine einzige übrig. Konkret bedeutet dies, dass ein Netz, in dem es nur lineare Operationen gibt, zu einem schwachen Programm mit linearer Regression zusammenfällt, wie wir es in Kapitel 4, »*Hyperräume*«, geschrieben haben.

Die Aktivierungsfunktionen verhindern diesen Zusammenbruch, da sie *nicht linear* sind, also nicht durch gerade Formen grafisch dargestellt werden können. Diese Nichtlinearität ist der Dreh- und Angelpunkt eines neuronalen Netzes.

Das zeigt, dass nicht lineare Aktivierungsfunktionen unverzichtbar sind. Allerdings heißt das nicht, dass wir auf die Sigmoid- und die Softmax-Funktion beschränkt sind. Wir können sie durch andere nicht lineare Funktionen ersetzen, was insbesondere bei der Sigmoiden auch wirklich eine gute Idee ist. Warum das so ist, sehen wir uns im Folgenden an.

Die sigmoide Aktivierungsfunktion und ihre Auswirkungen

Im folgenden Diagramm sehen Sie wieder unsere alte Freundin, die Sigmoide:

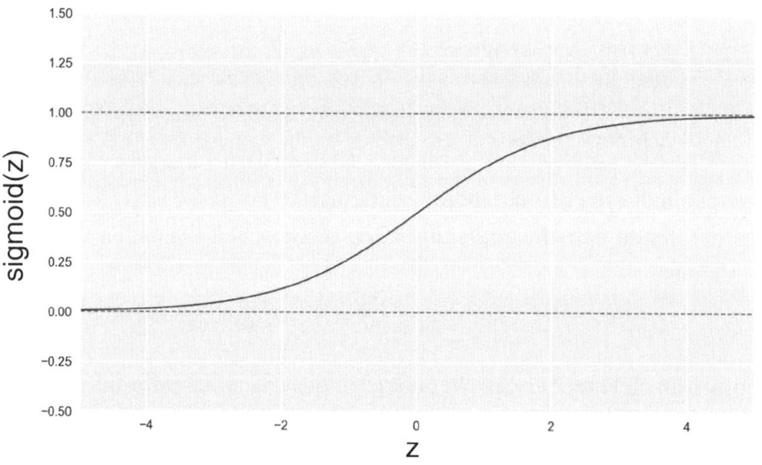

Wie Sie gerade gelernt haben, müssen Aktivierungsfunktionen nicht linear sein, also nicht gerade. Die kurvige Sigmoide erfüllt diese Anforderung.

Auf den ersten Blick scheint sich die Sigmoide auch für die Backpropagation zu eignen. Laut Kettenregel ist der globale Gradient eines neuronalen Netzes das Produkt der lokalen Gradienten von dessen Bestandteilen. Die sigmoide Aktivierungsfunktion bewirkt eine Glättung der lokalen Gradienten. Wenn Sie mit dem Finger über die Kurve fahren, spüren Sie keine Löcher, Zacken oder plötzlichen Abstürze, in denen das Gradientenverfahren stecken bleiben kann.

Bei genauerem Hinsehen offenbaren sich jedoch die Mängel der Sigmoide.

Tote Neuronen, Teil II

Stellen Sie sich vor, Sie würden ein neuronales Netz mitten im Training einfrieren und die Werte an seinen Knoten ablesen. Sie haben schon gelernt, dass es gute Gründe dafür gibt, diese Werte klein zu halten. In »*Numerische Stabilität*« auf *Seite 147* haben wir gesehen, dass große Zahlen zu Überläufen führen können, und in »*Tote Neuronen*« auf *Seite 167*, dass sie das Training verlangsamen und sogar ganz zum Stillstand bringen können.

Wenn sich in einem neuronalen Netz große Zahlen tummeln, müssen sie irgendwann eine Sigmoide durchlaufen. Eine Sigmoide, die große positive oder negative Eingaben erhält, kann *gesättigt* werden. Das bedeutet, dass die Operation weit vom Mittelpunkt entfernt auf einem der beiden langen Ausläufer stattfindet. Dort liegt der Gradient nahe bei 0, weshalb das Gradientenverfahren fast zum Stillstand kommt.

Das folgende Diagramm stellt diese Situation bildlich dar:

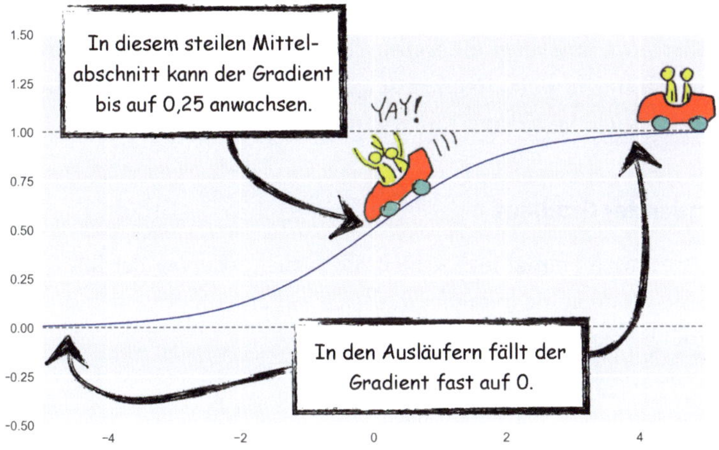

Der Gradient der Sigmoide erreicht sein Maximum von 0,25 genau in der Mitte. Auf dem Weg nach außen fällt er ziemlich schnell. Wenn die Sigmoide eine große positive oder negative Eingabe erhält, tritt ein Teufelskreis auf:

- Je größer die Eingabe der Sigmoide, umso kleiner der Gradient.
- Je kleiner der Gradient, umso langsamer das Gradientenverfahren.
- Je langsamer das Gradientenverfahren, umso weniger ändern sich die Gewichte des Netzes.
- Je geringer die Änderung der Gewichte, umso weniger wahrscheinlich ist es, dass sich die Eingaben der Sigmoide wieder 0 annähern.

Wenn die Sigmoidfunktion an einer Stelle des Netzes eingebunden wird, werden die darauffolgenden Knoten zu *toten Neuronen*. Das Gradientenverfahren kann sie nicht mehr verändern, sodass sie nicht mehr weiter lernen. Bei zu vielen toten Neuronen verlangsamt sich die gesamte Backpropagation, bis sie sich nur noch dahinschleppt.

Dieses Problem wird noch dadurch verschärft, dass die Sigmoide »exzentrisch« ist. Wenn sie einen Wert nahe 0 empfängt, verschiebt sie ihn in die Nähe von 0,5. Wir haben bereits festgestellt, dass Zahlen nahe 0 im Allgemeinen besser sind, weshalb es schöner wäre, wenn die Sigmoide sich nicht bemühen würde, ihre Eingaben so weit von 0 wegzuschieben.

Alles in allem funktioniert die Sigmoide nur dann gut, wenn die Werte im Netz nahe bei 0 liegen. Das ist jedoch ziemlich viel verlangt, insbesondere da die Sigmoide selbst dazu neigt, die Werte weiter von 0 zu entfernen. Die Folgen sind eine langsame Backpropagation und tote Neuronen. Je tiefer das Netz ist, umso mehr Sigmoide hat es und umso schlimmer wird das Problem.

Das alles ist schon bekannt, seit Sigmoide in neuronalen Netzen verwendet werden. Allerdings unterliegt die Sigmoide noch einem viel schlimmeren Problem, das sich jedoch nur in tiefen Netzen zeigt und Forscher auf dem Gebiet des Machine Learning viele Jahre lang ratlos gemacht hat.

Verschwindender Gradient

Rufen wir uns noch einmal ins Gedächtnis zurück, was bei der Backpropagation geschieht: Sie sammelt die lokalen Gradienten aller Komponenten des Netzes von der Ausgabe- bis zurück zur Eingabeschicht auf:

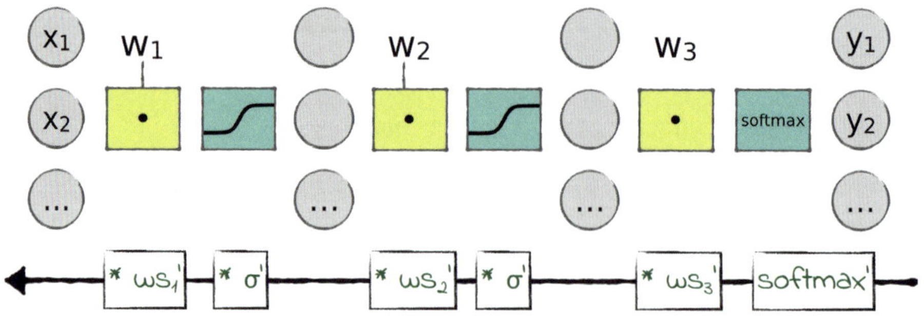

Die Backpropagation bestimmt als Erstes den lokalen Gradienten der Softmax-Funktion in der Ausgabeschicht, multipliziert diesen mit dem Gradienten der letzten gewichteten Summe (hier als ws_3' bezeichnet), multipliziert dieses Ergebnis wiederum mit dem Gradienten der letzten Sigmoiden usw., bis die erste Schicht erreicht ist. Der Gradient der ersten Schicht ist das Produkt der bis dahin gesammelten lokalen Gradienten.

Wie Sie im vorherigen Abschnitt gesehen haben, ist der lokale Gradient einer Sigmoiden eine kleine Zahl zwischen 0 und 0,25. Wenn die Backpropagation eine Sigmoide durchläuft, wird der globale Gradient mit dieser kleinen Zahl multipliziert, was ihn selbst kleiner gemacht. Bei vielen Schichten und damit vielen Sigmoiden bleiben für die ersten Schichten im Netz nur noch winzige Gradienten übrig, sodass sich ihre Gewichte kaum ändern.

Dieses Problem wird als *verschwindender Gradient* bezeichnet: Auf dem Weg rückwärts durch das Netz wird der Gradient verschwindend klein. Das aber bringt uns in eine Zwickmühle: Um unser Netz leistungsfähiger zu machen, müssen wir ihm weitere Schichten hinzufügen, doch je mehr Schichten wir haben, umso kleiner werden die Gradienten der ersten Schicht. Das kann so weit gehen, dass diese ersten Schichten nichts mehr lernen. Ob wir nun weitere Schichten hinzufügen oder es sein lassen – wie man's macht, macht man's verkehrt.

Alles in allem gibt es also zwei erhebliche Probleme bei der Verwendung der Sigmoide:

- Das Problem der *toten Neuronen*: Bei großen Eingaben geht der Gradient der Sigmoide gegen 0.
- Das Problem des *verschwindenden Gradienten*: Jede Sigmoide verringert den Gesamtgradienten des Netzes, was so weit gehen kann, dass die ersten Schichten einen Gradienten nahe 0 erhalten.

Beide Probleme führen zu winzigen Gradienten, die die Backpropagation verlangsamen und sogar zum Stillstand bringen können.

Schön, dass sie noch da sind, auch wenn uns diese Erörterung der Sigmoide einiges an Zeit gekostet hat. Allerdings war das noch gar nichts gegen die Zeit, die die Forscher gebraucht haben, um diesen Problemen auf die Spur zu kommen. Es hat viele Jahre gedauert, herauszufinden, warum sich tiefe neuronale Netze so schwer trainieren ließen. Als die Probleme bekannt waren, entwickelten die Forscher jedoch auch Lösungen dafür, die wir uns als Nächstes ansehen werden.

Sprengstoff für neuronale Netze

Der verschwindende Gradient hat noch einen bösen Bruder: den *explodierenden Gradienten*. Dabei wird der Absolutwert des Gradienten bei der Backpropagation nicht immer kleiner, sondern steigt an. Diese großen Zahlen sorgen in dem Netz für allerlei Probleme, darunter für tote Neuronen und Überläufe.

→

Explodierende Gradienten kommen auf die gleiche Weise zustande wie verschwindende, nämlich bei der Multiplikation aller lokalen Gradienten nach der Kettenregel. Sind diese lokalen Gradienten zu groß, dann wächst der Gradient des Netzes explosionsartig. Das kann geschehen, wenn die Gewichte mit großen Werten initialisiert wurden oder wenn das Netz Aktivierungsfunktionen enthält, die große Gradienten hervorrufen. Trotz all ihrer sonstigen Mängel gehört die Sigmoide bei diesem Problem jedoch nicht zu den üblichen Verdächtigen, denn ihr Gradient ist immer klein.

In »*Bessere Gewichtsinitialisierung*« auf *Seite 279* lernen Sie eine Technik kennen, um das Risiko von explodierenden Gradienten zu minimieren.

Alternativen zur Sigmoidfunktion

Den perfekten Ersatz für die Sigmoide gibt es nicht. Welche der verschiedenen Aktivierungsfunktionen am besten funktioniert, hängt jeweils von den Umständen ab. Darüber hinaus erfinden Forscher ständig neue Funktionen. Allerdings hat sich eine dieser Aktivierungsfunktionen so weiträumig bewährt, dass sie zu einer Art Standardfunktion geworden ist. Schauen wir sie uns an.

Gestatten, die ReLU-Aktivierungsfunktion

Die Standard-Ersatzfunktion für die Sigmoide ist heutzutage die *gleichgerichtete lineare Einheit* oder kurz *ReLU* (*rectified linear unit*). Im Vergleich zur Sigmoide ist sie überraschend einfach. In Python lässt sie sich wie folgt implementieren:

```
def relu(z):
  if z <= 0:
    return 0
  else:
    return z
```

Das folgende Diagramm zeigt, wie sie aussieht:

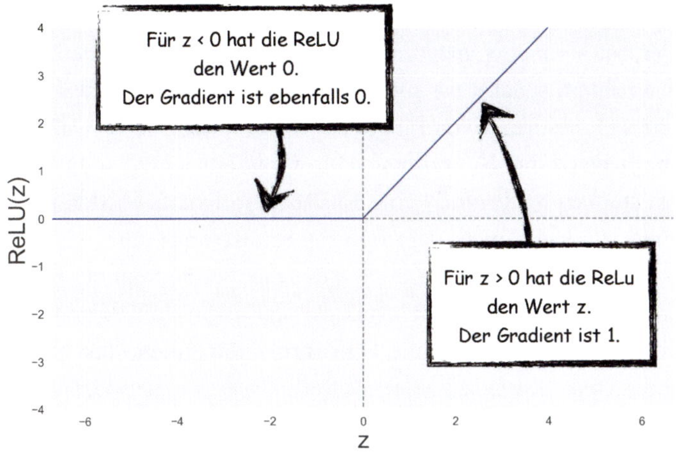

Die ReLU-Funktion besteht aus zwei geraden Segmenten, die zusammengenommen aber eine nicht lineare Funktion ergeben, wie es sich für eine Aktivierungsfunktion gehört.

Dass die ReLU so einfach ist, macht die Sache nur noch besser. Der Gradient lässt sich ohne Aufwand berechnen, was zu einem schnellen Training beiträgt. Die entscheidende Eigenschaft der ReLU besteht jedoch darin, dass ihr Gradient für positive Eingaben stets 1 ist. Wenn die Backpropagation eine ReLU mit positiver Eingabe erreicht, wird der globale Gradient mit 1 multipliziert und ändert sich dadurch überhaupt nicht. Schon das löst ein für alle Mal das Problem des verschwindenden Gradienten.

ReLUs in Keras

In einem mit Keras erstellten neuronalen Netz können Sie die Sigmoiden durch ReLUs ersetzen, indem Sie den Parameter `activation` ändern. Bei der Verwendung einer Sigmoiden sieht er wie folgt aus:

```
model.add(Dense(1200, activation='sigmoid'))
```

Daraus müssen Sie nun Folgendes machen:

```
model.add(Dense(1200, activation='relu'))
```

Mehr ist nicht zu tun. Keras kümmert sich darum, den Gradienten der ReLU zu berechnen, die Backpropagation durchzuführen usw. Das ist einer der großen Vorteile, die Bibliotheken bieten: Sie erleichtern es, mal eben das Design eines neuronalen Netzes zu ändern.

Während die ReLU-Funktion das Auftreten verschwindender Gradienten sorgfältig vermeidet, tut sie nichts gegen die Entstehung toter Neuronen. Im Gegenteil, von diesem Problem scheint sie sogar noch stärker befallen zu sein als die Sigmoide, da sie sich bei negativen Eingaben in eine Nulllinie verwandelt. Bei einer ReLU mit negativer Eingabe ergibt sich ein Gradient von 0, sodass das Gradientenverfahren stecken bleibt und keine Chance hat, jemals wieder aus dieser Falle zu entkommen. Lädt das nicht geradezu die Katastrophe ein?

Es hat sich jedoch herausgestellt, dass das nicht unbedingt der Fall ist. Manchmal können tote ReLUs für ein neuronales Netz sogar von Vorteil sein. Forscher haben die widersinnig erscheinende Erkenntnis gewonnen, dass tote ReLUs das Training unter Umständen schneller und effektiver machen können, da sie dem Netz helfen, irrelevante Informationen zu ignorieren.

Dennoch besteht kein Zweifel daran, dass zu viele tote ReLUs ein neuronales Netz zum Erliegen bringen können. Wenn Sie den Verdacht haben, dass das in Ihrem Netz geschieht, können Sie die ReLU durch ihre modifizierte Schwester, die *Leaky ReLU* (sozusagen »undichte ReLU«), ersetzen, die Sie in der folgenden Abbildung sehen:

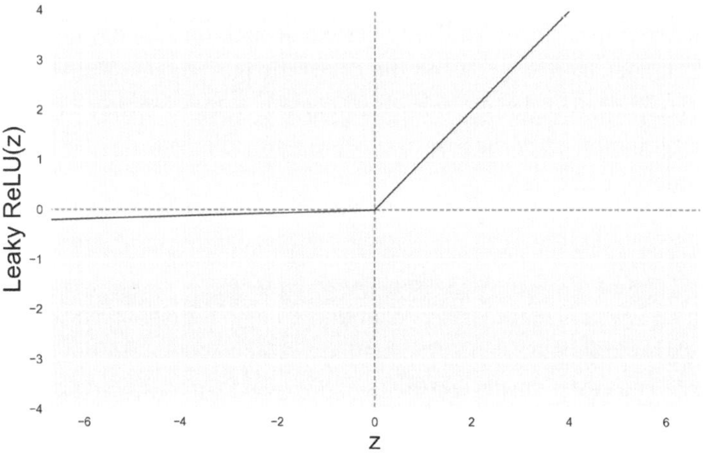

Erkennen Sie den Unterschied zwischen ReLU und Leaky ReLU? Bei negativen Werten verläuft die Leaky ReLU nicht mehr flach, sondern weist eine leichte Steigung auf. Diese konstante Steigung garantiert, dass der Gradient niemals 0 wird, und dadurch können die Neutronen im Netz nicht absterben. In Bibliotheken wie Keras können Sie diese Steigung festlegen. Damit haben Sie einen weiteren Hyperparameter zum Einstellen.

Haben Sie den Makel der ReLU-Familie entdeckt? Weiter vorn hatte ich gesagt, dass eine gute Aktivierungsfunktion glatt sein muss, da es sonst nicht möglich ist, ihren Gradienten zu berechnen. Aber weder die ReLU noch die Leaky ReLU sind glatt, sondern weisen bei 0 eine Ecke auf. Kommt das Gradientenverfahren dort nicht ins Stolpern?

Es zeigt sich jedoch, dass dies in der Praxis kein Problem ist, denn es ist äußerst unwahrscheinlich, dass eine ReLU jemals eine Eingabe von genau 0 erhält. Selbst wenn dieser unwahrscheinliche Fall eintritt, ist das kein Beinbruch, denn während der Gradient der ReLU bei `z = 0` rein mathematisch gesehen nicht definiert ist, nehmen ReLU-Implementierungen es mit der mathematischen Definition nicht allzu genau, sondern geben an diesem Punkt einfach einen Gradienten von 0 oder 1 zurück.

Fazit: Das Gradientenverfahren wird zwar ein wenig durchgerüttelt, wenn es die Ecke in der ReLU-Kurve durchläuft, aber nicht völlig aus der Bahn geworfen. Wenn Sie jedoch den Verdacht haben, dass diese Ecke das Training behindert, können Sie im Internet nach Varianten der ReLU suchen, die statt dieser Ecke eine glatte Kurve aufweisen. Es gibt mindestens zwei solcher Alternativen, nämlich die *Softplus*- und die *Swish*-Funktion.

Sigmoide, ReLU, Leaky ReLU, Softplus, Swish ... die Auswahl kann schon überfordernd wirken. Besteht irgendeine einfache Möglichkeit, um zu entscheiden, welche dieser Funktionen wir in unserem neuronalen Netz verwenden sollten? Das zwar nicht, aber zumindest gibt es einige pragmatische Richtlinien, die wir uns als Nächstes anschauen.

Die richtige Funktion auswählen

Wenn Sie ein neuronales Netz entwerfen, müssen Sie die Aktivierungsfunktionen dafür auswählen. Für diese Entscheidung werden gewöhnlich sowohl Erfahrungswerte auch praktische Experimente herangezogen.

Allerdings gibt es eine einfache Standardvorgehensweise, um überhaupt erst einmal anzufangen: Verwenden Sie zunächst ReLUs. Sie funktionieren im Allgemeinen ganz gut und ermöglichen es Ihnen, den ersten Prototyp rasch fertigzustellen. Später können Sie dann mit anderen Aktivierungsfunktionen experimentieren, etwa mit Leaky ReLUs oder vielleicht sogar Sigmoiden. Diese anderen Funktionen verlangsamen zwar wahrscheinlich das Training, können aber die Genauigkeit verbessern.

Verwenden Sie die ReLU dabei als Standardfunktion für alle Schichten außer der Ausgabeschicht. Gewöhnlich sollte die Ausgabeschicht eines Klassifizierers eine Softmax-Funktion aufweisen, sodass sie für jede Klasse eine Zahl ausgibt, die einer Wahrscheinlichkeit entspricht.

Wenn es nur zwei Klassen gibt, können Sie statt der Softmax-Funktion in der letzten Schicht auch eine Sigmoide verwenden. Um den Grund dafür zu erkennen, stellen Sie sich ein Netz vor, das einen gesprochenen Befehl erkennen soll. Wenn

Sie dieses System auffordern, eine Tonaufzeichnung zu klassifizieren, gibt die Softmax-Funktion wie folgt zwei Zahlen aus:

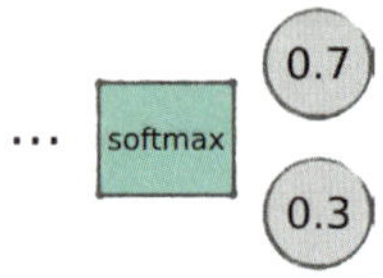

Das bedeutet: »Ich bin mir zu 70 % sicher, dass ich den Befehl gehört aber, und zu 30 %, dass ich ihn nicht gehört habe.« In diesem Fall ist die zweite Ausgabe jedoch nicht sehr sinnvoll, da sie stets 1 minus der ersten Ausgabe beträgt. Aus diesem Grund ist die Softmax-Funktion bei nur zwei Klassen zu viel des Guten, weshalb Sie sie durch eine Sigmoide ersetzen können:

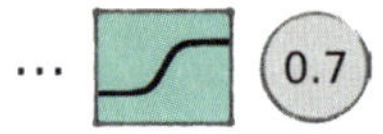

Wir haben uns nun schon eine ganze Weile mit Aktivierungsfunktionen beschäftigt und auch einige praktische Richtlinien kennengelernt. Sehen wir uns nun einige weitere Techniken an, um tiefe neuronale Netze zu zähmen.

Skalare vorhersagen

Bei den Beispielen in diesem Abschnitt sind wir wie so oft in diesem Buch davon ausgegangen, dass wir einen Klassifizierer erstellen. Allerdings sind viele neuronale Netze keine Klassifizierer, sondern geben Zahlen und keine Kategorien aus. Solche Netze sagen etwa die Temperaturen in einem Lagertank oder die in einem Restaurant verkauften Pizzas voraus (wobei Ihnen das letzte Beispiel vertraut vorkommen sollte).

Netze mit numerischer Ausgabe unterscheiden sich in einigen Punkten von Klassifizierern:

- Die Ausgabeschicht besteht aus nur einem einzigen Knoten und nicht aus einem Knoten pro Klasse.
- Statt der Kreuzentropie, die nur für Kategorieausgaben funktioniert, nutzen Sie eine für Skalare geeignete Verlustfunktion, etwa den mittleren quadratischen Fehler.
- Wenn das Netz einen Skalar ausgibt, dann ist in der Ausgabeschicht keine Aktivierungsfunktion erforderlich. Der einsame Knoten in der Ausgabeschicht ist die Ausgabe des Netzes.

→

Anstatt die Aktivierungsfunktion in der Ausgabeschicht wegzulassen, können Sie sie der Einheitlichkeit halber auch durch eine Identitätsfunktion ersetzen, die einfach ihre Eingabe zurückgibt. Dies ist der seltene Fall einer linearen statt nicht linearen Aktivierungsfunktion.

Weitere Techniken

Die Auswahl der richtigen Aktivierungsfunktionen ist eine wichtige Entscheidung, aber bei der Gestaltung eines neuronalen Netzes sehen Sie sich noch vielen weiteren solcher Entscheidungen gegenüber. Sie müssen festlegen, wie Sie die Gewichte initialisieren, welchen Algorithmus für den Gradientenabstieg Sie nehmen, welche Regularisierung Sie anwenden usw. Es stehen eine Menge Techniken zur Auswahl, und es kommen ständig neue hinzu.

Es wäre jedoch sinnlos, an dieser Stelle alle gängigen Techniken, die heute zur Verfügung stehen, eingehend zu beleuchten. Erstens könnten sie ein eigenes Buch füllen, und zweitens können einige von ihnen schon veraltet sein, wenn Sie diese Zeilen lesen.

Daher versuche ich erst gar nicht, Ihnen in diesem Abschnitt einen umfassenden Überblick zu geben. Stattdessen sehen wir uns eine Handvoll Techniken an, die gewöhnlich gut funktionieren. Dadurch erhalten Sie eine Grundausstattung für Ihre weitere Arbeit auf dem Gebiet des Machine Learning. Am Ende des Kapitels haben Sie außerdem die Gelegenheit, diese Techniken selbst auszuprobieren.

Als Erstes schauen wir uns die Gewichtsinitialisierung an.

Bessere Gewichtsinitialisierung

Schon in »*Die Gewichte initialisieren*« auf *Seite 166* haben Sie einiges über dieses Thema erfahren. Kurz gesagt: Um die Leistung eines neuronalen Netzes nicht zu verschwenden, müssen Sie seine Gewichte mit kleinen Zufallswerten initialisieren.

Mit dem Grundprinzip der »kleinen Zufallswerte« haben Sie allerdings noch keine konkreten Zahlen. Dazu können Sie eine Formel wie die *Xavier-* oder *Glorot-Initialisierung* nutzen. Beide sind übrigens nach ihrem Erfinder Xavier Glorot benannt.

Es gibt verschiedene Varianten der Xavier-Initialisierung. Sie alle geben einen ungefähren Wertebereich für die Initialisierung der Gewichte aus, der auf der Anzahl der damit verbundenen Knoten beruht. Eine gängige Version sieht wie folgt aus:

$$|w| \le \sqrt{\frac{2}{\textit{Anzahl Knoten in der Schicht}}}$$

Das Grundprinzip der Xavier-Initialisierung lautet, dass die Gewichte mit zunehmender Anzahl der Knoten in einer Schicht immer kleiner werden. Anschaulich heißt das, dass die gewichtete Summe der Knoten unabhängig von der Anzahl der Knoten in der Schicht immer ungefähr gleich bleibt. Ohne Xavier-Initialisierung würde eine Schicht mit vielen Knoten eine hohe gewichtete Summe hervorrufen, die dann wiederum zu Problemen wie toten Neuronen und verschwindenden oder explodierenden Gradienten führen kann.

Wir haben die Xavier-Initialisierung übrigens schon genutzt, auch wenn ich sie bis jetzt noch nicht ausdrücklich erwähnt habe, denn es handelt sich dabei um den Standardinitialisierer von Keras. Wenn Sie stattdessen eine andere Methode verwenden wollen, von denen Keras einige bietet, geben Sie sie im Argument `kernel_initializer` an. So wird für die Schicht im folgenden Beispiel die alternative Initialisierungsmethode »He-Normalisierung« festlegt:

```
model.add(Dense(100, kernel_initializer='he_normal'))
```

Gradientenabstieg auf Speed

Wenn es irgendetwas gibt, das sich im Verlauf dieses Buchs nicht geändert hat, so ist es der Algorithmus für den Gradientenabstieg. Wir haben zwar die Berechnung des Gradienten von einer einfachen Ableitung auf Backpropagation umgestellt, aber der eigentliche Abstieg funktioniert noch genau so, wie ich ihn in den ersten Kapiteln eingeführt habe: Wir multiplizieren den Gradienten mit der Lernrate und gehen dann einen Schritt in die entgegengesetzte Richtung.

Es gibt jedoch raffiniertere Spielarten des Gradientenverfahrens. So können Sie dem Algorithmus `SGD` in Keras zusätzliche Parameter übergeben:

```
model.compile(loss='categorical_crossentropy',
              optimizer=SGD(lr=0.1, decay=1e-6, momentum=0.9),    <
              metrics=['accuracy'])
```

In diesem Code gibt es zwei neue Hyperparameter zur Anpassung des `SGD`-Algorithmus. Um die Bedeutung von `decay` zu verstehen, müssen wir uns in Erinnerung rufen, dass die Lernrate einen Kompromiss darstellt: Je kleiner die Lernrate, umso kleiner sind die einzelnen Schritte beim Gradientenabstieg, was den Algorithmus zwar genauer, aber auch langsamer macht. Bei der Verwendung von `decay` sinkt die Lernrate bei jedem Schritt ein wenig. Wenn dieser Wert gut eingestellt ist, führt er dazu, dass das Gradientenverfahren zu Beginn des Trainings, wenn wir uns eine hohe Geschwindigkeit wünschen, große Schritte macht, und sich gegen Ende, wenn es auf Präzision ankommt, nur noch mit Trippelschritten bewegt. Diese Vorgehensweise wird erfrischend anschaulich als *abklingende Lernrate* (*learning rate decay*) bezeichnet.

Die Auswirkungen des zweiten neuen Hyperparameters – des *Moments* – sind noch subtiler. Bei der Einführung des Gradientenverfahrens haben Sie gelernt, dass bestimmte Oberflächen dem Algorithmus Schwierigkeiten bereiten. Beispielsweise kann er in lokalen Minima, also in »Löchern« der Verlustkurve stecken bleiben. Ein anderes Problem kann in der Nähe von steilen »Taleinschnitten« auftreten, wie die folgende Abbildung zeigt:

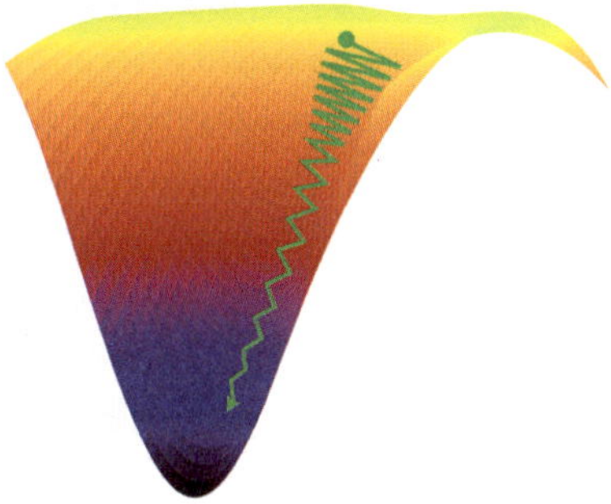

Das Gradientenverfahren bewegt sich immer in Richtung des steilsten Gradienten abwärts. Im oberen Teil dieser Oberfläche sind die Seitenwände des Einschnitts aber steiler als der Weg, der zum Minimum führt, weshalb das Gradientenverfahren ständig zwischen den Wänden hin- und herpendelt und sich kaum dem Minimum nähert.

Dieses Beispiel zeigt zwar nur einen hypothetischen Pfad auf einer dreidimensionalen Oberfläche, aber solche Fälle treten auch in der Praxis bei höherdimensionalen Verlustfunktionen häufig auf. Dabei kann es vorkommen, dass der Verlust viele Epochen hintereinander nicht mehr sinkt, sodass Sie das Training in der irrigen Annahme abbrechen, das Gradientenverfahren habe bereits das Minimum erreicht.

Hier nun kommt der Momentenalgorithmus ins Spiel. Ein Moment wirkt der eben beschriebenen Situation entgegen, indem es dem Gradientenverfahren eine »beschleunigende« Komponente hinzufügt. Dadurch wird der Pfad glatter und irrt nicht mehr so stark im Zickzack hin und her, wie die folgende Abbildung zeigt.

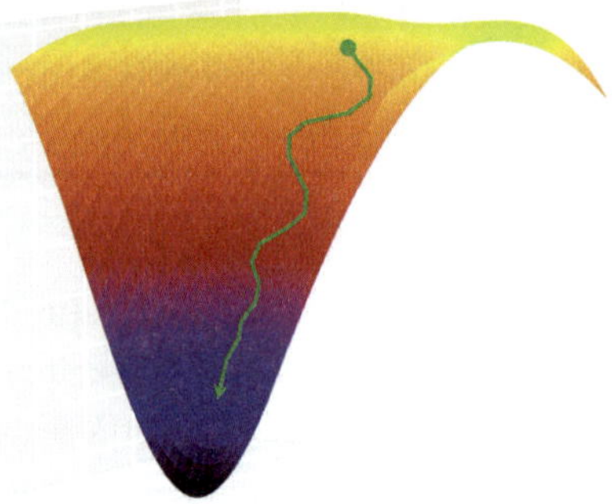

Das Moment kann das Training erheblich beschleunigen. In manchen Fällen kann es dem Gradientenverfahren sogar ermöglichen, sich über ein lokales Minimum hinwegzusetzen, und es in Richtung des geringsten Verlusts vorwärtstreiben. Das führt nicht nur zu einem schnelleren Training, sondern auch zu einer höheren Genauigkeit.

In Keras sind die Abklingkonstante der Lernrate und das Moment zusätzliche Parameter für den Standardalgorithmus SGD. Allerdings bietet Keras auch noch andere Implementierungen des Gradientenverfahrens, die in dieser Bibliothek als »Optimierer« bezeichnet werden. Anstelle von SGD können Sie auch den Algorithmus RMSprop verwenden, der ein ähnliches Prinzip wie das Moment nutzt. Ich habe ihn schon heimlich, still und leise verwendet, als wir in Kapitel 16, »*Tiefere Netze*«, unser erstes tiefes Netz erstellt haben. Im Vergleich zu SGD macht er das Training erheblich schneller und wirkungsvoller.

```
model.compile(loss='categorical_crossentropy',
              optimizer=RMSprop(lr=0.001),    <
              metrics=['accuracy'])
```

Mehr will ich Ihnen auch gar nicht über Optimierer erzählen. Wenn Sie sich selbst weiter mit diesem Thema beschäftigen möchten, sollten Sie sich insbesondere den Optimierer Adam ansehen, der zurzeit weit verbreitet ist. Er kombiniert Moment und RMSprop zu einem Spitzenalgorithmus.

Regularisierung für Fortgeschrittene

Gegen die Überanpassung brauchen tiefe neuronale Netze alle Hilfe, die wir Ihnen geben können. Im letzten Kapitel haben Sie bereits die klassischen Regularisierungstechniken L1 und L2 kennengelernt. Allerdings funktionieren moderne Verfahren oft besser. Insbesondere die sogenannte *Dropout*-Methode ist äußerst wirkungsvoll – allerdings auch etwas eigenartig.

Die Dropout-Technik geht von der verblüffenden Prämisse aus, dass sich die Überanpassung durch zufälliges Abschalten einiger Knoten im Netz verringern lässt. Sie können sich das wie einen Filter vorstellen, der auf eine Schicht angewendet wird und bei jeder Iteration willkürlich einige Knoten abtrennt:

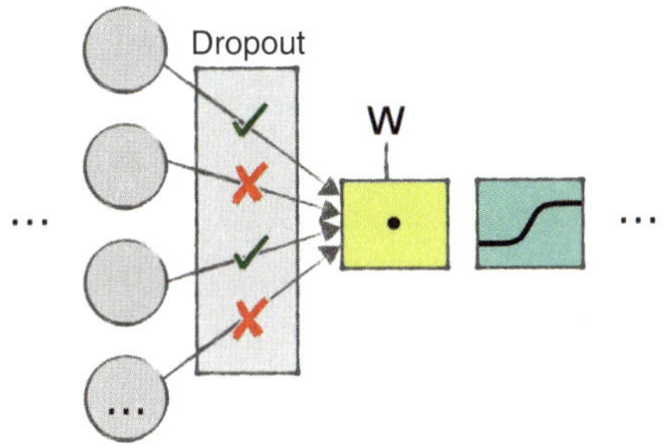

Abgetrennte Knoten haben keinen Einfluss auf die folgenden Schichten und werden bei der Backpropagation ignoriert. Das ist ganz so, als würden sie bis zur nächsten Iteration nicht mehr existieren.

Um Dropouts in Keras zu nutzen, fügen Sie oberhalb der regulären verdeckten Schichten `Dropout`-Schichten hinzu. Dabei können Sie den Anteil der Knoten angeben, die in jeder Iteration abgeschaltet werden sollen. In dem folgenden Beispiel sind es 25 %:

```
from keras.layers import Dropout

model = Sequential()
model.add(Dense(500, activation='sigmoid'))
model.add(Dropout(0.25))
model.add(Dense(200, activation='sigmoid'))
model.add(Dropout(0.25))
model.add(Dense(10, activation='softmax'))
```

Was ist eine Schicht?

Was Sie sich unter einer »Schicht« in einem neuronalen Netz vorzustellen haben, hängt ganz davon ab, wen Sie fragen. Das Keras-Netz in diesem Abschnitt hat in unserem Jargon vier Schichten, nämlich die implizite Eingabeschicht, zwei verdeckte Schichten mit Dropouts und eine Ausgabeschicht. In Keras dagegen wird alles, was Sie dem Modell mit `add()` hinzufügen, als Schicht bezeichnet, auch die Dropouts. Diese Uneinheitlichkeit ist zwar ziemlich unglücklich, aber gewöhnlich wird aus dem Zusammenhang klar, was jeweils mit einer »Schicht« gemeint ist.

Ich habe eben nur erklärt, was bei der Dropout-Methode geschieht, aber nicht, warum sie überhaupt funktioniert. Es ist auch anschaulich schwer vorstellbar, wieso Dropouts die Überanpassung reduzieren. Sehen wir es so: Dropouts zwingen das Netz dazu, bei jeder Trainingsiteration auf eine etwas andere Weise zu lernen. In gewissem Sinne wandeln sie das große Netz in viele kleine Netze um, die jeweils unterschiedliche Facetten der Daten lernen. Während ein großes Netz dazu neigt, sich die Trainingsdaten zu merken, lernen die einzelnen kleinen Netze sie jeweils auf ihre eigene Weise. Bei ihrer Kombination besteht daher nicht so sehr die Gefahr, dass sie sich übermäßig an die Daten anpassen.

Das ist nur eine von mehreren Möglichkeiten, um die Auswirkungen von Dropouts zu erklären. Ganz unabhängig davon, wie Sie sich diesen Vorgang anschaulich vorzustellen versuchen, funktioniert er jedoch, und das ist es schließlich, worauf es ankommt. Diese Methode ist eine der ersten Regularisierungstechniken, die ich beim Auftreten einer Überanpassung ausprobiere.

Apropos funktionierende Methoden (auch wenn der Zusammenhang nur schwer zu erkennen ist): Es gibt noch eine letzte Technik, die ich Ihnen in diesem Kapitel vorstellen möchte.

Batchnormalisierung

Kommen wir noch einmal zur Standardisierung der Daten zurück, mit der wir uns in »*Daten aufbereiten*« auf *Seite 210* beschäftigt haben. Kurz gesagt, ist eine standardisierte Datenmenge um 0 zentriert und streut von dort nicht weit. Wie ich bereits damals erklärt habe, sind Daten in dieser Form für neuronale Netze zu bevorzugen.

Allerdings kommen wir mit der Standardisierung nicht allzu weit. Die Daten ändern sich, während sie sich durch die Schichten bewegen, und verlieren dabei ihre für neuronale Netze geeignete Form. Es wäre schön, wenn jede verdeckte Schicht standardisierte Eingaben erhalten können. Das ist praktisch das, was die *Batchnormalisierung* macht: Sie standardisiert bei jedem Batch, der das Netz durchläuft, die Daten vor jeder Schicht neu.

Mit der Batchnormalisierung sind einige komplizierte technische Einzelheiten verbunden. Insbesondere wird dabei nicht unbedingt ein Durchschnitt von 0 und eine Standardabweichung von 1 verwendet wie bei der regulären Standardisierung der Eingaben. Stattdessen sind der Durchschnitt und die Standardabweichung ebenfalls lernbare Parameter, die durch das Gradientenverfahren eingestellt werden. Wir können all diese technischen Details jedoch Keras überlassen und die Batchnormalisierung wie eine Blackbox verwenden:

```
from keras.layers import BatchNormalization

model = Sequential()
model.add(Dense(500, activation='sigmoid'))
model.add(BatchNormalization())
model.add(Dense(200, activation='sigmoid'))
model.add(BatchNormalization())
model.add(Dense(10, activation='softmax'))
```

Bei ihrer Einführung um 2015 wurde die Batchnormalisierung als Durchbruch gefeiert. Sie mögen jetzt vielleicht sagen, dass es sich dabei um eine Technik für Fortgeschrittene handelt. Allerdings sind auch Anfänger sehr daran interessiert, sie zu nutzen, da sie so verflixt gut funktioniert. Sie kann die Genauigkeit eines Netzes oft verbessern und manchmal sogar das Training beschleunigen und die Überanpassung verringern. Beim Deep Learning gibt es keinen bequemen Sieg, aber die Batchnormalisierung kommt dem schon näher als alles andere.

Zusammenfassung

Tiefe neuronale Netze können sich wie wilde Bestien aufführen. In diesem Kapitel haben Sie einige nützliche Techniken kennengelernt, um aus ihnen zahme Haustiere zu machen.

Zu Anfang haben wir uns längere Zeit mit *Aktivierungsfunktionen* beschäftigt. Sie haben gelernt, dass nicht lineare Funktionen in neuronalen Netzen unverzichtbar sind, aber auch sorgfältig ausgewählt werden müssen. Die Sigmoide, die wir bisher verwendet haben, kann in tiefen Netzen eine Reihe von Problemen wie *tote Neuronen*, *verschwindende Gradienten* und *explodierende Gradienten* verursachen. Aus diesem Grunde haben wir uns einige Alternativen angesehen, insbesondere die häufig verwendete *ReLU-Funktion.*

Zur Abrundung haben wir uns dann im Turbogang noch einige weitere Techniken zur Zähmung tiefer neuronaler Netze angesehen:

- Die *Xavier-Initialisierung* für die Gewichte des neuronalen Netzes
- Verschiedene erweiterte Algorithmen für das Gradientenverfahren wie *abklingende Lernrate*, *Moment*, *RMSprop* und *Adam*
- *Dropouts*, eine zwar widersinnig erscheinende, aber brillante Regularisierungstechnik
- Die äußerst nützliche *Batchnormalisierung*

Wahrscheinlich sind Sie schon begierig darauf, diese Techniken selbst auszuprobieren. Wenn ja, dann können Sie dieses Verlangen mit der folgenden praktischen Übung stillen. Anderenfalls können Sie auch einfach zum nächsten Kapitel übergehen, wo wir alles, was Sie bis jetzt über neuronale Netze gelernt haben, auf den Kopf stellen werden.

Praktische Übung: Die 10-Epochen-Aufgabe

Da Sie nun einige Werkzeuge zu Ihrer Verfügung haben, können Sie selbstständig mit tiefen neuronalen Netzen experimentieren. Ich habe auch schon eine Aufgabe für Sie.

Dazu habe ich ein neuronales Netz geschrieben und mit den MNIST-Daten trainiert. Sie haben schon eine ganze Reihe von MNIST-Klassifizierern gesehen, aber diesmal handelt es sich um ein in Keras geschriebenes tiefes neuronales Netz. Sie finden es im Begleitcode zu diesem Kapitel in der Datei `network_mnist.py`.

Für dieses Netz habe ich keine der Techniken aus diesem Kapitel verwendet, aber es funktioniert trotzdem ganz gut. Nach einem Training von zehn Epochen habe ich folgendes Ergebnis erhalten:

```
loss: 0.2026 - acc: 0.9388 - val_loss: 0.2487 - val_acc: 0.9228
```

Jetzt sind Sie an der Reihe. Ihr Auftrag, sollten Sie ihn annehmen, lautet, die Genauigkeit des Netzes unter Einhaltung der beiden folgenden Bedingungen zu verbessern:

1. Sie dürfen den Aufbau des Netzes nicht verändern. Behalten Sie die Anzahl der Schichten und der Knoten pro Schicht bei.
2. Sie dürfen die Anzahl der Epochen und die Batchgröße nicht verändert. Belassen Sie sie bei 10 bzw. 32.

In allen anderen Aspekten können Sie sich nach Belieben austoben. Wenden Sie die Techniken an, die Sie in diesem Kapitel kennengelernt haben, und probieren Sie ruhig noch andere aus – also weitere Aktivierungsfunktionen, Optimierungsalgorithmen und was immer Sie in der Dokumentation von Keras[1] noch finden.

Für den Einstieg gebe ich Ihnen hier noch einige Tipps:

1. *keras.io*

- Ersetzen Sie die Sigmoiden durch ReLUs oder Leaky ReLUs.
- Wechseln Sie von `SGD` zu einem anderen Algorithmus für den Gradientenabstieg.
- Fügen Sie Dropouts hinzu.
- Fügen Sie die Batchnormalisierung hinzu.

Wenn Ihr Netz beim Validierungsdatensatz eine Genauigkeit von mehr als 97 % erzielt, haben Sie gewonnen.

Ich bin mir zwar ziemlich sicher, dass Sie 97 % erreichen können, wäre aber durchaus überrascht, wenn Sie auf einen noch höheren Wert kämen. Die in diesem Kapitel vorgestellten Techniken sind sehr wichtig, können uns aber nur bis zu einem bestimmten Punkt bringen. Um erheblich bessere Ergebnisse zu erzielen, brauchen wir mehr als kleine Tricks zur Leistungssteigerung, nämlich eine grundlegend andere Architektur des neuronalen Netzes. Das wird das Thema des nächsten Kapitels sein.

19
Jenseits von Standardnetzen

Inzwischen sind Sie wahrscheinlich schon ziemlich vertraut mit der Struktur von neuronalen Netzen. Aber halten Sie sich fest: Wir werden die Sache jetzt ein bisschen aufmischen und uns neuronale Netze ansehen, deren Aufbau weit von dieser vertrauten Struktur entfernt liegt.

Alle bisher betrachteten Netze wiesen die gleiche Architektur auf: Sie bestanden aus einer Folge dichter Schichten, wobei mit »dicht« gemeint ist, dass jeder Knoten einer Schicht mit allen Knoten der benachbarten Schichten verbunden ist. Bei diesem Aufbau spricht man auch von einem *vollständig verbundenen* neuronalen Netz. Es zeigt sich aber, dass diese Architektur erhebliche Einschränkungen mit sich bringt. Ob ein solches Netz nun Bilder klassifizieren, Produktrezensionen analysieren oder Verkehrsstaus vorhersagen soll, es behandelt alle Daten auf die gleiche Weise, nämlich als unbestimmte Folge von Bytes. Diese generalistische Vorgehensweise stößt jedoch bald an ihre Grenze und versagt bei komplexen Datenmengen völlig.

Beim Deep Learning geht es nicht nur darum, neuronale Netze tiefer, sondern auch intelligenter zu machen, indem für unterschiedliche Arten von Daten jeweils verschiedene Architekturen verwendet werden. Die Forschung auf diesem Gebiet hat bereits eine Reihe von Variationen des grundlegenden vollständig verbundenen

Netzes hervorgebracht, und während Sie diese Zeilen lesen, werden wahrscheinlich gerade einige neue erfunden. Jede dieser Architekturen verdient ein eigenes Buch, und einige davon eröffnen ganz neue Studiengebiete.

In diesem Kapitel kann ich selbstverständlich nicht alle diese verschiedenen Entwürfe beschreiben oder auch nur erwähnen. Stattdessen werden wir uns einen davon kurz ansehen. Im Einklang mit dem Rest dieses Buchs werden wir uns dabei auf eine Architektur konzentrieren, die für die Bildverarbeitung geeignet ist, nämlich ein *neuronales Faltungsnetz* (*Convolutional Neural Network*, *CNN*). In einem vollständig verbundenen Netz wird jede Schicht mit einem Satz von Gewichten multipliziert. Ein Faltungsnetz dagegen beruht auf einer komplizierteren Operation, der sogenannten *Faltung*. Dadurch kann es besonders gut mit räumlichen Daten wie Bildern umgehen.

Bevor wir einen genaueren Blick auf ein Faltungsnetz werfen, brauchen wir jedoch noch eine Datenmenge, um es zu trainieren.

Schon wieder Bildklassifizierung?

Mit Deep Learning kann man eine Menge anstellen: physikalische Vorgänge simulieren, Musik erzeugen, Videos mit Untertiteln versehen, Bilder verarbeiten, Rezensionen zusammenfassen, Roboter steuern, Krankheiten diagnostizieren, Unkraut vernichten, Wetter vorhersagen, Autos steuern usw. Manche Forscher experimentieren sogar auf Gebieten, die sich nach Science-Fiction anhören, etwa die Gedanken einer Person durch die Interpretation ihrer Gehirnaktivität lesen. Angesichts der vielen erstaunlichen Möglichkeiten, die zur Auswahl stehen, fragen Sie sich wahrscheinlich, warum ich immer wieder zu derselben klassischen Aufgabe zurückkomme – der Klassifizierung von Bildern.

Das war jedoch eine bewusste Entscheidung. Ich stand vor der Wahl, Ihnen entweder verschiedene Anwendungsbeispiele für Machine Learning vorzuführen oder durchgängig das gleiche Beispiel zu verwenden. Dabei habe ich mich für Letzteres entschieden, weil ich das Buch dadurch schlanker und zielgerichteter gestalten konnte. Als Standardbeispiel habe ich die Bildklassifizierung genommen, weil das eine konkrete und ziemlich coole Anwendung ist – wenn auch nicht so cool wie Gedankenlesen.

Denken Sie aber immer daran, dass Deep Learning weit mehr kann, als nur Bilder zu klassifizieren. Mit zunehmender Erfahrung werden Sie vielleicht irgendwann selbst auf neue Möglichkeiten der Anwendungen kommen.

Der CIFAR-10-Datensatz

Als ich in Kapitel 6, »*Eine Aufgabe aus der Praxis*«, die MNIST-Daten vorgestellt hatte, sahen die handgeschriebenen Ziffern darin noch nach einer beachtlichen

Herausforderung aus. Mittlerweile können unsere neuronalen Netze aber schnell damit fertig werden. Seit wir bei diesen Daten eine Genauigkeit von mehr als 99 % erreicht haben, ist es schwer, echte Verbesserungen von zufälligen Fluktuationen zu unterscheiden.

Was machen wir jetzt also, da unsere neuronalen Netze zu schlau für MNIST geworden sind? Wir wenden uns einer anspruchsvolleren Datenmenge zu, nämlich CIFAR-10.

Was ist CIFAR-10?

Im Bereich der Bilderkennung gilt MNIST als Einstiegsproblem. Einen härteren Test bietet der Datensatz CIFAR-10[1]. CIFAR steht für Canadian Institute For Advanced Research, und die 10 gibt die Anzahl der Klassen an. In der folgenden Abbildung sehen Sie eine willkürliche Auswahl von CIFAR-10-Bildern:

Ebenso wie MNIST enthält CIFAR-10 60.000 Bilder im Trainings- und 10.000 Bilder im Testdatensatz. Allerdings stellen die CIFAR-10-Bilder eine größere Herausforderung dar. Obwohl sie ziemlich pixelig aussehen, sind sie tatsächlich größer als die MNIST-Ziffern. Es handelt sich dabei nämlich nicht mehr um Matrizen, sondern um *Tensoren*, also um Arrays mit mehr als zwei Dimensionen. Genauer gesagt, sind es `(32, 32, 3)`-Tensoren mit 32 × 32 Pixeln und drei Farbkanälen (rot, grün, blau). Daraus ergeben sich insgesamt 3.072 Variablen, also fast viermal so viel wie die 784 Variablen von MNIST.

1. *www.cs.toronto.edu/~kriz/cifar.html*

Die eigentliche Herausforderung bei den CIFAR-10-Bildern ist jedoch nicht die Größe der Beispiele, sondern ihre Komplexität. Statt relativ einfacher Ziffern zeigen die Bilder reale Objekte wie Pferde oder Schiffe. Dabei sehen manche Bilder derselben Klasse sehr unterschiedlich aus (etwa die Vögel mit dem Label 2), während manche Objekte einander sehr ähnlich sind, obwohl sie zu verschiedenen Klassen gehören (wie die Möwe und das Kampfflugzeug oder Pkw und Lastwagen). Mit dieser Vielzahl von verwirrenden Motiven stellt CIFAR-10 selbst leistungsfähige neuronale Netze auf die Probe.

Holen wir also unser bisher bestes neuronales Netz wieder aus der Schublade, um zu prüfen, wie es mit diesen Bildern fertigwird.

Das CIFAR-Waterloo

Ich habe unser bislang bestes neuronales Netz wieder hervorgekramt – nämlich die Lösung zu »*Praktische Übung: Die 10-Epochen-AufgabeAufgabe*« auf *Seite 286* – und so abgewandelt, dass es die CIFAR-10- statt der MNIST-Daten zum Training verwendet. Dankenswerterweise bringt Keras Unterstützung für CIFAR-10 mit, weshalb ich nur wenige Zeilen ändern musste. Sie sind im folgenden Listing durch Pfeile gekennzeichnet:

19_beyond/cifar10_fully_connected.py

```
import numpy as np
from keras.models import Sequential
from keras.layers impor Dense, BatchNormalization
from keras.optimizers import Adam
from keras.initializers import glorot_normal
from keras.utils import to_categorical
from keras.datasets import cifar10    <

(X_train_raw, Y_train_raw), (X_test_raw, Y_test_raw) = cifar10.load_data()  <
X_train = X_train_raw.reshape(X_train_raw.shape[0], -1) / 255
X_test_all = X_test_raw.reshape(X_test_raw.shape[0], -1) / 255
X_validation, X_test = np.split(X_test_all, 2)
Y_train = to_categorical(Y_train_raw)
Y_validation, Y_test = np.split(to_categorical(Y_test_raw), 2)

model = Sequential()
model.add(Dense(1200, activation='relu'))
model.add(BatchNormalization())
model.add(Dense(500, activation='relu'))
model.add(BatchNormalization())
model.add(Dense(200, activation='relu'))
model.add(BatchNormalization())
model.add(Dense(10, activation='softmax'))
```

```
model.compile(loss='categorical_crossentropy',
              optimizer=Adam(),
              metrics=['accuracy'])

history = model.fit(X_train, Y_train,
                    validation_data=(X_validation, Y_validation),
                    epochs=25, batch_size=32)   <
```

Die einzige Änderung neben dem Wechsel von MNIST zu CIFAR-10 besteht in der Anzahl der Epochen, die ich von 10 auf 25 erhöht habe, um dem Netz mehr Zeit zum Lernen zu geben. Bei der Ausführung dieses Programms musste ich zunächst einige Minuten warten, bis Keras CIFAR-10 auf meinen Computer heruntergeladen hatte – und dann mehrere Stunden, in denen sich das Programm durch die 25 Epochen arbeitete. Am Ende erhielt ich folgendes Ergebnis:

```
Train on 50000 samples, validate on 5000 samples
Epoch 1 - loss: 1.7835 - acc: 0.3665 - val_loss: 1.9901 - val_acc: 0.3244
...
Epoch 25 - loss: 0.9512 - acc: 0.6596 - val_loss: 1.4610 - val_acc: 0.5216
```

Die Zahlen sprechen für sich: Unser neuronales Netz klassifiziert etwa die Hälfte der Bilder in den Validierungsdatensätzen falsch. Das ist zwar besser als die Genauigkeit von 10 %, die wir bei zufälligem Raten erwarten können, aber trotzdem alles andere als gut.

CIFAR-10 scheint für ein vollständig verbundenes Netz zu schwierig zu sein. Sehen wir uns nun aber an, was passiert, wenn wir zu einer Architektur wechseln, die für die Bilderkennung besser geeignet ist.

Die Bausteine von Faltungsnetzen

Auf den folgenden Seiten werden wir uns mit den Grundlagen von Konvolutions- oder Faltungsnetzen beschäftigen. Erwarten Sie jedoch nicht, dass Sie danach schon in der Lage sein werden, solche Netze selbst zu erstellen. Immerhin werden Sie eine Vorstellung davon bekommen, wie sie funktionieren, und schon bald werden wir ein Faltungsnetz an den CIFAR-10-Daten ausführen.

Als Erstes sehen wir uns den wichtigsten Unterschied zwischen einem vollständig verbundenen und einem Faltungsnetz an, nämlich die Art und Weise, wie sie die Daten betrachten.

Ein Bild ist ein Bild

Als wir zum ersten Mal ein Netz zur Verarbeitung von Bildern erstellt haben (in Kapitel 6, »*Eine Aufgabe aus der Praxis*«), haben wir die überraschende Feststellung getroffen: Das neuronale Netz weiß gar nicht, dass es sich bei den Beispielen um Bilder handelt, sondern betrachtet sie einfach als Folgen von Bytes. Wir haben uns danach angewöhnt, die Bilder gleich nach dem Laden zu reduzieren. Noch im letzten Beispiel in diesem Kapitel sind wir auf diese Weise vorgegangen:

19_beyond/cifar10_fully_connected.py

```
(X_train_raw, Y_train_raw), (X_test_raw, Y_test_raw) = cifar10.load_data()
X_train = X_train_raw.reshape(X_train_raw.shape[0], -1) / 255
```

Der Code skaliert die Eingabedaten nicht nur, sondern reduziert jedes Beispiel auf eine Zeile von Bytes. CIFAR-10 enthält 60.000 Trainingsbilder mit jeweils 32 x 32 Pixeln pro Farbkanal, also jeweils insgesamt 3.072 Pixeln. Diese Trainingsdaten werden durch den vorstehenden Code in eine `(60.000, 3.072)`-Matrix umgewandelt. Die gleiche Reduzierung erfolgt auch bei den Test- und den Validierungsdaten.

Der entsprechende Code eines Faltungsnetzes sieht dagegen wie folgt aus:

```
(X_train_raw, Y_train_raw), (X_test_raw, Y_test_raw) = cifar10.load_data()
X_train = X_train_raw / 255
```

Die Bilder werden hier nach wie vor geladen und skaliert, aber nicht mehr reduziert. Das Faltungsnetz weiß, dass es mit Bildern zu tun hat, und bewahrt ihre Gestalt in Form eines `(60.000, 32, 32, 3)`-Tensors: 60.0000 Bilder mit jeweils 32 x 32 Pixeln und 3 Farbkanälen. Die Test- und die Validierungsdaten sind ebenfalls vierstufige Tensoren (d. h. vierdimensionale Arrays; die »Arraydimensionen« eines Tensors werden als Stufen bezeichnet, um sie nicht mit den Dimensionen des Tensors zu verwechseln).

Während die geometrischen Informationen in einem Bild von vollständig verbundenen Netzen ignoriert werden, bleiben sie in einem Faltungsnetz erhalten. Dieser Unterschied gilt nicht nur für die Eingabeschicht: Auch die verdeckten *Faltungsschichten* nehmen vierdimensionale Daten als Eingaben entgegen und geben vierdimensionale Daten an die folgende Schicht aus.

Als Nächstes sehen wir uns an, auf welcher Operation diese Faltungsschichten beruhen.

Faltung

Auf dem Gebiet der Bildverarbeitung ist die *Faltung* eine Operation zwischen zwei Matrizen, nämlich einem *Bild* und einem *Filter*. Betrachten Sie dazu das folgende Beispiel:

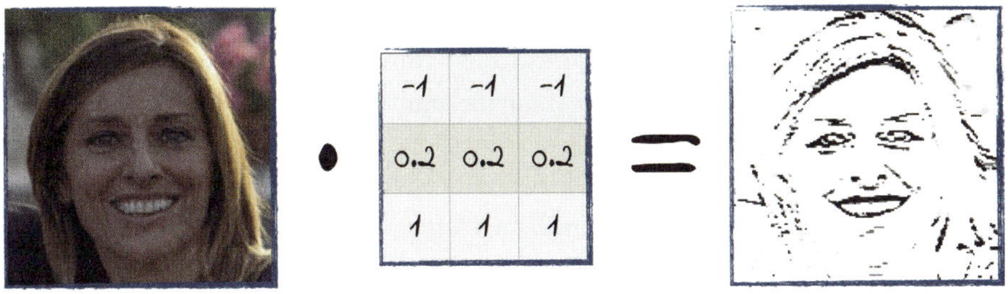

In diesem Fall ist der Filter eine `(3, 3)`-Matrix. Wenn Sie das Bild mit diesem Filter falten, erhalten Sie das Ergebnis auf der rechten Seite. Der hier verwendete Filter hebt die horizontalen Kanten in dem Bild hervor, allerdings können Filter je nach den enthaltenen Zahlen unterschiedliche Wirkungen hervorrufen.

Bei der Faltung wird der Filter über dem Bild verschoben und in jeder Position das Matrizenprodukt der überlappenden Teile von Bild und Filter berechnet. Die Ergebnisse dieser Matrizenmultiplikationen werden dann zur Ausgabe des Filters kombiniert. Dieser Vorgang lässt sich anhand einer grafischen Darstellung leichter verstehen:

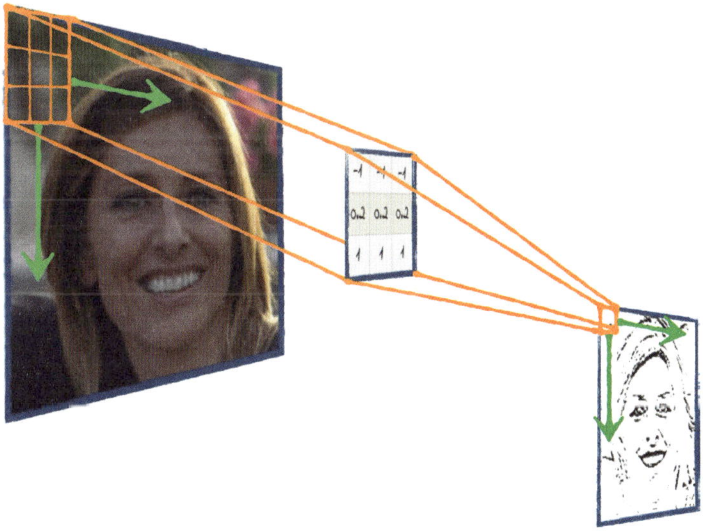

Während der Filter über das Bild gleitet, generiert er schrittweise seine Ausgabe. Das ist die anschauliche Erklärung, und dabei möchte ich es in diesem Buch belassen. Wenn Sie an den technischen Einzelheiten der Faltung interessiert sind, können Sie auf ProgML[2] mehr darüber erfahren. Für unsere Zwecke

Siehe »Convolutional Neural Networks in Plain English« auf ProgML.

2. *https://www.progml.com*

reicht es jedoch, den entscheidenden Unterschied zwischen vollständig verbundenen und Faltungsnetzen zu kennen: In einem vollständig verbundenen Netz werden die Gewichte lediglich mit der Eingabe multipliziert, in einem Faltungsnetz dagegen sind sie in einem Filter angeordnet, der über die Eingabe hinwegzieht, wobei die Ausgabe Stück für Stück berechnet wird. Das ist tatsächlich ein entscheidender Unterschied, wie Sie in dem Kasten »*Das Erfolgsgeheimnis der Faltungsnetze*« erfahren.

Das Erfolgsgeheimnis der Faltungsnetze

Faltungsnetze (engl.: Convolutional Neural Networks, CNN) können kompliziert sein, aber die Grundidee ist simpel: Anstatt eine Eingabe wie in vollständig verbundenen Netzen einfach mit einem Satz von Gewichten zu multiplizieren, werden die Gewichte über der Eingabe verschoben und die Ausgabe stückweise berechnet. Bei der Bilderkennung kann das einen großen Unterschied ausmachen. Warum?

Nehmen wir an, Sie erstellen ein System, das menschliche Gesichter in Bildern erkennen soll. Dazu muss es in der Lage sein, die besonderen Formen zu erkennen, aus denen Gesichter bestehen. Insbesondere soll es nach Augen, einer Nase und anderen gesichtstypischen Merkmalen Ausschau halten. Allerdings kämen wir mit einer solchen einfachen Vorgehensweise nicht weit, da sich die einzelnen Merkmale überall in dem Bild befinden können. Die Nase muss nicht unbedingt mitten im Bild liegen, sondern kann sich auch irgendwo in der Ecke befinden.

Die MNIST-Klassifizierer, die wir bisher erstellt haben, funktionieren so lange, wie die Bilder sorgfältig zentriert sind. Allerdings versagen sie schon, wenn dieselben Ziffern in einem größeren Bild an anderer Stelle stehen. Ein Faltungsnetz dagegen schiebt die Gewichte über das gesamte Bild, so wie ein altmodischer Detektiv mit einem Vergrößerungsglas nach Spuren sucht. Wenn die Ziffern sich irgendwo befinden, dann wird das Netz schließlich darauf stoßen. Diese Eigenschaft von Faltungsnetzen wird als *Verschiebungsinvarianz* bezeichnet und ist das Erfolgsgeheimnis hinter ihrer Fähigkeit, Bilder zu erkennen. Wenn ein Bild ein menschliches Gesicht enthält, dann hat ein Faltungsnetz die Chance, seine typischen Merkmale zu erkennen, wo auch immer sie sich in dem Bild befinden.

In der Praxis ist eine Faltungsschicht jedoch nicht auf einen einzigen Filter beschränkt. Im Allgemeinen wenden solche Schichten mehrere Filter auf einmal an. Im folgenden Diagramm sehen Sie, wie ein Bild mit einem Stapel von Filtern verarbeitet wird, was dann auch zu einem Stapel von Ausgaben führt:

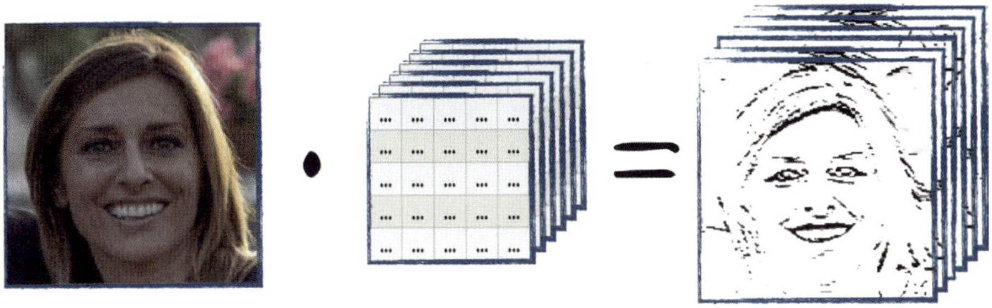

Wie so oft bei der Arbeit mit neuronalen Netzen ist es auch hier sehr leicht, mit den Dimensionen all der Matrizen und Tensoren durcheinander zu kommen. Nehmen wir an, unser Bild ist 100 Pixel breit und 100 Pixel hoch und hat drei Farbkanäle. Das ergibt einen `(100, 100, 3)`-Tensor. Jeder Filter ist ein Raster aus 5 × 5 Zahlen, und wir haben insgesamt sechs Stück davon. Damit ist unser Filterstapel ein `(5, 5, 6)`-Tensor. Aus diesen Eingaben können wir die Dimensionen des Ausgabetensors bestimmen.

Die verschiedenen Parameter, die für eine Faltung gelten, können die Dimensionen des Ausgabetensors beeinflussen. In diesem Buch verwenden wir jedoch ausschließlich die Standardwerte für diese Parameter. In diesem Fall ergeben sich die Dimensionen der Ausgabe wie folgt:

- Die *Höhe* der Ausgabe ist gleich der Höhe der Eingabe abzüglich der Höhe des Filters plus 1, in unserem Fall also `100 - 5 + 1 = 96`.
- Dieselbe Regel gilt für die *Breite* der Ausgabe, sodass sich hier ebenfalls `96` ergibt.
- Jeder Filter gibt eine Matrix aus, weshalb die *Tiefe* des Ausgabetensors gleich der Anzahl der Filter ist.

Die folgende Abbildung zeigt die Faltung mit Angabe der Dimensionen aller beteiligten Tensoren:

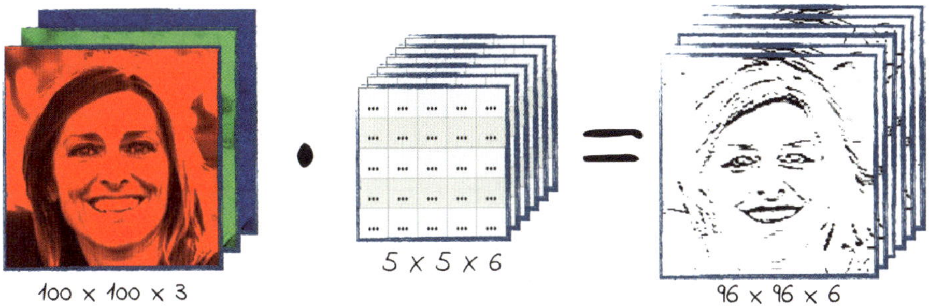

Damit haben Sie nun eine Vorstellung davon, was eine Faltung ist und wie sich die Dimensionen des Ergebnisses berechnen lassen. Als Nächstes schauen wir uns an, wie Faltungen in einem neuronalen Netz eingesetzt werden.

Konvolutionsschichten

Eine vollständig verbundene Schicht besteht aus einer Matrizenmultiplikation der Eingaben mit den Gewichten, gefolgt von einer Aktivierungsfunktion:

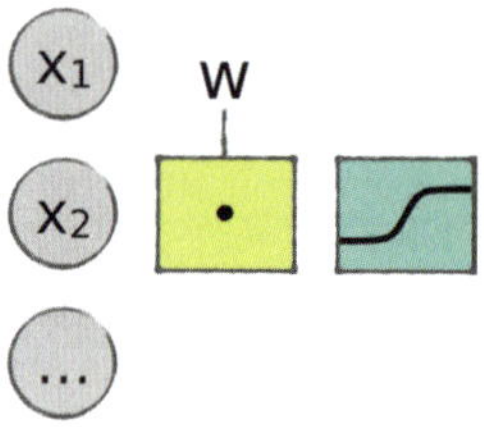

Wenn Sie die Gewichte nun zu einem Stapel von Filtern arrangieren und die Matrizenmultiplikation durch eine Faltung ersetzen, erhalten Sie eine Faltungsschicht:

Diese Diagramme sind jedoch nur Vereinfachungen, da sie als Eingabe nur ein einzelnes Bild zeigen, wohingegen neuronale Netze im Allgemeinen mehrere Bilder auf einmal verarbeiten und die Anzahl der Bilder eine weitere Dimension zur Eingabe hinzufügt. Die Eingabe einer vollständig verbundenen Schicht hat damit nicht nur eine, sondern zwei Dimensionen, und die Eingabe einer Faltungsschicht nicht nur drei, sondern vier. In beiden Fällen habe ich bei der grafischen Darstellung der neuronalen Netze aber jeweils auf die erste Dimension verzichtet, um die Diagramme übersichtlicher zu halten.

Genug der Diagramme – beschäftigen wir uns wieder mit dem Code! Um unserem Keras-Modell eine Faltungsschicht hinzuzufügen, müssen wir wie folgt vorgehen:

```
model.add(Conv2D(16, (3, 3), activation='relu'))
```

Alle Zahlen in dieser Codezeile sind willkürlich gewählte Hyperparameter, die Sie noch einstellen können. Gegen Ende des Kapitels werden Sie auch Gelegenheit dazu bekommen. Die Faltungsschicht in diesem Beispiel hat 16 Filter der Größe 3 x 3. Um die Initialisierung der Filterwerte kümmert sich Keras ebenso wie um die Initialisierung der Gewichte in einem vollständig verbundenen Netz. Wie üblich gibt `activation` die Aktivierungsfunktion der Schicht an, in diesem Fall eine ReLU.

Da wir nun wissen, wie eine einzelne Faltungsschicht aussieht, wollen wir als Nächstes mehrere davon zusammenstellen, um ein Faltungsnetz aufzubauen.

Kompliziertere Faltungen

Wenn ich hier über Faltungen spreche, mache ich eine Reihe stillschweigender Annahmen. Erstens setze ich voraus, dass unsere Faltungen auf Bildern operieren. Zur Bildverarbeitung werden zweidimensionale Faltungen herangezogen, die in Keras `Conv2D` heißen. Andere Arten von Daten können höherdimensionale Faltungen erfordern. Beispielsweise muss bei Videos zusätzlich die Zeitdimension berücksichtigt werden, weshalb solche Daten mit dreidimensionalen Faltungen verarbeitet werden müssen.

Aber selbst wenn wir uns auf zweidimensionale Faltungen beschränken, gibt es noch weitere Parameter zu beachten als nur die Filter. Beispielsweise fügt der Parameter `padding` einen leeren Rahmen um das Eingabebild hinzu, was sich auf die Abmessungen der Ausgabe auswirkt.

Wenn Sie tiefer in die Materie der Faltungsnetzen einsteigen wollen, müssen Sie sich eingehend mit all diesen Varianten beschäftigen. In diesem Buch beschränken wir uns jedoch auf Wald-und-Wiesen-Faltungen.

Ein Faltungsnetz ausführen

Der folgende Code zeigt ein komplettes Faltungsnetz für CIFAR-10-Daten:

19_beyond/cifar10_cnn.py

```
import numpy as np
from keras.models import Sequential
from keras.layers import Conv2D, Dropout, Dense
from keras.layers import BatchNormalization, Flatten
from keras.optimizers import Adam
from keras.utils import to_categorical
from keras.datasets import cifar10

(X_train_raw, Y_train_raw), (X_test_raw, Y_test_raw) = cifar10.load_data()
X_train = X_train_raw / 255
```

```
X_test_all = X_test_raw / 255
X_validation, X_test = np.split(X_test_all, 2)
Y_train = to_categorical(Y_train_raw)
Y_validation, Y_test = np.split(to_categorical(Y_test_raw), 2)

model = Sequential()

model.add(Conv2D(16, (3, 3), activation='relu'))
model.add(BatchNormalization())
model.add(Dropout(0.5))

model.add(Conv2D(32, (3, 3), activation='relu'))
model.add(BatchNormalization())
model.add(Dropout(0.5))

model.add(Flatten())

model.add(Dense(1000, activation='relu'))
model.add(BatchNormalization())
model.add(Dropout(0.5))

model.add(Dense(512, activation='relu'))
model.add(BatchNormalization())
model.add(Dropout(0.5))

model.add(Dense(10, activation='softmax'))

model.compile(loss='categorical_crossentropy',
              optimizer=Adam(),
              metrics=['accuracy'])

history = model.fit(X_train, Y_train,
                    validation_data=(X_validation, Y_validation),
                    epochs=20, batch_size=32)
```

Um diesen Code zu schreiben, musste ich eine Menge Entscheidungen treffen. Ehrlich gesagt, waren einige davon ziemlich willkürlich. Beispielsweise habe ich beschlossen, zwei Faltungsschichten zu verwenden und in allen Schichten die ReLU als Aktivierungsfunktion einzusetzen. Außerdem habe ich großzügig einige Techniken aus dem letzten Kapitel angewendet: Batchnormalisierung zur Verbesserung der Genauigkeit und Dropouts zur Verringerung der Überanpassung. Allerdings habe ich nicht nachgeprüft, ob diese Entscheidungen tatsächlich zu einem besseren Netz führen als die Alternativen. Das herauszufinden, wird in der abschließenden Übung dieses Kapitels Ihre Aufgabe sein.

Aber ich will nicht vorgreifen. Schauen wir uns dieses Netz von Anfang bis Ende an und werfen wir dabei einen genauen Blick auf jede Schicht.

Zunächst einmal haben wir zwei Faltungsschichten:

```
model.add(Conv2D(16, (3, 3), activation='relu'))
model.add(BatchNormalization())
model.add(Dropout(0.5))

model.add(Conv2D(32, (3, 3), activation='relu'))
model.add(BatchNormalization())
model.add(Dropout(0.5))
```

Hier musste ich die Anzahl und die Größe der Filter festlegen. Dabei habe ich für beide Schichten Filter der Größe 3 x 3 gewählt. Außerdem bin ich der üblichen Faustregel gefolgt, dass die Anzahl der Filter im Verlauf des Netzes steigen sollte. Daher hat die erste Schicht 16 Filter bekommen und die zweite 32. In einer dritten Faltungsschicht hätte ich dann wahrscheinlich 64 Filter verwendet.

Es ist immer sehr aufschlussreich – allerdings auch etwas mühselig –, die Dimensionen der Tensoren innerhalb des Netzes zu bestimmen. Wenn Sie wollen, können Sie das jetzt anhand der Regeln aus »*Kompliziertere Faltungen*« auf *Seite 299* selbst tun. Anderenfalls erledigen wir das gemeinsam: Ein CIFAR-10-Bild ist ein `(32, 32, 3)`-Tensor. Nach der ersten Schicht betragen seine Breite und Höhe jeweils `32 - 3 + 1 = 30`, während seine Tiefe gleich der Anzahl der Filter ist. Damit ist die Ausgabe der ersten Schicht ein `(30, 30, 16)`-Tensor. Nach denselben Regeln ergibt sich für die Ausgabe der zweiten Schicht ein `(29, 29, 32)`-Tensor.

Ich habe bis jetzt immer gesagt, dass die Faltungsschichten Bilder als Eingaben entgegennehmen. Genauer gesagt trifft das jedoch nur auf die Eingabeschicht zu. In der zweiten Schicht ist dieses Bild schon zu einem Stapel von Faltungsdaten geworden. Im nächsten Kapitel schauen wir uns an, was ein Faltungsnetz in solchen Daten sieht und wie es Bilder wie diejenigen in CIFAR-10 deuten kann. Vorläufig aber wollen wir mit unserer Untersuchung des Codes für unser neuronales Netz weitermachen.

Die nächste Zeile löst das Problem, die Daten von der letzten Faltungs- an die erste vollständig verbundene Schicht zu übergeben. Dazu müssen die Daten von einem vierstufigen Tensor aus Bildern zu einer Matrix reduziert werden. Darum kümmert sich die in Keras verfügbare `Flatten`-Schicht:

```
model.add(Flatten())
```

Wenn ein Beispiel diese Schicht erreicht, hat es nach unserer Berechnung die Form eines `(29, 29, 32)`-Tensors angenommen. Nach der Reduzierung liegt es als eine Zeile aus 29 * 29 * 32 = 26.912 Bytes vor. Diese Bytes werden nun durch zwei vollständig verbundene Schichten und danach durch die Ausgabeschicht geleitet:

```
model.add(Dense(1000, activation='relu'))
model.add(BatchNormalization())
model.add(Dropout(0.5))

model.add(Dense(512, activation='relu'))
model.add(BatchNormalization())
model.add(Dropout(0.5))

model.add(Dense(10, activation='softmax'))
```

Das war es auch schon! Der Rest des Codes ist identisch mit dem des vollständig verbundenen Netzes, das wir bereits kennen.

Nach einem Training von 20 Epochen erhalten wir folgendes Ergebnis:

```
Train on 50000 samples, validate on 5000 samples
Epoch 1 - loss: 1.7176 - acc: 0.4219 - val_loss: 1.2997 - val_acc: 0.5442
...
Epoch 20 - loss: 0.4808 - acc: 0.8305 - val_loss: 0.8315 - val_acc: 0.7334
```

Schon nach nur einer Epoche zieht das Faltungsnetz an dem vollständig verbundenen Netz vorbei, und nach zwanzig Epochen hat es unser altes Netz weit hinter sich gelassen.

Eine Genauigkeit von 73 % scheint nicht sehr hoch zu sein, doch angesichts der Tatsache, dass die CIFAR-10-Daten sehr schwierig sind und ich dieses Netz auf meinem bescheidenen Notebook trainiert haben, ist dieses Ergebnis schon recht beeindruckend. Außerdem können wir aus diesen 73 % noch mehr machen.

Zusammenfassung

Bisher haben wir immer nur *vollständig verbundene* neuronale Netze erstellt und trainiert, in denen jeder Knoten mit allen Knoten der vorhergehenden und der nachfolgenden Schicht verbunden war. In diesem Kapitel sind wir von dieser allgemeinen zu der spezielleren Architektur der *Faltungsnetze* übergegangen.

Anders als bei vollständig verbundenen Netzen bleibt bei Faltungsnetzen die mehrdimensionale Gestalt von Daten wie Bildern erhalten. In einem Faltungsnetz sind die Gewichte in Strukturen angeordnet, die *Filter* genannt werden und die geometrischen Merkmale in den Daten erkennen können. Jede Schicht wendet eine als *Faltung* bezeichnete Operation auf ihre Eingabe und ihre Filter an. Für den Umgang mit Bildern sind Faltungsnetze besser geeignet als vollständig verbundene Netze, da sie die räumlichen Informationen in den Bildern berücksichtigen, anstatt sie zu einem größtenteils nichtssagenden Bytebrei zu pürieren.

Am Ende des Kapitels haben wir ein eigenes Faltungsnetz erstellt und dabei einige gängige Praktiken angewendet, etwa einige vollständig verbundene Schichten auf die Faltungsschichten folgen zu lassen. Nach dem Trainieren dieses Netzes wurden wir mit einer Genauigkeit belohnt, die angesichts der schwierigen CIFAR-10-Datenmenge schon ziemlich gut ist.

Neben Faltungsnetzen gibt es im Deep Learning noch viele andere Architekturen, die sich jeweils für andere Aufgaben und andere Arten von Daten eignen. Apropos: Wir haben immer noch keine genauen Antworten darauf, was Deep Learning eigentlich ist, wie es funktioniert und welchen Einschränkungen es unterliegt. Diese Fragen bilden das Thema des abschließenden Kapitels in diesem Buch.

Praktische Übung: Massenweise Hyperparameter

Ein Faltungsnetz hat Unmengen von Hyperparametern. Neben den bekannten Hyperparametern von vollständig verbundenen Schichten müssen Sie hier auch die Anzahl und Größe der Filter in allen Schichten bestimmen. Wenn Ihnen das noch nicht reicht, können Sie sich außerdem noch mit den zusätzlichen Parametern befassen, die ich im Kasten »*Kompliziertere Faltungen*« auf *Seite 299* erwähnt habe.

In dieser Übung besteht Ihre Aufgabe darin, mit den Hyperparametern des Faltungsnetzes aus diesem Kapitel zu experimentieren. Sie können dabei zunächst diejenigen einstellen, deren Bedeutung Ihnen bereits klar sind, aber auch online nach Informationen zu den restlichen suchen, deren Erklärung ich unterschlagen habe. Sehr wahrscheinlich werden Sie die Hyperparameter nicht sehr fein einstellen können, da Sie das Faltungsnetz dazu sehr lange trainieren müssen. Immerhin werden Sie die Optionen besser verstehen und ein Gefühl dafür entwickeln können, wie sie sich auf den Verlust, die Genauigkeit und die Trainingsgeschwindigkeit auswirken. Nutzen Sie auch die Gelegenheit, um sich anzusehen, wie sich diese Hyperparameter auf die Form der Ausgabe einer Faltung auswirken.

Dies war die letzte praktische Übung in diesem Buch. Sie hat keine exakte Aufgabenstellung, weshalb Sie im Begleitmaterial auch keine Lösung finden wie für die anderen Übungen. Deep Learning ist ein weites Feld und eignet sich insbesondere für experimentierfreudige Forscher. Diese Übung ist als eine Anregung gedacht, um mit dem Experimentieren zu beginnen.

Sie können außerdem damit beginnen, Informationen im Internet einzuholen, damit Sie vorbereitet sind, wenn Sie die Lektüre dieses Buchs abgeschlossen haben und sich selbst auf den Weg machen, mehr über Deep Learning zu erfahren. Es warten Unmengen an Informationen auf Sie. Lassen Sie es also langsam angehen. Viel Spaß bei Ihren eigenen Nachforschungen!

20
Der Weg in die Tiefe

Teil III war bis jetzt nur das Vorspiel zu einer umwälzenden Entwicklung. Im letzten Kapitel kommen wir nun endlich zu dem als *Deep Learning* bezeichneten Durchbruch.

Ergänzt um die eine oder andere Autoverfolgungsjagd könnte die Geschichte des Deep Learning schon den Stoff für einen großartigen Hollywood-Film liefern. Den Anfang dieser Geschichte kennen Sie bereits aus Kapitel 8, »*Das Perzeptron*«: die Auseinandersetzung zwischen Konnektionisten und Symbolisten, die damit endete, dass die Konnektionisten in Verruf kamen und in die Vorhölle der Forschung verbannt wurden.

Die Fortsetzung dieses Films haben Sie in Teil II gesehen: In den 70er-Jahren entdeckten ML-Forscher, wie sich neuronale Netze mithilfe der Backpropagation trainieren ließen. Nach Jahren der Mühsal war es endlich möglich, nicht linear separierbare Daten zu verarbeiten! Eine Zeit lang sah es so aus, als wäre der Konnektionismus wiederauferstanden – aber der neue Funke sollte gleich wieder erlöschen.

In diesem Kapitel erfahren Sie die Fortsetzung der Geschichte bis zum Aufkommen des Deep Learning. Es erklärt Ihnen auch – nach dem heutigen Wissensstand – was Deep Learning so wirkungsvoll und so viel besser als die älteren

Methoden macht. Auf den letzten Seiten finden Sie einige Hinweise, wie Sie nach Abschluss der Lektüre selbstständig tiefer in dieses spannende neue Gebiet vorstoßen können.

Der Aufstieg des Deep Learning

In den 90er-Jahren war die Forschung über neuronale Netze abermals in eingefahrenen Gleisen gefangen. Nach der Entdeckung der Backpropagation hatten die Konnektionisten einige öffentlichkeitswirksame Erfolge erzielen können, darunter ein System für die US-Bundespost, das handgeschriebene Ziffern erkennen konnte.[1] Trotzdem rümpfte man in KI-Kreisen im Großen und Ganzen immer noch die Nase über neuronale Netze.

Nach der vorherrschenden Meinung konnten reguläre neuronale Netze zwar einfache Probleme lösen, aber mehr auch nicht. Für bedeutendere Aufgabenstellungen brauchte man *tiefe* neuronale Netze, und die waren eine Qual: Sie ließen sich nur langsam trainieren, neigten zur Überanpassung und steckten voller ärgerlicher Probleme, z. B. dem des schwindenden Gradienten. Die Konnektionisten hatten zwar die Schwierigkeiten der Backpropagation überwunden, aber nicht die Geringschätzung ihrer Kollegen.

Dann ereigneten sich einige Dinge, die alles änderten.

Es braut sich etwas zusammen

Die Fortschritte, die von den 90er-Jahren bis in die frühen 2010er-Jahre beim Machine Learning erzielt wurden, bilden den Stoff von Legenden. Trotz der allgemein skeptischen Haltung gegenüber neuronalen Netzen brachten einige Forscher dieses Gebiet immer weiter voran. Heute sind einige davon Berühmtheiten, etwa Geoffrey Hinton, Yahn LeCun, Yoshua Bengio und viele andere.

Diese halsstarrigen Pioniere gingen die drängendsten Probleme tiefer Netze eines nach dem anderen an. Sie entdeckten neuen Methoden zur Gewichtsinitialisierung sowie Aktivierungsfunktionen wie ReLUs als Abhilfemaßnahmen gegen verschwindende und explodierende Gradienten. Sie beschleunigten die Netze durch bessere Optimierungsalgorithmen und abermals durch bessere Aktivierungsfunktionen. Sie erfanden neue Regularisierungstechniken wie Dropouts, um die Überanpassung im Zaum zu halten.

Gleichzeitig erfanden oder perfektionierten diese Vorreiter radikal neue Möglichkeiten, um neuronale Netze zu erstellen. Vollständig verbundene Netze hatten mit komplexen Daten wie Bildern, Text und Sprache schwer zu kämpfen. Die Pioniere auf dem Gebiet der tiefen Netze entwickelten Architekturen, die für diese

1. *yann.lecun.com/exdb/publis/pdf/lecun-89e.pdf*

Daten maßgeschneidert waren, darunter Faltungsnetze (die wir uns im letzten Kapitel angesehen haben) und rekurrente neuronale Netze (die wir uns weiter hinten in diesem Kapitel noch ansehen werden). Diese neuen Architekturen sorgten für rasche Fortschritte auf Gebieten der KI, in denen es schon seit Dutzenden von Jahren kaum noch Verbesserungen gegeben hatte.

Neben ihren beeindruckenden Fähigkeiten und ihrer Entschlossenheit hatten diese Pioniere auch ein gerüttelt Maß an Glück. Während dieser Jahre machte die Computertechnik zwei umwälzende Veränderungen durch, die den Arbeiten dieser Forscher Auftrieb verschafften: die weite Verbreitung von GPUs und das explosionsartige Wachstum des Internets.

GPUs (Graphics Processing Units) sind Grafikprozessoren mit erheblicher Parallelverarbeitung, deren Verbreitung aufgrund von 3-D-Computerspielen zunahm. Während es in den 2000ern immer weniger Fortschritte bei CPUs gab, wurden GPUs immer schneller. Außerdem waren sie wie für neuronale Netze gemacht. Ebenso wie bei neuronalen Netzen geht es auch beim 3-D-Rendering zum größten Teil um Matrizenoperationen, die möglichst rasch erledigt werden müssen. Auf einem herkömmlichen Prozessor dauerte es ewig, ein tiefes Netz zu trainieren, aber auf einem GPU lief der gleiche Vorgang zigmal schneller ab.

Den zweiten Schub erhielten die Konnektionisten durch das Internet, das ihnen half, eines der entscheidenden Probleme der ersten tiefen Netze zu lösen: Trotz aller klugen Regularisierungstechniken neigten diese Netze zu einer Überanpassung an ihre kleinen Datenmengen. In »*Weitere Daten erfassen*« auf *Seite 263* haben Sie bereits erfahren, dass die erste Maßnahme gegen Überanpassung besteht, mehr Daten zu sammeln. Als Internet-Unternehmen auf den Plan traten, überschütteten sie die Forscher mit zuvor undenkbaren Mengen an Daten – und den wirtschaftlichen Ressourcen zu ihrer Verarbeitung.

Im Jahr 2012 kamen all diese Umstände zusammen und lösten eine Revolution aus.

Der Wendepunkt

Im Jahre 2012 beteiligten sich drei Forscher auf dem Gebiet neuronaler Netze, nämlich Geoffrey Hinton, Alex Krizhevsky und Ilya Sutskever) an dem öffentlichkeitswirksamen Wettbewerb ImageNet für maschinelles Sehen.[2] Bis dahin war ImageNet von traditionellen Techniken beherrscht gewesen, deren Genauigkeit bei der Vergleichsdatenmenge deutlich unter 75 % lag. Mit phänomenalen 84,7 % klassifizierte der neue Herausforderer, ein tiefes Faltungsnetz namens AlexNet, die Konkurrenz in Grund und Boden. So etwas hatte es noch nie gegeben.

2. *en.wikipedia.org/wiki/ImageNet*

Dies war ein Wendepunkt. Die Bezeichnung »Deep Learning«, das den in Ungnade gefallenen Begriff »neuronale Netze« ersetzte, wurde plötzlich zum Schlagwort. Die Forschungsbudgets explodierten, und Unternehmen wie Google und Facebook gewannen die Pioniere auf diesem Gebiet für sich und setzten sie als Leiter ihrer im Entstehen begriffenen KI-Abteilungen ein. Die Netze wurden tiefer und tiefer und kamen dabei auf Hunderte von Schichten, was nur wenige Jahre zuvor noch absurd geklungen hätte. Die Entwicklung der neuronalen Netze verlief so schnell, dass man sich kaum noch auf dem Laufenden halten konnte, und sie brachen seit Langem bestehende Rekorde in allen Bereichen der KI.

Schon bald waren neuronale Netze das beliebteste Konzept im Machine Learning. In Kapitel 1, »*Einführung in Machine Learning*«, haben Sie gelesen, dass es in diesem Bereich drei Hauptzweige gibt, nämlich das überwachte Lernen, mit dem wir uns in diesem Buch beschäftigen, das bestärkende Lernen (Reinforcement Learning), das nach dem Prinzip von Versuch und Urteil abläuft, und das unüberwachte Lernen, bei dem eine Kombination aus Algorithmen versucht, in Daten ohne Labels einen Sinn zu sehen. Tiefe neuronale Netze sind in alle drei Gebiete vorgedrungen und haben dabei oft lang etablierte Techniken verdrängt.

Seit den 60er-Jahren waren die Vorstellungen der Konnektionisten zum größten Teil aus dem Gebiet der KI verbannt. Im Rückblick hat dieses Exil der KI geschadet. Dutzende von Jahren lang hatten sich die hellsten Köpfe in diesem Bereich den Ruf erworben, zu viel zu versprechen und zu wenig zu halten. Zum ersten Mal seit der Veröffentlichung von Minskys Buch über Perzeptrone waren die Ideen der Konnektionisten wieder gefragt, und schon machte die KI einen großen Schritt vorwärts. Auf entscheidenden Gebieten wie maschineller Sprachverarbeitung, Bilderkennung und medizinischer Diagnose ersetzten neuronale Netze sehr schnell die ineffektiven symbolistischen Ansätze zur KI. Sprachgesteuerte digitale Assistenten, automatische Bildbeschreibungen und anspruchsvolle Empfehlungssysteme wurden zur Norm. Zuvor undenkbare Technologien wie selbstfahrende Autos gerieten in die öffentliche Diskussion. Nach all den Jahren war der Konnektionismus mit aller Macht wieder da.

Fortsetzung folgt

Der Rest der Geschichte ist noch nicht geschrieben. Ich habe dieses Buch 2019 verfasst, und zurzeit gibt es noch keine Anzeichen dafür, dass sich der Forschritt beim Deep Learning verlangsamt. Es wurde bereits als eine Revolution in der KI bezeichnet, was eigentümlich schwärmerisch für eine Einstufung aus dem ansonsten so gesetzten akademischen Umfeld klingt. Deep Learning verändert die Welt, ob es uns gefällt oder nicht.

Ich habe bereits einige der Faktoren erwähnt, die zu dieser Umwälzung beigetragen haben:

- Die Backpropagation, mit der es überhaupt erst möglich wurde, neuronale Netze zu trainieren
- Dutzende von neuen Techniken wie ReLUs, Dropouts und die Xavier-Initialisierung, die den Weg zu tieferen neuronalen Netzen eröffnet haben
- Neue, leistungsstarke Architekturen wie Faltungsnetze und rekurrente Netze, die die Genauigkeit bei komplexen Datenmengen verbessern
- Höhere Rechenleistung, insbesondere aufgrund von GPUs, die tiefe neuronale Netze nicht nur möglich, sondern auch praktikabel gemacht haben
- Riesige Datenmengen, die es tiefen Netzen ermöglichen, die Trainingsdaten zu generalisieren, anstatt sich übermäßig daran anzupassen

All diese Dinge waren wichtig, allerdings hätten sie ohne einen weiteren, weit weniger konkreten Faktor wenig bewirkt, nämlich die Zähigkeit der Pioniere, die das Machine Learning trotz jahrzehntelanger Widerstände vorangetrieben haben. Während all dieser Jahre sind sie gegen den Strom geschwommen, um Probleme zu knacken, die ihre Kollegen für unlösbar hielten. Dass es heutzutage Deep Learning gibt, haben wir ihnen zu verdanken.

So kam es dazu, dass tiefe neuronale Netze die Vormachtsstellung auf dem Gebiet der KI übernahmen. Wir haben uns allerdings immer noch nicht angesehen, welchem Erfolgsrezept sie es zu verdanken haben, dass sie ihre Aufgabe so gut erledigen.

Unverhältnismäßige Effektivität

Wahrscheinlich waren Sie bei der Lektüre dieses Buchs erstaunt über die Fähigkeiten, die schon ein so einfaches Programm wie unser erster MNIST-Klassifizierer hat. Das aber ist noch gar nichts im Vergleich zu den geradezu unheimlichen Fähigkeiten moderner tiefer Netze, die nach den Worten eines bekannten Forschers »unverhältnismäßig effektiv«[3] sind. Im Grunde machen sie nichts anderes, als Muster zu erkennen, und doch übertreffen sie uns mehr und mehr bei Aufgaben wie Gesichtserkennung und medizinischen Diagnosen. Wie ist so etwas überhaupt möglich?

Kurz gesagt: Wir wissen es nicht. Zurzeit versteht niemand so recht, warum sich tiefe neuronale Netze bei so vielen Aufgaben so gut machen. Es laufen sogar eine ganze Menge Forschungsprojekte, um das zu erklären.

3. *karpathy.github.io/2015/05/21/rnn-effectiveness*

Auf den ersten Blick ist es nicht einmal klar, wieso tiefere neuronale Netze besser funktionieren als flache. Ein berühmter Lehrsatz aus dem Jahr 1989 – die universelle Approximation (Universal Approximation Theorem) – beweist sogar, dass selbst ein bescheidenes dreischichtiges Netz, das über ausreichend verdeckte Knoten verfügt, jede beliebige Funktion annähern kann, also auch jede mögliche Datenmenge.[4] Wenn flache Netze gut genug für beliebige Datenmengen sind – zumindest theoretisch –, warum sind tiefere Netze dann so viel genauer?

Diese Frage ist schwer zu beantworten, da neuronale Netze größtenteils *opak* sind, es also nicht leicht zu erkennen ist, warum ein Netz eine bestimmte Entscheidung trifft. Ein kleines Netz könnten Sie noch dadurch verstehen, dass sie einen Blick auf die internen Werte werfen, aber mit zunehmender Anzahl der Schichten und Knoten wird es schnell unmöglich, einen Sinn in all diesen Zahlen zu sehen. Forscher wenden viel Zeit auf, um Techniken zu erfinden, die die Entscheidungsprozesse von neuronalen Netzen auf eine für Menschen verständliche Weise erklären sollen.

Ein wissenschaftlicher Artikel aus dem Jahr 2016 kam der Erklärung, wie tiefe Netze die Welt sehen, schon einen großen Schritt näher (»Towards Better Analysis of Deep Convolutional Neural Networks« von Mengchen Liu, Jiaxin Shi, Zhen Li, Chongxuan Li, Jun Zhu und Hixia Liu).[5] Mit neuartigen Techniken stellten die Autoren die »Denkweise« eines tiefen Faltungsnetzes grafisch dar und zeigten, dass dessen Schichten wie aufeinanderfolgende Abstraktionsebenen wirken. Die erste Schicht identifiziert grundlegende geometrische Merkmale wie vertikale und horizontale Linien, die tieferen Schichten erfassen komplexere Formen wie Kreise, und noch tiefere Schichten können abstraktere Details wie ein menschliches Gesicht, die Heckflossen eines Cadillac oder den Schnabel eines Schnabeltiers erkennen. Jede Schicht des Netzes gibt also immer abstraktere Merkmale aus, mit denen die nächste Schicht arbeiten kann, wie das folgende Diagramm zeigt:

4. *www.academia.edu/9573599/On_the_approximate_realization_of_continuous_mappings_by_neural_networks*

5. *arxiv.org/abs/1604.07043*

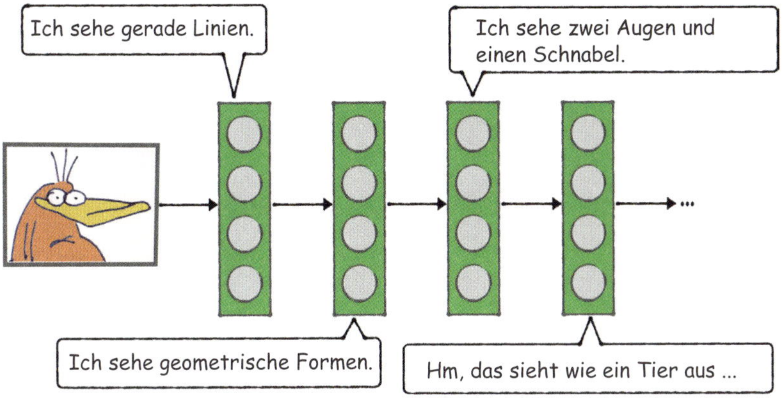

Das ist aus mehreren Gründen eine erstaunliche Entdeckung. Erstens ähnelt dieser Vorgang der Funktionsweise unserer Sehrinde. Soweit wir wissen, sind die Neuronen in der Sehrinde hierarchisch gegliedert, wobei die Neuronen der unteren Ebenen einfache Details erfassen und die Neuronen der höheren Ebenen diese Einzelheiten zum Gesicht unseres Lieblings oder dem traurigen Anblick eines Strafzettels hinter dem Scheibenwischer zusammensetzen.

Ähneln neuronale Netze also der Wetware in unserem Kopf? Das ist immer noch schwer zu sagen. Einerseits ist es unwahrscheinlich, dass in unseren Gehirnen ein ähnlicher Mechanismus wie die Backpropagation abläuft, doch andererseits gibt es eine Reihe von Parallelen zwischen Gehirnen und neuronalen Netzen, und diese Abstraktionshierarchie scheint eine davon zu sein.

Es gibt jedoch auch einen praktischen Grund dafür, dass diese progressive Abstraktion so bedeutend für die KI ist. Viele Jahre lang waren für künstliche Intelligenz vorausgehende Tätigkeiten menschlicher Analytiker nötig. Beispielsweise erforderte die Spracherkennung eine mühselige Vorbereitung: Menschen mussten die Sprachaufzeichnungen in Sätze, Wörter und Phoneme teilen, damit der Computer mit den Grundbausteinen der Sprache arbeiten konnte. Dieser Vorgang wurde als *Feature Engineering* oder *Feature Extraction* bezeichnet. Wie Sie sich denken können, war er ziemlich zeitaufwendig und fehleranfällig.

Deep Learning dagegen hat das Feature Engineering größtenteils überflüssig gemacht. Warum sollten wir uns die Mühe machen, Sätze in einzelne Laute oder Bilder in geometrische Formen zu zerlegen, wenn die Schichten eines tiefen Netzes das auch ohne Hilfe selbst tun können? Inzwischen wissen wir, dass dies einer der Gründe dafür ist, aus denen tiefe Netze so gut mit unstrukturierten Daten umgehen können: Sie identifizieren die relevanten Merkmale selbst, und zwar oft besser, als ein Mensch es könnte.

Ganz am Anfang von Kapitel 1, »*Einführung in Machine Learning*«, habe ich Ihnen die Geschichte einer Freundin erzählt, die den unmöglichen Auftrag erhalten hatte, Code zu schreiben, um Lungenentzündungen in Röntgenaufnahmen erkennen zu können. Unmöglich schien diese Aufgabe zu sein, weil wir keinen Algorithmus formulieren können, um eine Lungenentzündung zu erkennen, und daher auch nicht in der Lage sind, einen Computer darauf zu programmieren. Mit Deep Learning ist es dagegen möglich, diese Aufgabe zu lösen, da das Problem dabei auf den Kopf gestellt wird: Wir müssen dem Computer gar nicht sagen, welche Merkmale wichtig sind – er findet es selbst heraus.

Nach unserem heutigen Verständnis ist es das, was hinter Deep Learning steckt.

Was nun?

Sie nähern sich nun so langsam dem Ende dieses Buchs, allerdings möchte ich wetten, dass Sie gern noch mehr über das Thema erfahren möchten. Es herrscht auch kein Mangel an Lernstoff. Wenn Sie die Fortschritte auf diesem Gebiet verfolgen, wird es Ihnen sogar schwerfallen, mit der Flut an faszinierenden neuen Ideen und Techniken auf den verschiedensten Disziplinen des Deep Learning Schritt zu halten.

Da sich so viele verschiedene Wege auftun, fragen Sie sich wahrscheinlich, welchen Sie einschlagen sollten. In den folgenden Abschnitten sehen wir uns einige davon an. Dabei betrachten wir auch einige Themen, die ich bis jetzt noch nicht erwähnt haben. Vielleicht ist ja auch etwas dabei, das Ihr besonderes Interesse weckt.

Eine ML-Bibliothek lernen

Im Großteil dieses Buchs haben wir überhaupt keine ML-Bibliothek verwendet, und beim Einsatz von Keras haben Sie auch nur das Allernötigste gelernt, das wir für unsere Zwecke brauchten. Wenn Sie sich auf eigene Faust weiter mit ML beschäftigen wollen, müssen Sie sich jedoch unbedingt mit einer Bibliothek vertraut machen.

Für den Anfang empfehle ich Ihnen, eine weit verbreitete Bibliothek auszuwählen. Als ich meine ersten Gehversuche auf dem Gebiet des ML unternahm, hielt ich verzweifelt nach Bibliotheken und Tutorials für meine bevorzugten Sprachen Ausschau. Im Rückblick erwies sich das als eine Zeitverschwendung, denn es war schwer, gut gepflegten Code und dokumentierte Beispiele zu finden. Ich lernte daraus, dass es besser war, mit dem Strom zu schwimmen und die am häufigsten verwendeten Sprachen und Bibliotheken zu nutzen.

→

Zu den am weitesten verbreiteten ML-Bibliotheken gehören zurzeit TensorFlow[6] und PyTorch[7]. Beides sind hauptsächlich Python-Bibliotheken, wobei TensorFlow jedoch zu einer Plattform erweitert wurde, die mehrere Sprachen unterstützt. Wenn Sie dieses Buch lesen, kann sich die Situation jedoch schon wieder geändert haben. Recherchieren Sie also lieber ein wenig, um herauszufinden, was der Stand der Technik ist.

Maschinelles Sehen

Die erste Möglichkeit besteht darin, dem Weg zu folgen, den wir in diesem Buch eingeschlagen haben, und sich weiterhin mit maschinellem Sehen und Faltungsnetzen zu beschäftigen. Ich habe die Bilderkennung als Leitmotiv für dieses Buch ausgewählt, da sie sich für anschauliche Beispiele anbietet. Allerdings konnten wir dabei lediglich ein bisschen an der Oberfläche kratzen.

Das Thema maschinelles Sehen umfasst noch viel mehr, als lediglich Bilder zu erkennen. Ein bedeutendes Teilgebiet bildet heutzutage die *Objekterkennung*. Während die Bilderkennung Fragen wie »Stellt dieses Bild ein Schnabeltier dar?« beantwortet, geht es bei der Objekterkennung um Fragen wie: »Wo befinden sich in diesem Bild Schnabeltiere?« Wie Sie sich vorstellen können, ist eine solche Technologie sehr wichtig für selbstfahrende Autos.

Außerdem geht es beim maschinellen Sehen nicht nur um statische, sondern auch um bewegte Bilder. Es gibt viele faszinierende Anwendungen im Videobereich, darunter die *Haltungserkennung* und die *Bewegungserkennung*, mit denen die Körperhaltung eines Menschen bzw. die Bewegung von Objekten ermittelt werden können.

Wenn Sie tiefer in maschinelles Sehen einsteigen wollen, müssten Sie mehr über Faltungsnetze lernen. Unter anderem sollten Sie sich mit der Technik des *Transferlernens* beschäftigen, bei dem Sie ein bereits trainiertes Netz auf eine andere Datenmenge anwenden. Damit ist es möglich, ein Modell, das Sie auf einer umfangreichen GPU-Farm trainiert haben, auf Ihren Computer zu Hause herunterzuladen. Dies kann auf allen Gebieten des überwachten Lernens nützlich sein, wird aber vor allem im Zusammenhang mit Faltungsnetzen angewendet.

Sprache

Ein weiteres Gebiet des Machine Learning, das zurzeit eine Blütezeit erlebt, ist die Verarbeitung von Sprache in gesprochener und in Textform. Ebenso wie das ma-

6. *www.tensorflow.org*

7. *pytorch.org*

schinelle Sehen dank Faltungsnetzen große Fortschritte gemacht hat, wurde die maschinelle Sprachverarbeitung durch *rekurrente neuronale Netze* (RNNs) gefördert.

Sprache ist eine Folge von Informationen, wobei die Bedeutung eines Worts von den Wörtern abhängt, die ihm vorausgehen und folgen. Da vollständig verbundene Netze kein Gedächtnis haben, können sie mit dieser Art von Daten nicht gut umgehen. Ein Trainingsnetz schaut sich eine Reihe unabhängiger Beispiele an, optimiert seine Gewichte, um sich daran anzupassen, und vergisst sie. Ohne Erinnerung an die vorausgehenden Worte weiß ein vollständig verbundenes Netz in der Mitte eines Satzes schon nicht mehr weiter: Es starrt ohne jeden Kontext auf ein einzelnes Wort, weshalb es nicht in der Lage ist, seine Bedeutung zu erfassen.

Rekurrente neuronale Netze dagegen verfügen über eine Art Gedächtnis. Während sich die Informationen in einem regulären neuronalen Netz nur vorwärts bewegen, können sie in einem RNN auf dieselbe oder eine frühere Schicht zurückgreifen, wie die folgende Abbildung zeigt:

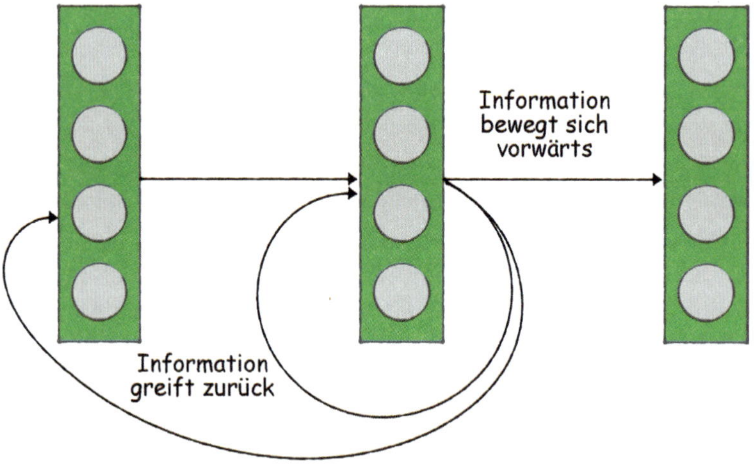

Aufgrund dieser Schleifen kann ein RNN sequenzielle Daten verarbeiten. Es begreift den Sinn einer Information anhand der vorausgehenden Informationen, geht also ähnlich vor wie Ihr Gehirn, wenn Sie einen Satz lesen.

Diese Schleifen machen das neuronale Netz komplizierter, aber in gewissem Sinne auch tiefer. Wenn eine Schicht von einer Iteration zur nächsten eine Rückkopplung zu sich selbst vornimmt, dann können Sie sich diese Schicht auch als eine Folge regulärer Schichten vorstellen, die jeweils für eine Iteration der ursprünglichen Schicht stehen:

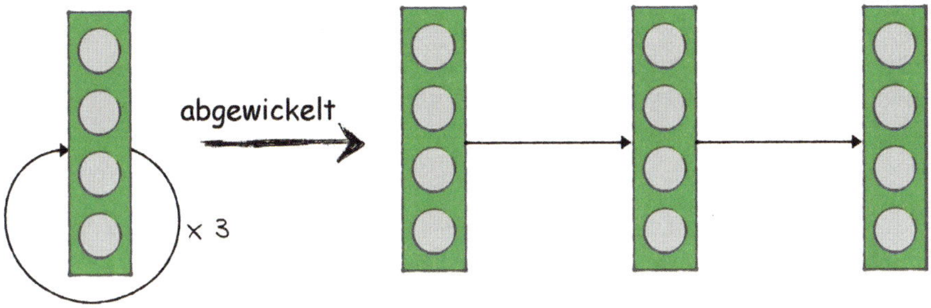

Aus diesem Grunde leiden selbst ziemlich flache RNNs unter den gleichen Problemen wie tiefere Netze, etwa unter verschwindenden Gradienten. Erst in den späten 90er-Jahren fanden Forscher eine zuverlässige Möglichkeit, um diese Probleme zu lindern, nämlich durch die Erfindung einer Architektur mit dem widersprüchlichen Namen *Long Short-Term Memory* (*LSTM*). Sie ist die Grundlage der heutigen schon deutlich besseren Systeme zur maschinellen Sprachverarbeitung wie Google Translate.

Allgemein gesagt, sollten Sie sich auf dem Gebiet des maschinellen Sehens stärker auf Faltungsnetze konzentrieren und bei der maschinellen Sprachverarbeitung auf rekurrente Netze. Sehen wir uns nun noch ein weiteres Gebiet an, das etwas abseitiger wirkt.

Bildgenerierung

Bei der Bildgenerierung werden entweder bestehende Bilder bearbeitet oder ganz neue erstellt. Die für mich erstaunlichste Entwicklung auf diesem Gebiet bilden die *Generative Adversarial Networks* oder kurz *GANs*, die der junge Forscher Ian Goodfellow 2014 erfand. Diese Netze bilden die technische Grundlage jener unheimlichen künstlichen Bilder und Videos, die Sie vielleicht schon im Internet gesehen haben.

Zum besseren Verständnis sehen wir uns hier ein konkretes Beispiel an. Dazu habe ich zunächst eine Reihe von Pferdebildern aus der CIFAR-10-Datenmenge ausgewählt:

Nehmen wir an, wir erstellen nun ein Faltungsnetz, das in der Lage ist, diese Pferdebilder von anderen Bildern zu unterscheiden, in denen kein Pferd zu sehen ist. Dieses Netz bezeichnen wir als Diskriminator:

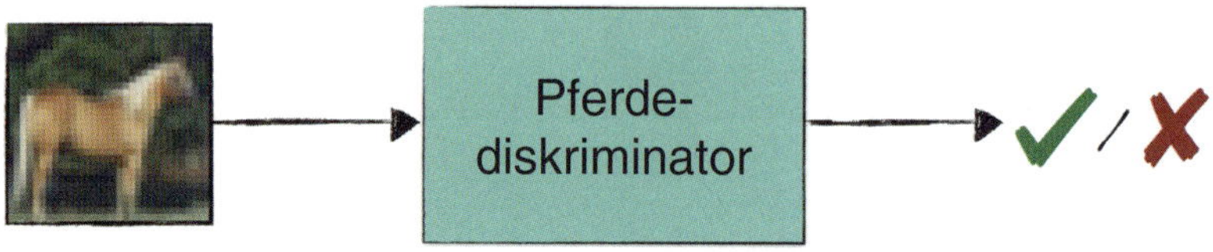

Stellen Sie sich nun ein zweites, eher ungewöhnliches neuronales Netz vor, das eine zufällige Folge von Bytes als Eingabe entgegennimmt und an sein parametrisiertes Modell übergibt, um es in ein Bild umzuwandeln. Dazu kann es eine ähnliche Architektur wie ein reguläres Faltungsnetz verwenden, das allerdings so eingestellt ist, dass es Bilder als Ausgaben generiert, anstatt sie als Eingaben zu übernehmen:

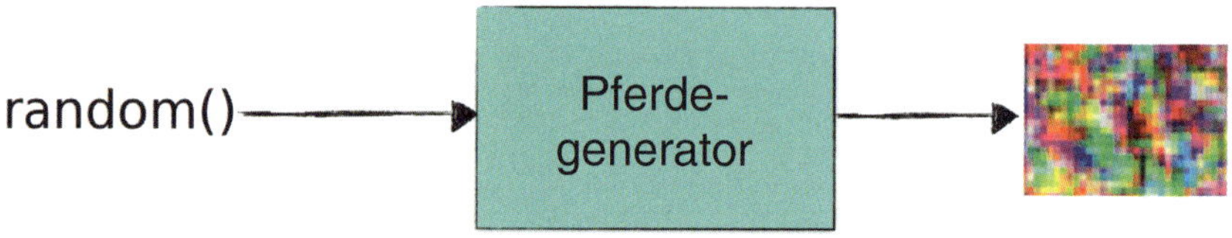

Dieses zweite Netzwerk ist ein *Generator*. Vor dem Training gibt er jedoch lediglich einen zufälligen Pixelbrei aus.

Jetzt aber kommt die brillante Idee: Verbinden Sie die Ausgabe des Generators mit der Eingabe des Diskriminators und trainieren Sie die beiden Netze gleichzeitig:

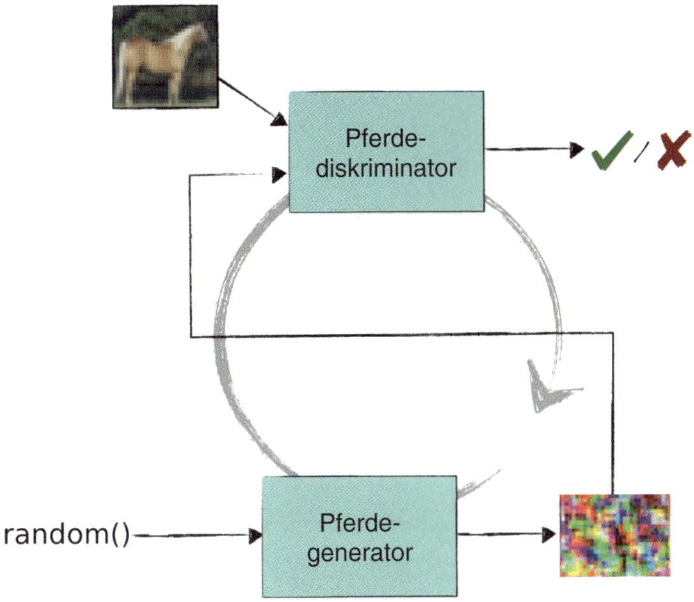

Der Trick bei dieser Architektur besteht nun darin, dass die Verlustfunktionen der beiden Netze sorgfältig aufeinander abgestimmt sind:

1. Der Diskriminator empfängt eine zufällige Mischung aus Pferdebildern und Bildern vom Generator. Der Verlust sinkt, wenn er die echten Bilder korrekt von den generierten unterscheiden kann.
2. Der Generator dagegen wird belohnt, wenn der Diskriminator eine falsche Zuordnung trifft. Sein Verlust ist höher, wenn der Diskriminator seine Ausgabe als generiertes Bild erkennt, und niedriger, wenn der Diskriminator es für ein Pferd hält.

Erkennen Sie, worauf das hinausläuft? Zusammengenommen läuft das System wie ein Wettstreit zwischen einem Experten, der gefälschte Bilder erkennt, und einem Fälscher ab, der versucht, ihn zu überlisten. Dadurch werden mit fortlaufendem Training sowohl der Diskriminator als auch der Generator immer besser.

Ich habe ein solches System selbst zusammengestellt. Im Folgenden sehen Sie einige zufällig ausgewählte Bilder des Generators im Abstand von jeweils 50 Trainingsiterationen:

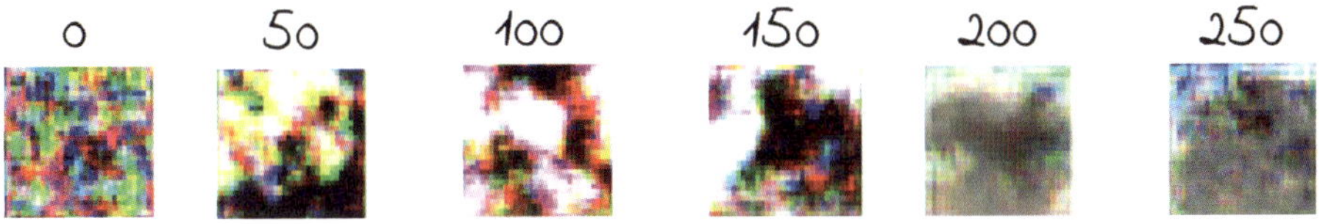

Zu Anfang hat der Generator nur gegenstandsloses Rauschen ausgegeben. Nach 200 Iterationen beginnt er jedoch schon, Bilder zu erstellen, die am unteren Rand größtenteils grün und am oberen Rand größtenteils blau sind und eine verschwommene, bräunliche Form enthalten. Das sind die üblichen Merkmale von Pferdebildern, auf denen gewöhnlich ein blauer Himmel über einer grünen Weide zu sehen ist.

Gleichzeitig wird der Diskriminator immer besser darin, synthetische Bilder als solche zu erkennen.

Nach einigen Stunden und etwa einer Million Trainingsiterationen ist der Generator schon ziemlich gut geworden:

Zur Klarstellung: Keines dieser Bilder ist eine Kopie eines der CIFAR-Pferde. Der Generator hat niemals ein Pferdebild gesehen. Seine Kenntnisse über das Aussehen von Pferden hat er sich ausschließlich dadurch erworben, dass er gelernt hat, den Diskriminator zu überlisten. Auf dieser Grundlage hat er diese merkwürdig verzerrten, aber unbestritten pferdeähnlichen Geschöpfe gestaltet.

Diese Bilder wurden von zwei rasch zusammengestoppelten neuronalen Netzen auf meinem bescheidenen Laptop erstellt. Wenn Sie wissen wollen, wie der Stand der Technik ist, können Sie sich im Internet umschauen, wo es mehr als genug generierte Bilder gibt. Beispielsweise erzeugt die Website »This person does not exist« erstaunlich realistische menschliche Gesichter.[8] Auch hinter dem berühmten Bildgenerator Deep Dream von Google stecken GANs.[9]

Als letzten Punkt zum Thema Bildgenerierung muss ich wenigstens noch die *Stilkopie* erwähnen, eine weitere brillante Idee, die in den letzten Jahren populär geworden ist. Sie haben das bestimmt schon gesehen: Es handelt sich um die Technik, mit der Fotos als Bleistiftzeichnungen, Aquarelle oder im Stil berühmter Maler wiedergegeben werden. Bei der Stilkopie wird ein ähnlicher Algorithmus verwendet wie bei neuronalen Netzen, aber anstatt die Gewichte des Netzes zu opti-

8. *thispersondoesnotexist.com*

9. *deepdreamgenerator.com*

mieren, bearbeitet er unmittelbar die Pixel des Bilds. Hier sehen Sie mein Porträt im Stil von Edvard Munch:

Ich habe weder ein so rotes Gesicht noch einen so dicken Schnurrbart, aber dieses Bild stellt trotzdem eine künstlerische Aufwertung meiner eigentlichen Visage dar. Auch zum Thema Stilkopie (*Style Transfer*) finden Sie im Internet viele Beispiele, Tutorials und Web-Apps. Wenn Sie sich mit Bildgenerierung beschäftigen wollen, sind Sie gut mit Lernmaterial versorgt.

Das Gesamtbild

Dieses Buch ist wie ein schmaler Pfad, der sich durch die weite Landschaft des Machine Learning windet. Wir haben uns hier auf überwachtes Lernen und zwar insbesondere mithilfe von neuronalen Netzen konzentriert. Wenn Sie dagegen eher am Gesamtbild interessiert sind, also mehr an breit gefächertem Wissen und weniger an tiefen Kenntnissen auf einem einzelnen Gebiet, können Sie sich andere Spielarten und Techniken des Machine Learning ansehen, die wir hier nicht behandelt haben.

Das bestärkende Lernen (Reinforcement Learning) verlangt sicherlich mehr Aufmerksamkeit, als ich ihm auf diesen Seiten widmen konnte. Die Erfolge, die in letzter Zeit auf diesem Gebiet erzielt wurden, können sich mit denen des überwachten Lernens messen. Für Schlagzeilen sorgte das Programm AlphaGo, als es menschliche Gegner bei dem klassischen Spiel Go schlug. Es basiert auf bestärkendem Lernen.[10]

Beim unüberwachten Lernen wird ML auf Daten ohne Labels angewendet. Auch auf diesem Gebiet tut sich heutzutage viel. Forscher entwickeln raffinierte Möglichkeiten, um neuronale Netze zum Komprimieren und Gruppieren von Daten zu nutzen.

10. *de.wikipedia.org/wiki/AlphaGo*

Eine weitere faszinierende Teildisziplin des ML ist das *halbüberwachte Lernen*. Dabei wird ein ML-System mit Daten trainiert, die zum Teil mit Labels versehen sind und zum Teil nicht. Daten ohne Labels lassen sich oft leichter in großen Mengen sammeln als solche mit Labels, und das halbüberwachte Lernen kann eine brillante Möglichkeit bieten, diese zusätzlichen Daten zu nutzen.

Selbst wenn Sie sich nur auf das überwachte Lernen beschränken, gibt es noch viel Stoff, den Sie sich ansehen können, insbesondere, wenn Sie sich für Informatik oder Statistik interessieren. In diesem Buch haben wir uns auf neuronale Netze konzentriert, aber auch viele andere Algorithmus sind es wert, sich mit ihnen zu beschäftigen. Einige von ihnen funktionieren unter bestimmten Umständen sogar besser als neuronale Netze. Beispielsweise können Sie sich nach *Support Vector Machines* und *Random Forests* umsehen.

Praktischer Einstieg

Es gibt noch einen weiteren Einstieg in die Welt des Machine Learning, und zwar einen, den ich als Entwickler besonders anregend finde. Anstatt sich von vornherein ein Teilgebiet des ML herauszupicken, halten Sie sich alle Möglichkeiten offen und nehmen an den ML-Wettbewerben teil, die auf der beliebten Plattform Kaggle ausgeschrieben werden.[11]

Die Kaggle-Wettbewerbe sind eine großartige Möglichkeit, um sich an konkreten Problemen zu versuchen. Einige sind hochprofessionelle Aufgaben, die sich an Teams aus dem akademischen Umfeld mit modernster Technik richten, andere dagegen sind deutlich für Einsteiger gekennzeichnet und bilden einen hervorragenden Einsteig in den praktischen Umgang mit ML.

Solche realen Projekte sind natürlich verzwickter und haariger als die einfachen Beispiele in diesem Buch. Wenn Sie sich durch Ihren ersten Wettbewerb kämpfen, werden Sie sich wahrscheinlich wie ein blutiger Anfänger vorkommen. Es kann dabei vorkommen, dass Sie Ihre Daten auf eine bislang ungeahnte Weise aufbereiten müssen, weil Sie es nicht mehr mit entweder numerischen oder Kategorievariablen zu tun haben, sondern mit einer Mischung aus beidem. Bei jedem Problem müssen Sie aufs Neue einen Ansatz überlegen. Möglicherweise müssen Sie sich neue Techniken aneignen, und selbst wenn das nicht der Fall sein sollte, können Sie bei den ersten Codezeilen eine Schreibblockade erleben.

Lassen Sie sich von diesen Anfangsschwierigkeiten aber nicht entmutigen. Deep Learning ist ein ebenso umfangreiches Thema wie Programmierung, aber mit der Lektüre dieses Buchs haben Sie bereits eine Grundlage gelegt, auf der Sie jetzt aufbauen können. Nehmen Sie sich bei einem realen Projekt Zeit, um sich zu

11. *www.kaggle.com/competitions*

orientieren, aber bleiben Sie dran! Die Arbeit mit verschiedenartigen Daten, Architekturen und Bibliotheken wird Ihnen schon bald vertraut vorkommen.

Sie sind am Zug

Zu Anfang dieses Buchs haben wir uns einen Überblick über die Vorstellungen verschafft, die es in den 50er-Jahren über Machine Learning gab, und am Ende sind wir bei Deep Learning und den modernsten Techniken unserer Zeit angekommen. Dabei haben wir einen weiten Weg zurückgelegt!

Nun liegt ein weiterer Weg vor Ihnen. In den vorhergehenden Abschnitten habe ich Ihnen schon einige Richtungen aufgezeigt, in die Sie sich aufmachen können, aber die Wahl bleibt Ihnen überlassen. Es ist jetzt an der Zeit, uns voneinander zu verabschieden. (Nun, nicht ganz. Sie können mich immer auf Twitter unter dem Handle @*nusco* erreichen.)

Herzlichen Glückwunsch, dass Sie es so weit geschafft haben, und vielen Dank dafür, dass Sie dieses Buch gelesen haben! Es war mir eine Freude, Sie in diese umwälzenden Techniken einzuführen. Hoffen wir, dass sie die Welt zum Besseren verändern.

Viel Glück auf Ihrem Weg!

A

Grundlagen von Python

Willkommen bei Python! Heutzutage ist Python *die* Sprache für Machine Learning. Sie hat sich überall hin ausgebreitet, von Forschungslabors bis zu den größten KI-Unternehmen.

Python ist schon an sich eine großartige Sprache, aber besonders gut für ML geeignet, und zwar aus zwei Gründen. Erstens gibt es leistungsfähige numerische und wissenschaftliche Bibliotheken dafür. Zweitens ist sie zwar vielseitig, aber auch leicht zugänglich. Viele Forscher auf dem Gebiet des ML haben keine Programmiererfahrung und wären von einer weniger benutzerfreundlichen Sprache stark eingeschüchtert.

Verstehen Sie mich nicht falsch: Python ist keine Billigsprache, die Sie mal so eben an einem Tag lernen könnten. Es erfordert Zeit, ihre anspruchsvolleren Merkmale zu erlernen. In den Beispielen in diesem Buch habe ich diese Merkmale jedoch vermieden und mich stattdessen auf eine kleinere Auswahl der Möglichkeiten von Python konzentriert. Auf diesen Seiten finden Sie eine Einführung in dieses Mini-Python. Sie vermittelt Ihnen die Kenntnisse, die Sie brauchen, um den Code in diesem Buch zu verstehen und zu bearbeiten.

Wir werden hier Folgendes tun:

- Wir betrachten den grundlegenden Aufbau von Python-Code und die wesentlichen Merkmale der Sprache.
- Wir schauen uns die Grundelemente von Python im Schnelldurchlauf an, also Steuerstrukturen wie Schleifen sowie Typen wie Strings und Datenstrukturen.
- Wir lernen, Python-Funktionen zu definieren und aufzurufen.
- Wir sehen uns an, wie wir mit mehreren Dateien arbeiten und Bibliotheken installieren können.

Abschließend werde ich Ihnen mitteilen, wo Sie weitergehende Informationen finden.

In diesem Anhang lege ich ein schnelleres Tempo vor als im Rest dieses Buchs. Ich halte mich hier nicht mit den Grundprinzipien der Programmierung auf, mit denen Sie bereits vertraut sind. Stattdessen werfen wir meistens nur einen Blick auf einige Codezeilen, schauen uns die Syntax von Python an und gehen dann zum nächsten Punkt über. Wenn Sie über irgendeines dieser Python-Merkmale mehr erfahren wollen, können Sie im Internet danach suchen.

Sie können die Python-Anweisungen auch gleich bei der Lektüre ausprobieren. Öffnen Sie dazu ein Terminal und prüfen Sie zunächst, ob Python 3 auf Ihrem Computer installiert ist:

```
python3 --version
```

Wenn der Befehl `python3` nicht funktioniert, versuchen Sie es mit `python` ohne angehängte Versionsnummer. Vergewissern Sie sich aber, dass Sie über Python 3.0 oder höher verfügen. Falls Sie nur eine frühere oder überhaupt keine Version von Python haben, installieren Sie die Sprache mit der für Ihr System geeigneten Methode. Eine ganze Reihe davon sind auf der Installationsseite von RealPython aufgeführt.[1] Sie können Python aber auch wie im Machine-Learning-Umfeld üblich über den Paketmanager Conda[2] installieren.

Es gibt grundsätzlich zwei Möglichkeiten, um Python-Code auszuführen. Die eine besteht darin, ein Python-Programm in eine Datei mit der Endung `.py` zu schreiben und diese auszuführen:

```
python3 my_code.py
```

1. *realpython.com/installing-python*
2. *conda.io*

Es ist jedoch auch möglich, Python-Code in einem interaktiven Python-Interpreter auszuführen. Dazu geben Sie zunächst den Befehl `python3` ohne einen Dateinamen. Wenn der Interpreter läuft, können Sie darin wie folgt Python-Anweisungen im laufenden Betrieb ausführen:

```
print("Hello, Python!")
```

Eine Sache noch: Es ist zum Verzweifeln, wenn man einen interaktiven Interpreter schließen will, aber nicht weiß, wie das geht. In Python können Sie dazu immer den Befehl `exit()` verwenden oder einfach Strg + D drücken.

Jupyter Notebook

Als Entwickler sind Sie es gewohnt, zur Programmierung eine IDE oder möglicherweise auch einen Texteditor und die Befehlszeile zu verwenden. Im Bereich des Machine Learning schreiben viele ihren Code jedoch in einem Tool namens Jupyter Notebook[3]. Darin können Sie Python-Code auf einer Webseite eingeben und ausführen und mit Beschreibungen in Textform versehen. Das können Sie sich so ähnlich vorstellen wie eine Online-Textverarbeitung, die auch in der Lage ist, Code auszuführen.

Gegenüber klassischen Entwicklerwerkzeugen bietet Jupyter zwei Vorteile:

1. Sie können Python-Code mit formatiertem Text, Bildern und Datenvisualisierungen wie Diagrammen und Tabellen kombinieren. Für Datenwissenschaftler, die oft den Kontext, die Eingaben und die Ausgaben ihrer Systeme erklären müssen, ist das ein großer Gewinn.

2. Mit ihren umfangreichen Symbolleisten und Hunderten von Tastaturkürzeln können IDEs ziemlich beängstigend erscheinen, und auch Texteditoren wie Vim sind für Anfänger regelrecht abschreckend. Dagegen wirkt Jupyter benutzerfreundlich und einladend, insbesondere auf Personen, die keine Programmiererfahrung mitbringen, da sie Code hier in der vertrauten Umgebung einer Webseite eingeben und ausführen können.

Es ist allerdings nicht erforderlich, zum Durcharbeiten dieses Buchs Jupyter zu verwenden. Alle Beispiele werden in Form von `*.py`-Dateien bereitgestellt, sodass Sie sie auch in Ihrer üblichen IDE oder Ihrem Texteditor bearbeiten können. Für den Fall, dass Sie selbst gern Jupyter benutzen, finden Sie im Verzeichnis `notebooks` auch Notebook-Versionen sämtlicher Beispiele.

3. *jupyter.org*

Wie sieht Python-Code aus?

Python-Code ist für seine leichte Lesbarkeit berühmt. Er wurde sogar schon halb im Scherz als »ausführbarer Pseudocode« bezeichnet. Beispielsweise können Sie wahrscheinlich auch ohne jegliche Python-Erfahrung schon viel von dem verstehen, was das folgende Programm tut:

just_enough_python/find_prime_numbers.py

```
# Importiert die Quadratwurzelfunktion
from math import sqrt

# Gibt True zurück, wenn das Argument eine Primzahl ist, sonst False
def is_prime(n):
    # n ist eine Primzahl, wenn sie nicht ohne Rest durch irgendeine Zahl aus
    # dem Intervall von 2 bis zur Quadratwurzel von n geteilt werden kann
    max_check_value = sqrt(n)
    # range(a, b) läuft von a (einschließlich) bis b (ausschließlich).
    # Sowohl a als auch b müssen Integer sein, damit wir max_check_value mit
    # der integrierten Funktion int() in einen Integer umwandeln können.
    for x in range(2, int(max_check_value) + 1):
        # Prüft den Rest der Integerdivision von n durch x
        if n % x == 0:
            return False # n ist ohne Rest durch x teilbar, also keine
                         # Primzahl
    return True # n ist Primzahl

MAX_RANGE = 100
primes = []
print("Computing the prime numbers from 2 to %d:" % MAX_RANGE)
for n in range(2, MAX_RANGE):
    if is_prime(n):
        primes.append(n)
print(primes)
```

Dieses Programm findet die Primzahlen im Bereich von 2 bis 100. Es ist zwar nur kurz, nutzt aber die meisten der Python-Merkmale, die Sie im Rest dieses Buchs benötigen. Wenn Sie den Code genau verstehen, sollten Sie auch keine Schwierigkeiten mit den Beispielen in den einzelnen Kapiteln haben. Wenn nicht ... nun, dazu ist dieser Anhang da!

Die gute Lesbarkeit von Python geht vor allem auf zwei Merkmale dieser Sprache zurück, nämlich dynamische Typisierung und bedeutungsvoller Weißraum.

Dynamische Typisierung

In Python müssen Sie die Typen von Variablen nicht deklarieren. Weisen Sie ihnen einfach einen Wert zu, und schon sind sie da:

```
x = "Hello!"
x = 42
```

In diesem Code unterliegt die Variable `x` keiner Typbeschränkung, sondern kann Werte beliebigen Typs enthalten, wie hier etwa einen String und einen Integer.

Als Programmierer haben Sie sich womöglich schon eine feste Meinung über Typsysteme gebildet. Wenn Sie an Sprachen wie JavaScript und Ruby gewöhnt sind, werden Sie die Knappheit und Vielseitigkeit der dynamischen Typisierung zu schätzen wissen. Sollten Sie dagegen täglich mit Java, C# oder C zu tun haben, dann sind Ihnen wahrscheinlich Sicherheit und Konsistenz expliziter Typdeklarationen wie `int x = 42` lieber.

Falls Sie noch keine Erfahrungen mit dynamischer Typisierung gemacht haben, sollten Sie sich ihr ruhig unvoreingenommen nähern. Es lohnt sich, auch eine dynamisch typisierte Sprache wie Python zur Verfügung zu haben.

Einrückungen

Die Abgrenzung von Codeblöcken wie Funktions- oder Schleifenrümpfen erfolgt in Python auf einzigartige Weise. In den meisten Sprachen werden dafür Sonderzeichen wie geschweifte Klammern oder Schlüsselwörter wie `begin` und `end` verwendet. Dagegen grenzen Sie Blöcke in Python durch Einrückungen ab. Betrachten Sie den folgenden (ziemlich gewollten) Code:

```
x = 7
if x > 5:
    print("x is greater than 5")
    print("And while we're here...")
    if x < 10:
        print("...it's also smaller than 10")
else:
    print("x is less or equal than 5")
```

Der Code zwischen den Anweisungen `if x > 5` und `else` bildet einen einzigen Block, da er einheitlich tief eingerückt ist. Die Zeile hinter `if x < 10` ist noch weiter eingerückt und bildet damit einen weiteren, in dem ersten verschachtelten Block. Auch die Zeile hinter `else` ist ein einzeiliger Block. Die Ausgabe dieses Programms sieht wie folgt aus:

```
x is greater than 5
And while we're here...
...it's also smaller than 10
```

Zur Einrückung der Zeilen eines Blocks können Sie Leerzeichen oder Tabulatoren verwenden, wobei Sie allerdings einheitlich vorgehen müssen. Weißraum hat in Python also eine Bedeutung!

Dieser bedeutungsvolle Weißraum ist das bei Weitem umstrittenste Merkmal der Sprache. Einige Programmierer sind begeistert davon, andere dagegen ... nun, es ist sicherlich Gewöhnungssache. Wenn Sie sich nicht so leicht damit anfreunden können, halten Sie sich die Vorteile dieses bedeutungsvollen Weißraums vor Augen: Er sorgt dafür, dass alle Programmierer dem gleichen Einrückungsstil folgen, und macht es möglich, auf störende geschweifte Klammern und Semikolons zu verzichten.

Vereinbarungsgemäß lesbar

Wenn Sie sich Python-Code von verschiedenen Programmierern ansehen, werden Sie feststellen, dass er einen einheitlichen Stil aufweist. Ein Grund dafür ist die in diesem Abschnitt besprochene Bedeutung des Weißraums. Dazu kommt aber auch, dass es der Python-Community mit den Programmierkonventionen ernst ist. Es gibt sogar eine offizielle Stilvorgabe, die von Programmierern geschätzt und deren Einhaltung von IDEs automatisch geprüft wird.[4]

Um Ihnen einige Beispiele dafür zu geben: Fast alle Programmierer setzen die Namen von Variablen und Funktionen in Python mit Unterstrichen zusammen (»snake case«), also etwa `dies_is_eine_variable` oder `is_prime()`. In der Sprache Python selbst gibt es keine besondere Auszeichnung für Konstanten, aber um deutlich zu machen, dass eine Variable als Konstante gedacht ist, schreiben Sie sie in Großbuchstaben, z. B. `MAX_RANGE`.

Eine Missachtung dieser Konventionen wird Ihnen böse Blicke seitens entschiedener Pythonistas einbringen.

Nachdem Sie nun wissen, wie Python-Code im Großen und Ganzen aussieht, wollen wir uns als Nächstes mit einigen Einzelheiten beschäftigen.

Die Bausteine von Python

Ich weiß nicht, wie es Ihnen geht, aber für mich besteht der langweiligste Teil beim Erlernen einer neuen Sprache in den obligatorischen Aufzählungen der grundlegenden Typen, Operatoren und Steuerstrukturen. Wenn ich versuche, mir die Einzelheiten der Schleifensyntax und der Operatorrangfolgen einzuprägen, vergesse ich sie sofort wieder. Sie bleiben erst haften, wenn ich selbst Code damit zu schreiben beginne.

4. *www.python.org/dev/peps/pep-0008/*

Aus diesem Grund werde ich Sie hier nicht mit Details überschütten, die Sie bei der Beschäftigung mit Code in der Praxis immer noch nachschlagen können, sondern halte diesen Abschnitt über Typen, Operatoren und Steuerstrukturen so kurz wie möglich. Ich gebe hier lediglich einen groben Überblick und betrachte nur wenige Einzelheiten etwas genauer, die für dieses Buch wichtig sind.

Datentypen und Operatoren

Python bringt die üblichen Datentypen mit: Integer, Fließkommazahlen, boolesche Werte, Strings – das ganze Paket:

```
an_integer = 42
a_float = 0.5
a_boolean = True
a_string = "abc"
```

Auch die Operatoren von Python sind Ihnen bestimmt vertraut:

```
an_integer + a_float      # => 42.5
an_integer >= a_float     # => True
a_float * 2               # => 1.0
an_integer / 10           # => 4.2
an_integer % 10           # => 2
not a_boolean             # => False
a_boolean or False        # => True
a_string + 'def'          # => 'abcdef'
```

Im Gegensatz zu anderen dynamisch typisierten Sprachen wie JavaScript oder Perl ist Python sehr streng, was das Mischen von Typen angeht. In einigen Fällen erfolgt zwar eine automatische Typumwandlung, doch potenziell mehrdeutige Operationen führen gewöhnlich zu einem Fehler:

```
# Implizite Umwandlung von einem Integer in einen booleschen Wert:
not 10       # => False

# Keine implizite Umwandlung von einem Integer in einen String:
"20" + 20    # => TypeError: must be str, not int
```

Wenn es erforderlich ist, Python-Werte von einem Typ in einen anderen umzuwandeln, so müssen Sie das gewöhnlich ausdrücklich mit einer Funktion wie `str()`, `int()` oder `bool()` tun:

```
"20" + str(20)    # => '2020'
```

Strings werden wir uns in Kürze noch genauer ansehen. Zunächst aber wollen wir uns mit Variablen beschäftigen, die mehrere Werte enthalten.

Datenstrukturen

Alle modernen Sprachen ermöglichen die Verwendung von Variablen mit mehreren geordneten Werten, die gewöhnlich als Arrays, Listen oder Vektoren bezeichnet werden. In Python gibt es zwei solcher mehrwertigen Datenstrukturen, nämlich *Listen* und *Tupel*.

Tupel sehen wie folgt aus:

just_enough_python/collections.py

```
a_tuple = (3, 9, 12, 7, 1, -4)
len(a_tuple)  # => 6
a_tuple[2]    # => 12
a_tuple[2:5]  # => (12, 7, 1)
```

Um ein Tupel zu erstellen, schreiben Sie eine Folge durch Kommata getrennter Werte in runde Klammern. Der vorstehende Code führt einige Dinge vor, die Sie mit Tupeln anstellen können, nämlich die Länge bestimmen und ein oder mehrere Elemente anhand des (bei null beginnenden) Index abrufen.

Wenn Sie ein Tupel erstellt haben, können Sie es nicht mehr ändern. Brauchen Sie dagegen eine veränderbare Datenstruktur, so müssen Sie eine Liste verwenden. Sie sieht ähnlich aus wie ein Tupel, steht aber in eckigen statt in runden Klammern:

```
a_list = [10, 20, 30]
a_list[1] = a_list[1] + 2
a_list.append(100)
a_list    # => [10, 22, 30, 100]
```

Da Python dynamisch typisiert ist, können Tupel und Listen Werte beliebiger Typen und sogar Kombinationen verschiedener Typen enthalten. So hat beispielsweise jedes Element der folgenden Liste einen anderen Typ, und darunter befinden sich auch ein Tupel und eine weitere Liste:

```
a_mixed_list = ['a', 42, False, (10, 20), 99.9, a_list]
```

Sowohl Listen als auch Tupel kommen in den Codebeispielen dieses Buchs vor, allerdings stehen sie nicht im Rampenlicht. Die Datenstruktur, die wir am häufigsten verwenden werden, ist der vielseitige Typ `array` aus der Bibliothek NumPy. Es ist jedoch nicht nötig, uns hier damit zu beschäftigen, da Sie ihn im Verlaufe des Buchs genauer kennenlernen werden. Ich möchte hier nur erwähnen, dass diese Arrays ähnlich wie Listen aussehen, aber mehrere Dimensionen aufweisen, sodass es damit möglich ist, Matrizen darzustellen – eine Datenstruktur, die beim Machine Learning häufig vorkommt.

Mit *Dictionarys* – der Python-Version von Schlüssel-Wert-Datenstrukturen – werden wir uns hier nicht befassen, da sie auch in den Codebeispielen nicht vorkommen. Sie gehören jedoch zu den wichtigsten Merkmalen, mit denen Sie sich vertraut machen sollten, wenn Sie selbst programmieren möchten, auch im Bereich des Machine Learning.

Damit hätten wir grundlegenden Typen von Python fast vollständig abgearbeitet. Wir müssen lediglich noch einen genaueren Blick auf Strings werfen.

Strings

Strings können mit einfachen oder doppelten Anführungszeichen definiert werden:

just_enough_python/strings.py

```
s1 = "This is a string"
s2 = 'this is also a string'
s1 + " and " + s2   # => 'This is a string and this is also a string'
```

Python-Programmierer verwenden gewöhnlich doppelte Anführungszeichen und greifen nur dann auf die einfachen zurück, wenn der String selbst doppelte enthält:

```
print('Yup, this is yet another "Hello, World!" example')
```

Strings verhalten sich sehr ähnlich wie Zeichentupel, weshalb wir uns auch zuerst mit den Datenstrukturen beschäftigt haben. Insbesondere können Sie die einzelnen Zeichen eines Strings anhand ihres Index abrufen:

```
s3 = s2[8:12]
s3 # => 'also'
```

In Python weisen Strings und Tupel noch eine weitere Gemeinsamkeit auf, die Ihnen gefallen wird, wenn Sie aus der funktionalen Programmierung kommen: Strings sind unveränderbar. Es ist nicht möglich, einen String direkt zu verändern. Stattdessen müssen Sie wie in dem vorstehenden Code einen neuen String erstellen.

Ein Merkmal, das in diesem Buch häufig Verwendung findet, ist die Stringinterpolation, die dazu dient, Variablen in einen String einzubetten. Python bietet verschiedene Möglichkeiten dafür, aber wir wollen uns hier an die »klassische« Vorgehensweise halten, da sie mit allen modernen Versionen von Python kompatibel ist. Sie sieht wie folgt aus:

```
a = 1
b = 99.12345
c = 'X'
"The values of these variables are %d, %.2f, and %s" % (a, b, c)
# => The values of these variables are 1, 99.12, and X
```

Das einzelne % steht zwischen dem String und dem Tupel der einzusetzenden Werte. Die Stellen, an denen diese Werte eingefügt werden sollen, sind durch besondere Codes gekennzeichnet, denen ebenfalls das Zeichen % vorausgeht. Dabei steht %d für »als Dezimalzahl einbetten«, %s für »als String einbetten« und %.2f für »als auf zwei Stellen gerundete Fließkommazahl einbetten«.

Wenn Sie in einem interpolierten String ein Prozentzeichen als solches verwenden möchten, müssen Sie es durch ein weiteres Prozentzeichen maskieren:

```
"Less than %.d%% of ML books have a hammer on the cover" % a
# => Less than 1% of ML books have a hammer on the cover
```

Schleifen

Python weist die üblichen C-artigen Steuerstrukturen wie if, while, for usw. auf. Die if-Anweisung haben wir bereits in unserem ersten Python-Beispiel in *»Wie sieht Python-Code aus?«* auf *Seite 326* gesehen, und while werden wir in dem ganzen Buch nicht benutzen. Dagegen werden wir ständig mit for-Schleifen zu tun haben. Sie sehen wie folgt aus:

just_enough_python/loop.py

```
for i in range(4):
    if i % 2 == 0:
        print("%d is an even number" % i)
    else:
        print("%d is an odd number" % i)
```

Eine for-Schleife iteriert über die Werte in dem mit range angegebenen Bereich:

```
0 is an even number
1 is an odd number
2 is an even number
3 is an odd number
```

Beachten Sie, dass 0 in diesem Bereich enthalten ist, 4 aber nicht.

Erfahrene Python-Programmierer meiden for-Schleifen und bevorzugen eine elegantere Konstruktion, die aus der funktionalen Programmierung stammt, nämlich die Listennotation.[5]

Damit haben wir unseren Schnelldurchlauf durch die grundlegenden Datentypen, Operatoren und Steuerstrukturen von Python abgeschlossen. Als Nächstes sehen wir uns ein weiteres grundlegendes Konstrukt dieser Sprache an, nämlich Funktionen.

---

5. *https://docs.python.org/3/tutorial/datastructures.html#list-comprehensions*

Funktionen definieren und aufrufen

Ohne eigene Funktionen zu definieren und aufzurufen, kommen Sie in den meisten Programmiersprachen nicht weit. In Python verwenden Sie zur Definition einer Funktion das Schlüsselwort `def`:

just_enough_python/functions.py

```
def welcome(user):
    PASSWORD = "1234"
    message = "Hi, %s! Your new password is %s" % (user, PASSWORD)
    return message
```

Diese Funktion generiert ein Passwort für einen neuen Benutzer (das zugegebenermaßen alles andere als sicher ist), stellt dann eine Willkommensnachricht zusammen und gibt diese an den Aufrufer zurück.

In Python müssen Sie den Funktionsrumpf nicht durch Klammern abgrenzen, sondern rücken ihn einfach ein. Aufgrund der dynamischen Typisierung ist es auch nicht erforderlich, den Typ des Parameters `user` oder des Rückgabewerts anzugeben. Dadurch kann die Funktionsdeklaration sehr knapp ausfallen.

Nachdem Sie die Funktion definiert haben, können Sie sie aufrufen:

```
welcome("Roberto")    # => 'Hi, Roberto! Your new password is 1234'
```

Argumente ändern

In Python werden Funktionsparameter als Verweis und nicht als Kopie übergeben. Das bedeutet, dass eine Funktion, der Sie ein veränderbares Argument übergeben, dieses auch tatsächlich ändern kann. Die folgende Funktion etwa fügt einer Liste ein weiteres Element hinzu:

```
def modify_list(l):
    l.append(42)

a_list = [1, 2, 3]
modify_list(a_list)
a_list  # => [1, 2, 3, 42]
```

In den meisten Fällen wollen Sie jedoch gar nicht, dass Argumente hinter Ihrem Rücken geändert werden. Rücksichtsvolle Funktionen tun so etwas gewöhnlich auch nicht, sondern behandeln ihre Argumente, als ob sie schreibgeschützt wären – es sei denn, der Zweck der Funktion besteht wie in dem vorstehenden Beispiel darin, das Argument zu ändern.

In Python gibt es verschiedene Spielarten von Funktionsargumenten, die wir uns im Folgenden ansehen wollen.

Schlüsselwortargumente

Ein Funktionsaufruf lässt sich leichter lesen, wenn Sie *benannte* oder *Schlüsselwortargumente* verwenden. Sehen wir uns das anhand eines Beispiels an.

Nehmen wir an, dass Ihr Chef die Funktion `welcome()` aus dem vorherigen Abschnitt zwar gut findet, sich aber Sorgen wegen des nicht sehr sicheren Passworts macht und Ihnen daher vorschlägt, ihr das Argument `secure` hinzuzufügen, sodass die Funktion ein sichereres Passwort generiert, wenn `secure` den Wert `true` hat.

In dieser erweiterten Form sieht `welcome()` nun wie folgt aus:

```
def welcome(user, secure):
    if secure:
        PASSWORD = "123456"
    else:
        PASSWORD = "1234"
    return "Hi, %s! Your new password is %s" % (user, PASSWORD)
```

Jawohl, wir nehmen Sicherheit hier sehr ernst! Nun können wir die Funktion aufrufen und dabei das Flag `secure` setzen:

```
welcome("Roberto", True)  # => Hi, Roberto! Your new password is 123456
```

Die Lesbarkeit dieses Funktionsaufrufs lässt jedoch zu wünschen übrig. Wenn Sie nicht wissen, was das Argument `True` bedeutet, können Sie seine Bedeutung nur herausfinden, indem Sie sich die Funktionsdefinition ansehen. Es wäre schöner, wenn wir hier deutlich machen könnten, dass `True` der Wert des Arguments `secure` ist. Diese Möglichkeit haben wir, wenn wir Schlüsselwortargumente verwenden:

```
welcome("Roberto", secure=True) # => Hi, Roberto! Your new password is 123456
```

Jetzt ist der Aufruf viel aussagekräftiger. Außerdem können wir dadurch die Reihenfolge der Argumente in dem Aufruf ändern – wobei Sie sich selbst überlegen sollten, ob das im Allgemeinen eine gute Idee ist:

```
welcome(secure=False, user="Mike") # => Hi, Mike! Your new password is 1234
```

Das war aber noch nicht alles, was es zu Funktionsargumenten zu sagen gibt. In diesem Zusammenhang gibt es nämlich noch ein weiteres nützliches Merkmal, das wir in diesem Buch auch ausgiebig nutzen.

Standardargumente

Ihr Chef verlangt noch weitere Änderungen an dem Sicherheitssystem. So soll die Funktion auch dann erfolgreich ausgeführt werden können, wenn kein Benutzername angegeben wird. Außerdem soll grundsätzlich ein sicheres Passwort vergeben werden, sofern der Aufrufer nicht ausdrücklich etwas anderes verlangt.

Beides können wir dadurch erreichen, dass wir in der Funktionsdefinition Standardwerte für die beiden Argumente angeben:

```
def welcome(user="dear user", secure=True):
    if secure:
        PASSWORD = "123456"
    else:
        PASSWORD = "1234"
    return "Hi, %s! Your new password is %s" % (user, PASSWORD)
```

Wenn Sie jetzt ein Argument weglassen, wird an seiner Stelle der Standardwert verwendet:

```
welcome()  # => Hi, dear user! Your new password is 123456
```

Es ist auch möglich, Schlüsselwort- und Standardargumente zu kombinieren:

```
welcome(secure=False)  # => Hi, dear user! Your new password is 1234
```

Damit wissen Sie nun alles über Python-Funktionen und ihre Argumente, was Sie brauchen. Nur um eines klarzustellen: Zum Generieren von Passwörtern im Produktivbetrieb sollten Sie den hier gezeigten Code lieber nicht verwenden. Man kann schließlich nie wissen ... vielleicht enthält er ja einige verborgene Sicherheitslücken.

Module und Pakete

Ein kurzes Python-Programm passt problemlos in eine einzige Datei, aber wenn Sie umfangreichere Programme schreiben, müssen Sie den Code gliedern. Oberhalb von Funktionen gibt es in Python noch zwei weitere Gliederungsebenen: Funktionen und anderer Code lassen sich zu *Modulen* zusammenstellen und Module wiederum zu *Paketen*. Als Erstes wollen wir uns mit Modulen beschäftigen.

Module definieren und importieren

Ein Modul definiert Dinge wie Konstanten und Funktionen, die Sie in ein Programm importieren und dort nutzen können. Abgesehen von einigen der integrierten Module des Python-Interpreters handelt es sich bei einem Modul um eine Python-Datei.

Das folgende Beispiel zeigt das Modul my_module.py:

just_enough_python/my_module.py

```
THE_ANSWER = 42

def ask():
    return THE_ANSWER
```

Diese Datei definiert eine Funktion und eine Konstante. Ein Python-Programm, das sich im selben Verzeichnis befindet, kann nun mit dem Schlüsselwort import jede dieser Definitionen (oder auch beide) importieren:

just_enough_python/my_program.py

```
from my_module import ask, THE_ANSWER
```

Beim Import aus einem Modul geschehen zwei Dinge:

1. Der Code in dem Modul wird ausgeführt.
2. Die importierten Namen werden in Ihrem Programm verfügbar.

Beispielsweise kann my_program jetzt die Funktion ask() aufrufen:

```
ask()    # => 42
```

Beachten Sie, dass der Code in dem Modul nur beim ersten Import ausgeführt wird. Wenn Sie ein Modul mehrmals importieren, kennzeichnet Python es schon beim ersten Mal als »bereits importiert« und ignoriert die nachfolgenden Importvorgänge.

Anstatt wie in dem vorstehenden Beispiel einzelne Namen für den Import auszuwählen, können Sie auch gleich das ganze Modul importieren:

just_enough_python/import_everything.py

```
import my_module
```

Diese Zeile importiert alle in my_module.py definierten Namen. Dabei besteht allerdings die Gefahr von Konflikten mit Namen im Hauptprogramm oder einem anderen Modul. Um solche Konflikte auszuschließen, müssen Sie den Namen jeweils den Modulnamen voranstellen:

```
my_module.ask()         # => 42
my_module.THE_ANSWER    # => 42
```

Damit Sie nicht zigmal immer denselben langen Modulnamen schreiben müssen, können Sie während des Imports auch eine Kurzbezeichnung dafür festlegen:

just_enough_python/module_renaming.py

```
import my_module as mm
mm.ask()  # => 42
```

So wird die Bibliothek `numpy` fast immer mit `np` abgekürzt:

```
import numpy as np
```

Anschließend können Sie mit dem Präfix `np` auf die Funktionen in dieser Bibliothek zugreifen, also etwa mit `np.multiply(x, y)`.

Die Standardbibliothek

Python ist berühmt für die Vielzahl nützlicher Module, die bereits im Lieferumfang enthalten sind. Beispielsweise haben Sie über das Modul `math` Zugriff auf grundlegende mathematische Funktionen und Konstanten:

```
import math
math.sqrt(16)    # => 4.0
math.pi          # => 3.141592653589793
```

Beachten Sie, das `math.pi` nicht den Python-Konventionen für die Namen von Konstanten folgt, nach der sie eigentlich `math.PI` heißen müsste. Hier zeigt sich das Alter der Standardbibliothek: Die Namen stammen noch auch einer Zeit vor den jetzigen Benennungsrichtlinien.

Das __main__-Idiom

Als letzten Punkt zum Thema Module müssen wir noch ein sehr gebräuchliches Python-Idiom erwähnen.

Wie bereits gesagt, kann eine Datei mit Python-Code je nachdem, wie sie verwendet wird, ein Programm oder ein Modul sein. Ein Programm können Sie mit einem Befehl wie `python3 my_code.py` unmittelbar ausführen, wohingegen Sie ein Modul mit `import` in eine andere Datei importieren müssen.

Es ist jedoch nicht ungewöhnlich, dass eine Python-Datei beide Rollen spielt. Eine Datei mit einer solchen Doppelnatur kann als eigenständiges Programm ausgeführt, aber auch als Modul importiert werden. Im Folgenden sehen Sie ein Beispiel für eine solche Datei:

just_enough_python/greetings.py

```
print("Executing the code in greetings.py")

def greet(name):
    print("Hello,", name)

if __name__ == "__main__":
    greet("human")
```

Die letzten beiden Zeilen wollen wir zunächst außer Acht lassen. Wenn wir `greetings.py` in eine andere Datei importieren, geschieht das Übliche: Der Code in `greetings.py` wird ausgeführt, und wir erhalten Zugriff auf die Funktion `greet()`:

```
import greetings
greetings.greet("Bill")
```

Wenn Sie `python3 greetings_demo.py` ausführen, erhalten Sie folgendes Ergebnis:

```
Executing the code in greetings.py
Hello, Bill
```

Sie können `greetings.py` aber auch als eigenständiges Programm ausführen, indem Sie `python greetings.py` eingeben. In diesem Fall ergibt sich Folgendes:

```
Executing the code in greetings.py
Hello, human
```

Das Geheimnis dahinter steckt in dem Idiom `if __name__ == "__main__"`. (Beachten Sie, dass vor und hinter `name` und `main` jeweils doppelte Unterstriche stehen.) Es bedeutet: »Führe den folgenden Code nur aus, wenn diese Datei direkt ausgeführt wird.« Wird die Datei dagegen importiert, überspringt der Python-Interpreter den `if`-Block.

Um zu sehen, wie nützlich dieses Idiom ist, stellen Sie sich vor, dass Sie ein Programm schreiben, das eine Reihe von Funktionen definiert und diese Funktionen zur Interaktion mit dem Benutzer verwendet. Wenn Sie diese Datei in ein anderes Programm importieren, wollen Sie zwar Zugriff auf die Funktionen haben, um sie wiederzuverwenden oder zu testen, können dabei aber keine Benutzerinteraktion gebrauchen. Mit dem Idiom `"__main__"` können Sie die Benutzerinteraktion jedoch abschotten, sodass sie nur dann ausgeführt wird, wenn Sie die Datei als Hauptprogramm verwenden.

Dieses Idiom werden Sie an einigen Stellen in diesem Buch sowie im Quellcode der meisten Python-Bibliotheken finden.

Pakete verwalten

Die nächsthöhere Gliederungsebene oberhalb der Module bilden die Pakete. Bei einem Paket handelt es sich im Grunde genommen um ein Bündel von Modulen, die in einer Verzeichnisstruktur angeordnet sind.

In diesem Buch werden wir zwar keine eigenen Pakete definieren, aber doch ständig Pakete verwenden. Das hat einen einfachen Grund: Python-Bibliotheken haben die Form eines Pakets.

Es gibt verschiedene Vorgehensweisen, um Python-Bibliotheken zu installieren. Die meisten Python-Entwickler verwenden dazu den Paketmanager *pip*. Andere bevorzugen dagegen Conda, das ich bereits als eine Möglichkeit zur Installation von Python selbst erwähnt habe. Sehen wir uns beide Werkzeuge an.

Pakete mit pip installieren

Bei *pip*[6] handelt es sich um den offiziellen Paketmanager von Python. Der Name ist ein rekursives Akronym, das für »pip installiert Pakete« steht. (Ja, die Python-Community hat einen schrägen Humor ... was auch kein Wunder ist, da der Name der Sprache schließlich eine Anspielung auf Monty Python darstellt.)

Wenn Sie Python installiert haben, verfügen Sie sehr wahrscheinlich bereits über `pip`. Damit können Sie die vielen Pakete installieren, die auf PyPI[7] (Python Package Index) zur Verfügung stehen, dem offiziellen Paketrepository von Python. Beispielsweise installiert der folgende Befehl Version 2.2.4 der Machine-Learning-Bibliothek Keras:

```
pip3 install keras==2.2.4
```

Wenn Sie Keras installiert haben, können Sie anschließend die Module dieser Bibliothek in Ihren Python-Programmen importieren. Die folgende Zeile etwa importiert die Funktion `serialize()` aus dem Modul `keras.metrics`:

```
from keras.metrics import serialize
```

Genauer gesagt ist `keras` ein Modul in der Bibliothek Keras und `metrics` ein Untermodul von `keras`.

Alle Merkmale, die Sie von einem Paketmanager erwarten dürfen, sind in `pip` zu finden: Sie können damit eine ausgewählte Version eines Pakets installieren, die installierten Pakete auflisten usw. Wenn Sie eine Fertiglösung brauchen, die Bibliotheken ohne Aufwand installiert, liegen Sie mit `pip` richtig. Sollten Sie dagegen etwas Anspruchsvolleres benötigen, dann lesen Sie weiter!

---

6. *pip.pypa.io*
7. *pypi.org*

Pakete mit Conda installieren

Conda[8] ist der bevorzugte Paketmanager im Bereich des Machine Learning. Er gehört zu einer umfangreichen Python-Distribution namens Anaconda[9], die auf datenwissenschaftliche Anwendungen zugeschnitten ist.

Anaconda ist mit einer Menge Zubehör ausgestattet, darunter einer IDE und einem eigenen Paketrepository. Wenn Sie diese Extras nicht benötigen, können Sie auch die schlankere Version Miniconda[10] installieren, die nur Python und Conda enthält.

Pakete installieren Sie mit Conda praktisch auf die gleiche Weise wie mit `pip`:

```
conda install keras=2.2.4
```

Allerdings weist Conda einige Vorteile gegenüber `pip` auf. Während sich `pip` auf Python-Bibliotheken beschränkt, kann Conda auch datenwissenschaftliche Pakete handhaben, die in anderen Sprachen geschrieben sind. Des Weiteren können Sie in Conda »Umgebungen« erstellen und im laufenden Betrieb aktivieren und deaktivieren. Jede dieser Umgebungen kann eine unterschiedliche Zusammenstellung von Bibliotheken aufweisen. Dagegen werden Pakete mit `pip` global installiert: Der gesamte Python-Code auf Ihrem Computer sieht dieselben Versionen aller Pakete.

Conda arbeitet aber auch gut mit `pip` zusammen: Wenn Sie ein Paket benötigen, das nur im PyPI-Repository vorhanden ist, aber nicht im Conda-Repository, können Sie in einer Conda-Umgebung `pip install` ausführen. Das installierte Paket ist dann nur in der betreffenden Umgebung sichtbar.

Unter dem Strich läuft die Entscheidung zwischen `pip` und Conda auf Folgendes hinaus: Wenn global installierte Pakete kein Problem für Sie darstellen, verwenden Sie `pip`, wenn Sie dagegen verschiedene Umgebungen mit unterschiedlichen Paketen unterhalten wollen, z. B. für verschiedene Projekte, dann nehmen Sie Conda.

Um den Code in diesem Buch auszuführen, müssen Sie eine Reihe von Paketen installieren. In »*Das System einrichten*« auf *Seite 18* erhalten Sie Anweisungen zur Installation mit `pip`. Wenn Sie dagegen Conda verwenden, lesen Sie die Datei `readme.txt` im Begleitmaterial zu diesem Buch.

---

8. *conda.io*

9. *www.anaconda.com*

10. *docs.conda.io/en/latest/miniconda.html*

Objekte erstellen und verwenden

Python ist eine *objektorientierte Sprache*. Der Code in diesem Buch dagegen ist für Programmierer und Entwicklerinnen mit unterschiedlichsten Hintergründen gedacht, auch für diejenigen, die keine Erfahrung mit Objekten haben. Aus diesem Grunde habe ich auf objektorientierte Vorgehensweisen weitgehend verzichtet und sie nur in einigen wenigen Beispielen angewendet, wenn eine Bibliothek dies erforderte. In diesem Abschnitt erfahren Sie alles, was Sie zum Verständnis dieser Beispiele wissen müssen.

Sie können sich ein Python-*Objekt* als eine besondere Art von Variable vorstellen. Reguläre Variablen gehören zu den integrierten Typen der Sprache wie `float` oder `bool`, Objekte dagegen zu Typen, die Sie selbst definieren oder dies einer Bibliothek überlassen. Diese Typen einer höheren Ebene werden als *Klassen* bezeichnet.

Beispielsweise hat Python keinen integrierten Typ für Datumsangaben, wohingegen die Standardbibliothek `datetime` eine Klasse namens `date` importiert. Wenn Sie diese Bibliothek importieren, können Sie `date`-Objekte erstellen:

just_enough_python/objects.py

```
from datetime import date
moon_landing = date(1969, 7, 20)
```

Bei der Ausführung dieser beiden Zeilen wird die Variable `moon_landing` erstellt, die ein `date`-Objekt enthält. Um dieses Objekt anzulegen, übergeben wir ein Jahr, einen Monat und einen Tag.

In einigen anderen Sprachen verwenden Sie zum Erstellen eines Objekts das Schlüsselwort `new`. In Python dagegen geben Sie einfach den Namen der Klasse gefolgt von Klammern an. Wie bei einem regulären Funktionsaufruf übergeben Sie innerhalb dieser Klammern die Parameter für die Objekterstellung.

Wenn Sie ein Objekt erstellt haben, können Sie seine *Methoden* aufrufen. Dabei handelt es sich um spezifische Funktionen der Klasse dieses Objekts. So haben `date`-Objekte unter anderem die Methode `weekday()`, die einen Code für den Wochentag als Zahl von 0 bis 6 zurückgibt:

```
moon_landing.weekday()    # => 6
```

Dies sagt uns, dass die Mondlandung an einem Sonntag erfolgte.

Ebenso wie Funktionen können Methoden auch Argumente entgegennehmen. Beispielsweise verfügt die Klasse `date()` über die Methode `replace()`, die eine Kopie des Datumsobjekts mit einer anderen Jahres-, Monats- oder Tagesangabe zurückgibt, und die Methode `strftime()`, die das Datum gemäß einem übergebenen Formatierungsstring gestaltet:

```
viking_1_mars_landing = moon_landing.replace(year=1976)
viking_1_mars_landing.strftime("%d/%m/%y")  # => 20/07/76
```

Ebenso wie Funktionen können auch Methoden über Standardargumente verfügen und mit benannten Argumenten aufgerufen werden.

Aus historischen Gründen wird der Name der Klasse `date` komplett in Kleinbuchstaben geschrieben, obwohl es heutzutage üblich ist, für Klassennamen Binnenmajuskeln (CamelCase) zu verwenden, also etwa `ThisIsAClass`. In der Bibliothek Keras, mit der wir in Teil III arbeiten, gibt es dagegen Klassen mit Namen wie `Sequential`, `BatchNormalization` und `MaxPooling2D`.

In einigen Sprachen, etwa in Java und C#, lässt sich nicht einmal ein einfaches Programm ohne Klassen und Objekte schreiben. Dagegen sind die objektorientierten Merkmale von Python nahezu optional. Es ist problemlos möglich, prozedurale Python-Programme ohne Objekte und Klasen zu schreiben – zumindest bis Sie genauer hinsehen, denn dann werden Sie feststellen, dass Objekte und Klassen fest in der Struktur von Python verankert sind. Beispielsweise sind Strings in Wirklichkeit Objekte, die ihre eigenen Methoden mitbringen:

```
'strings are objects'.upper()    # => 'STRINGS ARE OBJECTS'
```

Obwohl Objekte und Klassen zu den Kernmerkmalen von Python gehören, können Sie schon sehr weit kommen, ohne sie zu benutzen. In diesem Buch werden wir Objekte nur sehr eingeschränkt verwenden. Anstatt eigene Klassen zu erstellen, importieren wir lediglich Klassen aus Bibliotheken wie Keras. Wir legen Objekte dieser Klassen an und rufen deren Methoden auf. Das aber ist auch schon alles an objektorientierter Programmierung, was Sie in diesem Buch brauchen.

Das war's

Damit kennen Sie sich jetzt gut genug mit Python aus, um den Code in diesem Buch zu verstehen.

Allerdings haben wir hier nur an der Oberfläche dieser wunderbaren Programmiersprache gekratzt. Wir haben uns nicht mit den anspruchsvolleren und eleganteren Python-Konstrukten beschäftigt und nicht einmal einige der Merkmale erwähnt, die zum Schreiben professioneller Software unverzichtbar sind, etwa die Fehlerbehandlung. Diese Merkmale sind jedoch auch nicht notwendig, um den Beispielen in diesem Buch zu folgen. Sie können sich später damit befassen, wenn Sie Python intensiver nutzen wollen.

Zum Python-Experten werden

Die ersten Erfahrungen mit Python können Ihnen Appetit auf mehr machen. Es gibt jedoch ein Problem, wenn Sie mehr über die Sprache lernen wollen: die Qual der Wahl. Python ist als Lernthema äußerst beliebt, und das Internet und die Buchläden sind voll mit Python-Kursen, -Einführungen und -Tutorials. Alle gängigen Online-Lernzentren wie Udemy, Coursera, Udacity und Pluralsight bieten Python-Onlinekurse an – manchmal sogar mehrere und oftmals kostenlos.

Bei so vielen Möglichkeiten ist es am besten, mithilfe einer Suchmaschine das Angebot zu finden, das am besten zu Ihren Bedürfnissen passt. Sie können sich jedoch auch die Liste von Lernressourcen auf der offiziellen Python-Website ansehen.[11] Dort finden Sie auch eine Liste von Einsteigerbüchern[12] und ein offizielles Tutorial[13].

Viel Spaß mit diesem Buch und mit Python!

11. *wiki.python.org/moin/BeginnersGuide/Programmers*
12. *wiki.python.org/moin/IntroductoryBooks*
13. *docs.python.org/3/tutorial*

B
Wörterbuch des Machine Learning

Als ich meine ersten Gehversuche auf dem Gebiet des Machine Learning unternahm, bestand für mich die größte Schwierigkeit darin, das Vokabular zu lernen. Es gibt viele Begriffe im ML, die vertraut klingen, aber eine leicht abweichende Bedeutung haben. Wird von mir erwartet, dass ich schon weiß, was ein »Feature« ist? Und was bedeutet »numerisch stabil« nun genau?

In diesem Anhang finden Sie knappe Definitionen gängiger Begriffe der ML-Terminologie. Die meisten Einträge verweisen jeweils auf den Abschnitt im Buch, in dem der Begriff eingeführt wurde. Ich habe hier nicht versucht, Definitionen von enzyklopädischem Wert zu formulieren, sondern möchte nur eine kurze Erklärung geben und auf die weitergehenden Informationen an anderer Stelle verweisen.

Sie finden hier jedoch nicht *alle* Begriffe aus diesem Buch, sondern nur diejenigen, von denen ich annehme, dass Sie sie vielleicht nachschlagen möchten. Wenn Sie nach einem Wort suchen, das hier nicht aufgeführt ist, werfen Sie einen Blick in den Index.

Für die Begriffe, die innerhalb der Definitionen *kursiv* gesetzt sind, gibt es jeweils eigene Einträge in diesem Anhang.

1-aus-n-Codierung

Eine Codierungstechnik, um eine Menge von *Kategoriewerten* in eine Menge von Arrays umzuwandeln, die jeweils eine Eins und lauter Nullen enthalten. Beispielsweise kann das Array `[1, 2, 3]` als `[[1, 0, 0], [0, 1, 0], [0, 0, 1]]` codiert werden. Diese Vorgehensweise ist aus den in »*1-aus-n-Codierung*« auf *Seite 107* genannten Gründen für die Codierung von Labels bei bestimmten Aufgaben des Machine Learning sehr nützlich.

Abklingende Lernrate

Eine Variante des regulären *Gradientenverfahrens*, bei dem die *Lernrate* beim Training fortlaufend verringert wird; siehe »*Gradientenabstieg auf Speed*« auf *Seite 280*.

Ableitung

Siehe die Definitionen für *Gradient* und *partielle Ableitung*.

Adam

Eine Variante des *Gradientenverfahrens*, siehe »*Gradientenabstieg auf Speed*« auf *Seite 280*.

Aktivierungsfunktion

Die Funktion, die in jeder *Schicht* eines *neuronalen Netzes* auf die *gewichtete Summe* folgt. In diesem Buch wird dafür gewöhnlich eine *Sigmoide*, die *Softmax*-Funktion oder eine *ReLU* verwendet. Ich habe den Begriff »Aktivierungsfunktion« für die Sigmoide des Perzeptrons in Kapitel 8, »*Das Perzeptron*«, eingeführt, doch eine ausführlichere Erklärung erfolgt erst viel später im Abschnitt »*Aktivierungsfunktionen*« auf *Seite 268*.

Asymptotisch

Eine Kurve heißt asymptotisch, wenn sie sich einem Wert nähert, ohne ihn jemals zu erreichen. Wenn ich beispielsweise sage: »Der *Verlust* nähert sich asymptotisch dem Wert 10 an«, so bedeutet das, dass der Verlust immer weiter gegen 10 geht, aber niemals den Wert 10 selbst annimmt.

Ausgabeschicht

Die letzte *Schicht* in einem *neuronalen Netz*; siehe »*Perzeptrone verketten*« auf *Seite 133*.

Ausreißer

Ein Ausreißer in einer Datenmenge ist ein Datenpunkt, der sich erheblich von seinen Geschwistern unterscheidet. Stellen Sie sich beispielsweise eine Datenmenge vor, die das Einkommen und die Arbeitsstunden eines Programmierers angibt. In den meisten Monaten gibt es eine feste Korrelation zwischen den beiden Werten. Aus dem Rahmen fällt nur ein Monat, in dem der Programmierer Urlaub gemacht, aber bei einer Lotterie ein paar Tausend Euro gewonnen hat. Dieser Monat wäre dann ein Ausreißer.

Backpropagation

Der grundlegende Algorithmus zum Trainieren *neuronaler Netze*. Die Backpropagation berechnet den Gradienten des *Verlusts* nach den *Gewichten*. Kapitel 11, »*Das Netz trainieren*«, ist der Backpropagation gewidmet.

Batch-Gradientenverfahren

Die einfache Standardversion des *Gradientenverfahrens*, bei der sämtliche Trainingsbeispiele in ein einziges Batch verarbeitet werden, um den Gradienten zu berechnen. Andere Varianten sind das *Mini-Batch-Gradientenverfahren* und das *stochastische Gradientenverfahren*.

Batchnormalisierung

Eine der effektivsten Techniken zur Verbesserung von neuronalen Netzwerken, die wir uns kurz in »*Batchnormalisierung*« auf *Seite 284* angesehen haben.

Beispiele

Siehe *überwachtes Lernen*.

Bestärkendes Lernen

Siehe *Reinforcement Learning*.

Bias

In vielen ML-Systemen, darunter auch in den Beispielen in diesem Buch, ist der Bias einer der lernbaren Parameter des *Modells*. Seine mathematische Bedeutung wird in »*Bias hinzufügen*« auf *Seite 34* und »*Noch mehr Dimensionen*« auf *Seite 58* erklärt.

Biasspalte

In einigen Machine-Learning-Modellen ist der *Bias* ein Sonderfall unter den *Parametern*: Während die anderen Parameter in die *gewichtete Summe* eingehen, bleibt der Bias außen vor. In »*Bye-bye, Bias!*« auf *Seite 73* habe ich eine Möglichkeit vorgestellt, um diesen Sonderfall loszuwerden: Wenn wir den Eingaben eine Spalte voller Einsen hinzufügen, machen wir den Bias zu einem *Gewicht* wie alle anderen. Diese Zusatzspalte wird als Biasspalte bezeichnet.

Binärklassifizierer

Ein *Klassifizierer* mit boolescher Ausgabe, beispielsweise einer, der den Zustand einer Hardwarekomponente als entweder »funktionsfähig« oder »defekt« einstuft. Ein Klassifizierer mit mehr als zwei Klasen wird als *Mehrklassen-Klassifizierer* bezeichnet.

Broadcasting

Ein Merkmal einiger numerischer Bibliothek wie NumPy. Broadcasting erlaubt es, Arrays wie einzelne Werte zu behandeln. Beispielsweise ist es möglich, ein NumPy-Array von einem anderen zu subtrahieren, wobei jedes Element des Ergebnisses die Differenz der einander entsprechenden Elemente in den beiden ursprünglichen Arrays ist. Beispiele für Broadcasting finden Sie an vielen Stellen in diesem Buch, etwa in »*Das Training implementieren*« auf *Seite 29* und »*Die Verlustfunktion anpassen*« auf *Seite 70*.

CNN

Siehe *Faltungsnetz*.

Deep Learning

Einfach gesagt, ist »Deep Learning« nur die Abkürzung für »Machine Learning mit *neuronalen Netzen*, die viele *Schichten* haben«. Unter diesen Begriff fallen viele verschiedene Techniken, die heute im ML angewendet werden, z. B. *Faltungsnetze*, *rekurrente neuronale Netze* usw. Mehr darüber erfahren Sie in Kapitel 20, »*Der Weg in die Tiefe*«.

Dichte Schicht

Gleichbedeutend mit *vollständig verbundene Schicht*.

Differenzierbar

Eine Funktion heißt *differenzierbar*, wenn es möglich ist, an jedem Punkt ihre *Ableitung* zu berechnen. Anschaulich gesagt ist das der Fall, wenn die Funktion glatt ist und keine Sprünge oder Löcher aufweist. Ich habe diesen Begriff in »*Probleme beim Gradientenverfahren*« auf *Seite 53* verwendet.

Dropout

Eine bizarre, aber sehr leistungsfähige Technik zur *Regularisierung*, die beim Training eines *neuronalen Netzes* einzelne *Knoten* zufällig abschaltet; siehe »*Regularisierung für Fortgeschrittene*« auf *Seite 282*.

Eingabeschicht

Die erste *Schicht* in einem *neuronalen Netz*. Sie nimmt die Werte der *Eingabeparameter* entgegen; siehe »*Perzeptrone verketten*« auf *Seite 133*.

Eingabevariable

Siehe *überwachtes Lernen*.

Entscheidungsgrenze

Ein *Klassifizierer* teilt den Raum seiner *Beispiele* in Bereiche auf, die durch die *Entscheidungsgrenze* voneinander getrennt sind. Die Datenpunkte auf den verschiedenen Seiten dieser Grenze werden den verschiedenen *Klassen* zugeordnet – daher der Name »Entscheidungsgrenze«. Diese Definition ist ziemlich abstrakt, aber in »*Eine Entscheidungsgrenze einzeichnen*« auf *Seite 175* können Sie sich einige konkrete Beispiele dazu ansehen.

Entwicklungsdatensatz

Eine andere Bezeichnung für den *Validierungsdatensatz*.

Epoche

Im *Mini-Batch-Gradientenverfahren* (und im *stochastischen Gradientenverfahren*) wird in jeder Trainingsiteration nur ein Teil der gesamten Trainingsdaten verarbeitet. Eine Epoche dagegen ist ein Durchgang durch die gesamten Trainingsdaten. Wenn Sie beispielsweise eine Gesamtmenge von 10.000 Trainingsbeispielen in Batches zu je zehn verarbeiten, dann benötigen Sie 1.000 Iterationen, um eine Epoche abzuschließen.

Explodierender Gradient

Das Gegenstück zum Problem des *verschwindenden Gradienten*. In diesem Fall wächst der *Gradient* bei der *Backpropagation* durch ein *neuronales Netz*; siehe »*Sprengstoff für neuronale Netze*« auf *Seite 273*.

Faltung

Eine mathematische Operation, die die Grundlage von *Faltungsnetzen* bildet. Was grob bei einer Faltung geschieht, haben wir uns in »*Faltung*« auf *Seite 294* angesehen.

Faltungsnetz

Eine Architektur für *neuronale Netze*, die häufig verwendet wird, um Daten von zwei- oder dreidimensionaler Form zu lernen, insbesondere Bilder. Einzelheiten erfahren Sie in Kapitel 19, »*Jenseits von Standardnetzen*«.

Feature Engineering

Auch als »Feature Extraction« bekannt. Bei diesem Vorgang gewinnen menschliche Spezialisten aus den Daten grundlegende *Features*, die dann von einem Computer verarbeitet werden. Eines der entscheidenden Argumente für *Deep Learning* lautet, dass dieser Vorgang dabei meistens unnötig ist, wie Sie im Abschnitt »*Unverhältnismäßige Effektivität*« auf *Seite 309* erfahren.

Feature

Eine gängige Bezeichnung für die *Eingabevariablen* von Machine-Learning-Systemen. Beispielsweise gibt es bei unserem Pizzavorhersageproblem aus »*Noch mehr Dimensionen*« auf *Seite 58* drei Features, nämlich die Anzahl der Reservierungen, die Temperatur und die Touristendichte. Bei der Bilderkennung wie in Kapitel 7, »*Die große Herausforderung*«, können Sie jedes Pixel der Eingabebilder als eigenes Feature behandeln.

Featureskalierung

ML-Systeme funktionieren gewöhnlich besser, wenn ihre Eingabe-*Features* jeweils ähnliche Bereiche umspannen, etwa von 0 bis 1. Wenn einige Features dagegen viel größere Werte aufweisen als andere, können Sie sie neu skalieren, um die Wertebereiche aneinander anzupassen. Dieser Vorgang wird als Featureskalierung bezeichnet. Weitere Einzelheiten erhalten Sie in »*Daten aufbereiten*« auf *Seite 210*. Allgemein fallen diese und andere Techniken zur Datenaufbereitung unter den Begriff der *Standardisierung*.

Forward-Propagation

Der Vorgang, bei dem sich die Daten von der Eingabe zur Ausgabe eines Systems für überwachtes Lernen bewegen. Zum ersten Mal erwähnt habe ich den Begriff bereits in »*Konfidenz*« auf *Seite 82*, allerdings gewinnt er seine wahre Bedeutung erst mit der Einführung der *neuronalen Netze*, da er parallel zur *Backpropagation* abläuft.

Frühzeitiger Abbruch

Eine Technik gegen die *Überanpassung*, die in »*Weitere Möglichkeiten zur Regularisierung*« auf *Seite 262* beschrieben wird. Dabei geht es darum, den geeignetsten Augenblick zu finden, um die *Trainingsphase* zu beenden, also nachdem das System schon genug gelernt hat, um praktisch brauchbar zu sein, aber noch bevor es beginnt, sich übermäßig an die *Trainingsdaten* anzupassen.

Genauigkeit

Eines der Leistungsmaße zur Bewertung eines *Klassifizierers*. Wenn beispielsweise ein Programm ein Viertel der Testbeispiele korrekt klassifiziert, so hat es eine Genauigkeit von 25 %.

Generative Adversarial Network

Eine der bemerkenswertesten Erfindungen auf dem Gebiet des Deep Learning. GANs sind Systeme, die künstliche Bilder generieren können; siehe »*Bildgenerierung*« auf *Seite 315*.

Gewicht

Einer der lernbaren Parameter in einem *Perzeptron* oder *neuronalen Netz*.

Gewichtete Summe

Um eine gewichtete Summe einer Folge von Elementen zu erhalten, multiplizieren Sie sie jeweils mit einem *Gewicht* und addieren sie: `element1 * gewicht1 + element2 * gewicht2 + ...`

Globales Minimum

Der niedrigste Wert einer Funktion über ihren gesamten Verlauf. Stellen Sie sich beispielsweise eine Funktion vor, die ein Datum entgegennimmt und die Temperatur in Chicago an dem betreffenden Tag zurückgibt. Das globale Minimum dieser Funktion liegt beim 20. Januar 1985, als das Thermometer auf –33 °C fiel, die niedrigste Temperatur, die jemals in dieser Stadt gemessen wurde. Dagegen ist ein *lokales Minimum* zwar niedriger als seine benachbarten Werte, aber nicht unbedingt niedriger als jeder andere Wert. Wenn die Temperatur an einem Tag einbricht und am nächsten Tag wieder steigt, liegt ein lokales Minimum vor.

Glorot-Initialisierung

Eine andere Bezeichnung für die *Xavier-Initialisierung*.

Gradient

Anschaulich können Sie sich den Gradienten als einen Pfeil vorstellen, der an einer Kurve »bergauf« zeigt. Er hängt eng mit der *Ableitung* zusammen, die misst, wie stark sich eine Funktion mit ihren Eingaben ändert. Ist die Ableitung einer Kurve an einem gegebenen Punkt 0, so verläuft die Kurve an dieser Stelle flach. Bei positiver Ableitung steigt die Kurve und bei negativer sinkt sie. Je größer die Ableitung, umso steiler ist die Steigung.

Gradientenverfahren/Gradientenabstieg

Einer der grundlegenden Algorithmen im Machine Learning. Dieses Verfahren berechnet iterativ den *Gradienten* des *Verlusts* und ändert die Gewichte, um sich in die Richtung des geringsten Verlusts zu bewegen. Das Gradientenverfahren ist Thema von Kapitel 3, »*Am Gradienten entlang*«. Einige Varianten werden in Kapitel 13, »*Das Mini-Batch-Verfahren*«, und im Abschnitt »*Gradientenabstieg auf Speed*« auf *Seite 280* beschrieben.

Grundwahrheit

Beobachtungen aufgrund von realen Daten im Gegensatz zu Vorhersagen. Der Begriff »Grundwahrheit« wird auch oft für die *Labels* beim *überwachten Lernen* verwendet: »Das System hat für letztes Jahr 300 mm Regen vorhergesagt, aber laut Grundwahrheit waren es 400.«

Hyperparameter

Beim Machine Learning gibt es zwei Arten von Parametern: einerseits diejenigen, die das System in der *Trainingsphase* lernt, und andererseits diejenigen, die Sie selbst vor dem Training einstellen, also etwa die *Lernrate*, die Anzahl der Trainingsiterationen und die Anzahl der Knoten in den *verdeckten Schichten* des *neuronalen Netzes*. Um Verwechslungen zu vermeiden, werden unterschiedliche Bezeichnungen verwendet: Die lernbaren Parameter werden oft *Gewichte* genannt, die einstellbaren Parameter dagegen fast immer Hyperparameter.

Identitätsfunktion

Die Funktion, deren Ausgabe denselben Wert hat wie ihre Eingabe. Sie kann in einigen Sonderfällen als *Aktivierungsfunktion* verwendet werden; siehe »*Die richtige Funktion auswählen*« auf *Seite 277*.

Kategorielabel

Siehe *Label*.

Kettenregel

Die Kettenregel bildet die Grundlage für den Algorithmus der *Backpropagation*. Sie besagt, dass die *Ableitung* einer zusammengesetzten Funktion das Produkt der Ableitungen der einzelnen Funktionen ist; siehe »*Von der Kettenregel zur Backpropagation*« auf *Seite 155*.

Klassen (auch Kategorien)

Im Machine Learning und in der Programmierung hat der Begriff »Klasse« jeweils eine andere Bedeutung. Im ML sind die Klassen die möglichen Labels eines Klassifizierers. Beispielsweise hat ein Klassifizierer, der Ziffern erkennen soll, zehn

Klassen, nämlich eine für jede Ziffer, ein Klassifizierer für Hunderassen eine Klasse pro Rasse usw. In der Programmierung ist eine Klasse jedoch etwas ganz anderes; siehe dazu »*Objekte erstellen und verwenden*« auf *Seite 341*.

Klassifizierer

Ein System, das Daten einer begrenzten Menge von *Klassen* zuordnet. Beispielsweise können Sie eine Filmrezension als positiv, negativ oder neutral einstufen. Ein System, das Rezensionen liest und jeweils dem passenden Label zuordnet, ist ein Klassifizierer. Eine Einführung erhalten Sie in Kapitel 5, »*Ein binärer Klassifizierer*«.

Knoten

Die Werte innerhalb eines neuronalen Netzes, die in *Schichten* angeordnet sind. Eine bildliche Darstellung finden Sie in »*Perzeptrone verketten*« auf *Seite 133*.

Konvergenz

Allgemein gesagt, konvergiert ein Algorithmus, wenn er zu einem Ergebnis führt, anstatt ewig weiterzulaufen. Beim Machine Learning wird dieser Begriff vor allem für Algorithmen wie das *Gradientenverfahren* verwendet. Wenn es konvergiert, so bedeutet das, dass es in der Lage war, den *Verlust* zu minimieren. Anderenfalls pendelt es endlos um das Verlustminimum herum oder entfernt sich sogar davon.

Konvex

Eine mathematische Funktion heißt konvex, wenn Sie zwei beliebige Punkte durch eine Linie verbinden können, sodass diese Linie keinen anderen Punkt der Funktion kreuzt. Anschaulich bedeutet das, dass die Funktion nur eine einzelne »Einbuchtung« hat (wie etwa die Exponentialfunktion) und nicht mehrere (wie die Sinusfunktion).

Kreuzentropie

Eine der Formeln zur Berechnung des *Verlusts*. Es handelt sich dabei um eine Verallgemeinerung des *logarithmischen Verlusts*, die für die *Mehrklassen-Klassifizierung* verwendet wird; siehe »*Die Klassifizierungsfunktionen schreiben*« auf *Seite 148*.

Künstliches neuronales Netz

Der technisch genauere Begriff für ein *neuronales Netz*. Er stammt aus der Zeit, in der man es für nötig hielt, deutlich zu machen, dass es um künstliche und nicht um biologische neuronale Netze ging.

L1/L2
Zwei gebräuchliche Techniken zur *Regularisierung*, die in »*L1- und L2-Regularisierung*« auf *Seite 258* beschrieben werden. Kurz gesagt, halten sie die *Gewichte* in einem *neuronalen Netz* klein, damit das Netz eine glattere Funktion generiert.

Label
Beim *überwachten Lernen* besteht jedes Beispiel aus einer Eingabe und der erwarteten Ausgabe. Letztere ist das Label. Dabei gibt es numerische Labels und Kategorielabels. Beispielsweise ist in einer Datenmenge, die den Einfluss der Temperatur auf den Niederschlag aufzeichnet, die Temperatur die Eingabevariable und die Niederschlagsmenge ein numerisches Label. Bei einer Datenmenge mit Hundebildern dagegen stellen die Bilder die Eingaben und die Bezeichnungen der Hunderassen die Kategorielabels dar.

Leaky ReLU
Siehe *ReLU*

Lernrate
Einer der wichtigsten *Hyperparameter* für den Algorithmus des *Gradientenverfahrens*. Bei jedem Schritt in diesem Verfahren wird der Gradient der Gewichte mit der Lernrate multipliziert. Je größer die Lernrate, umso größer sind daher die einzelnen Schritte. Diesen Hyperparameter haben Sie bereits sehr früh kennengelernt, nämlich in »*Näher und näher*« auf *Seite 31*. Die Folgen einer größeren oder kleineren Lernrate habe ich in »*Praktische Übung: Die Lernrate optimieren*« auf *Seite 39* und »*Die Lernrate einstellen*« auf *Seite 218* beschrieben.

Linear separierbar
Eine Datenmenge heißt linear separierbar, wenn sie durch eine »gerade« Form aufgeteilt werden kann. Stellen Sie sich beispielsweise eine Ebene vor, die mit zwei verschiedenen Arten von Datenpunkten gefüllt ist, Kreisen und Dreiecken. Wenn Sie eine Gerade so einzeichnen können, dass alle Kreise auf der einen Seite liegen und alle Dreiecke auf der anderen, dann sind die Daten linear separierbar. Anschauliche Beispiele erhalten Sie in »*Eine Entscheidungsgrenze einzeichnen*« auf *Seite 175*.

Linear
Eine Funktion heißt linear, wenn Sie sich als gerade Form darstellen lässt; siehe auch *nicht linear*.

Lineare Regression

Eine Technik, die eine Eingabe aus einer Ausgabe vorhersagt, indem sie die Beziehung zwischen ihnen durch eine Gerade oder eine höherdimensionale *lineare* Form annähert. In Kapitel 2, »*Ihr erstes ML-Programm*«, habe ich die lineare Regression als erstes konkretes Beispiel für überwachtes Lernen verwendet und in Kapitel 4, »*Hyperräume*«, höherdimensionale Spielarten der linearen Regression eingeführt.

Logarithmischer Verlust

Eine der Formeln, die wir zur Berechnung des *Verlusts* verwenden. Sie ist gut für *binäre Klassifizierungsprobleme* geeignet; siehe »*Glätten*« auf *Seite 84*.

Logistische Funktion

Eine fachlich genauere Bezeichnung für die *Sigmoide bzw. Sigmoidfunktion.*

Logistische Regression

Die logistische Regression ist eine statistische Technik zur Modellierung einer binären Variablen. Auch wenn ich diesen Begriff im Text nur ein einziges Mal erwähnt habe, bildet diese Technik die theoretische Grundlage für den Binärklassifizierer aus Kapitel 5, »*Ein binärer Klassifizierer*«.

Logits

Die Eingaben der *Softmax*-Funktion

Lokaler Gradient

Im Zusammenhang mit der *Kettenregel* ist der lokale Gradient der Gradient der Ausgabe einer Operation nach deren Eingabe. Ich habe diesen Begriff zur Erklärung der *Backpropagation* in »*Von der Kettenregel zur Backpropagation*« auf *Seite 155* verwendet.

Lokales Minimum

Siehe *globales Minimum*; dort ist von beiden Arten von Minima die Rede.

Maschinelles Sehen

Die Disziplin, die sich damit beschäftigt, wie Computer Bilder und Filme erkennen können. Die meisten Probleme des maschinellen Sehens werden heutzutage mithilfe von Machine Learning gelöst.

Matrix

Ein zweidimensionales Array ähnlich einem Raster.

Matrizenmultiplikation

Eine Operation, die im Machine Learning häufig angewendet wird. Dabei werden zwei *Matrizen* der Form `(a, b)` und `(b, c)` zu einer dritten Matrix der Form `(a, c)` multipliziert. Einzelheiten erfahren Sie in »*Matrizen multiplizieren*« auf *Seite 61*.

Mehrklassen-Klassifizierer

Auch als Multiklassen- oder multinomialer Klassifizierer bekannt. Im Gegensatz zu *binären Klassifizierern* ordnen sie Daten mehreren Klassen zu. Wenn Sie Autos nach ihren Marken sortieren, dann nehmen Sie eine Mehrklassen-Klassifizierung vor (es sei denn, Sie haben es nur mit Autos von zwei Herstellern zu tun). Kapitel 7, »*Die große Herausforderung*«, ist ganz den Mehrklassen-Klassifizierern gewidmet.

Mehrschichtiges Perzeptron

Eine andere (und etwas altmodische) Bezeichnung für ein *neuronales Netz*.

Mini-Batch-Gradientenverfahren

Eine Variante des *Gradientenverfahrens*, bei der in jedem Schritt der Gradient nur für eine Teilmenge der Trainingsbeispiele statt für alle berechnet wird. Beispielsweise können Sie eine Gesamtmenge von 10.000 Trainingsbeispielen haben, dem Verfahren aber immer nur Batches zu je 50 übergeben. Die Anzahl der Beispiele in jedem dieser Batches ist einer der *Hyperparameter* des Systems. Eine Einführung dieses Verfahrens finden Sie in »*Batch für Batch*« auf *Seite 190*.

Mittlerer quadratischer Fehler

Eine der gebräuchlichsten Formeln zur Berechnung des *Verlusts*; siehe »*Wie falsch liegen wir?*« auf *Seite 29*.

Modellfunktion

Beim *überwachten Lernen* werden Daten mit einer Funktion angenähert. Diese Funktion ist das sogenannte Modell. Beispielsweise verwenden wir in Kapitel 2, »*Ihr erstes ML-Programm*«, eine Gerade als Modell.

Moment

Auf dem Gebiet des Machine Learning ist das Moment (oder das »Gradientenverfahren mit Moment«) eine Variante des regulären *Gradientenverfahrens*; siehe »*Gradientenabstieg auf Speed*« auf *Seite 280*.

Multinomialer Klassifizierer

Eine andere Bezeichnung für einen Mehrklassen-Klassifizierer.

Multiple lineare Regression

Lineare Regression bei einer Funktion, die mehr als eine Eingabevariable hat. Sie wird in Kapitel 4, »*Hyperräume*«, behandelt.

Neuron

Manchmal wird der Begriff »Neuron« für einen *Knoten* in einem neuronalen Netz verwendet. Genau genommen aber besteht ein Neuron nicht nur aus einem Knoten, sondern auch aus dessen vorhergehenden Knoten und den dazwischen liegenden Operationen, also der *gewichteten Summe* und der *Aktivierungsfunktion*. Eine bildliche Darstellung finden Sie in »*Perzeptrone verketten*« auf *Seite 133*.

Neuronales Netz

Neuronale Netze sind eine weit verbreitete Architektur für *überwachtes Lernen* und der Hauptgegenstand dieses Buchs. Nach ihrer Einführung in »*Perzeptrone verketten*« auf *Seite 133* haben sie uns den ganzen Rest des Buchs über begleitet.

Nicht linear

Eine Funktion heißt nicht linear, wenn Sie sich nicht als gerade Form darstellen lässt. Wenn wir bei *neuronalen Netzen* von nicht linearen Funktionen sprechen, sind damit gewöhnlich die *Aktivierungsfunktionen* gemeint.

Normalisierung

Wenn Sie etwas normalisieren, so bedeutet das im Allgemeinen, dass Sie seinen Wert auf den Bereich zwischen 0 und 1 skalieren. Beispielsweise skaliert die *Softmax*-Funktion Variablen so, dass sie in diesen Bereich fallen und ihre Summe gleich 1 ist. Manchmal wird der Begriff Normalisierung jedoch anstelle des spezifischeren Begriffs *Standardisierung* verwendet. Beispielsweise gibt es die Technik der *Batchnormalisierung*, bei der man besser von Batchstandardisierung sprechen sollte.

Numerische Stabilität

Eine Berechnung ist numerisch instabil, wenn sie dazu neigt, kleine Fluktuationen in den Eingaben zu verstärken. Konkret bedeutet das, dass die Berechnung häufig in sehr großen oder sehr kleinen Werten resultiert, die zu einem Überlauf oder Unterlauf führen können. Beispielsweise ist die in diesem Buch verwendete *Softmax*-Funktion numerisch instabil, da sie sehr schnell riesige Werte ergeben kann, die für Python zu groß sind. Mehr darüber erfahren Sie in »*Numerische Stabilität*« auf *Seite 147*.

Partielle Ableitung
Bei einer Funktion, die mehr als eine Variable hat – etwa die Funktion `a * b` mit zwei Variablen – ist die partielle Ableitung die Ableitung nach nur einer Variablen, also entweder `a` oder `b`. Weitere Einzelheiten und eine anschauliche Beschreibung erhalten Sie in »*Partielle Ableitung*« auf *Seite 49*.

Perzeptron
Das historische Perzeptron war eines der ersten funktionierenden ML-Systeme. Es bildete auch die Grundlage für *mehrschichtige Perzeptrone*, also *neuronale Netze*. Diesem Thema ist Kapitel 8, »*Das Perzeptron*«, gewidmet.

Rechengraph
Eine grafische Darstellung, um den Verlauf der Daten und Operationen in einem System zu veranschaulichen. Rechengraphen werden oft verwendet, um neuronale Netze wiederzugeben, vor allem im Zusammenhang mit Frameworks wie TensorFlow. Ich habe Rechengraphen für die Diagramme in Kapitel 11, »*Das Netz trainieren*«, verwendet.

Regularisierung
Eine Gruppe von Techniken zur Reduzierung der *Überanpassung*. Genauer gesagt fallen unter Regularisierung jegliche Änderungen, die Sie an einem System wie einem *neuronalen Netz* vornehmen, um die Differenz zwischen seiner Leistung beim *Trainingsdatensatz* und dem *Validierungsdatensatz* zu verringern. Mehr darüber erfahren Sie in »*Das Modell regularisieren*« auf *Seite 254* und »*Weitere Möglichkeiten zur Regularisierung*« auf *Seite 262*.

Reinforcement Learning
Auch bestärkendes Lernen genannt. Bei dieser Form des Machine Learning lernt der Algorithmus durch Versuch und Irrtum. In »*Programmierung und Machine Learning im Vergleich*« auf *Seite 10* gehe ich kurz auf Reinforcement Learning ein.

Rekurrente neuronale Netze
RNNs gehören zu den wichtigsten modernen Architekturen für *neuronale Netze*, insbesondere auf dem Gebiet der maschinellen Sprachverarbeitung. Sie werden in diesem Buch zwar nicht behandelt, aber ihre Grundprinzipien stellte ich in »*Sprache*« auf *Seite 313* vor.

Rekursion
Siehe *Rekursion*.

ReLU

Eine der am häufigsten verwendeten *Aktivierungsfunktionen*. Eine Beschreibung finden Sie in »*Gestatten, die ReLU-Aktivierungsfunktion*« auf *Seite 274*. Es gibt verschiedene Varianten, darunter Leaky ReLU, Swish und Softplus.

RMSprop

Eine Variante des *Gradientenverfahrens*; siehe »*Gradientenabstieg auf Speed*« auf *Seite 280*.

Sättigung

Eine *Aktivierungsfunktion* ist gesättigt, wenn sie Eingaben erhält, die außerhalb ihres »idealen« Bereichs liegen, wodurch der *Gradient* gegen 0 geht. Die beste Möglichkeit, um dieses Prinzip zu begreifen, besteht darin, sich ein konkretes Beispiel dafür anzusehen, etwa die gesättigte *Sigmoide* in »*Tote Neuronen*« auf *Seite 167*.

Schichten

Die wichtigsten Elemente zur Anordnung der *Knoten* in einem *neuronalen Netz*. Das Diagramm in »*Der Entwurf*« auf *Seite 139* zeigt ein dreischichtiges Netz. Auch Einrichtungen wie *Dropouts* werden manchmal als Schichten bezeichnet. Ein Bild finden Sie auf »*Perzeptrone verketten*« auf *Seite 133*.

Sigmoide / Sigmoidfunktion

Eine Funktion, die beliebige Zahlen in den Bereich von 0 bis 1 (ausschließlich) konvertiert. Sie wird häufig als *Aktivierungsfunktion* verwendet und wurde in »*Invasion der Sigmoiden*« auf *Seite 81* eingeführt.

Skalar

Eine einzelne Zahl, die Sie im Code durch einen einzelnen Integer- oder Fließkommawert darstellen können. Ein Wert, der aus mehreren Skalaren zusammengesetzt ist, wird dagegen als Vektor bezeichnet bzw. in der Programmierung gewöhnlich als Array.

Softmax

Eine Funktion, die ein Array aus numerischen Eingaben (sogenannten *Logits*) entgegennimmt und ein Array derselben Größe zurückgibt, in dem die Eingabe in den Bereich von 0 bis (ausschließlich) 1 skaliert sind. Sie wird häufig als letzte *Aktivierungsfunktion* in einem *neuronalen Netz* verwendet. Eine Einführung finden Sie in »*Die Softmax-Funktion*« auf *Seite 137*.

Softplus

Siehe *ReLU*.

Standardabweichung

Ein Maß dafür, wie weit eine Variable »verstreut« ist. Eine Variable mit geringer Standardabweichung entfernt sich nur selten weit vom Durchschnittswert. In Kapitel 15, »*Entwicklung*«, finden Sie als Beispiel die Körpergröße von Menschen im Gegensatz zur Höhe von Pflanzen. Letztere hat eine höhere Standardabweichung, da Pflanzen weit unterschiedlichere Größen aufweisen können als Menschen. Schließlich ist keine Person hundert Mal so groß wie eine andere.

Standardisierung

Eine Technik zur Neuskalierung von Daten vor der Einspeisung in ein Machine-Learning-System. Streng genommen skalieren Sie bei der Standardisierung die Eingabe-*Features* so, dass sie einen Mittelwert von 0 und eine *Standardabweichung* von 1 annehmen. Der Begriff wird jedoch auch auf einige andere Techniken angewendet. Ein Beispiel finden Sie in »*Daten aufbereiten*« auf *Seite 210*.

Standardnormalverteilung

Eine Verteilung von Daten mit einem Mittelwert von 0 und einer Standardabweichung von 1. Ich habe sie kurz in »*Korrekte Gewichtsinitialisierung*« auf *Seite 169* erwähnt.

Statistisches Rauschen

Betrachten Sie zur Erklärung des statistischen Rauschens das folgende Beispiel: Wenn Sie sich wiegen, bekommen Sie wahrscheinlich jedes Mal ein etwas anders Ergebnis. Manche dieser Abweichungen sind bedeutsam und hängen damit zusammen, dass Sie zu- oder angenommen haben. Andere dagegen kommen durch völlig irrelevante Einflüsse zustande, etwas dass Sie sich zu unterschiedlichen Tageszeiten gewogen haben, ihre Waage nicht ganz genau ist usw. Diese irrelevanten Fluktuationen in realen Daten werden als statistisches Rauschen bezeichnet. Mehr darüber erfahren Sie in »*Ursachen der Überanpassung*« auf *Seite 248*.

Stochastisches Gradientenverfahren

Unter »stochastisches Gradientenverfahren« wird meistens das *Mini-Batch-Gradientenverfahren* mit einer Batchgröße von 1 verstanden, und auch in Kapitel 13, »*Das Mini-Batch-Verfahren*«, bin ich dieser Definition gefolgt. Manche ML-Experten (und auch manche Bibliotheken, darunter Keras) verwenden »stochastisches Gradientenverfahren« jedoch als Synonym für das Mini-Batch-Verfahren unabhängig von der Batchgröße. Zurzeit bleibt uns nichts anderes übrig, als mit dieser uneinheitlichen Terminologie zu leben und zu hoffen, dass eine dieser Bedeutungen im Laufe der Zeit in Vergessenheit gerät.

Streng monoton steigend/fallend

Anschaulich gesagt, ist eine Funktion streng monoton steigend oder fallend, wenn sie stets aufwärts bzw. abwärts verläuft. Formaler ausgedrückt, zeichnet sich eine streng monoton steigende oder fallende Funktion dadurch aus, dass sie bei wachsenden Eingaben stets wächst bzw. fällt. Wenn ich beispielsweise sage: »Die Menge an Nahrung, die wir verbrauchen, steigt monoton mit der Anzahl unserer Hunde«, dann heißt das, dass wir, sobald wir uns einen neuen Hund zulegen, mehr oder zumindest genauso viel Nahrung brauchen wie zuvor, aber nicht weniger. Sage ich dagegen, dass die Menge an Nahrung mit der Anzahl der Hunde *streng* monoton steigt, dann brauche ich bei jedem neuen Hund auch mehr zu essen – nicht weniger, aber auch nicht gleich viel.

Swish

Siehe *ReLU*

Tensor

Ein mehrdimensionales Array. Ein Tensor mit einer (Array-)Dimension (Stufe) wird gewöhnlich als Vektor bezeichnet und ein Tensor mit zwei Dimensionen als *Matrix*, weshalb der Begriff Tensor normalerweise nur für die höherdimensionalen Fälle verwendet wird.

Testdatensatz

Die Teilmenge der *Beispiele*, die Sie zum Testen des Systems reservieren. Im Allgemeinen sollten Sie aus den in »*Trainings- und Testdatensatzdatensatz*« auf *Seite 96* genannten Gründen zum Trainieren und zum Testen eines Systems nicht dieselben Beispiele verwenden.

Tote Neuronen

Tote Neuronen treten auf, wenn eine *Aktivierungsfunktion* in einem neuronalen Netz *gesättigt* ist und ihr *Gradient* sich 0 annähert. Wenn das geschieht, bleibt das *Gradientenverfahren* hängen, und die Knoten hinter der Aktivierungsfunktion hören auf zu lernen. Dieses Phänomen wird in »*Tote Neuronen*« auf *Seite 167* und »*Die sigmoide Aktivierungsfunktion und ihre Auswirkungen*« auf *Seite 270* beschrieben.

Trainingsdatensatz

Die Teilmenge der *Beispiele*, die Sie zum Trainieren des Systems reservieren. Im Allgemeinen sollten Sie aus den in »*Trainings- und Testdatensatzdatensatz*« auf *Seite 96* genannten Gründen zum Trainieren und zum Testen eines Systems nicht dieselben Beispiele verwenden.

Trainingsphase

Die Trainingsphase (im Gegensatz zur *Vorhersagephase*) ist das Stadium des *überwachten Lernens*, in dem das System die *Beispiele* verarbeitet und die Beziehung zwischen den *Eingabevariablen* und den *Labels* lernt. Beispielsweise kann eine Spracherkennung in dieser Phase eine große Menge von Tonaufzeichnungen verarbeiten, die jeweils mit dem darin enthaltenen gesprochenen Befehl als Label versehen sind. Die beiden Phasen des überwachten Lernens werden in »*Überwachtes Lernen*« auf *Seite 12* genauer behandelt.

Transposition

Eine Operation, bei der eine *Matrix* an ihrer Diagonale gespiegelt wird; siehe »*Matrizen transponieren*« auf *Seite 65*.

Tupel

Ein Python-Typ, der einer Liste ähnelt, aber unveränderbar ist; siehe »*Datenstrukturen*« auf *Seite 330*.

Überanpassung

Eine Überanpassung liegt vor, wenn ein Machine-Learning-System bei den Trainingsdaten genauere Vorhersagen trifft als bei neuen, ihm unbekannten Daten. Beispielsweise kann ein System zur Gesichtserkennung sehr gut darin werden, die Gesichter zu erkennen, mit denen es trainiert wurde, aber bei neuen Bildern derselben Personen versagen. Zu einer solchen Überanpassung kommt es, da das System die Trainingsdaten kennt und sich daher zufällige Einzelheiten in diesen Daten merkt, anstatt zu generalisieren. Das System verhält sich ähnlich wie ein Schüler, der etwas auswendig lernt, ohne es wirklich zu verstehen. Kapitel 17, »*Überanpassung vermeiden*«, ist ganz diesem Thema gewidmet.

Überwachtes Lernen

Eine Spielart des Machine Learning, bei der ein System eine Menge von *Beispielen* in Form von *Eingabevariablen* und *Labels* entgegennimmt und die Beziehung dazwischen lernt. Beispielsweise kann die Eingabevariable die Anzahl der Reservierungen in einem Restaurant und das Label die Anzahl der verkauften Pizzas sein. In einer anderen Anwendung können wir dagegen Röntgenaufnahmen als Eingabevariablen verwenden und als Label einen booleschen Wert, der angibt, ob auf der jeweiligen Aufnahme eine Lungenentzündung zu sehen ist. Diese Form des Machine Learning wird als überwachtes Lernen bezeichnet, da jemand – meistens ein Mensch – die Beispiele aufbereitet und mit Labels versehen hat.

Unteranpassung

Einfach ausgedrückt, liegt eine Unteranpassung vor, wenn ein Machine-Learning-System nicht leistungsfähig genug ist, um genaue Vorhersagen zu treffen. Das kann an der Architektur oder daran liegen, dass die Hyperparameter nicht korrekt eingestellt wurden. Nehmen wir beispielsweise an, Sie wollten die Schwankungen bei Eisverkäufen durch lineare Regression annähern. Da sich die Verkaufszahlen für Speiseeis vorwiegend periodisch ändern – höher im Sommer und niedriger im Winter –, lassen sie sich mit einer Geraden nicht gut annähern. Wenn Sie das versuchen, erhalten Sie keine guten Vorhersagen. Dies ist ein Fall von Unteranpassung. (Vergleiche *Überanpassung*.)

Unüberwachtes Lernen

Eine Form des Machine Learning, bei der das System Muster in nicht mit Labels versehenen Daten findet. Mehr darüber erfahren Sie in »*Und was ist mit unüberwachtem Lernen?*« auf *Seite 17*.

Validierungsdatensatz

Die Menge der Beispiele, die während der Entwicklung zur Auswahl des Modells und zum Einstellen der Hyperparameter verwendet werden. Sie sollte vom *Testdatensatz* verschieden sein, und erst ganz am Ende benutzt werden, damit das System keine *Überanpassung* an die Testdaten vornimmt. Eine ausführlichere Erklärung finden Sie in »*Das Problem mit dem Testdatensatz*« auf *Seite 204*.

Varianz

Wie in »*Verzerrung und Varianz*« auf *Seite 254* gesagt, können Sie bei einer *Überanpassung* an die Trainingsdaten auch davon sprechen, dass das System eine »hohe Varianz« hat.

Verdeckte Schicht

Eine Schicht im »Inneren« eines *neuronalen Netzes*, also jede Schicht außer der *Eingabe-* und der *Ausgabeschicht*; siehe »*Perzeptrone verketten*« auf *Seite 133*.

Verlust

Eine Funktion, die den Fehler in einem Machine-Learning-System misst, oder anders ausgedrückt eine Zahl, die angibt, wie schlecht die Vorhersage des Systems ist. In der *Trainingsphase* eines ML-Systems geht es darum, den Verlust durch Optimieren der *Gewichte* mit Techniken wie dem *Gradientenverfahren* zu minimieren. In diesem Buch wenden wir verschiedene Formeln zur Berechnung des Verlusts an, darunter den *mittleren quadratischen Fehler* und den *logarithmischen Verlust*.

Verschiebungsinvarianz

Eine Eigenschaft von *Faltungsnetzen*, die es ermöglicht, Formen an beliebigen Stellen in einem Bild zu erkennen; siehe »*Das Erfolgsgeheimnis der Faltungsnetze*« auf *Seite 296*.

Verschwindender Gradient

Ein Problem, das tiefe neuronale Netze viele Jahre lang heimgesucht hat. Dabei wird das Training immer langsamer, je mehr Schichten Sie dem Netz hinzufügen. Dieses Problem wurde zum Teil durch den Wechsel von *sigmoiden* zu anderen *Aktivierungsfunktionen* gelöst, etwa *ReLUs*. Einzelheiten erfahren Sie in »*Verschwindender Gradient*« auf *Seite 272*.

Verzerrung-Varianz-Dilemma

Verzerrung und *Varianz* sind andere Begriffe für *Unteranpassung* bzw. *Überanpassung*. Das »Dilemma« zwischen ihnen hat Auswirkungen auf die Praxis: In vielen Systemen zum *überwachten Lernen* kann eine Verringerung der Überanpassung zu einer Unteranpassung an die Trainingsdaten führen und umgekehrt. Dieser Balanceakt wird in Kapitel 17, »*Überanpassung vermeiden*«, untersucht.

Vollständig verbundene Schicht

Eine *Schicht* in einem neuronalen Netz, in der jeder *Knoten* mit sämtlichen Knoten einer Nachbarschicht verbunden ist; auch *dichte Schicht* genannt.

Vollständig verbundenes Netz

Ein herkömmliches *neuronales Netz*, das ausschließlich aus *vollständig verbundenen Schichten* besteht. Der Begriff wird gewöhnlich zur Unterscheidung von anderen Architekturen wie *Faltungsnetzen* verwendet.

Vorhersagephase

Die Vorhersagephase (im Gegensatz zur *Trainingsphase*) ist das Stadium des *überwachten Lernens*, in dem sich Ihre Mühen auszahlen: Jetzt können Sie Ihr System auffordern, aus Daten ohne *Label* ein Label vorherzusagen. Beispielsweise kann eine Spracherkennung in dieser Phase eine Tonaufzeichnung entgegennehmen und den darin enthaltenen gesprochenen Befehl »vorhersagen«. Die beiden Phasen des überwachten Lernens werden in »*Überwachtes Lernen*« auf *Seite 12* genauer behandelt.

Xavier-Initialisierung

Die Xavier- oder Glorot-Initialisierung ist eine Methode zur Initialisierung der *Gewichte* in einem *neuronalen Netz*. Sie hilft dabei, Probleme wie *tote Neuronen*, *verschwindende* und *explodierende Gradienten* zu reduzieren. Einzelheiten erfahren Sie in »*Bessere Gewichtsinitialisierung*« auf *Seite 279*.

Stichwortverzeichnis

Symboles

(46
** 31
% 332
1-aus-n-Codierung 107, 237
60/20/20-Aufteilung 205
__main__ 192, 337
.py 324
λ 258, 260
σ 82

A

Abklingende Lernrate 281
Ableitung 45, 49
activation 275
Adam 282
Aktivierungsfunktion
  Ausgabeschicht 277
  Auswählen 277
  Einführung 120
  Explodierender Gradient 274
  Identitätsfunktion 279
  Keras 238, 275
  Leaky ReLU 276
  Letzte Aktivierungsfunktion in einem Netz 137
  Netze mit numerischer Ausgabe 278
  Neuronale Netze 135
  Nichtlinearität 270
  ReLU-Aktivierungsfunktion 274
  Sigmoidfunktion 136, 270
  Softmax-Funktion 138
  Softplus-Funktion 277
  Swish-Funktion 277
  Ursprung des Begriffs 127
  Verschwindender Gradient 272, 275
  Zweck 269
AlexNet 307
AlphaGo 319
Ameisenigel 233
Anaconda 340
Analysis 50
argmax() 110
Arrays 330
  Eindimensional 67
  Indizierung 67
  In Matrizen umwandeln 67
  Komma 67
  NumPy-Arrays 67
Ausgabeschicht
  Aktivierungsfunktion 277
  Aktivierungsfunktion vor der Ausgabeschicht 137
  Anzahl der Knoten 136
  Einführung 134
  Numerische Ausgabe 278
  Sigmoidfunktion 277
  Softmax-Funktion 277
Ausreißer 80
average() 113

B

Backpropagation
  Abgeschaltete Knoten 283
  Bias 163, 164
  Dropout 283
  Durchschnittlicher Gradient 163
  Explodierender Gradient 273
  Funktion 161
  ReLU 275
  Sigmoidfunktion 272
  Verschwindender Gradient 272, 275
  Winziger Gradient 168
Batches. *Siehe* Mini-Batch-Gradientenverfahren
Batch-Gradientenverfahren. *Siehe* Gradientenverfahren
Batchnormalisierung 284

Beispiele
- Beispielmatrix 97
- Definition 12
- MNIST 94
- Trainings- und Testdatensatz 96

Benchmarktests 204
Bestärkendes Lernen 12, 319
Bewegungserkennung 313
Bias
- Backpropagation 163, 164
- Bias als Gewicht 73
- Biasspalte 74
- Einführung 34
- Höherdimensionaler Fall 60
- Keras 235, 238
- Neuronale Netze 135

Bibliotheken
- Conda-Umgebungen 340
- Eigene Bibliothek für MNIST-Datenaufbereitung 100
- Installieren 19, 339, 340
- Keras 234
- Matplotlib 24
- ML-Bibliotheken auswählen 312
- NumPy 19, 23
- Pakete 339
- Seaborn 24
- Standardbibliothek 337
- TensorFlow 234
- Terminologie 239
- Vorteile 275

Bilderkennung
- Abstraktionsebenen 310
- AlexNet 307
- Bilder als Pixelzeile 97
- Handgeschriebene Ziffern 93
- ImageNet 307
- Mehrklassen-Klassifizierer 105
- MNIST 94
- Sehrinde 311
- Statistisches Rauschen 252
- Überanpassung 252
- Verschiebungsinvarianz 296
- Vorteile von Faltungsnetzen 296

Bildgenerierung 315
Binärer Klassifizierer. *Siehe* Klassifizierer
Blindtestregel 203
Broadcasting 28

C

CamelCase 342
categorical_crossentropy 238
compile() 238
Conda 340
Conv2D 299

D

Datenaufbereitung
- Batches 191
- Daten mit mehreren Eingabevariablen 66
- Einführung 210
- Eingabevariablen standardisieren 211
- Featureskalierung 211
- Gleichartige Datenverteilung in Trainings- und Produktionsdaten 256
- Keras 237
- Mini-Batch-Gradientenverfahren 191
- MNIST-Bilder für binären Klassifizierer 100
- Standardisierung 284
- Trainingsdatensatz erweitern 264
- Unechte Trainingsdaten 264
- Wertebereiche der Eingabevariablen 211

Datenverteilung 256
datetime 341
Datumsangaben 341
decay 280
Deep Dream Generator 318
Deep Learning
- AlexNet 308
- Definition 231
- Faktoren für den Erfolg 309
- Feature Engineering 311
- Geschichte 306
- Grafikprozessoren 307
- Medizinische Diagnosen 311
- Tiefe Netze 231
- Transferlernen 313

def 333
Dense 238
Differenzierbarkeit 54

Diskriminator 316
Dropout 282
Dynamische Typisierung 327

E

Ebenengleichung 59
Echidna-Datensatz 232
e-Funktion 82
Eingabeschicht
  Anzahl der Knoten 136
  Einführung 134
  Keras 238
Eingabevariablen
  Bias 73
  Daten mit mehreren Eingabevariablen laden 66
  Einführung 15
  Entfernen 262
  Featureskalierung 211
  Gewichtete Summe 60
  Mehrere Eingabevariablen 57, 65, 88
  n Dimensionen 60
  Pseudo-Eingabevariable für Bias 73
  Standardisieren 211
  Statistisches Rauschen 262
  Überanpassung 262
  Wertebereiche 211
  Zu große Werte 211
Entscheidungsgrenze
  Anzahl verdeckter Knoten 215
  Glätten 258
  Grafisch darstellen 240
  Kurve 184
  Regularisieren 258, 260
  Tiefe Netze 243
  Überanpassung 257
Entwicklung
  Anzahl der Epochen einstellen 215
  Anzahl verdeckter Knoten einstellen 215
  Batchgröße festlegen 221
  Definition 204
  Einführung 209
  Hyperparameter 204, 214
  Lernrate einstellen 218
  Modellauswahl 206
  Überanpassung 204
  Validierungsdatensatz 205
Entwicklungsdatensatz. *Siehe* Validierungsdatensatz
Epoche 192, 215, 239
exit() 325
exp() 82
Explodierender Gradient 273
Exzentrizität 272

F

Facebook 308
Faltung 299
Faltungsnetze
  Abstraktionsebenen 310
  AlexNet 307
  Codebeispiel 299
  Dimensionalität der Faltungsoperation 299
  Dimensionen der Tensoren 297
  Genauigkeit im Vergleich zu herkömmlichem Netz 302
  Grundprinzip 296
  Steigende Anzahl von Filtern 301
  Transferlernen 313
  Unterschied zu vollständig verbundenen Netzen 296
  Verschiebungsinvarianz 296
  Vollständig verbundene Schichten 301
Faltungsschichten
  Anzahl von Filtern 301
  Codebeispiel 301
  Dimensionalität der Faltungsoperation 299
  Filteranzahl 299
  Gewichte 298
  Keras 298
Feature Engineering/Feature Extraction 311
Featureskalierung 211
fit() 239, 255
Flatten 301
for 332
Forward-Propagation
  Klassifizierer 83
Frühzeitiger Abbruch 263
Funktionen 333

G

GANs 315
Gedächtnis 314
Gehirn 126
Genauigkeit 91
  Abschlusstest 225
  Anzahl der Epochen 215
  Asymptotischer Verlauf 189
  Einbußen durch ungünstigen Abbruch des Mini-Batch-Verfahrens 199
  Faltungsnetze 302
  Frühzeitige Einschätzung 189
  Messen in Keras 239
  Praktische Anwendungen 126
  Regularisierung 260
  Schwankungen 190
  Standardisierung 213
  Tiefe Netze 260
  Überanpassung 202, 252
  Übermäßiges Training 215
  Verlauf während des Trainings 188
Generative Adversarial Networks 315
Generator 316
Geradengleichung 34
Gewichte
  Berechnen 31
  Einführung 27
  Explodierender Gradient 274
  Faltungsnetz 296
  Faltungsschichten 298
  Faustregel zur Initialisierung 169
  Filter 296, 298
  Gewichtete Summe 60, 68
  Gleicher Wert 166
  Glorot-Initialisierung 279
  Größe der Werte 167
  He-Normalisierung 280
  Initialisieren 166, 169, 279
  Keras 280
  Mehrere Eingabevariablen 59
  Mehrklassen-Klassifizierer 110
  Neuronales Netz 136
  Numerische Instabilität 167
  Regularisierung 259
  Symmetrie 166
  Tote Neuronen 167
  Unterlauf 168
  Verlust minimieren 45
  Xavier-Initialisierung 279
  Zufallswerte 167
Gewichtete Summe 68
  Beschränken durch Sigmoidfunktion 83
  Einführung 60
Glatte Funktionen 54
Gleichgerichtete lineare Einheit. *Siehe* ReLU
Globales Minimum 54
Glorot-Initialisierung 279
Glorot, Xavier 279
Go 319
Goodfellow, Ian 315
Google 308, 318
Google Translate 315
GPUs 307
Gradient
  Durchschnittlich 163
  Explodierender Gradient 273
  Logarithmischer Verlust 86
  ReLU-Aktivierungsfunktion 275, 277
  Sigmoidfunktion 271
  Unterlauf 168
  Verschwindender Gradient 272, 275
Gradient.
  Einführung 44
Gradientenverfahren
  Abbruch 47
  Abklingende Lernrate 281
  Adam 282
  Anzahl der Iterationen 47
  Auswirkungen der Lernrate 218
  Batch-Gradientenverfahren 190
  Code 46
  Einführung 44
  Höherdimensionale Oberfläche 48
  Keras 238
  Lernrate 47
  Lokale Minima 54, 85, 165, 282
  Mini-Batch-Gradientenverfahren. *Siehe* Mini-Batch-Gradientenverfahren
  Mittlerer quadratischer Fehler 55
  Moment 281

Neuronale Netze 150
Optimierer 282
Parameter 280
Pfad 195
Probleme 53
ReLU 276, 277
RMSprop 238, 282
Schrittweite 47, 219, 263
SGD 238, 280
Sigmoidfunktion 84
Speicherbedarf für Trainingsdaten 198
Stochastischer Gradientenabstieg 195
Tote Neuronen 168, 272, 276
Überanpassung 263
Vergleich zwischen herkömmlichem und Mini-Batch-Verfahren 194
Voraussetzungen 54
Zu hohe Lernrate 56
Grafikprozessoren 307
Grundwahrheit 27
GSS 106

H

Halbüberwachtes Lernen 320
Haltungserkennung 313
He-Normalisierung 280
Hinton, Geoffrey 307
Hyperparameter
Abklingende Lernrate 281
Anpassen 214
Anzahl der Iterationen 47
Anzahl verdeckter Knoten 172, 215
Batchgröße 192, 221, 239
Definition 37
Einstellung anhand vom Validierungsdatensatz 205
Entwicklung 214
Epochen 192, 215, 239
Faustregel für Knotenanzahl 216
Filteranzahl 299
Gradientenverfahren 47
Keras 239
Lambda 258, 260
Leaky-ReLU-Aktivierungsfunktion 276
Lernrate 32, 47, 172, 218
Mini-Batch-Gradientenverfahren 192
Mittelwertregel 216
Moment 281
Tiefe Netze 242
Überanpassung 204
Wiederholte Einstellung 222
Hyperräume 60

I

Identitätsfunktion 279
if 332
ImageNet 307

J

Jupyter Notebook 19, 325

K

Kaggle 320
Kategorielabels. *Siehe* Label
Keras
1-aus-n-Codierung 237
Abklingende Lernrate 281
Aktivierungsfunktion 275
Aktivierungsfunktionen 238
Batchgröße 239
Batchnormalisierung 284
Bias 235, 238
Datenaufbereitung 237
Dimensionalität der Faltungsoperation 299
Dropout 283
Einführung 234
Eingabeschicht 238
Enthaltene Datensätze 244
Epochen 239
Faltungsschichten 298, 301
Flatten-Schicht 301
Geschwindigkeitsvorteil 245
Gewichtsinitialisierung 280
Gradientenverfahren 238, 280
He-Normalisierung 280
Hyperparameter 239
Installieren 234, 339
Kompilierung 238
Kreuzentropie 238
L1 259
Messungen 239

Mini-Batch-Gradientenverfahren 240
MNIST 244
Modelle für neuronale Netze 238
Modell erstellen 237
Moment 281
Neuronale Netze erstellen 237
Neuronale Netze implementieren 236
Neuronale Netze trainieren 239
Optimierer 282
Parameter für Gradientenverfahren 280
Regularisierung 259
ReLU 275
RMSprop 282
Schichten 283
Schichten erstellen 238
Schichten hinzufügen 242
Sequenzielles Modell 238
SGD 280
Stochastisches Gradientenverfahren 240
Tensoren zu Matrizen reduzieren 301
Terminologie 239
Validierungsdaten 239
Verlauf des Verlusts 255
Verlust 238
Warnungen 241
Xavier-Initialisierung 280
kernel_initializer 280
Klassen (Objektorientierung) 341
Klassifizierer
Aktivierungsfunktion der Ausgabeschicht eines binären Klassifizierer 277
Ausgabeschicht 277
Beispielmatrix 97
Binär 77
binärer Klassifizierer 277
Definition 77
Genauigkeit 91
Handgeschriebene Ziffern 93
Konfidenz 107
Labelmatrix 99
Linear separierbare Daten 123
Mehrere Eingabevariablen 88
Mehrklassen-Klassifizierer. *Siehe* Klassifizierer
Modell 87
Nicht linear separierbare Daten 125
Parallele Perzeptrone 121
Schwellenwert 88
Wahrscheinlichkeiten als Ausgabe 138
Klassifizierungsphase
Einführung 78
Sigmoidfunktion 83
Knoten
Anzahl 136
Anzahl verdeckter Knoten 172, 215
Ausgabeschicht 136
Definition 134
Dichte Schichten 238
Dropout 283
Einfluss der Knotenanzahl auf die Entscheidungsgrenze 215
Eingabeschicht 136
Einzelne Knoten abschalten 283
Faustregel für Knotenanzahl 216
Mittelwertregel 216
Neuronen 135
Überanpassung 216
Verdeckte Schichten 136
Kompilierung 238
Konfidenz 83, 107
Konnektionisten 126, 227, 306
Konvergenz 32
Konvexe Funktionen 54
Kreuzentropie 161, 238
Krizhevsky, Alex 307

L

L1 258, 259
L2 259
Label
1-aus-n-Codierung 108
Definition 12
Kategorielabel 13, 78, 99
Labelmatrix 99
Numerisch 13
Lambda 258, 260, 261
Leaky ReLU 276

Lernrate
  Abklingende Lernrate 281
  Anpassen 218
  Auswirkung auf Geschwindigkeit und Genauigkeit 43
  Auswirkungen 218
  Einführung 32
  Neuronale Netze 172
  Regularisierung 263
  Schreittweite im Gradientenverfahren 219
  Schrittweite des Gradientenverfahrens 47
  Überanpassung 263
  Überlauf 103
  Zu hoch 56
Lineare Algebra 61
Lineare Regression
  Ausreißer 80
  Bias 34
  Einführung 26
  Gerade durch den Ursprung 26
  Gerade nicht durch den Ursprung 34
  Gewichte berechnen 31
  Grenzen der Anwendbarkeit 78
  Mehrere Eingabevariablen 57
  Multiple lineare Regression 57
  Unteranpassung 252
  Verlust 29
Linear separierbare Daten
  Definition 123
LISP 126
Listen 330
loadtxt() 23, 67
Logarithmischer Verlust 85
Logistische Funktion. *Siehe* Sigmoidfunktion
Logistische Regression 81
Logits 138
Lokale Minima 54, 85, 198, 282
  Neuronale Netze 150, 165
Long Short-Term Memory 315
lr. *Siehe* Lernrate
LSTM 315
Lungenentzündung. *Siehe* Medizinische Diagnosen

M

Machine Learning
  Bestärkendes Lernen 12, 319
  Datensätze 95
  Entwicklungszyklus 204, 209
  Grundprinzip 11
  Halbüberwachtes Lernen 320
  Reinforcement Learning 12, 319
  Terminologie 239
  Überwachtes Lernen 12
  Unterschiede zur Programmierung 10
  Unüberwachtes Lernen 17, 319
  Wettbewerbe 320
Machine Learning
  Terminologie 345
Mark 1 127
Maschinelle Sprachverarbeitung 314
Maschinelles Sehen. *Siehe* Bilderkennung
  Bewegungserkennung 313
  Haltungserkennung 313
  Objekterkennung 313
Matplotlib 24
Matrizen
  1-aus-n-Codierung 108
  Ableitung der Matrizenmultiplikationen 161
  Arrays umwandeln 67
  Beispielmatrix 97
  Definition 61
  Dimensionen prüfen 111
  Dimensionen überprüfen 297
  Durchschnitt 113
  Labelmatrix 99
  Maximum 110
  Multiplikation 61
  Tensoren zu Matrizen reduzieren 301
  Transponieren 65
McCarthy, John 126
Medizinische diagnosen
  Stanford University 10
Medizinische Diagnosen
  Deep Learning 311
  unmöglich in den 90er-Jahren 9
Mehrklassen-Klassifizierung. *Siehe* Klassifizierer

Methoden 341
Mines vs. Rocks 115
Mini-Batch-Gradientenverfahren
  Abklingende Lernrate 281
  Batches durchmischen 191
  Batchgröße 191, 197, 199, 239
  Batchgröße 1 195
  Batchgröße festlegen 221
  Einführung 190
  Epoche 192
  Geringe Genauigkeit bei ungünstigem Abbruch 199
  Geschwindigkeit 194
  Hyperparameter 192
  Keras 240
  Konvergenz 194, 199
  Lokale Minima 198
  Moment 281
  Nachteile 198
  Parallele Ausführung 198
  Parameter 280
  Pfad 195
  Schwankender Verlauf des Verlusts 199
  SGD 240, 280
  Speicherbedarf für Trainingsmenge 198
  Stochastischer Gradientenabstieg 195
  Vergleich mit herkömmlichem Gradientenverfahren 194
  Vorteile 198
Miniconda 340
Minsky, Marvin 126, 127
Mittelwertregel 216
Mittlerer quadratischer Fehler
  Einführung 30
  Gradientenverfahren 55
  Mathematische Formel 45
  Sigmoidfunktion 85
MNIST 94
Modell
  Entwicklungszyklus 206
  Gerade durch den Ursprung 26
  Gerade nicht durch den Ursprung 34
  kategoriale Daten 80
  Keras 237
  Klassifizierer 87
  Lineare Regression 25
  Modellauswahl 206
  Perzeptron 183
  Regularisieren 254, 259
  Sequenziell 238
  Statistisches Rauschen 250
  Transferlernen 313
  Übertragen 313
  Unteranpassung 252
  Zu genaue Annäherung an die Daten 249
Module 335
Moment 281
Multiklassen-Klassifizierung. *Siehe* Klassifizierer
Multiple lineare Regression 57
Musterstring 100

N

Näherungsfunktion
  Definition 14
  Ebene 59
  Gerade durch den Ursprung 26
  Gerade nicht durch den Ursprung 34
  Instabil 80
  Lineare Regression 25
  Mehrere Eingabevariablen 59
  n Dimensionen 60
  Statistisches Rauschen 250
  Unteranpassung 252
  Zu genaue Annäherung an die Daten 249
Neuronale Netze
  Abschlusstest 225
  Anzahl der Knoten 136
  Ausgabeschicht 134
  Bias 135
  Darstellungsarten 139
  Einführung 131
  Eingabeschicht 134
  Erstellen 237
  Erstellen durch Verkettung von Perzeptronen 133
  Gewichte 136
  Grafikprozessoren 307
  Keras 236, 237

Knoten 134
Kompilieren 238
Lokale Minima 150, 165
Mini-Batch-Gradientenverfahren 191
Modelle in Keras 238
Numerische Ausgabe 278
Schichten 134
Schichten hinzufügen 242
Sequenzielles Modell 238
Tiefe Netze 242. *Siehe* Tiefe Netze
Trainieren in Keras 239
Verdeckte Schichten 134
Verlust 165
Neuronen
Knoten 135
Menschliches Gehirn 126
Sehrinde 311
Tote Neuronen 167, 271, 276
Nichtlinearität 270
Nicht linear separierbare Daten
Perzeptron 125
Normalisierung
Softmax-Funktion 138
Numerische Stabilität 214
NumPy
Arrays 67, 330
Broadcasting 28
Daten importieren 23

O

Objekterkennung 313
Objektorientierung. *Siehe* Python

P

Pakete 339
Paketmanager 340
Papert, Seymour 127
Partielle Ableitung 49
Perceptrons (Buch) 127
Perzeptrone
Architektur 119
Einschränkungen 123
Geschichte 126
Kombinieren 121, 133
Mark 1 127
Mehrschichtig 122, 127, 134
Modell 183
Nicht linear separierbare Daten 125
Parallel ausführen 133
Parallele Ausführung 121
Serialisieren 122, 133
Stapeln 121, 133
Verketten 133
pip 339
plot() 24
Potenzoperator 31
Primzahlen 326
PyPI 339
Python
% 332
Anaconda 340
Anführungszeichen 331
Arrays 330
Automatische Typumwandlung 329
Bibliotheken installieren 19
Broadcasting 28
CamelCase 342
Codeblöcke 327
Conda 340
Daten importieren 23
Datenstrukturen 330
Datentypen 329
datetime 341
Datumsangaben 341
def 333
Diagramme 24
Dynamische Typisierung 327
Einrückungen 327
Explizite Typumwandlung 329
for 332
Funktionen 328, 333
if 332
Installieren 324
Interpreter 325
Klassen 341
Konstanten 23, 328
Konventionen 328
Lesbarkeit 326
Listen 330
__main__ 192, 337
Methoden 341
Miniconda 340
Module 335
Objektorientierung 237, 341
Operatoren 329

Pakete 339
Paketmanager 339, 340
Paketrepository 339
pip 339
Potenzoperator 31
Programmdateien 324
Programmierumgebung 19, 325
.py 324
PyPi 339
python3/python 19, 324
range 332
ReLU 274
Schleifen 332
Schlüsselwortargumente 33, 334, 342
Snake Case 328
Standardargumente 335, 342
Standardbibliothek 337
Stringinterpolation 331
Strings 331, 342
Tupel 330
Variablen 327, 328, 330
Versionen 19, 324
Vorteile für Machine Learning 323
Weißraum 327
PyTorch 313

R

randn() 169
Random Forests 320
range 332
Rectified linear unit. *Siehe* ReLU
Regularisierung
Ausgleich zwischen Über-und Unteranpassung 261
Dropout 282
Einführung 254
Eingabevariablen entfernen 262
Einzelne Knoten abschalten 283
Entscheidungsgrenze 260
Entscheidungsgrenze glätten 258
Frühzeitiger Abbruch 263
Genauigkeit 260
Gewichte 259
Keras 259
L1 258, 259
L2 259
Lambda 258, 260
Lernrate erhöhen 263
Netz verkleinern 262
Trainingsdatensatz erweitern 263
Trainingszeit verkürzen 263
Unteranpassung 261
Reinforcement Learning 12, 319
Rekurrente neuronale Netze 314
ReLU
Einführung 274
Gradient 275
Gradient bei 0 277
Keras 275
Leaky ReLU 276
Tote Neuronen 276
Verschwindender Gradient 275
reshape() 67
RMSprop 238, 282
RNN 314
Rosenblatt, Frank 126, 128

S

Sättigung 168, 271
Schichten
Abstraktionsebenen 310
Definition 134
Dicht 238
Dropout 283
Erstellen 238
Flatten 301
Keras 238, 283
Lambda-Werte 260
Mit Keras hinzufügen 242
Tiefe Netze 242
Verschwindender Gradient 273
Schlüsselwortargumente 33, 334, 342
Seaborn 24
seed() 170
Sehrinde 311
Selbstfahrende Autos 313
Sequential 238
SGD 238, 280
shape() 67
Sigmoidfunktion
Ableitung 161
Aktivierungsfunktion 136
Alternativen 274
Ausgabeschicht 277
Backpropagation 272

Einführung 82
Exzentrizität 272
Gradient 271
Gradientenverfahren 84
Mittlerer quadratischer Fehler 85
Probleme 270
Sättigung 168, 271
Unterlauf 168
Verlust 84
Verschwindender Gradient 272, 275
Skalare 67
Softmax-Funktion 138, 161, 277
Softplus-Funktion 277
Sonar-Datensatz 115
Standardabweichung 212
Standardargumente 335, 342
Standardisierung 211, 284
Standardnormalverteilung 169
Statistisches Rauschen 250
Steigung 34
Stetigkeit 54
Stilkopie 318
Stochastischer Gradientenabstieg 195
Streng monotoner Verlauf 190
Stringinterpolation 331
Strings 331, 342
Stufenfunktion 88
Summenzeichen 46
Supervised Learning. *Siehe* Überwachtes Lernen
Support Vector Machines 320
Sutskever, Ilya 307
Swish 277
Symbolisten 126

T

Tensoren
Dimensionen überprüfen 297, 301
Zu Matrizen reduzieren 301
TensorFlow 234, 241, 313
Testdatensatz
Abschlusstest 225
Gründe für separaten Testdatensatz 96, 201
Keine 1-aus-n-Codierung 110
Standardisierung 213
Überanpassung an Testdatensatz 204
Umfang 205
Validierungsdatensatz 205
Tiefe Netz
Aufbau 242
Tiefe Netze
Abstraktionsebenen 310
Aktivierungsfunktionen 268
Anfänge 227
Einführung 231
Entscheidungsgrenze 243
Explodierender Gradient 273
Faktoren für den Erfolg 309
Genauigkeit 260
Geschichte 306
Grafikprozessoren 307
Probleme 306
Regularisiert 260
Schwierigkeiten beim Training 273
Verschwindender Gradient 272, 275
Vierschichtig 242
Vorteile 260
Tiefere Netze
Innere Mechanismen 310
Ursachen der Genauigkeit 310
to_categorical() 237
Tote Neuronen
Gewichte 167
Positive Auswirkungen 276
ReLU-Funktion 276
Sigmoidfunktion 271
Trainingsdaten
Speicherbedarf 198
Trainingsphase
andere Datenverteilung als im Produktivbetrieb 256
Definition 13
Frühzeitiger Abbruch 263
Frühzeitige Rückmeldung 189
Funktionsweise 188
Genauigkeit 188
Geschwindigkeit des Mini-Batch-Verfahrens 194
Gestapelte Perzeptrone 121
Gewichte berechnen 31
Gradientenverfahren 46

Grafikprozessoren 307
Keras 239
Konfidenz 83
Lineare Regression 29
Parallele Ausführung 198
Schwellenwert 88
Sinkende Leistung durch Überanpassung 251, 252, 257
Speicherbedarf 198
Stillstand durch zu große Gewichte 168
Stochastischer Gradientenabstieg 196
Trainingszeit verkürzen 263
Überanpassung 202
Übermäßiges Training 215
Verlust 188, 193
Verlust minimieren 31
Transferlernen 313
Tupel 330

U

Überanpassung
Analogie bei Hardwareherstellern 204
Ausgleich zwischen Über-und Unteranpassung 261
Bilderkennung 252
Blindtestregel 203
Dropout 282
Einführung 97, 201
Eingabevariablen entfernen 262
Einzelne Knoten abschalten 283
Entscheidungsgrenze 257
Entwicklung 204
Fehlerhafte Genauigkeitsmessung 252
Feststellen 253
Folgen 247, 252
Frühzeitiger Abbruch 263
Genauigkeit 202
Geringe Genauigkeit 252
Geringe Leistung 251
Hyperparameter 204
Lernrate erhöhen 263
Netz verkleinern 262
Schrittweite des Gradientenverfahrens 263
Separater Testdatensatz 202
Sinkende Leistung bei längerem Training 251, 252, 257
Statistisches Rauschen 250, 262
Trainingsdatensatz erweitern 263
Trainingszeit verkürzen 263
Überanpassung an Testdatensatz 204
Unteranpassung 252
Ursachen 248
Validierungsdatensatz 205
Verlust 202, 250
Zu genaue Annäherung an die Daten 249
Zu viele Knoten 216
Überlauf 103
Standardisierung 214
Überwachtes Lernen
Beispiele 12
Eingabevariablen 15
Gewichte 27
Grundprinzip 12
Klassifizierer 77
Klassifizierungsphase 78
Label 12
Lineare Modell 25
Mehrere Eingabevariablen 57
Näherungsfunktion 14
Trainingsphase 13
Vorhersagephase 13
Universelle Approximation 310
Unteranpassung 252, 261, 264
Unterlauf 168
Unüberwachtes Lernen 17, 319
US-Bundespost 306

V

Validierungsdatensatz
Einführung 205
Keras 239
Modellauswahl 206
Standardisierung 213
Umfang 205
Varianz 253
Verdeckte Schichten
Abstraktionsebenen 310
Anzahl der Knoten 136
Anzahl verdeckter Knoten 172, 215

Batchnormalisierung 284
Einfluss der Knotenanzahl auf die Entscheidungsgrenze 215
Einführung 134
Faustregel für Knotenanzahl 216
Standardisierung 284
Verfahren des steilsten Abstiegs. *Siehe* Gradientenverfahren
Verlauf
Verlauf des Verlusts als Vergleichsmaß für das Training 193
Verlust
Ableitung 45, 46
Asymptotischer Verlauf 189
Batchgröße 197
Einführung 29
GAN 317
Gradient 44
Gradientenverfahren 43
Höherdimensionale Oberfläche 48
Keras 238
L1-Regularisierung 258
Lineare Regression 29
Logarithmischer Verlust 85
Lokale Minima 85, 150
Minimieren 31
Mittlerer quadratischer Fehler 30, 45
Netze mit numerischer Ausgabe 278
Neuronale Netze 150
Pfad von Batch- und Mini-Batch-Verfahren 195
Schwankungen beim Mini-Batch-Verfahren 199
Sigmoidfunktion 84
Steigender Verlust 56, 190, 219
Stochastischer Gradientenabstieg 196
Streng monotoner Verlauf 190
Überanpassung 202, 250
Vergleich zwischen herkömmlichem und Mini-Batch-Gradientenverfahren 194
Verlauf in Keras 255
Verlauf während des Trainings 188
Voraussetzungen für Gradientenverfahren 54
Wertebereiche der Eingabevariablen 211
Verschiebungsinvarianz 296
Verschwindender Gradient 272, 275
Verzerrung-Varianz-Dilemma 253
Vorhersagephase
Definition 13
Gewichtete Summe 68

W

Wahrscheinlichkeiten 138

X

Xavier-Initialisierung 279

Y

y-Achsenabschnitt 34

Z

Zufallszahlen 169